#cute

Gefördert durch die VolkswagenStiftung.

VolkswagenStiftung

Birgit Richard ist Professorin für Neue Medien in Theorie und Praxis am Institut für Kunstpädagogik, Goethe-Universität Frankfurt am Main. *Katja Gunkel*, Dr. phil., und *Jana Müller* sind wissenschaftliche Mitarbeiterinnen im Bereich Neue Medien am Institut für Kunstpädagogik der Goethe-Universität Frankfurt am Main.

Birgit Richard, Katja Gunkel, Jana Müller

#cute

Eine Ästhetik des Niedlichen zwischen Natur und Kunst

Campus Verlag
Frankfurt/New York

MIX
Papier aus verantwortungsvollen Quellen
FSC® C089473

ISBN 978-3-593-51221-1 Print
ISBN 978-3-593-44412-3 E-Book (PDF)

Umschlaggestaltung: Campus Verlag GmbH, Frankfurt am Main
Umschlagmotiv: © @betrayal_junkie by FALK
Satz: DeinSatz Marburg | lf
Gesetzt aus: Adobe Garamond Pro
Druck und Bindung: Beltz Grafische Betriebe GmbH, Bad Langensalza
Printed in Germany

www.campus.de

Inhalt

»Felt Cute, Might Delete Later«[1] – Zur polyvalenten Ästhetik des Niedlichen

Kuriositätenquartett der Niedlichkeiten

Der Schock des Realen sitzt tief mit Blick auf den überlebensgroßen Säuglingskoloss des Bildhauers Ron Mueck (vgl. Tab. A., Abb. 1), der medial populären Ästhetiken menschlicher Neugeborener eklatant entgegensteht.[2] Die Geburtsspuren sind *A Girl* (2006) deutlich anzusehen, weist das Baby doch zu Nabelschnur, schrumpelig-faltiger, fahler Haut, gerötet-geschwollenen Augen und geballten Händen auch blutige Male sowie sogar noch von Körperflüssigkeiten genässtes, spärlich gewachsenes dunkles Haar auf. Lässt sich freudig glucksenden oder schlafenden Babys mit rosig-zarter Haut und Pausbacken das Niedliche noch nahezu bedenkenlos attestieren, bleibt diese Zuschreibung angesichts der hyperrealen menschlichen Gestalt/ung eher aus.[3] Dessen ungeachtet besitzen die detailliert geformten Oberflächen eine enorme Anziehungskraft. Deutlich wird dies an den taktilen Impulsen von Ausstellungsbesucher*inne*n, die Skulpturen begreifen und – wohl zur Vergewisserung deren Künstlichkeit – aus unmittelbarer Nähe betrachten zu wollen.[4] Das Erlebnis geht potenziell mit Aversion, Ekel und Schamgefühl in Anbetracht der oft ungeschönten, intimen Szenen einher, die sich wie im Fall von *A Girl* sonst im engsten familiären Kreis abspielen. »[S]lightly disturbing and compellingly human«[5] – indem er die cleane, niedlich-glatte Babyästhetik[6] durchkreuzt, subvertiert Mueck gesellschaftliche Konventionen wie normalisierte Sichtweisen und erinnert in Vergegenwärtigung einschneidender lebenszyklischer Ereignisse des Menschseins sogleich implizit an die menschliche Sterblichkeit. Obwohl *A Girl* in der dargestellten Situation größter Fürsorge bedürfte und die Verletzlichkeit wie Hilflosigkeit des Neugeborenen durch dessen Monumentalität weniger in Übermacht umschlägt als potenziert wird, bleibt Care-Arbeit als eine mögliche affektive Reaktion auf das ausgelieferte Geschöpf angesichts des überwältigenden Riesenbabys ein Ding der Unmöglichkeit. Auf ihre Rolle als tatenlose

Voyeur*inn*e*n zurückgeworfen, werden die Betrachtenden von dem qua Sockel exponierten und objektifizierten Säugling ebenfalls beäugt.

Beinahe möchte sich in Anbetracht der miniaturisierten Skulpturen Qixuan Lims[7] ein heimelig-rührseliges Gefühl einstellen, künden Kaugummispender und Popcornmaschinen im Retrostil doch vom ›Sehnsuchtsort‹ Süßwarenladen, einem verzuckerten Schlaraffenland, begleitet von Gedanken an (unwiederbringliche) kindliche Unbeschwertheit (vgl. Tab. A, Abb. 4). Bereits durch das vereinheitlichend ästhetisierende pastellfarbene Kolorit weist Lim derartige Sentimentalitäten jedoch als idealisierten Wachtraum aus. Über die nostalgischen Anleihen vergegenwärtigt die Künstlerin Kindheit respektive Kindlichkeit als eine zentrale Referenz des Niedlichen.[8] Ein Bündnis, das Lim sogleich demontiert, indem sie jene Stilmittel des Kindlich-Niedlichen mit miniaturisierten Säuglingsköpfen, Augäpfeln, Backenzähnen oder menschlichen Innereien, die in Entsprechung zu Macarons, Lutschern, Sushi oder Piefüllung gebracht werden und für den kannibalischen Verzehr bereitstehen, kombiniert. Eingepasst in Süßwarenverpackungen oder angebrochene Medikamentenblister findet das Gedankenspiel assoziativer Analogiebildungen seine skulpturale Realisierung. Das Neugeborene als Indikator für Lebensbeginn mutiert hier zum invertierten Symbol: Die Inszenierung akkumulierter Säuglingsköpfe als schimmernde Kaugummikugeln im nostalgischen Spender oder als Bonbons, deren transparente Plastikverpackung die Säuglingsnasen bereits in Form gezwängt hat und so einen Erstickungstod suggeriert, verweisen vielmehr auf Tod als Leben. Auch die pastellige Farbigkeit erhält durch die makabre Komposition einen morbiden Beigeschmack. Das betont kindlich-niedliche Framing wirkt durch Assoziationen zu Kannibalismus, Tod und Leichenhaufen als Farce – eine solch vermeintlich gegensätzliche Mischung, »creepy and cute«[9], lässt wohl niemals nichts fühlen. Wirklich verzehrbare, personalisierte »Babys in Gelee«[10] produziert hingegen die Konditorei *Gelatinas Artísticas Yoly* (seit 2015) in Guadalajara, Mexiko. Für die Herstellung werden speziell angefertigte Tonformen verwendet, in die eine essbare, wahlweise nach Vanille, Walnuss oder auch Kaffee schmeckende Masse gegossen wird, um die erhärtete Babyfigur schließlich mit einer transparenten Gallertmasse kuppelförmig zu umhüllen.[11] Die fertigen Halbkugeln erinnern bestenfalls an Föten im Fruchtwasser – ein Motiv, das Yoly Navarro selbst aufgreift –,[12] schlimmstenfalls an Leichenkonservierung. Obwohl die friedlich schlafenden Säuglinge Niedlichkeitsmarker[13] – lilafarbene Schleifchen und rosafarbene Teddybären, wollene Mützen und Höschen – auf sich vereinen, kontaminieren der Realitätsgrad der Darstellung und die Tatsache, dass jene Süßspeisen vorrangig für den Verzehr auf Babypartys gedacht sind – die Eltern sich also vor der Geburt das eigene Baby oral einverleiben – den Eindruck des Niedlichen, das derart zugleich anzieht und abstößt.[14]

Vermeintlich ungebrochen niedlich erscheinen dagegen die von Anne Geddes fotografisch in Szene gesetzten Säuglinge, die – der Realität entrückt – in märchenhafte Settings eingepasst werden. Geddes zelebriert den ›Kult des Kindes‹:[15] Gänzlich unentfremdet, erstrebenswert mit Flora und Fauna verschmolzen, als Inbegriff des Unschuldigen und Unbeschriebenen existieren diese in »sorgloser Existenz«[16] fern kultureller Überformung; ein Eindruck, den die opulente Ausstaffierung und Künstlichkeit des Settings jedoch zugleich negiert. Die visuelle ›Bekuschelung‹ wird im Fall des wollig-weich umhüllten, tief schlummernden Koala-Babys (vgl. Tab. A, Abb. 2) zudem formalästhetisch mittels einer durch Weichzeichner und gedeckte Farbigkeit bedingten surrealen Wattigkeit intensiviert. Geddes setzt zu einer Verniedlichung des Niedlichen an,die den Säugling maximal schutz- und fürsorgebedürftig wirken lässt. In Schwächung und Infantilisierung des ohnehin Schwachen und Infantilen generiert sie strategisch den Wunsch nach Nähe. Die Erkenntnis dieser fragwürdigen Fetischisierung und Verklärung evoziert durchaus gemischte Empfindungen und legt die Wiederherstellung ›reiner Unschuld‹ als Intention planvoll eingesetzter Niedlichkeit offen.

Der Stellenwert des Niedlichen im Kontext Neugeborener wird auch in Memen[17] kommentiert. Das Bildmakro[18] *Babys are cute* zeigt ein Baby in Windeln, dessen Gesicht jedoch durch jenes des Schauspielers Rowan Atkinson in der Rolle als Mr. Bean ersetzt wurde (vgl. Tab. A, Abb. 3). Der Text am oberen Bildrand lautet: »WHEN PEOPLE THINK THEIR«; und unten: »BABIES ARE CUTE«. Verbal rekurriert das Mem auf das Niedliche als gesellschaftliche Konvention und ritualisierte Floskel in Konfrontation mit (fremden) Babys, aber auch auf den perfektionistischen Anspruch an das eigene Kind, der sich zuweilen in Form elterlichen Selbstbetrugs äußert: »Ein Kind bedeutet Aufwand – [sic!] den viele Eltern fast schon reflexhaft kleinreden, schließlich sind die Kleinen ja auch so niedlich.«[19] Die textuelle Ebene wird visuell durch die Figur Mr. Beans, ein britischer Mann mittleren Alters, gestützt. In gleichnamigen Serien- und Kinofilmformaten tritt dieser begleitet von seinem Stofftier Teddy kindisch und unbeholfen auf und artikuliert sich vorrangig über ausdrucksstarke Mimik, Gestik und Laute. In Slapstickmanier richtet Mr. Bean in jeglichen Alltagssituationen unbeabsichtigt Chaos an und erweist sich dabei häufig als sozial inkompatibel. Die Bildmontage generiert einen mehrschichtigen humoristischen Bezug zum Niedlichen. Erstens wirkt bereits die Gegensatzkombination von erwachsenem Mann mit exaltierter Mimik und dem Körper eines bewindelten Babys als ›Garant des Niedlichen‹ zunächst überaus seltsam. Zweitens fiel die Wahl auf das ›große Kind‹ Mr. Bean, der mit Blick auf seine Verhaltensweisen und bemitleidenswert tollpatschig-schrullige »Komik des Kleinen«[20] durchaus an das Niedliche im Sinne von *funny cute* anschlussfähig ist. Dieser potenzielle Anflug von Niedlichkeitsempfinden wird drittens durchkreuzt, indem die durch Mr. Bean zur Anschauung gebrachten Gefühllosigkeiten und sein Egozentrismus auch das Unschuldsimage des niedlich-harmlosen Kindes vergiften:[21] »Atkinson [...] treibt Schabernack mit den Abgründen der kindlichen Seele.«[22] Das Bildmakro formuliert so mit dem zur emotionalen Distanzierung notwendigen Augenzwinkern: *Not all babies are cute. Deal with it.*[23]

Über die Perversionen zu den Konventionen: Ohne es visuell geltend zu machen, dient den angeführten Beispielen das sozialverträgliche Modell des Kindes bzw. Kindlichen mit all seinen Konnotationen als Gegenentwurf. Gewissermaßen in absentia konkretisierten sich das gesellschaftliche Konstrukt ›Kind‹ und derart ebenfalls Marker konventioneller Niedlichkeit, der das Kind/liche als zentrale Referenz gilt. Welche Indizien zur Beschaffenheit des Niedlichen im herkömmlichen Sinne lassen sich folglich über die hier formulierten Negative gewinnen?

Das Bildmakro *Mr. Bean* verweist bereits auf die naturalisierte Verbindung des Niedlichen mit dem Kind/lichen. »The cute is always already the child, the childlike, and the childish across species and animacy lines. Even among more ›adult‹ manifestations of the cute [...] the *body* of the child, remains the foundational source of sensual, emotional, and cognitive arousal, despite transformations that might have rendered the child utterly unrecognizable.«[24] Es exemplifiziert ferner, dass user*innengenerierte Inhalte wie auch künstlerische Arbeiten als Kommentare auf die Gegenwart über das Potenzial verfügen, gesellschaftliche Regulative sichtbar zu machen, zu konterkarieren und bestenfalls Alternativen zu entwerfen. Wie das ›Kuriositätenquartett des Niedlichen‹ illustriert, geschieht dies zuweilen über eine Aneignung gesellschaftlicher Prämissen, die in Montagen bzw. Gegensatzkompositionen und Rekontextualisierungen neu verhandelt werden.[25] Muecks hyperrealer Säugling vergegenwärtigt des Weiteren, dass der Eindruck des Niedlichen, der sich hier gerade nicht einstellen will, häufig auf Ästhetisierung gründet. Dass das Niedliche zwar hochgradig manieriert, diese Stilisierung jedoch erstaunlicherweise dem Anschein des Natürlichen und Ursprünglichen zuträglich ist, darauf lässt auch Geddes Koala-Baby schließen. Dieses verdeutlicht zudem, dass sich der Wunsch nach einer intimen Beziehung mit dem ›Anderen‹ über inszenierte Machtlosigkeit und *softness* einstellen kann. Lims Arbeit unterstreicht die paradigmatische Verbindung des Niedlichen zur Konsumwelt und dessen buchstäbliche Verzehrbarkeit. Während über Anthropomorphisierung verniedlichtes Essen wie Bärchenwurst oder Bentō-Arrangements vom Unterhaltungsanspruch an Nahrungsmittel zeugen und sich *food character* wie Kogepan von San-X ihrem größten Wunsch, gegessen zu werden, widerstandslos hingeben,[26] bescheren Gedanken an den Verzehr des Dargebotenen im Falle Lims gerade kein Vergnügen. Sie zeigen zugleich, dass Vermenschlichung nur bis zu einem gewissen Grad als Katalysator des Niedlichen fungiert. In Rekurs auf Nostalgie sowie ein pink-pastelliges Farbschema legt Lim zwei weitere Bezugspunkte des geschlechtlich markierten, weiblich-kindlich konnotierten Konventionell-Niedlichen offen. Die angeführten Beispiele machen das Niedliche bereits als kontext-, medien- wie formatübergreifende Ästhetik sichtbar und lassen vermuten, dass diesem sowohl in ›Rein‹- als auch ›Mischform‹ ein besonderes affektives Potenzial attestiert werden kann.

»What moves you?«[27] – *cuteness* als ästhetisch-affektive Kategorie

Cuteness[28] ist eine ästhetische Kategorie, die maßgeblich über Affekte arbeitet und somit als ästhetisch-affektive Kategorie präzisiert werden kann. Sianne Ngai charakterisiert diese ferner als »minor aesthetic categor[y]«[29] und durch Verwendung des substantivbezogenen Komparativs zugleich als relational – »lesser in size, extent, importance«[30]. Die Vergleichsgröße stellen traditionelle, zumeist binär gedachte Kategorien Ästhetischer Theorie wie das Schöne, Erhabene oder Hässliche dar. Innerhalb jenes »renommierten«[31] Kanons besetze das ästhetische Konzept des Niedlichen einen »marginalen Status«[32]. Dieser Außerachtlassung steht jedoch entgegen, dass die Gegenwart Ästhetik und ästhetische Erfahrung nicht nur im Kontext von Kunst und Natur, sondern ebenfalls in Bezug auf eine technifizierte und kommodifizierte »hyperästhetisierte Welt«[33], die soziale Realität des Spätkapitalismus, denken lässt. ›Kleinere‹ Ästhetiken seien beispielsweise in der Alltagskommunikation längst beheimatet.[34] Prototypisch für die Notwendigkeit einer Erweiterung des ästhetischen Begriffsapparats auch im Bereich der Künste ist die Malerei *Salvator Mundi* (2018) des Künstlers Mark Ryden, die Leonardo da Vincis gleichnamiges Werk zum Vorbild hat. Diese komme »niedlich und nicht erhaben, smart und nicht schroff, süß und nicht rätselhaft [...]«[35] daher und brüskiere damit so manche Kunstinteressierte, meint Wolfgang Ullrich.[36]

Die »minorness«[37] des Niedlichen ist gerade nicht mit unbedeutend oder diskursirrelevant gleichzusetzen; das relational gedachte ›Kleine‹ steht vielmehr etablierten Diskurstraditionen entgegen. Während das Erhabene, Schöne, Eklige und Hässliche auf eindeutigen, stark positiven oder negativen Gefühlen basiere, referierten ›kleinere‹ ästhetische Kategorien auf alltägliche ästhetische Erfahrung und beiläufig gefällte Geschmacksurteile. Die zugrunde liegenden Gefühle seien dabei entweder in stärkerem Maße ambivalent oder weniger intensiv (schwächer).[38] Ihre geringere Intensität könne aus einem Gewöhnungseffekt in Anbetracht der Verfügbarkeit ästhetischer Erfahrungen resultieren.[39]

Die Gesellschaft der Spätmoderne[40] ist eine »Affektgesellschaft«[41], so die Gegenwartsdiagnose von Andreas Reckwitz. Prozesse der Affizierung und des Affiziertwerdens spielen sich dabei sowohl zwischen Menschen als auch zwischen Subjekten und nichtmenschlichen Artefakten ab.[42] Tatsächlich wird Affekt[43] nahezu inflationär zur Charakterisierung der Verfasstheit des Sozialen wie Politischen im 21. Jahrhundert bemüht. Nicht grundlos ist seit Mitte der 1990er Jahre die Rede von einem *affective turn*.[44] Jan Slaby und Christian von Scheve sprechen von einer »›emotionalen Reflexivität‹«[45], von Affekt als Linse, durch die Gegenwart betrachtet wird. Insbesondere digitale Kultur lässt sich unter jenem Fokus analysieren.[46] Affekt ist Macht[47] und affektive Arbeit im weitesten Sinne ein »bedeutender Motor in der Maschinerie des Spätkapitalismus«[48]. Mit den Termini *Emotionaler Kapitalismus* und *Ökonomisierung der Gefühle* präzisiere Eva Illouz, dass ökonomische Diskurse sowie Praktiken immer mehr von Emotionen geprägt seien und Emotionales – partnerschaftliche wie familiäre Beziehungen – zunehmend ökonomisch beispielsweise nach »Kosten-Nutzen-Analyse«[49] reguliert werde.[50]

Diese moderne Gesellschaft, die Reckwitz als »Gesellschaft der Singularitäten«[51] konkretisiert, sei zudem von stark positiven oder ambivalenten Affizierungsrelationen geprägt;[52] gemischte Empfindungen in derart »affektgeladen[er]«[53] Gegenwart Heinz Drügh zufolge »so etwas wie der emotionale Grundzustand«[54]: »Reich wie nie, scheint man zugleich traurig wie nie, kreativ und frei wie nie, fühlt man sich zugleich erschöpft und von

Alltagsroutinen aufgezehrt wie nie.«[55] Auch für vergleichsweise reizschwächere ästhetische Kategorien wie interessant, cool und spannend sei die Gefühlsintensität noch immer bestimmend, so Reckwitz.[56] Wenngleich insbesondere Kennzeichen der Gegenwartskultur, sind vermischte Empfindungen nach Drügh »[...] im Bereich der Ästhetik seit jeher so etwas wie das Denklabor jener nicht mehr bloß schönen Künste.«[57]

Dass Ngai das Niedliche als eine Ästhetik begreift, die auf solch gemischten Empfindungen beruht und durch »Zärtlichkeit und Aggression«[58] gekennzeichnet ist, mag irritieren, lässt sich *cute* doch auf den ersten Blick innerhalb einer von Reckwitz für das Internet festgestellten *»Positivkultur der Affekte«*[59] verorten und kann im Deutschen sinnverwandt mit niedlich, putzig, süß oder possierlich übersetzt werden. Eng verknüpft mit dem Harmlosen, Konsumierbaren und Einfachen schwingt hier ein gewisser Wohlfühlfaktor mit: »Cuteness is affective because it allows the subject to relate to and be *positively affected* by the object.«[60] Gesellschaftlich wird Niedliches vielmehr als *happy object*[61] verhandelt, so eine These des Buches. Affekte seien *sticky*, meint Sara Ahmed.[62] Bestimmten Objekten, Praktiken, Orten und Umgebungen hafte beispielsweise ein diskursiv hergestelltes Glücksversprechen an;[63] ihnen eignet ein gesellschaftlich oder gruppenspezifisch determinierter positiver affektiver Wert. Werde dieser nicht eingelöst, folgten Enttäuschungen; Ablehnung oder Abweichung könne zu (sozialem) Ausschluss und Stigmatisierung führen.[64] Die breitenwirksame Erfolgsstory des Niedlichen – »[c]uteness is a powerful affective register whose social proliferation since the turn of the millenium has been striking«[65] – und formelhafte Fortschreibung als Designprinzip künden von der ihm zugesprochenen positiv-affektiven Wirkung und seinem symbolischen Status als soziales Gut. Niedliches macht glücklich, lautet die diskursive Zuschreibung – zumindest kurzzeitig; gewissermaßen als flüchtiges »kleines Glück«[66]. In welchen Kontexten und auf welche Versionen des Niedlichen dies zutrifft, gilt es im Laufe der Publikation zu erörtern.

Dass auch das Niedliche einen »Verstörungscharakter« annehmen, »Unbehagen oder Zweifel evozieren, [...] rätselhaft, auch sperrig oder schräg«[67], »schnell eklig oder widerlich«[68] sein kann – und sogar dafür prädestiniert ist –, will das vorliegende Buch aufzeigen. Es gilt, sich dorthin zu begeben, wo das Niedliche in sozialen Praktiken ausgehandelt wird: »Geschmacksvereine«[69] und Stilgemeinschaften, die sich insbesondere in den Social Media – von Katrin Döveling, Anu A. Harju und Denise Sommer auch als »emotional media«[70] bezeichnet – konstituieren. Dass das Niedliche im Sinne Ngais als ambivalent und dabei besonders reizintensiv begriffen werden kann, aber auch gegen eine Abstumpfung aufgrund von Vermassung nicht gefeit ist, konkretisieren die nachfolgenden Ausführungen.

Cute design[71]: Die Konfektionierung des Liebenswerten

Die ästhetische-affektive Kategorie *cuteness* kennzeichnet ein facettenreiches Erscheinungsbild. Trotz definitorischer Unschärfe kann ein systematisierter, gleichwohl flexibler Konsens über deren Charakteristika – eine »konventionelle Niedlichkeit«[72] oder »plain cute«[73] – angenommen werden, der *cuteness* als ästhetisches Konzept überhaupt erst kommunizierbar macht.[74] In »spektakulärer Selbstreferenz«[75] werden bestimmte Versionen des Niedlichen aufgrund einer antizipiert positiven Wirkung aktualisiert, reproduziert und derart naturalisiert.[76] Als *cute design* avanciert das Niedliche zu einem »machtvollen Stilmittel«[77] der Gegenwart. Unter Bezug auf Joel Gn wird davon ausgegangen, dass sich mithilfe der ›Rahmenfunktion‹ *cuteness* potenziell alles verniedlichen, d. h. auf eine spezifische – *cute* – Art und Weise semiotisch überformen lässt.[78] Diese Einhegungsoption fußt auf der Formelhaftigkeit des Niedlichen, die Voraussetzung für dessen kontextuelle Flexibilität ist und ihm eine besondere memetische Eignung verleiht.[79] Derart imitier- und personalisierbar verfügt Niedliches Flora Hartmann zufolge über die »Grundvoraussetzung für erfolgreiches memetisches Material.«[80]

Gn weist darauf hin, dass *cuteness* auf einem variablen, aber dennoch im Kern beständigen Kanon von stilistischen Merkmalen basiert, der auf die von Konrad Lorenz 1943 unter dem Begriff *Kindchenschema*[81] formulierte Schlüsselreizkonstellation zurückgehe.[82] Phänotypisch kennzeichnend seien demzufolge insbesondere gerundete bzw. rundliche physische Merkmale und eine kindlich wirkende Anatomie. Ngai bringt die mit Niedlichem gemeinhin assoziierten formalen Eigenschaften auf die Begriffe kompakt, simpel, weich, geschmeidig und anschmiegsam.[83] In Korrespondenz mit entsprechendem Verhalten entstünde rezeptionsseitig der Eindruck von intellektueller Einfachheit, Harmlosigkeit, Schwäche und Unbeholfenheit.[84] »Cute tumbles, toddles, waddles, rolls; it is visibly dependent, apparently engineered by natural selection to stimulate a nurturing response.«[85] Jenes physisch-habituelle Arrangement kreiert Gn zufolge eine stark stilisierte »liebenswerte Persönlichkeit«[86], daher könne das niedliche Objekt als »Metapher des Liebenswerten«[87] gelten. Ungeachtet dessen, ob von einem angeborenen Fürsorgereflex oder einer ansozialisierten Reaktion auf kindlich-niedliche Eigenschaften ausgegangen wird – wobei im wissenschaftlichen Diskurs erstere indessen letzterer Ansicht gewichen ist –, stimuliert *cuteness* nach Joshua Paul Dale u. a. eine affektive Reaktion.[88]

Cute sells! Die Lesart des Niedlichen als inkomplex, harmlos, unschuldig und liebenswert verweist auf dessen Eignung als positiv rezipierbares Konsumangebot und Glücksgarant. Die ästhetische Kategorie *cute* kennzeichnet gleich in mehrfacher Hinsicht eine paradigmatische Verbindung zum Konsum. Daniel Harris und Ngai gilt *cuteness* als eine Konsumästhetik par excellence, habe sie sich doch im Lauf des 20. Jahrhunderts parallel und in dialektischer Verbindung mit der US-amerikanischen Konsumkultur entwickelt und sei seit ihrem Aufkommen untrennbar mit massenproduzierten, käuflichen Dingen verbunden.[89] Aus kommerziellen Zusammenhängen hervorgegangen, erfüllt die Ästhetik des Niedlichen nach Einschätzung Lori Merishs vorrangig die Funktion, einem kaufkräftigen weiblichen Publikum geschlechterspezifische Identifikationsmöglichkeiten anzubieten: »Maternal desire becomes the vehicle through which being and having are synthetisized […]. The aesthetics of cuteness thus generates an emotional response in accord with […] a commercial structure of ›feminine‹ consumer empathy, a structure that blurs identification and commodity desire.«[90] Die oft stilisiert anthropomorphe oder zoomorphe Produktsprache des Niedlichen zielt überdies auf dessen Konsumption und zwar nicht nur im ökonomischen, sondern auch buchstäblich im enzymatischen Sinne des Verzehrens. Sie zeugt laut Ngai von dem Wunsch nach einer einfacheren und intimeren Beziehung zu käuflichen Dingen.[91] Im Hinblick auf gegenwärtige hyperkommerzialisierte Lebenswelten attestiert Daniel Grossman *cuteness* gleichfalls eine (pseudo-)animistische Funktion; ein Versuch, Entfremdung durch Vertrautes, das dem Selbst ähnelt, zu überbrücken.[92]

Vor allem im Hinblick auf die Inszenierung wie Vermittlung von hochkomplexen, cloudbasierten und *in*materiellen[93] Technologien sowie Künstlicher Intelligenz kann die Bedeutung von *cuteness* für ein Verständnis der Gegenwart nicht hoch genug eingeschätzt werden. Die Verniedlichung von Technik generiert herstellerseitig eine Komfortzone, ein Wohlbehagen wie -gefallen im Umgang mit technologischen Artefakten, deren Einführung für gewöhnlich eine diffuse Angst[94] flankiert. Vergleichbar mit den durch die App Snapchat popularisierten Facefiltern fungiert *cuteness* bildlich gesprochen als ästhetisierender, d. h. beschönigender wie beruhigender Filter zur wohldosierten Verabreichung von zunehmend intransparenter, hermetisch konzipierter Hightech. Die vorgebliche Vereinfachung komplizierter technologischer Prozesse geht dabei mit einer Infantilisierung und demzufolge Entmündigung der Nutzer*innen einher.

Als affektive, vertrauenserweckende und somit zugleich verharmlosende Designstrategie wird *cuteness* vielfach kalkuliert in Alltagstechnologie implementiert.[95] Neben der Interaktion mit reaktiven »Nahkörpertechnologien«[96] sowie phatisch-emotiver Onlinekommunikation[97] findet strategische Niedlichkeit konkrete Anwendung im Kontext sozialer Robotik, die auf eine gesellschaftliche Integration ausgelegt ist. Diese Verzahnung lässt sich Gn zufolge unter dem Begriff *machine cuteness* fassen.[98] Niedlichkeit sei zwar für soziale Robotik nicht obligatorisch, aber dennoch ein machtvoller Verstärker der Zugänglichkeit des technischen Objekts. Sie erhöhe die nutzer*innenseitige Bereitschaft, dieses als einer »emotionalen Investition«[99] und eines Erwerbs würdig aufzufassen. *Cute design* bedient somit den *Fiktionswert*[100] des Konsumobjekts.

Um ein Intimitätsverlangen zu wecken und eine affirmative Reaktion zu erwirken, knüpfe niedliches Design an idealisierte Vorstellungen von konfliktfreien und inkomplexen sozialen Beziehungen an; was als liebenswert gilt, sei bereits herstellerseitig vorbestimmt.[101] *Cute design* stelle dabei auf einen *positiven,* da lediglich fragmentarischen und cleanen, von antizipiert Abstoßendem bereinigten *Anthropomorphismus*[102] ab. So auch der 2020 auf der CES in Las Vegas vorgestellte teletubbieeske und pinguinähnliche Roboter LOVOT[103] des japanischen Start-ups Groove X, der explizit nicht als komfortable Haushaltshilfe, sondern nur in seiner Funktion als *happy object* beworben wird:

> »Our goal is simple: create a robot that makes you happy. When you touch your LOVOT, embrace it, even just watch it, you'll find yourself relaxing, feeling better. It's a little like feeling love toward another person. That's because we have used technology not to improve convenience or efficiency, but to enhance levels of comfort and feelings of love. LOVOT will react to your moods, and do all it can to fill you with joy and re-energize you. It may not be living a creature [sic!], but LOVOT will warm your heart. LOVOT was born for just one reason – to be loved by you.«[104]

Erklärtes Ziel derartiger Vermenschlichung auf Basis von Entmenschlichung[105] sei eine *kommunikative Transparenz*[106]: »while the machinery is a pre-requisite for the object to function, it must be transparent enough for the user to overlook it and regard the object as something other than a machine.«[107] Die Personifizierung wie Beseelung ermöglicht eine affektive Besetzung und fördert ihre Akzeptanz als unhinterfragter alltäglicher Begleiter, wodurch die apparativen Konstellationen in der Konsequenz eine Naturalisierung erfahren. »Ein bisschen Widerspenstigkeit muss [dabei jedoch; d. A.] sein«[108], konstatiert Katrin Blawat – mutmaßlich Erfahrungen mit menschlichen und tierlichen Pendants entlehnt. Zu reibungslose Interaktion oder mangelndes Reaktionsvermögen führe schnell zu einer Ermüdung in der Auseinandersetzung. Die strategische Selektion greife dem *uncanny valley*[109], einer ablehnenden Haltung infolge unzulänglicher realistisch-menschlicher Gestalt/ung, vor.[110] »In this context, deformation is not repulsive, but augments the affection that the subject expresses towards a different, non-human object.«[111] Die derart stilisierten Glückseligkeitsagenten sind mit Harris gesprochen häufig »anatomische Desaster«[112].

Im Allgemeinen ziehen technische Apparate – elektrifizierte Geräte unterschiedlichster Automatisierungsgrade – jedoch bei Fehlfunktion häufig negative Gefühle ihrer Nutzer*innen auf sich.[113] Versagt das Gerät seinen Dienst oder wird es gar zur Bedrohung, schlägt der Eindruck eines alltäglichen, vertrauten Hilfsmittels, dem man mitunter gar Liebe entgegenbringt, in sein Gegenteil um. Um Missmut wie Unbehagen der Konsument*inn*en zu mildern, kann und wird sowohl voraussehbaren als auch spontan auftretenden Störungen im Betriebsablauf herstellerseitig bzw. vonseiten der Dienstleistungsanbieter strategisch mit Niedlichkeit begegnet. Aufgrund von Komplikationen mit technischen Anforderungen des World Wide Web hat sich beispielsweise eine Spezialform der grafischen Fehlermeldung entwickelt, die frustrierten Nutzer*inne*n zumindest ein Lächeln abtrotzen will, wenn sie diesen schon die just versprochene Dienstleistung vorenthält. Bei temporärer Unverfügbarkeit des gewünschten Services wurden Twitter-User*innen bis 2013 des *fail whale* ansichtig.[114] Ein weißer Wal, der mit geschlossenen Augen entspannt schlafend in einem Netz, das von acht kleinen Vögeln mit orangefarbigem Gefieder in der Luft gehalten wird, über dem Meer schwebt. Betroffene können sich also einerseits sicher sein, dass mehrere emsige Twitter-Mitarbeiter*innen, der Vogel im Firmenlogo legt diese Interpretation nahe, bereits mit vereinten Kräften an der sachgerechten Lösung des Problems arbeiten. Andererseits fungiert das unterhaltsame und anrührende, unter pragmatischen Aspekten jedoch völlig überflüssige grafische Surplus als Trostpflaster. Die Verniedlichung des technischen Defekts dämpft proaktiv potenzielle Verärgerungen, indem sie als Alternativangebot in Erscheinung tritt. Jenes ›faule‹ Tauschgeschäft bzw. Ablenkungsmanöver ist eine bewährte Form der Affektregulierung. Deren ökonomische Absurdität wird durch user*innengenerierte Weiterverarbeitungen humoristisch auf die Spitze getrieben.[115]

Cuteness kommt folglich mit dem Ziel zur Anwendung, negative Affekte abzumildern und bestenfalls – vorausgesetzt die ›happy pill‹ wird in ausreichender Dosis verabreicht – zu neutralisieren. Um in der medizinischen Metapher zu bleiben, kann dies sowohl willentlich als auch unbewusst, in Form der Selbst- wie auch der Fremdmedikation geschehen. Wie Allison Page mit Blick auf zeitgenössische Kreativwirtschaft demonstriert, ist die affektregulierende Wirkung des Niedlichen mittlerweile fest im Selbstfürsorgedispositiv neoliberaler Subjekte verankert: »[…] by making work more bearable […] cuteness is central to capitalist subjectivity and post-Fordist workspaces.«[116] *Cuteness* diene dazu, die Zufriedenheit wie Motivation von Arbeitnehmer*inne*n zu verbessern und derart eine möglichst konstant hohe Leistungsfähigkeit wie -bereitschaft zu gewährleisten. Angesichts Entfremdung und Hyperindividualisierung sowie zunehmender Vermischung von Arbeit und Freizeit als Strukturmerkmale des Spätkapitalismus[117] fungiere jene Bewältigungsstrategie jedoch lediglich im Sinne von *cruel relief*[118]; einer Linderung, die gerade deshalb so grausam ist, weil sie genau jene Mechanismen, Systeme und gegenwärtigen Zustände, von denen sie Abhilfe schaffen soll, in Gang hält.

Es liegt die Deutung nahe, dass Niedliches nur eine kurze Halbwertszeit besitzt und auf einem Begehren fußt bzw. aus einem Mangel resultiert, der sich durch den Konsum jener Objekte und Ereignisse nicht nachhaltig stillen lässt: *Cuteness* erweist sich derart als leeres Glücksversprechen. Gerade die Vermassung des Niedlichen weist Lori Merish zufolge auf dessen Brüchigkeit und Fragilität als normierendes Regulativ hin: »[…] the very banality of cuteness […] suggests the fragility and tenuousness of the cute's hold on us; it bespeaks the need to compulsively rehearse the most basic social forms to ensure their idealization and transmission.«[119]

»Awww… but also ewww«[120] – Ambivalenzen des Niedlichen

Die Ambivalenz der auf »gemischten und widerstreitenden Gefühlen«[121] basierenden ästhetisch-affektiven Kategorie zeigt sich Ngai zufolge insbesondere an einer komplizierten asymmetrischen Machtbeziehung zwischen Subjekt und dem als niedlich Bezeichneten.[122] Die affektive Reaktion auf das Niedliche artikuliere das subjektseitige Verlangen, dem Objekt näher zu kommen,[123] »[that; d. A.] addresses us as if it were our child«, »[…] appealing […] to us for protection and care«[124]. Etwas als niedlich auszuweisen, bedeute, es als machtlos und unselbstständig zu markieren.[125] Das Objekt wiederum veranlasse das Subjekt zu einer Selbstinfantilisierung.[126] Indem es sich körperlich oder sprachlich ›verkleinert‹, ebnet das Subjekt die Differenz zwischen sich und dem niedlichen Objekt ein und begibt sich mit selbigem auf Augenhöhe. Diese mimetische Annäherung hat zur Folge, dass sich das Subjekt nunmehr selbst niedlich gebärdet. *Doing cuteness* zeigt sich beispielsweise an einer Veränderung der Stimmlage, Geplapper oder Gezwitscher[127] sowie einer Verwendung des Diminutivs, der bekanntesten grammatikalischen Form der Verkleinerung (= Verniedlichung) eines Substantivs. Dass »Diminutive [im Deutschen] stets sächlich [sind]«[128], deutet auf die Verdinglichung bzw. allgemeiner die Zurichtung des niedlichen Objekts hin. In Begegnung und Interaktion mit selbigem wird darüber hinaus die eigene Körpergröße, beispielsweise durch In-die-Knie-Gehen, verringert, da jenes zumeist von deutlich kleinerer Statur ist.

Die Selbstinfantilisierung und der dem Objekt zugeschriebene Fürsorgebedarf können Ngai zufolge als manipulativ wie »überwältigende emotionale Forderungen«[129] empfunden werden und Zuneigung infolgedessen in negative Affekte gegenüber dem Objekt kippen.[130] Eine diffuse Angst vor einer Kollektivierung des Niedlichen – *cuteness conspiracy* –, dessen Autonomiebestrebungen und Rachegelüsten und einem damit verbundenen Kontrollverlust über das unterdrückte Objekt könnten in Aggressionen und sadistischen Handlungen *(cute aggression)* münden. Dale wiederum sieht bereits in der Selbstverkleinerung einen masochistischen Akt.[131] Um das Niedliche nicht zu versehren, richte das Subjekt überwältigende exzessive Gefühle gegen sich selbst: »cute cuts the subject, not the other way round.«[132] Begründet Dale die Abkehr von Ngai unter anderem durch eine Unübertragbarkeit der Annahme von Konsumobjekten auf reale Lebewesen – »the world is not knee-deep in dead babies and puppies«[133] –, zeugen beispielsweise via GIF-Animationen verfügbar gemachte gequetschte Hunde- und Babywangen oder kostümierte ›Petfluencer‹ doch von einer latenten, wenngleich abgemilderten sadistisch-aggressiven Affektableitung auch am realen Lebewesen.[134]

In wissenschaftlicher Auseinandersetzung wird *cute* in Angrenzung zu anderen ästhetischen Kategorien wie *uncanny*[135], *monstrous*[136] oder *grotesque*[137] diskutiert. Unter Bezugnahme auf die Filmfigur E. T., welche »grotesk, aber auch niedlich«[138] sei, schlussfolgern Dale u. a., dass *cuteness* aufgrund ihrer

Formbarkeit ein Bündnis mit gegenläufigen Kategorien gewähre: »[…] cuteness as an aesthetic takes on a significant degree of malleability, allowing for the attachment of antagonistic categories while *still* retaining the capacity to precipitate an affective response in some (though not all) observers.«[139] Dem hier von Dale u. a. angeführten *trotzdem* ließe sich in Rekurs auf Konrad Paul Liessmann mit einem *gerade deshalb* begegnen. Mit Verweis auf die von Moses Mendelssohn im 18. Jahrhundert angebrachte »Theorie der vermischten Empfindungen«[140] konturiert Liessmann das vergleichsweise langfristige Affizierungspotenzial gemischt-uneindeutiger, »›schmerzhaftangenehme[r]‹«[141] Empfindungen[142] und plädiert für deren Aktualisierung im Kontext »moderne[r] Ästhetik«[143]: »Es geht […] darum, daß wir uns über unsere Empfindungen nicht ganz klar sind; daß sich Lust und Abscheu, Langeweile und Spannung, Faszination und Schrecken mischen können und wir solche Reizsituationen besonders gerne aufsuchen, in denen diese ungeklärten Mischverhältnisse auftauchen.«[144] Die besondere »Attraktion des Widerwärtigen«[145], das zugleich anzieht und abstößt, die »Freude am Schrecken« oder das »Vergnügen am Ekel«[146], ermöglicht durch das Wissen um den fiktionalen Charakter der Darstellung, benennt Gertrud Koch als »Affekt zweiter Ordnung«[147].

Auf gemischte Empfindungen abzuzielen, bezeichnet Pieter Desmet als einen interessanten, bereits aus künstlerischer Praxis bekannten Ansatz für affektives Produktdesign, um Konsumgüter von der Masse abzuheben.[148] »Widersprüchliche Reize erzeugen unklare und widersprüchliche Empfindungen[]«[149] – bereits einzelne Objekteigenschaften wie Erscheinungsbild und Interaktion könnten leicht multivalente, gemischte Empfindungen stimulieren.[150] ›Mainstreamdesign‹ verzichte aufgrund der gesteigerten Unkalkulierbarkeit des Rezeptionsverhaltens zumeist auf gemischte Empfindungen als planvoll eingesetzte Designstrategie und ziele auf eindeutiger positive Emotionen.[151] Das Internet hingegen kennzeichnet eine Vorliebe für Ambivalenzen; für Ästhetiken und Inhalte, die »uns sowohl zum Lachen bringen als auch erschaudern lassen«[152] und ihren Unterhaltungswert dabei häufig aus ihrer »ästhetischen Zweideutigkeit« ziehen:

> »Unterhaltung verlangt, daß alles Dargebotene ganz echt und zugleich unecht ist. In dem Moment, in dem der Zuschauer sich für eine der beiden Möglichkeiten entscheiden muß, kippt die Unterhaltung entweder in Zerstreuung, oder sie schlägt in Ernst um. Unterhaltung will (fast) ernstgenommen und (fast) bedeutungslos zugleich sein. […] Dieses Verharren der Unterhaltung in der Schwebe von Ernst und Unernst möchte ich als *Zweideutigkeit* fassen.«[153]

Insbesondere für Internetmeme bzw. allgemeiner vernakuläre Ausdrücke im Internet, die zwischen Ernst und Unernst oszillieren,[154] lässt sich die Theorie zur *Ästhetischen Zweideutigkeit der Unterhaltung* von Hans-Otto Hügel fruchtbar machen.

Dass gerade sichtbare extremere Verblendungen und Inkongruenzen entgegen »inflationäre[r] Aufmerksamkeit für Panda, Tiger & Co.«[155] ein besonderes Affizierungsvermögen aufweisen, lässt auch die Popularität und gesellschaftliche Besprechung des immer mürrischen, gallertartigen Blobfischs, der schrumpelig-nackten Sphinx-Katze und des äußerlich ewig infantilen, knopfäugigen Axolotls sowie zahlreicher versehrter ›Petfluencer‹[156] vermuten, die nicht selten unter der Rubrik der ›hässlichsten Tiere‹ gelistet,[157] jedoch durchaus auch als niedlich betitelt werden. »For things that are so ugly, they're cute«[158], lautet denn beispielsweise auch die inhaltliche Maßgabe des Subreddits *r/uglycute.* Urban Dictionary zufolge werden mit *ugly cute* ›unansehnliche Tiere‹ bezeichnet, deren skurriles Aussehen unterhaltsam-erheiternd wirke, jedoch zugleich Bedauern auslöse: »You tend to feel sorry for this critter. The runt of the litter.«[159] Hässlichkeit und Niedlichkeit erscheinen demzufolge als Parameter ein und desselben Kontinuums, bewirkt Hässliches im ›rechten‹ Maß offenbar einen Umschlag des ästhetischen Urteils zugunsten des Niedlichen.[160] »[I]t's good because it's awful«[161] – gerade deshalb niedlich, weil so *bemitleidenswert* ›hässlich‹ –, könnte man in Anlehnung an Susan Sontag[162] und im Sinne einer »Abweichungsästhetik«[163] vom Kuschelig-Harmlosen, zum ubiquitären konventionellen Niedlichen konstatieren.

> »Cute is first and foremost a *circular* concept. [...] [I]t works inevitably as a sort of pendulum swinging to and fro, and thus being able to play its role only up to a certain point, where the sweetness becomes a mock and a pitiful or ironic alter-ego of itself. Cute can therefore serve as multipurpose descriptive/interpretative tool endowing its objects either with more positive or ambivalent connotations.«[164]

Von Niedlichem als Kippfigur zeugen auch Oxymora wie *ugly cute, creepy cute, grotesque cute, gross cute, kimokawaii, gurokawaii* oder *cute* und *ugly (cugly)*[165] sowie *cute* und *creepy,* die ein Mischverhältnis anzeigen und von einem differenzierten ästhetischen Urteilsvermögen künden.[166] *Cute* wird ein »am anderen Ende einer gedachten Eigenschaftsskala [...] semantisch konträres Sprachzeichen«[167] gegenübergestellt. Genauer betrachtet, stellen jene Komposita jedoch keine Verbindung von *cute* mit einem Gegenteil her. Bereits im konventionellen Bedeutungsrahmen eignet Niedlichem als ambivalente ästhetisch-affektive Kategorie eine polyvalente, sorgfältig austarierte und wohltemperierte Grundspannung, die darauf abzielt, rezeptionsseitig das Affizierungsvermögen zu steigern, ohne dabei Gefahr zu laufen, ins Extreme umzuschlagen und ungenießbar zu werden. Zur Binnendifferenzierung der ästhetischen Kategorie *cute* und ihrer Mischformen sind Adjektivpaarungen üblich, die wie oben als Oxymora eingeführt werden.[168] Die Beziehung der Adjektive zueinander divergiert. Während die Konjunktion ›und‹ eine Gleichwertigkeit der beiden adjektivisch gefassten ästhetischen Urteile akzentuiert, stellt sich ersterer Fall komplexer dar. Eine Entscheidung darüber, ob Kopulativ- oder Determinativkomposita vorliegen, d. h. die Adjektive vertauschbar sind oder ersteres sich auf letzteres Adjektiv präzisierend bezieht, ist dem Kontext zu entnehmen.[169] Dass ein Balanceakt von angenehm und unangenehm nicht in Ablehnung kippt, ist nach Harris und Maja Brzozowska-Brywczyńska vor allem auf die ebenfalls gemischte Empfindung von Mitleid zurückzuführen, die auch im Kontext der Akzeptanz sozialer Robotik zentral ist. »It is the disempowering feeling of pity and sympathy […] that deprives a monster of his monstrosity.«[170] Und weiter: »The grotesque is cute because the grotesque is pitiable, and pity is the primary emotion of this seductive and manipulative aesthetic that arouses our sympathies by creating anatomical pariahs […].«[171] Oder auch: »Menschen haben Mitleid mit Robotern«[172] – Roboter aber nicht mit Menschen.

Aufgrund ihrer Offenheit bezeichnet Gn *cuteness* als »open-source aesthetic«[173]: Verändere sich deren Referenzsystem und Vokabular, bestehe die Möglichkeit einer Reformulierung des sozialen Konstrukts – ein *de-sign*[174]. Die Formelhaftigkeit des Niedlichen macht dieses für einen strategischen Bruch verfügbar. Als prototypische Umwertung des sozialverträglichen Niedlichen können die aus Instagram-Found-Footage montierten digitalen Collagen von @betrayal_junkie[175] gelten. @betrayal_junkie markiert Niedliches als medial omnipräsent und vergegenwärtigt anhand von Verdichtungen dessen maßgebliche motivische wie farbliche Referenzen; das Weibliche, Kindliche, Tierliche sowie ein pastelliges rosa-weißes Kolorit. Die Collagen irritieren erst auf den zweiten Blick. @betrayal_junkie passt potenziell Abstoßendes bzw. nicht mit dem konventionellen Niedlichen assoziiertes – Gedärme, gerupfte Vogelhaut usw. – über das Farbschema ein und subvertiert derart die rahmende Funktion des Niedlichen. Die Collagen bedienen sich somit Stilmitteln konventionalisierter Niedlichkeit, sogenannter Niedlichkeitsmarkern, das ästhetische Urteil geht im hier formulierten Kippmoment jedoch potenziell nicht zugunsten des Niedlichen aus. In Einspeisung alternativer Ausdrücke, speziell in kommerziellen Zusammenhängen, lässt sich allerdings das Verwirken eines oppositionell-widerständigen Charakters annehmen.[176] Gemischte Empfindungen antizipierende Reizangebote stehen – in der Logik des Interessanten – im Verdacht einer Abnutzung durch Schematisierung und Gewöhnungseffekte.

Das Internet als Inkubator und Umschlagplatz: *cuteness on demand*

»[…] [W]e're all a little puppy mad. Or bunny mad. Or cat crazy. Or… Ok, just generally *cute crazy*.«[177]

Egal ob Bildmakros von Grumpy Cat, Selfies mit Hundefilter, digitale Sticker von Baby Yoda oder dank animierter GIFs in Endlosschleife gähnende Faultierbabys – millionenfach geteilt, kollektiv produziert wie konsumiert sind online zirkulierende, mit #cute verschlagwortete Medieninhalte sowohl Kommunikationsanlass als auch sozialer Katalysator und begünstigen eine spezielle Form von Sozietät. Wenn es darum geht, der ästhetisch-affektiven Kategorie *cuteness* – ihren verschiedenen Verhandlungsformen und Spielarten, Bildtraditionen, Themen- und Motivkomplexen – als einem soziokulturell aussagekräftigen Signum der Gegenwart nachzuspüren, sind die »affektiven Gemeinschaften«[178] und »fingierten Mikrowelten«[179] des »Kulturraum[s] Internet«[180] folglich prädestiniert. *Cute communities* stehen beispielhaft für jene affektbasierten Vergemeinschaftungsformen in Mikromilieus, die sich um spezifische affektive Spielarten des Niedlichen organisieren.[181] Nach Ahmed werden Affekte konkreten Objekten und Symbolen zugeschrieben, wodurch sie in der Folge innerhalb jener Kollektive als identitätsstiftende soziale Güter zirkulieren können.[182]

Durch Social Media wie Facebook, Instagram oder YouTube befeuert, ist auch innerhalb digitaler Bild- und Internetkulturen im letzten Jahrzehnt eine regelrechte Ökonomie des Niedlichen entstanden.[183] Die meisten audiovisuellen Inhalte werden dabei von medienaffinen Privatpersonen erstellt, welche als Prosument*inn*en die Produktion wie Kuration von online verfügbarem Content maßgeblich mitprägen.[184] Jene Formen selbstermächtigender kultureller Produktion durch Konsument*inn*en, wie sie der Vorstellung von einer *prosumer culture* zugrunde liegt, werden konzernseitig längst mitgedacht und beispielsweise als kostenlose kreative Arbeitskraft kapitalisiert.[185] »The internet is […] a networked instrument for converting distributed affect – even relatively low affect – into concentrated profit. The conversion happens at the level of ›engagement‹: interaction, or ›clicks‹.«[186] Indem sie eine Vorauswahl sowie Kategorisierung online kursierenden Bild- und Videomaterials vornehmen, bereiten professionell betriebene, kommerziell ausgerichtete Metaseiten wie 9GAG, BoredPanda oder cheezburger.com nutzer*innengenerierte Inhalte systematisch auf, unterwerfen sie der Warenlogik und führen sie einer ökonomischen Verwertung zu.

Entwickelt hat sich die mediale ›Partizipationskultur‹[187] des 21. Jahrhunderts auf Grundlage der benutzerfreundlicheren und stärker kollaborativ orientierten Neukonzeption des World Wide Web.[188] Nicht umsonst attestiert Ethan Zuckerman dem Internet mit dem Web 2.0 eine besondere Eignung für die memetische Verbreitung von niedlichen Katzenbildern.[189] »The camera loves cats«[190] – so beginnen denn auch die filmwissenschaftlichen Ausführungen von Leah Shafer zu einem der populärsten YouTube-Formate aller Zeiten, dem Katzenvideo.[191] Als Frühform bildbasierter viraler Onlineinhalte und Paradebeispiel für die Kommerzialisierung von Amateurvideos stehe selbiges emblematisch für eine globale wie medienübergreifende visuelle Trendentwicklung, den Modus des Superflachen.[192] Neben einer laienhaften Ästhetik zeichne sich jene Darstellungsweise durch ihren Sensations- bzw. Ereignischarakter aus. Folgelogisch träten narrative Aspekte zugunsten einer unmittelbar affektiven Ansprache in den Hintergrund: »A cute cat video is not trying to get you to identify with characters or follow a story or invest emotionally in an allegory: it's showing you something to make you laugh, go ›awww‹, and click on another cat video.«[193]

Popularität ist per se auf eine weithin geteilte Zustimmung angewiesen. Insofern lässt bereits die schiere Ubiquität von *cute content* inner- wie außerhalb von Social Media erkennen, dass dessen Affizierungsvermögen ein hohes Maß an Konsensfähigkeit besitzt. Zu einem signifikanten Teil an tierliche Protagonisten gebunden, kann dieser als *cute animal (i. e. dog, cat, mouse etc.) content* näher bestimmt werden. Die Eigenart von Niedlichem im Allgemeinen wie dessen tierlichen Delegierten im Speziellen besteht offenkundig in einem spezifischen Reizpotenzial, von dem eine weitgehend verlässliche, breitenwirksame Anziehungskraft ausgeht. Hieraus speist sich sein ökonomischer Wert als »affektives Lockmittel«[194] bzw. Affektverstärker – sei es beispielsweise in Form von aufmerksamkeitsgenerierendem Clickbait oder verkaufsförderndem *cute marketing*. Von farblich getarnten Eulen zwischen Perserkatzen, die sich kuckucksgleich einen Happen »unwiderstehlichen«[195] Katzenfutters der Marke Rutan ergaunern wollen, über einen

Braunbären im halb abgelegten Eisbärkostüm, der als klimadiskursadäquate Variante ›Wolf im Schafspelz‹ für den Automobilhersteller Fiat seine »dunkle Seite«[196] offenbart, bis hin zu *Paws and Relax,* einem TV-Kanal des On-Board-Entertainments der Fluggesellschaft British Airways: »People share cute.«[197] Anhand von ausgewählten Kampagnen, in denen Tiere als Werbeträger für alle möglichen Produkte eingesetzt werden, eruiert Sarah Burke das Erfolgskonzept des Niedlichen. Unter Bezug auf die Maslowsche Bedürfnispyramide identifiziert sie Selbstverwirklichung als grundlegende Motivation der Sharing-Kultur. »[C]uteness is a no-brainer for happiness«, daher sei alles Niedliche in besonderem Maße geeignet, positive Gefühle zu kommunizieren – »we're sharing things that make people *happy* and therefore make us appear like *happy* people.«[198] *Cute (animal) content* liefert beispielsweise einen kostenlosen Lachanlass[199] auf Abruf und trägt somit – gewissermaßen *on demand* – zur kurzweiligen alltäglichen Erbauung und kommunikativen Selbststilisierung bei.[200]

Wie lässt sich nun aber speziell die Omnipräsenz von Tieren in online zirkulierendem, bildbasiertem *cute content* deuten? Welche Funktionen erfüllen sie? Mit Jody Berland gefragt: »Why are there so many cats on the Internet?«[201] *Cute content* im Allgemeinen wie *cute animal media* im Speziellen sind Gegenstand kulturwissenschaftlicher Auseinandersetzungen. Obgleich mit divergenter Schwerpunktsetzung besteht ein Grundkonsens in der Annahme eines Zusammenhangs zwischen der fortschreitenden Digitalisierung alltäglicher Lebensbereiche und der Omnipräsenz des Niedlichen. In ihrer 2019 veröffentlichten Monografie *Virtual Menageries* attestiert Berland der Beziehung zwischen Hauskatzen und Social Media eine symbiotische Qualität. Bildliche Repräsentationen von Stubentigern seien ein derart grundlegender Bestandteil von Onlinekommunikation, dass sie metonymisch für die Internetverbindung als solche – »the state of being online«[202] – stünden. Kreiert würde jenes Bildmaterial dabei nicht etwa zu Informationszwecken, sondern mit Blick auf seinen interpersonellen Austausch.[203] »The value of online cats is mainly determined by how they make people feel. As digital objects they are exchanged for what are ideally still immaterial values such as company, distraction, satire, protest, laughter, and cross-species friendship.«[204] Indem sie technologische Entfremdung emotional überbrückten, weist Berland Katzen im Speziellen wie Tieren im Allgemeinen bei der Domestikation von Computertechnologie eine Nähe stiftende Mittlerrolle zu – »the animal mediator is a connector […].«[205] Mit Blick auf die Virtualisierung zwischenmenschlicher Kommunikation vertreten Dale u. a. einen ganz ähnlichen Standpunkt, attestieren sie bildbasiertem *cute (animal) content* im Kontext digitaler Kommunikationstechnologie ebenfalls eine emotionale Brückenfunktion. Emojis, Katzen-GIFs und dergleichen dienten demnach zur symbolischen Kompensation einer »affektiven Lücke«[206], die aus der zunehmenden Digitalisierung resultiere. Sie begünstigen phatische Kommunikation und tragen derart zur Sozialität von Onlineumgebungen bei.[207] Darüber hinaus fungieren sie als »emotionale Werkzeuge« zur bildbasierten Gefühlsäußerung und konkretisieren die Position wie Motivation der Sprechenden.[208]

»[…] [B]oth the phatic and emotive functions of emoji enable messaging platforms to be more interactive and positively humanised, insofar as users' affections are coded and represented within the platform's structure. […] [A] medium is perceived to be transparent when its material difference […] is negated by the form of affection that the medium attempts to simulate.«[209]

Daniel Wittkower ist ebenfalls der Ansicht, dass niedliche Inhalte Aspekte technologischer Entfremdung abmildern könnten. Unter Bezug auf designgeschichtliche Strömungen um die Jahrtausendwende argumentiert er dafür, dass eine gerundete Formensprache und »Cartoon-Anthropomorphismen« bis heute geeignet seien, die rezeptive Wahrnehmung von digitaler Technologie als »fremd, kalt und gefühllos« abzuschwächen, indem sie physiopsychisch Gefühle von Nähe und Wärme evozierten.[210] Durchaus plausibel sei daher die Vermutung, dass Nutzer*innen in Form einer Selbstmedikation mittels *cute (animal) content* aktiv Anflüge von Befremdung innerhalb der Mensch-Maschine-Interaktion zu kurieren suchten.[211] Zwei weitere thesenhaft ausgeführte Erklärungsansätze für die Allgegenwart des Niedlichen in digitalen Kulturen sieht Wittkower darüber hinaus in einem mit dem Web 2.0 initiierten demografischen Wandel sowie in der Desublimierungshypothese: Die einprägsame, stark stilisierte niedliche Bildsprache besäße eine »unmittelbare emotionale Ausdruckskraft«[212], die sich direkter vermittle und demnach sowohl einem beschleunigten Informationsfluss als auch einer kurzen Aufmerksamkeitsspanne zupasskomme. Indem sie nicht über sublime, sondern expressive audiovisuelle Ausdrucksformen kommunizierten, bespielten Onlineinhalte eine deutlich »einfachere emotionalen Palette«[213], deren »extreme Bilder«[214] – im Sinne der von Reckwitz für das Internet konstatierten *»digitale[n] Affektkultur der Extreme«*[215] – unmittelbar bewegten: »Cute images are immediately engaging [and evocative; d. A.], similar to other categories of communications that have become prominent in new media, such as the hot and the shocking and disgusting.«[216]

Geronnene[217] Affekte in Mikroformaten

»One of the most common uses of GIFs – if not the most common – is the performance of affect.«[218]

Innerhalb digitaler Bildkulturen zirkulieren ästhetische Artikulationen des Niedlichen vorrangig in Mikroformaten[219] wie Bildmakro oder GIF-Animation, die aufgrund »ihre[r] ultrakurze[n] Handlichkeit [...] für den Austausch als soziale Währung prädestiniert«[220] sind.

Das Containerformat GIF[221] kann als Beispiel für eine kleine, hybride[222] Medienform gelten. 1987 vom US-amerikanischen Onlinedienst CompuServe eingeführt, beschreibt GIF konzeptuell einen grafischen Bereich feststehender Größe, der mit einem oder mehreren übereinandergeschichteten Einzelbildern ›bevölkert‹ wird. Mithilfe entsprechender Software können diese als geloopte Animation interpretiert werden.[223] Das GIF wurde im Web 1.0 genutzt, um die textlastige, statische Onlineumgebung privater Homepages mit einfachsten Bewegtbildern visuell zu beleben und gilt daher vielfach als Emblem für die Ästhetik des frühen Internets, eine Frühform »digitale[r] Volkskunst«[224] bzw. »Folklore«[225].

Zwischenzeitlich in der Bedeutungslosigkeit verschwunden, erlebt das Dateiformat seit etwa zehn Jahren als visuelle Kommunikationseinheit eine massenwirksame Renaissance. Neben dem 2007 lancierten Mikroblogging-Dienst Tumblr[226] hat insbesondere das 2013 gegründete Giphy, eine ebenfalls US-amerikanische Onlinedatenbank und Suchmaschine für GIF-Animationen aller Art, entscheidend zur Systematisierung und Funktionalisierung des Mikroformats beigetragen. Durch die Möglichkeit der direkten Einbindung in Social Media, anfangs vor allem Facebook und Twitter, hat sich das animierte GIF innerhalb alltäglicher virtueller Interaktion zu einer bedeutenden Kleinsteinheit phatisch-emotiver Kommunikation und öffentlicher Meinungsbildung entwickelt.[227] Besonders populär sind sogenannte *Reaction*-GIFs, die innerhalb der Giphy-Datenbank entweder entlang konventionalisierter, sprachlich indexierter gestisch-mimischer Ausdrucksformen[228], Emotionen[229], Sprachformeln[230] oder Tätigkeiten[231] kategorisiert werden: »Don't tell it to me, GIF it to me!«[232]

Als Ausgangsmaterial dienen zumeist kurze Sequenzen aus Blockbustern, populären Film- und Fernsehproduktionen, kanonisierten Filmklassikern, Sportereignissen, Cartoons, Computerspielen, Musikvideos, Nachrichtensendungen oder Ähnliches, wobei die intendierte Aussage teils mithilfe von nachträglich eingefügtem Text verdeutlicht wird.[233] In Form eines appropriierenden *frame* bzw. *video capture* ermöglicht das *Reaction*-GIF demzufolge eine nuancierte Befindlichkeitsäußerung bei gleichzeitiger Demonstration von popkultureller Kennerschaft sowie der persönlichen Affinität zu bestimmten »Geschmacksvereinen«[234] und Stilgemeinschaften.[235] Ursprünglich als popkulturelle Hommage gedacht, hat sich der Frame nach Meinung von Daniel Rourke mit zunehmender Popularität des animierten GIFs von seinem Ursprungskontext emanzipiert. Die kulturelle Ausdrucksform habe ihr eigenes Referenzuniversum kreiert und sei damit selbstreferenziell[236] geworden: »GIFs begin to co-ordinate their own realm of correspondence. An ocean of viral videos turned into a self-serving visual language, looping back on itself ad infinitum.«[237]

In Funktion eines visuellen Kommunikationsbausteins verdichtet das ultrakurze Bewegtbildformat verschiedene Bedeutungsebenen und Aussageoptionen in einem Medientext. Überdeterminiert und zugleich entkontextualisiert steht es für eine flexible Anschlusskommunikation zur Verfügung. Dank intertextueller Reichhaltigkeit wie kontextübergreifender Passung verfügt das GIF somit einerseits über autopoietische Qualitäten, erfährt es durch seinen Einsatz in diversen narrativen Zusammenhängen doch allenthalben eine revitalisierende Aktualisierung; andererseits ist eine adäquate Entschlüsselung seines Sinngehalts auf ein hohes Maß an kontextueller Sensibilität und transmedialem Insiderwissen angewiesen. Wie ein GIF interpretiert wird, hängt ergo maßgeblich von der Situierung der Betrachtenden ab.[238]

»[…] [M]alleability and versatility are key to the GIF's capacity for interpretive flexibility; the separation of GIFs from their original texts imbues them with multiple layers of meaning that are not universally accessible to all audiences. This […] provides the GIF with resistant potential: similar to double-entendre, parody, camp, and other types of layered texts, GIFs can be (and often are) used to communicate hidden meanings in plain sight.«[239]

Die Bedeutung eines GIFs wird folglich innerhalb eines Kollektivs definiert – »[…] communities make the GIFs«[240] – und kann bei gleichbleibendem Inhalt abhängig von der jeweiligen affektiven Gemeinschaft stark divergieren.

Neben der skizzierten semiotisch kennzeichnenden Polysemie ist der ›stumme‹ Loop[241], das auf Dauer gestellte tonlose Bewegtbild, ein formalästhetisches Charakteristikum des animierten GIFs. Während der Inhalt beliebig variieren kann, ist das Mikroformat strukturell durch Rhythmus und Wiederholung gekennzeichnet. Die quantitative Kürze der Sequenz steht dabei in einem unaufgelösten Spannungsverhältnis zu deren unablässiger Repetition in Form der Endlosschleife.[242] Einerseits gewinnt das Dargestellte durch seine permanente Wiederholung an Relevanz. Isoliert von ihrem Ursprungskontext und schleifenförmig arretiert, wird den gewählten Bildabfolgen besondere Aufmerksamkeit zuteil. Derart exponiert laden sie geradewegs zu einer analytischen Betrachtung ein. Ihre Repetition bedingt andererseits zugleich eine inhaltliche Redundanz sowie einen affektiven Gewöhnungseffekt, wodurch das Gezeigte stets Gefahr läuft, zu langweilen und ins Belanglose abzugleiten. Initial durch den exhibitionistischen Zeige- bzw. Demonstrationscharakter des GIFs getriggert, wird die Schaulust ob der Redundanz des Zu-sehen-Gegebenen schnell schal. Mit Blick auf die paradoxe temporale Logik – die Simultaneität von »Starre und Beweglichkeit, Variation und Monotonie sowie Veränderung und Stabilität«[243] – zieht Monica Dall'Asta eine Parallele zur kapitalistischen Dialektik – »[…] its incessant pursuit of change that never changes anything – or what Benjamin first characterized as the ever-new appearance of the ever-same in the experience of modernity.«[244]

Seine idealerweise bruchlose Kontinuität verdankt der Loop einer nahtlosen Montage, die weder Anfang noch Ende erkennen lässt und jedweden linearen zeitlichen Ablauf für sinnlos erklärt bzw. performativ unterläuft. In der filmischen Tradition von Vaudeville und Slapstick verleiht die endlose Wiederkehr des Ewiggleichen dem Dargestellten komödiantische Qualitäten, die laut Daniel Rubinstein aus der dramatischen Verbindung zwischen ausgelassenem Spiel einerseits und pathologischer Zwangshandlung andererseits herrühren. Die zirkuläre Performance betone das Ereignishafte, perpetuiere jegliche Sinnzuschreibungsversuche und eigne sich daher insbesondere für Ironie, Satire sowie Nonsens-Szenarien.[245] »Eine oberflächliche Erzählung diene dabei allein als Einfassung eines visuellen Clous, der eigentlichen Attraktion, und nach mehrfachem Schauen bliebe nur der Witz, das Spektakel, als Anreiz für die weitere Wiederholung des Loops.«[246] Das Fragmentarische mündet demzufolge nicht in einer Wiederherstellung des Ganzen, sondern in einer endlosen Fortsetzung seiner selbst als neue Totalität, die keinem anderen Erzählfluss als dem eigenen verpflichtet ist.[247] Am Beispiel von Nonsens-Memen stellen Yuval Katz und Shifman die soziale Funktion von vordergründig ›unsinnigen‹ Onlineinhalten heraus, die gleichermaßen für das GIF geltend gemacht werden kann – »[…] a powerful *social glue*. We thus claim that while digital nonsensical memes often lack referential meaning, *they always carry affective meaning*.«[248] Im GIF kondensieren Gesten, Aktionen, Emotionen sowie Figurationen zu Handlungen von Sekundenbruchteilen. Jene mediale Zurichtung in kommunikative Kondensate überführt die durch Bewegung repräsentierten Affekte in eine

»Emotionsstenografie«[249], ein standardisiertes Brevier, innerhalb dessen sie sich potenziell endlos selbst darbieten. Speziell im Fall des *Reaction*-GIFs symbolisiert die kontinuierlich in Dauerschleife ablaufende Bewegtbildsequenz nicht lediglich einen subjektiven wie temporären Gemütszustand, sie bringt diesen vielmehr zur Aufführung – das Medium agiert stellvertretend Emotionen aus, ohne dabei eine nachhaltige Katharsis zu erzielen.[250] Die Expressivität und Überspanntheit der zirkulären »embodied enactments«[251] lässt an Ngais *zaniness* – »an aesthetic about performing as not just artful play but affective labor«[252] – denken.[253] Wild gestikulierend, konstant in Bewegung, unruhig, zappelig, erregt und extrovertiert kennzeichnet das GIF eine vergleichbare Mischung aus spielerisch und nervtötend – »a ludic yet noticeably stressful style«[254].

Aufgrund der fehlenden Tonspur ist die bildliche Darstellung – dem Stummfilm wie auch der Pantomime vergleichbar – auf eine körperbetonte Performance, d. h. insbesondere auf ein ausdruckstarkes Gebärden- und Mienenspiel angewiesen.[255] Kennzeichnend für mobile digitale Bildmedien wie das GIF ist nach Lorenzo Marmo des Weiteren eine »digitale Haptizität«[256], die auf dessen körperliche Dimension als konkretes, materielles Zeigemedium verweise. Im Kontext mobilen Medienhandelns, d. h. in der Interaktion mit digitalen Bildern über reaktive Touchscreens von portablen Endgeräten, gewinnt der Tastsinn fundamental an Bedeutung.[257] Die Grenze zwischen Sehen und Berühren verschwimmt, Visualität und Taktilität fallen zusammen und die körperliche Interaktion mit Bildern wird buchstäblich greifbar.[258] Unter Verwendung von »digitale[n] Nahkörpertechnologien«[259] und einem »intime[n] Medium«[260] wie dem Smartphone ist das körperbetont-affektive Mikroformat GIF in besonderem Maße durch physische Nähe und Intimität gekennzeichnet.

Die ästhetisch-affektive Kategorie *cuteness* und das Mikroformat GIF bilden eine nahezu prototypische Allianz, kennzeichnet ›Kleinheit‹ beide doch gleich in mehrfacher Hinsicht. Niedliches kann als eine mustergültige »Ästhetik des Kleinen«[261], eine »ästhetische Entgegnung auf das Kleine, Schwache und Untergeordnete«[262] beschrieben werden, weswegen es laut Ngai für die gesamte Unterklasse ›kleiner‹ Geschmacksurteile exemplarischen Charakter besitzt.[263] Medientheoretisches Äquivalent zu Ngais »minor aesthetic categories«[264] ist das GIF wiederum ein (Parade-)Beispiel für mobile, dezentrale, kollektiv-partizipative »minor media«[265]. Niedliches suggeriert Einfachheit wie Nahbarkeit und wird daher inflationär eingesetzt, um die Entfremdung zwischen Menschen und digitaler Technologie durch eine vertraute, positiv konnotierte Affizierungssituation zu kompensieren. Mittlerweile fester Bestandteil von Messenger-Apps sind GIF-Animationen, zumal mit niedlichem Inhalt, ein konkretes Instrument jener phatisch-emotiven Kommunikation. Gepaart mit der haptischen Konkretheit mobil über berührungssensitive Interfaces konsumierter Medieninhalte trägt die inhaltliche Eindeutigkeit zum Eindruck von Unmittelbarkeit bei. Dem Gesuch, sich Niedlichem räumlich zu nähern, gibt das gestisch-performative GIF derart ausdrücklich statt. Intim anmutend und auf das affektive Moment verkürzt, scheint das in Dauerschleife performende GIF in besonderem Maße dem affektiven Gehalt des Niedlichen zu entsprechen. Das Mikroformat unterstützt Niedliches in seiner Emotionalisierungsfunktion als *happy object* und dient sogar als Affizierungsverstärker. Dermaßen eingepasst tritt jedoch auch die Machtdynamik des Niedlichen deutlicher zutage. Die zirkuläre und stetig abrufbare affektive Performance bringt das willfährige Niedliche einerseits stärker unter Kontrolle des Subjekts, zähmt und approximiert es durch ständige Wiederholung. Andererseits vermag gerade die überdrehte, ausgedehnt aufgeführte Darbietung vom positiv rezipierten Niedlich-Spielerischen ins Nervtötend-Unerträgliche oder Anödende zu kippen; die manipulativ-überwältigende Seite des Niedlichen sowie ein Abstumpfungseffekt sind ebenfalls nicht zu verkennen.

Kurz, kompakt und vorgeblich klar verständlich fungieren die (bewegt-) bildbasierten, tonlosen Kondensate als konfektionierte »Emotionsstenografie«[266] – eine verdichtete emotive Symbolkraft, die gleichfalls für die Stilmittel des Niedlichen kennzeichnend ist: »As a stylistic device, cute design can act as ›shorthand‹ for sentiments that would otherwise prove to be more difficult to express.«[267] Die Komplexitätsreduktion, welche derart pointierte, vorrangig visuelle Botschaften offerieren, täuscht dabei leicht über die voraussetzungsvolle semantische Dichte des Mikroformats und die notwendige Fokussierung der jeweiligen Anschlusskommunikation hinweg. Dass ›klein‹ keineswegs gleichbedeutend mit leicht zu handhaben ist, davon zeugt auch das Niedliche, dessen biologistische Dimension tendenziell den Blick auf seine offensichtliche Manieriertheit verstellt.

Strukturmerkmal sowohl des Niedlichen als auch des GIFs ist das selektive Aufgreifen eines Bezugssystems. Kennzeichnet Niedliches ein *positiver Anthropomorphismus,* speist sich das Mikroformat aus einer größeren Erzählung. Zunächst granuliert und ›verkleinert‹ verfestigen sich die Fragmente durch Reproduktion und bedürfen schließlich keiner Validierung an Vorgängigem mehr, sondern dienen sich ausschließlich selbst als Referenz.

Internetpromenadologie – methodische Überlegungen

»[N]ot having access to basic information like ›Who is doing this?‹ and ›What are they trying to accomplish?‹ means there's not even a breadcrumb trail to begin following. Sometimes all you have to work with is the content rolling past you on the screen […].«[268]

Wenn die Gegenwart affektgeprägt ist und vermischte Empfindungen dominieren; wenn die »Affektmaschine«[269] Internet durch nichtlineare Strukturen wie mäandernde, multimodale, »über Stilgemeinschaftsgrenzen hinweg migrieren[de] [mediale Formen und Praktiken]«[270] charakterisiert ist, wie sollte ein Modus zur medienadäquaten Erhebung von Forschungsdaten beschaffen sein?[271]

Zur Beschreibung des Internets sowie speziell zur Erläuterung dessen infrastruktureller Logik wird allenthalben auf Fließ-[272] und Raummetaphern zurückgegriffen, wie sich an den Bezeichnungen ›Netz‹, ›Sphäre‹ oder ›Landschaft‹, einem Vergleich mit dem menschlichen Nervensystem sowie den in den 1990er und 2000er Jahren vielfach bemühten, heute jedoch angestaubten Sinnbildern ›Cyperspace‹, ›Datenautobahn‹ oder ›globales Dorf‹ zeigt. Um die Verwobenheit menschlicher Lebenswelt mit digitaler Technologie in einem System zu benennen, zieht James Bridle den Ausdruck *network* heran.[273]

Im Kontext des Internets der Dinge[274] präzisiert Florian Sprenger darüber hinaus den Begriff *environment,* der »seit der Jahrhundertwende und verstärkt seit der Mitte des 20. Jahrhunderts […] mit unterschiedlichen Vorzeichen zur Selbstbeschreibung einer technisch durchdrungenen Kultur […]«[275] diene und »[…] derzeit neue Technologien des *ubiquitous computing* [kennzeichnet; d. A.], die sich dadurch auszeichnen, dass sie, miniaturisiert und in Alltagsgegenstände integriert, in die Umgebung auswandern und dort Daten sammeln, Ströme verteilen oder Bewegungen koordinieren […].«[276] Sprenger beschreibt den Ausdruck als Vereinfachungsformel, die immer dort Anwendung finde, »wo man Einflüsse erklären will und mit anderen Konzepten nicht weiterkommt«[277], sowie als Begriff, der in seiner »Offenheit«[278] – negativ gesprochen: »›Containerfunktion‹«[279] – nicht »weniger metaphysisch [ist; d. A.] als die Konzepte, an deren Stelle er treten sollte.«[280] Jene um das Internet schwebende Wortwolke akzentuiert Vernetzung, Fluidität wie Variabilität und erfüllt Cornelia Becker zufolge durch Rückbindung an bekannte, mit Erfahrungen und Emotionen verbundene Konzepte eine »orientierende und erwartungsstrukturierende Funktion«[281], die jenes »[…] der sinnlichen Erfahrung zugänglich […]macht«[282] und als komplexitätsreduzierender Mediator ›Sagbarkeit‹ wie Zugänglichkeit abstrakter und intransparenter Zusammenhänge steigert.

Die insbesondere von Walter Benjamin immer wieder thematisierte Figur des Flaneurs[283] wurde – vermutlich auch eingedenk angeführter Raummetaphern – in Form des ›digitalen‹ oder ›Cyberflaneurs‹ auf strukturelles Vorgehen respektive ›Surfen‹[284] im Internet übertragen.[285] Überlegungen zum Flanieren als intensivierter, selbstreflexiver Wahrnehmungsmodus sowie die von Lucius Burckhardt entworfene Promenadologie[286] lassen sich mit Blick auf digitale Infrastrukturen und gegenwärtige Kulturtechniken modifiziert zur Konzeption eines Forschungsdesigns heranziehen. In erster Linie stellt dieses auf die phänomenologischen, assoziativen wie reflexiven Qualitäten der Realraummethoden des Flanierens und Spazierens ab und nimmt deren virtuelles Äquivalent, den *Netzspaziergang*, als Ausgangspunkt für weiterführende Analysen.[287] Eine derartige Perspektivierung darf jedoch nicht der romantisierten Vorstellung anheimfallen, das Internet und speziell »Social-Media-Anwendungen als [...] neutrale Orte oder passive Mittler der Datenspeicherung und Vernetzung«[288] zu begreifen – konzeptuelle Vorgaben wie selektierende Algorithmen sind strukturgebende und normierende Marker des Forschungsprozesses,[289] die, da größtenteils intransparent, als ›Unbekannte‹ mitgedacht werden müssen und die Auffindbarkeit visueller Inhalte mitbestimmen.[290]

Perlenschnurartig aufgereihte und schließlich durch »Integrationsleistung« zu einer Einheit verknüpfte Eindrücke eines nicht zielorientierten Gehens beschreibt Burckhardt als Kern der Promenadologie.[291] »Diese Integrationsleistung wird ermöglicht durch den raffinierten Begriff der Landschaft, mit welchem wir aus heterogenen Umgebungen eine Einheitlichkeit herauszufiltern vermögen, die nun das Gesehene kommunizierbar macht.«[292] Auf diese Weise ermögliche der Landschaftsbegriff – ähnlich der metaphorischen Vereinfachungen für das Internet – Wahrgenommenes sprachlich zu fassen. Ein Bewusstsein für vorstrukturierte, eingeübte Wahrnehmung zu schaffen und diesbezüglich neue Wahrnehmungsmodi zu initiieren, sei erklärtes Ziel der Spaziergangswissenschaft.[293] Die Absicht eines »Reflexionsspaziergangs« besteht Kathrin Leipold zufolge darin, sich Vorprägungen zu vergegenwärtigen und dabei den eigenen Forschungsstandpunkt zu reflektieren:[294] »Die (politische) Motivation dieses Vorgehens liegt in der Möglichkeit, etablierte Wahrnehmungsmuster und (Raum-)Ordnungen eigenständig reformulieren zu können.«[295] Auf diese Weise werden neue Zugänge und Erkenntnisse auch von bislang als bekannt Geglaubtem möglich. »Denn durch das Spazierengehen wird die Subsumtion an Werturteilen und Gefühlen als ›Wahrnehmungstechnik, die der Erneuerung der Information entgegensteht‹, aufgebrochen.«[296]

In Ermangelung expliziter Zusammenhänge; angesichts wuchernder, hybrider, viraler, aber auch ›randständiger‹, ›trendabweichender‹, diskursübergreifender und multimodaler Medieninhalte sowie vor dem Hintergrund eines Ineinandergreifens von Kunst, Ökonomie, Internetphänomenen, medialen Praktiken – online und offline, digital und nicht digital – plädiert die *Internetpromenadologie* dafür, von einer induktiven, durchaus sprunghaften wie kumulativen, assoziativ verknüpfenden Vorgehensweise zur Kartierung eines Forschungsfeldes Gebrauch zu machen. In Anlehnung an die Feldforschungsmethode der Teilnehmenden Beobachtung ist hierbei »das in Routinen des Handelns eingelassene implizite Wissen für die Forschung interessant, das über Teilnahme und Beobachtung kultureller und sozialer Praktiken erschlossen wird.«[297] Beobachtetes interessiert jedoch insbesondere hinsichtlich eingesetzter ästhetischer Strategien und als ästhetisches Objekt.[298] Entgegen linearer wie zirkulärer Prozesse im Rahmen qualitativer Sozialforschung[299] beabsichtigt der Netzspaziergang – um im Bild des Flaneurs zu bleiben – ein vagabundierendes Vorgehen, das den vielfältigen Aggregatzuständen, der ›Schlüpfrigkeit‹ medialer Praktiken, Formen und Inhalte, die sich als konturlos, instabil, fluid, ambivalent[300], komplex, plural[301], mobil und punktuell wie temporär verdichtet darstellen, gerecht wird.[302] Rahmengebenden und strukturierenden Parametern qualitativer Forschung – Forschungsfrage, Untersuchungsgegenstand und Zielgruppe – begegnet die Internetpromenadologie medienadäquat zunächst mit einem Platzhalter, losen Forschungsinteresse oder einem (thematischen) Forschungsfilter wie *cuteness* als Selektionskriterium.[303]

Der Netzspaziergang fungiert zunächst als affektgeleitetes, prozessorientiertes Instrument ohne Vollständigkeitsanspruch – aufgegriffen wird, was erstaunt, irritiert und emotional anspricht –, um dann mit Vilém Flusser und Jochen Venus gesprochen mittels einer »spezifische[n] Schau der Dinge«[304] diese »von ihrem Imperativ zu befreien«[305] und »in enger Fühlung mit dem Material«[306] »[…] im Gewöhnlichen und Gewohnten Unerwartetes zu entdecken«[307], Ambivalenzen aufzutun und Phänomene multiperspektivisch zu beleuchten: »irgendwo anzufangen, sich in den Prozeß des Denkens über seine Gegenstände zu verwickeln und dann zu sehen, wo das endet.«[308] Im übertragenen Sinn: »Der Flaneur fordert von den Dingen nicht, dass sie zu ihm kommen, sondern er selbst begibt sich zu den Dingen.«[309] Das Forschungsdesign bedient sich folglich einer Vorgehensweise, welche sich auf die für das Internet gegenwärtig strukturgebenden Komponenten wie affektive Adressierung, eine *stickiness*[310] bestimmter Medieninhalte einlässt, fordert jedoch, gewonnene Eindrücke und beobachtete Phänomene mit der nötigen Genauigkeit zu untersuchen, gespannte Assoziationsnetze intensiv auszuleuchten, zu verdichten und unter reflexiver Distanznahme sowie theoretischer Rückbindung zu reformulieren.

Die in kooperativen Peer-Review-Prozessen entwickelte Monografie, welche die titelgebende ästhetisch-affektive Kategorie *cute* anhand singulärer Forschungsbeiträge, jedoch auch verknüpfend zu greifen sucht, imitiert das assoziativ-reflexive Forschungsdesign und dessen volatile Logik nicht zuletzt auf der Metaebene.

Zum Aufbau des Buches

Auf Basis der begrifflichen und thematischen Einführung widmen sich die nachfolgenden Kapitel Erscheinungsformen des Niedlichen – jener zu Distanzlosigkeit verleitenden Schlüsselästhetik der Gegenwart – in unterschiedlichen affektiven Mikromilieus. Der Forschungsprozess sowie die daraus gewonnenen Erkenntnisse verstehen sich hierbei als situiertes Wissen.[311]

Bezugnehmend auf inhaltlich bzw. formalästhetisch zusammenhängende Bildphänomene verschiedenster Provenienz liegt das Augenmerk zunächst auf einem populären Habitat des Niedlichen: Tieren oder tierlichen Repräsentationen, die als prototypischer ›Werkstoff‹ niedlicher Gestalt/ung gelten können. Mit Fokus auf ästhetisch-affektive Material- und Formeigenschaften des Tierlich-Niedlichen – Flauschigkeit, Massigkeit und Quetschbarkeit – arrangiert Katja Gunkel Be-Deutungskomplexe zur Konturierung der Gratwanderung zwischen Lust und Unlust am zugerichteten Tier. Überraschenderweise tritt *cuteness* auch dort in Erscheinung, wo sie angesichts ihrer stereotypen Einfassungen weniger erwartet wird. Mit der ›unfreiwilligen‹ bzw. unbeabsichtigten Niedlichkeit ›schwarzer‹ Stilgemeinschaften beleuchtet Birgit Richard vermeintliche (ästhetische) Kontrastbereiche des Niedlichen und identifiziert die Verniedlichung des Ernstmachens bzw. ›Evilisierung‹ des Niedlichen als bidirektionale Strategien im Zusammenhang mit den ›schwarzen Stilen‹ Black Metal und Gothic. Die Überlegungen zum Technologisch-Niedlichen im Bereich Steampunk im Unterschied zur niedlichen Konsumästhetik des *smart toy* Cozmo und dessen ›intelligenterem‹ Nachfolgemodell Vector bilden den Auftakt für die Auseinandersetzung von Jana Müller mit dem ambivalent verhandelten Kultobjekt Furby. Von besonderem Interesse ist dessen bildvermitteltes Nachleben als reformuliertes Artefakt im Kontext materiell-memetischer *Oddbody*-Fanpraxis. Durch ihre konzeptuelle Nähe zu Taxidermie werfen jene präparierten Plüschhybride wiederum einen abseitigeren Blick auf die Zurichtung niedlicher Kreatürlichkeit und sind ein Beispiel für den kontexterweiternden Umgang mit dem Niedlichen, ein *de-sign* unter Rekurs auf die Abweichungsästhetik des Seltsamen.

Die vorliegende Monografie erschließt die Thematik des Niedlichen im deutschsprachigen Raum, bündelt und vertieft die Erkenntnisse bisheriger Beiträge zum Forschungsthema und erweitert diese um neue Thesen sowie bisher im Kontext von *cuteness* randständig oder unzureichend umfassend Bedachtes. Dabei setzt die Publikation auf ein Forschungsdesign, das die gegenwärtige hybride, verwobene, affektdominierte Verfasstheit virtueller Medieninhalte mimetisch aufgreift. Die arrangierten Assoziationsnetze sowie Bedeutungscluster werden anschließend ausschnitthaft untersucht. Wenngleich sich bestimmte Versionen in nicht enden wollender Stereotypie zu wiederholen scheinen, ist das Niedliche als binnendifferenziertes Kontinuum zu verstehen, das einer weiteren Präzisierung bedarf. Die ausgewählten Fallbeispielkomplexe richten daher den Fokus auf das Niedliche als facettenreiche ästhetische Kategorie und affektive Kippfigur im Kontext ›kleiner‹ ubiquitärer visueller Artikulations- bzw. Darstellungsformate der Gegenwart. Eine innovative bildbasierte Zusammenschau synthetisiert die zuvor umrissenen ambivalent verhandelten Imaginative des ›Tierlich-, Gesellschaftlich- und Technologisch-Anderen‹. Dass ›Kleinheit‹ gerade im strategischen Gebrauch weniger als Schwäche, denn als Stärke fungiert und, so viel lässt sich vorwegnehmen, die ›kleine Ästhetik‹ eine ihr anhaftende Unschuldsvermutung nicht einlöst, führt die Monografie abschließend vor Augen. In Abgrenzung zum ästhetischen Konzept Kitsch setzt sie zu einer Gegenwartsdiagnose an: *How to ›spark joy‹ in troubled times?* Und auf wessen Kosten?

The Cute Show: ›Das Tier‹ als Werkstoff des Niedlichen[1]

Katja Gunkel

Im Kontext digitaler, vernakulärer Bildkulturen und -phänomene fokussiert das nachfolgende Kapitel tierliche Repräsentationen innerhalb bereits beschriebener *cute animal media*. Hinsichtlich Morphologie und Materialikonografie des Niedlichen werden diese als mustergültiger motivischer wie materialer Rohstoff niedlicher Gestalt/ung besprochen, der in Form von realen oder fiktiven Kreaturen, anthropo- oder zoomorphen Chimären sowie tierähnlichen Artefakten in Erscheinung tritt. Obgleich die exemplarisch untersuchten medialen Verhandlungsformen des Niedlichen ›das Tier‹ ins Zentrum des angeschlossenen Bild- wie Dingrepertoires stellen, treffen sie weniger eine Aussage über das referenzierte Geschöpf, denn über den Menschen. Als Zerrbilder dessen, was einer Gesellschaft als Tier – ex negativo: als Mensch – gilt, verhandeln Darstellungen der Fauna kulturell vorherrschende Imaginationen und sagen daher nichts über das Tier ›an sich‹ aus.[2] Dementsprechend verweist der titelgebende verallgemeinernde Singular[3] auf dessen Status als diskursiv hergestelltes, »anthropomorphes Konstrukt«[4]. Im Sinne eines *tierlichen Imaginativs*[5] wird nachfolgend davon ausgegangen, dass »das ›konkrete Tier‹ hinter einer Vielzahl von Bedeutungsebenen verschwindet«, wodurch es Mona Mönnig zufolge »zu einem Surrogat menschlicher Zuschreibung«[6] wird. Die gewählte Bezeichnung Werkstoff unterstreicht jenen artifiziellen Charakter und rückt die Funktion des Tiers als kulturell überformbares Ausgangsmaterial in den Vordergrund.[7] Die titelgebende *Cute Show* stellt wiederum auf den Unterhaltungswert bzw. die Entertainmentqualitäten des Niedlichen, das prototypisch in tierlichen Akteuren verkörpert wird, ab und betont damit dessen warenförmigen wie traditionsreichen[8] Aufführungs- und Sensationscharakter. Vor der sozialstrukturellen Folie einer »Erlebnis-Gesellschaft«[9] und daher mit Blick auf eine emotionale Bedürfnisbefriedung fußt das Mensch-Tier-Verhältnis zunehmend auf dem Erlebniswert, welcher dem jeweiligen Tier als konsumierbare »Gefühlsware«[10] zugeschrieben und dessen Einlösung von ihm erwartet wird: »Der gesuchte

Kontakt geschieht in Erwartung kurzweiliger Unterhaltung (sei es für Lach- oder Kaumuskeln), entgegengebrachter Gefühle, erhebender Faszination oder ›hautnah erlebtem Kuschelfell‹ im Streichelzoo bzw. unter der entsprechend ausstaffierten Kapuze.«[11]

Gattungs- wie genreübergreifend besitzen Tiere als Motiv ebenfalls eine lange kunstgeschichtliche Tradition; eine Kontinuität, die sich ebenso im Medium der Fotografie fortsetzt.[12] Anhand jener bildlichen Darstellungen werden die jeweils prävalenten Vorstellungen von und somit das menschliche Verhältnis zu Tieren ablesbar, ist die »Bildwerdung des Tieres« nach Mönnig doch das »Resultat anthropomorpher Praktiken«[13]. »[M]edial vermittelt und gerahmt«[14] fungieren Tiere als Repräsentationen. Laut Ute Eskildsen und Hans-Jürgen Lechtreck kann die Anzahl an gesellschaftlich existierenden Tierbildern dabei als Gratmesser für die Entfremdung zwischen Menschen und Tieren gelten.[15] Bezogen auf die vor tierbasierten Medieninhalten nur so strotzenden Social Media dürfte diese demnach nie größer als heute gewesen sein. Ein Großteil der tierlichen Protagonisten, die online zirkulierenden *cute animal content* bevölkern, ist domestiziert. Zumeist sind es Haus- bzw. Heimtiere, die von ihren Besitzer*inne*n vor der Kamera inszeniert werden, d. h. sie leben im menschlichen Haushalt und tragen einen Namen, der ihren subjektähnlichen Status sowie die damit einhergehende soziale Eingemeindung symbolisch demonstriert.[16] Die Kategorisierung von domestizierten Tieren erfolgt anhand ihrer Funktion bzw. ihres Verwendungszwecks. Während Arbeits- und Nutztiere verdinglicht und bereits sprachlich als ökonomisch verwertbare Produktionsmittel markiert sind, ist die Haltung von Haus- und Heimtieren vorrangig emotional motiviert.[17] »[…] [I]n höchstem Maß besetzt, mit Bedeutungen und Beziehungsvorstellungen aufgeladen«[18], sind sie folglich die einzigen Tiere in der Nähe des Menschen, die keine Arbeit im eigentlichen Sinne verrichten: »A pet is any animal whose job is mostly just to be cute.«[19] (vgl. Tab. B, Abb. 1) Dass die Vermenschlichung des Tieres als Vorbedingung seiner »sentimentalen Vereinnahmung« im Zuge der »Verhäuslichung«[20] von zentraler Bedeutung ist, darauf verweist die historische Wortverwendung des englischen Substantivs *pet,* das im England des 15. Jahrhunderts ein allzu verwöhntes, verzogenes Kind bezeichnete.[21] Durch kontrollierte Züchtungsprozesse[22] erfolgt nicht nur eine Ästhetisierung der tierlichen Gestalt, die vielfach – insbesondere im Fall miniaturisierter Schoßhündchen – physische Verniedlichung anstrebt, sondern ebenso eine genbasierte Beeinflussung des tierlichen Charakters.[23] Die phänotypischen wie habituellen Modifikationen zielen darauf ab, eine ästhetisch-affektiv optimierte Variation des Liebenswerten – »an invitation to sociality«[24] – zu kreieren, die sich als erbaulicher Quell bedingungsloser Liebe, Zuneigung und Loyalität der ihr angedachten Aufgabe *(being cute)* würdig erweist. In ihrer Rolle als ›treue‹ tierliche Lebensgefährten *(companion animal)*, emotionale Unterstützer *(emotional support animal)*, animalische Stellvertreter und Statussymbole erfüllen Haustiere nicht nur affektregulierende, sondern ebenso repräsentative und somit soziale Funktionen, zumal im Kontext bildbasierter Kommunikation via Social Media. Laut Birgit Richard u. a. kommt den zumeist von ihren Besitzer*inn*en medial inszenierten Tieren dabei die Rolle eines *animal ego* zu, dessen Eigenschaften und Fähigkeiten der Erweiterung des online präsentierten menschlichen Selbst dienen.[25]

Freakin' cute! Online kursierender *cute animal content* weist eine konzeptuelle Nähe zum historischen Ausstellungs- wie Darstellungsformat der Freakshow auf.[26] Zum einen wird *cuteness* vielfach als fundamental ambivalente ästhetische Kategorie beschrieben und allgemein mit Andersartigkeit *(otherness)* in Verbindung gebracht. Ein direkter Konnex zwischen der Figur des ›Freaks‹ und dem niedlichen Objekt ergibt sich bereits aufgrund der physisch-habituellen Merkmale, die Daniel Harris zufolge für Niedliches charakteristisch sind und in einem mitleiderregenden »anatomischen Desaster«[27] kulminierten. Während Harris derart eine Nähe zum Grotesken herstellt – »[c]uteness is […] closely linked to the grotesque, the malformed«[28] –, fokussiert Lori Merish die hochgradig konventionalisierte, weiblich konnotierte Konsumästhetik des Niedlichen anhand juveniler Showgrößen explizit im Kontext des Freakdiskurses.[29] In Anbetracht devianter Subjekte bzw. anders- wie fremdartiger Phänomene diene *cuteness* als Domestikationsstrategie, mit deren Hilfe das angstbesetzte ›Andere‹ annektiert und dem Selbst angenähert werden könne: »the cute transforms transgressive subjects into beloved objects.«[30] Zärtlichkeit und liebevolle Zuneigung, welche dem niedlich überformten Objekt entgegengebracht würden, sind Sianne Ngai zufolge dabei von Grund auf ambivalent, d. h. mit Verachtung und Abscheu durchsetzt: »The sentimentalism of cuteness is thus already cut with a streak of antisentimentality; it is linked to an absorptive mode of representation in which the ›the powerless are sympathized with and pitied‹, but also, at the same time, to the theatrical category of the unsympathetic and/or repulsive ›freak‹.«[31] »[T]he monstrous is cute only when its strangeness […] discomforts in a comforting way«[32], so bilanziert Simon May wiederum das Verhältnis zwischen den antagonistisch gedachten ästhetischen Kategorien des Niedlichen und Monströsen. Jene skizzierte Vermischung münde in einer historisch vergleichsweise jungen, »spezialisierten Manifestation«[33] des Monströsen, dem Monströs-Niedlichen, das bedrohliche und harmlose Eigenschaften (z. B. aggressiv-zärtlich, zerstörerisch-beschützend) in einer sorgsam austarierten Balance halte. Dieser unauflösbaren Grundambivalenz verdanke das Monströs-Niedliche sowohl seine »verblüffende Hybridität«[34] als auch seinen chimärischen Charakter – Eigenschaften, die May ebenfalls an die Groteske anbindet.[35] Maja Brzozowska-Brywczyńska weist ebenso auf den Nexus zwischen Monströsem und Niedlichem hin, der sich aus der Ambivalenz und Hybridität von *cuteness* ergebe.[36] »Monstrosity of cuteness may be concluded either on the basis of its appearance or its behaviour leading – moreover – to disturbing as well as ironic conclusions (monstrous cutie can be thought of either as a threat or a trifle).«[37]

Die planvolle Versehrung bzw. Deformation des niedlichen Objekts, die stilprägende »Verhässlichung der Formen«[38], spekuliert auf die Evokation von Mitleid, das Harris zufolge als Schlüsselemotion von Niedlichkeit gelten kann: »The grotesque is cute because the grotesque is pitiable, and pity is the primary emotion of this seductive and manipulative aesthetic that arouses our sympathies by creating anatomical pariahs […].«[39] Obgleich Harris die ästhetische Kategorie des Hässlichen selbst nicht explizit bemüht, finden sich im untersuchten Phänomenbereich *cute animal content* zahlreiche Beispiele, welche die Paarung *ugly cute* implizit thematisieren. Anhand von tierlicher Internetprominenz, sogenannten ›Petfluencern‹, wird sie jedoch besonders augenfällig, da ihre Inszenierung jenes Kennzeichen niedlicher Ästhetik allzu deutlich bespielt und überzeichnet zur Darstellung bringt. Zeitgenössische Social-Media-Stars der nunmehr tierlichen ›Abnormitätenschau‹, dem »Spektakel der Deformation«[40], sind Lil BUB[41], Ruth Bader Ginsdog – The Chihuahua Supreme[42], PrincessMonster Truck[43], Waffles the Cat[44], Tuna[45] und unzählige andere mehr. Die Genannten verdanken ihre mediale Popularität wie ökonomische Potenz allesamt teils züchtungsbedingten anatomischen ›Fehlbildungen‹[46] wie Kleinwüchsigkeit, Über-/Unterbiss oder partiellen Verwachsungen, aufgrund derer sie nur eingeschränkt lebensfähig sind bzw. eine verkürzte Lebenserwartung besitzen. Auch das Markenzeichen der mittlerweile verstorbenen Grumpy Cat[47], ihre aufgrund der notorisch herunterhängenden Mundwinkel stets mürrisch-übellaunig wirkende Mimik, war das Resultat genetisch bedingten felinen Kleinwuchses.[48] Speziell im Hinblick auf Haustiere sind derartige physische Beeinträchtigungen und die damit einhergehenden optischen Auffälligkeiten nach Meinung von Elaine

Laforteza geeignet, die bereits qua Domestizierung konstruierte niedliche Anmutung zu steigern. Die körperlichen Einschränkungen intensivierten jene mit dem ästhetischen Urteil bereits initial verbundenen Konnotationen von Hilflosigkeit, Minderwertigkeit sowie kindlicher Bedürftigkeit und erhöhten somit den Beziehungswert des Tieres.[49] Das biografische Begleitnarrativ der tierlichen Starimages zeichnet zumeist eine düstere Vergangenheit als gesellschaftlich ausgestoßene, liebensunwerte Kreaturen.[50] Derartige Erzählungen waren bereits im Kontext der Freakshow fester Bestandteil der Inszenierung und dienten dazu, die Imposanz und Einmaligkeit des jeweiligen Charakters reißerisch-plakativ hervorzuheben. Rosemarie Garland Thomson zufolge schrieben sie ›Andersheit‹ auf diese Weise nicht nur fest, sondern produzierten selbige zuallererst. »[W]hat we assume to be a freak of nature was instead a freak of culture.«[51] Bei der Kategorie ›Freak‹ handelt es sich demzufolge um ein soziokulturelles, diskursiv hergestelltes Konstrukt mit wirtschaftlichem Mehrwert. Für jene umsatzsteigernde Vermarkungsstrategie prägt David Hevey den Begriff *enfreakment* und wählt damit eine Bezeichnung, welche die Performativität jener kategorisierenden Benennung expliziert.[52] Im Sinne einer ökonomisch motivierten Taktik ist *enfreakment* mit *petworking* vergleichbar. Unter jenem *pet* und *networking* synthetisierenden Kofferwort rubriziert Jonathon Hutchinson wiederum die koordinierten Bemühungen von Haustierbesitzer*inne*n, online Aufmerksamkeit für ihre Tiere zu generieren und diese in den Stand von Internetberühmtheiten zu heben: »Human intermediaries [...] strategically utilise authenticity and cute as animal characteristics that increase the animal's appeal, and thereby its popularity.«[53] Im Sinne eines ›strategischen Narrativs‹ kommt *cuteness* derart als ideologisches Konstrukt zum Einsatz.[54] Die Überbietungslogik kennt hierbei keine Grenzen. Um den Eindruck des Niedlichen weiter zu steigern und das niedliche Objekt noch stärker zu karikieren, ist es gängige Praxis, züchtungs-, krankheits- oder mutationsbedingt ›verAnderte‹[55] Tierkörper zusätzlich durch Kostümierung, Positur, Requisiten bzw. Kulissen zu verfremden oder sie mit weiteren niedlich konnotierten Objekten (z. B. Babys, Plüschtiere, *Kawaii*-Facefilter) zu kombinieren. Eine Mischung aus Chihuahua und Dachshund besteht beispielsweise Tunas anatomische Signatur mitnichten in seiner Abstammung, sondern in einem Überbiss, der seine extreme Ausprägung einem rezessiven Unterkiefer verdankt. Auf der Homepage wird sein »prächtig schrumpeliger Hals«[56] als weiterer ›herzerwärmender‹ Vorzug vorgestellt: »TUNA MELTS MY HEART«[57]. Tunas Instagramprofil verzeichnet mittlerweile über zwei Millionen Follower*innen, denen er von seiner Besitzerin Courtney Dasher häufig angekleidet präsentiert wird. Mal mehr, mal weniger exzentrisch reichen die vermenschlichenden Outfits dabei von Cleopatras-Kopfputz (vgl. Tab. B, Abb. 2a) über einen enganliegenden roten Rollkragenpullover nebst Fliege mit rotweißem Herzchendekor (vgl. Tab. B, Abb. 2b) bis hin zu einer vestimentären Imitation von James Dean in *Rebel Without a Cause* (1955).[58]

Eine weitere Ausprägung des Tierlich-Niedlichen, die dessen Unterhaltungswert beträchtlich steigert, hängt weniger mit dem äußeren Erscheinungsbild, denn mit der situativen Misere zusammen, in welcher sich die tierlichen Protagonisten zum Aufnahmezeitpunkt befinden. Gemäß den kuratierten Inhalten auf dem Facebookprofil @AnimalsInPredicaments[59] können die Szenarien der namensgebenden Bredouille ganz unterschiedlich ausfallen, allen gemeinsam ist jedoch ein Moment des Absurd-Seltsamen.[60] Sei dies ein Pelikan, der menschengleich vor einer Fischtheke steht und prüfend die Auslage zu betrachten scheint (vgl. Tab. B, Abb. 3), oder eine mutmaßlich miauende Katze, deren offenes Maul direkt in den kopflosen Rumpf übergeht (vgl. Tab. B, Abb. 4), Hauptsache das portraitierte Tier befindet sich in einer abseitigen oder sonst wie prekären, aber keinesfalls ernstlich bedrohlichen Situation. Offensichtliche digitale Bildbearbeitung zur Erzielung ›unmöglicher‹ anatomischer Zustände wie inhaltlicher Umstände ist dem Spaßfaktor dabei keineswegs abträglich.[61] Sogenannte »animal [epic; d. A.] fails«[62] – Eichhörnchen, die von ihrer Gier getrieben kopfüber im Vogelfutterspender feststecken oder Ähnliches (vgl. Tab. B, Abb. 5) – werden wiederum explizit für ihre slapstickartigen Qualitäten geschätzt und gelten zumindest innerhalb *cute animal media* als Inbegriff von *funny cute.*[63] »This funniness in animal representation […] may range from the endearingly amusing to the surrealistic and bizarre, and it need have nothing whatsoever to do with the idea of an inherently warm-hearted response to the animal.«[64] Jene tierlichen Not- bzw. Schieflagen stehen beispielhaft für die Ästhetisierung von Bedürftigkeit, Hilflosigkeit wie Ohnmacht und erhöhen Harris und Ngai zufolge das Affizierungsvermögen des Niedlichen, das immer dann besonders anrührt, wenn es ›in der Patsche sitzt‹[65] und gerettet werden muss – »cuteness ›in distress‹ is the ›most affecting‹ cuteness[…].«[66] Dass die Krise des Niedlichen mitunter absichtlich herbeigeführt und als Emotionalisierungsstrategie ökonomisch ausgebeutet wird, darauf weist Harris hin.[67]

Ausgehend von den vorgeführten traditionsreichen Perversionen spüren die nachfolgenden Fallanalysen jene affektiven Kippmomente auf, an denen das Tierlich-Niedliche signifikant an Ambivalenz zunimmt, beispiels-

weise durch Kombination mit anderen ästhetischen Kategorien wie *ugly* oder *creepy*. Jene Hybridisierungen führen dabei jedoch nicht zu einer Abschwächung der involvierten Affekte, vielmehr tritt die ambivalente affektive Gemengelage, die für Niedliches grundsätzlich kennzeichnend ist, deutlicher zutage: »I want to pet it but don't want to touch it.«[68] Solche vermeintlichen Friktionen heben Aspekte hervor, die bereits in der zirkulären Konzeption des Niedlichen angelegt sind, jedoch üblicherweise hinter einer positiven Affizierung zurücktreten bzw. sich leichter beiseiteschieben lassen.

Klein, rund, weich und flauschig: Fallstudien zur protoniedlichen (Tier-)Form

›Süß‹, ›putzig‹, ›goldig‹ oder einfach ›niedlich‹ – wie Harris erklärt, sind sowohl ästhetisches Urteil als auch impulsiv-affektive Resonanz im Fall von *cuteness* in besonderem Maße an konventionalisierte haptisch-taktile[69] Material- und Formeigenschaften (z. B. gerundet, weich, soft, formbar) – speziell: übersteigerte Texturen und Farbtöne – gebunden: »the ›thingness‹ of cute things is fixed firmly in our minds by means of the exaggerated textures and hues so characteristic of stuffed animals, with their shimmering satins and their luscious coats of fur […].«[70] Ngai weist ebenso darauf hin, dass die synästhetischen Qualitäten des Niedlichen vorrangig mit dem Seh- und Tastsinn – »[…] our first impulse is to think of the cute in visual or tactile terms«[71] – sowie mit spezifischen sinnlich wahrnehmbaren, emotional konnotierten Materialqualitäten assoziiert sind: »[…] the commodity aesthetic of cuteness is warm and fussy […].«[72]

Eine Objektkategorie, welche die kulturell gewachsenen Stilmittel niedlicher Produktsprache mustergültig vorführt, sind Stoff- bzw. Kuscheltiere.[73] Spitze, scharfkantige Formen oder scheuernd-raue Oberflächenstrukturen finden sich in jenem vorrangig Kinder adressierenden Warensegment vergleichsweise selten. Weiches, mitunter flauschiges, strapazierfähiges Material sowie einfache, gerundete Formen kennzeichnen denn auch die zentralen Gestaltungselemente. Herstellerseitig planvoll eingesetzt, dienen selbige einerseits dazu, die affizierenden Qualitäten des potenziellen Liebesobjekts zu steigern. So scheint das äußere Erscheinungsbild der Objekte nachgerade zu schamloser Intimität aufzufordern und ihrem Gegenüber auf diese Weise ein Fürsorgemandat anzutragen: »[T]eddy bears are endearing because they have

an *appearance* that evokes *sentiments of tenderness and affection.* They are made lovable not because of their utility, but for the fact that they elicit a willingness on our part to be close to them.«[74] Andererseits gilt es, dessen Eignung für stürmisch-penetrante Liebkosungen zu gewährleisten – »[…] everything has been conveniently soft-sculpturized to yield to our importunate squeezes and hugs.«[75] Jene Indienstnahme von flauschigen Textilen qua *cute design* zielt rezeptionsseitig darauf, den Impuls nach einer emotionalen wie monetären Investition zu triggern und verdeutlicht die affektpolitische Relevanz der Gewebe. Im Sinne Heidi Helmholds sind textile Stoffe wie Flausch, Plüsch oder Fell – geläufige Beispiele aus der Materialikonografie des Niedlichen – »Agenten affektiver Strategien«[76], d. h. sie produzieren Affekte, die wiederum in unterschiedlichste emotionale Handlungsfelder involviert sind. *Cute design* generiert Artefakte, deren ästhetische Qualitäten Harris zufolge in beispiellosem Maße als vorhersehbar wie veräußerlicht gelten können. Vollständig sinnlich erfahrbar, besitze Niedliches eine taktile Unmittelbarkeit, die in ihrer simplen Konkretheit und scheinbaren Unzweideutigkeit beruhigend wirke.[77] Weiterhin suggerierten phänotypische wie habituelle Stilelemente des Niedlichen zumindest vorgeblich nicht nur eine niedrigschwellige kognitive Zugänglichkeit, sondern gleichfalls die willfährige Dienstbereitschaft des derart gestalteten Objekts.[78]

Die nachfolgenden Fallstudien fokussieren formal- und materialästhetische Attribute von Bildphänomenen wie Artefakten aus dem Diskursumfeld *cute.* In Form von Selbst- wie Fremdzuschreibungen bzw. produktions- wie rezeptionsseitigen Wertungen resultiert ebenjenes Geschmacksurteil dabei unmittelbar aus dem Kontext des jeweiligen Fallbeispiels. Folglich bringt das gewählte Bildmaterial seine ästhetische Einordnung selbst mit. Eine Betrachtung der verbalen Anschlusskommunikation gibt zudem Aufschluss über jene Aspekte des Phänomenbereichs, die einer Benennung wie Indexierung für wert und demnach im jeweiligen Kontext als besonders relevant erachtet werden. So liefert der textuelle Dunstkreis des Niedlichen, die #cute umgebende, kollektiv-prozessual generierte Hashtagwolke bzw. Folksonomie, wertvolle Hinweise auf Attribute, Imaginationen und ästhetische Urteile, die mit Niedlichem prominent assoziiert werden. Mittels Benennung werden diese nicht nur sprachlich markiert und hervorgehoben, sondern gleichfalls einer digitalen Indexierung zugeführt. Ausgehend von einer textbasierten Bildersuche auf Instagram (#cute) und den sich qua sozialer Verschlagwortung ergebenden sprachlichen Assoziationsfeldern wird die protoniedliche Morphologie wie Materialikonografie exemplarisch anhand von

Adjektivpaarungen, namentlich #fluffy #cute, #chonky #cute und #squishy #cute, untersucht. In Form einer attributiven Beigabe hebt die Ersteinheit jener Komposita spezifische Facetten des Niedlichen hervor, in dem Fall flauschig(-weich), (kompakt-)massig und quetschbar bzw. durch Drücken verformbar, und bestimmt selbiges auf diese Weise näher. Mit *fluffy cute* steht eine materielle Qualität im Mittelpunkt, die spätestens mit der Massenproduktion von Kuscheltieren als substanzielle Ingredienz niedlicher Gestaltung gelten kann: Flauschigkeit *(fluffiness)*. Beginnend mit Fellbommel und Minizwergspitz, die neben augenfälligen formalen Analogien beide einen Accessoirecharakter aufweisen, geraten flauschig-niedliche tierliche Partialobjekte und deren Kippmomente in den Blick. Die zweite Paarung *chonky*[79] *cute* wendet sich ebenfalls in Form gebrachte Tiere zu. Fokussiert werden dabei insbesondere tierliche Phänomene gewichtiger Niedlichkeit und somit beleibte, euphemistisch als pummelig, mollig oder moppelig bezeichnete, (Haus-)Tiere. Anhand der Produktgruppe *squishies* richtet das dritte Unterkapitel seine Aufmerksamkeit abschließend auf die kulturelle Praktik des Tieredrückens. Am Beispiel der Materialeigenschaft quetschbar *(squeezable)* wendet sich *squishy cute* folglich sowohl der Verformbarkeit und Reaktivität als auch der Resilienz des Niedlichen zu.

Schlagwortbasierte[80] Bildersuchen via Google, Instagram und Giphy ermöglichen ausschnitthafte wie dynamische Zusammenschauen des online verfügbaren Bildinventars, anhand derer sich kontextübergreifend wiederkehrende Ausdrucksformen und charakteristische Schlüsselmotive identifizieren lassen. In Anlehnung an Aby Warburgs Bilderatlas *Mnemosyne* sowie in Übereinstimmung mit der Logik der Digitalität[81], die maßgeblich durch Medienkonvergenz sowie Referenzialität gekennzeichnet ist und daher hybridisierende, zitatbasierte künstlerische Bildstrategien[82] begünstigt, scheint ein »›Denken in visuellen Assoziationen‹«[83], d. h. eine induktive, spielerisch-experimentelle Relationierung von Einzelbildern auf zweierlei Weise gewinnbringend: Mit Claude Lévi-Strauss zielt eine »Bricolage mit Bildern«[84] einerseits heuristisch auf die Akzentuierung »eine[r] nicht vorgezeichnete[n] Bewegung [...].«[85] Derart wird das untersuchte Bildvokabular an Themen- wie Motivkomplexe anschlussfähig, die nicht unmittelbar damit zusammenhängen, sondern sich assoziativ verknüpfen lassen.[86] Andererseits handelt es sich hierbei um ein medienadäquates Forschungsdesign, das die angesprochenen Strukturmerkmale des Untersuchungsgegenstands, den prozessualen, nomadischen Charakter des mobilen digitalen Bildes, mimetisch aufgreift und methodisch imitiert.[87] Zumeist von vernakulären Bildtypen wie beispielsweise Internetmemen ausgehend, werden weitere Bilder unterschiedlicher Provenienz zu einem Be-Deutungskomplex arrangiert. Entweder entstammen die Beispiele unmittelbar dem Diskursumfeld der jeweiligen Hashtagpaarung oder sie ergeben sich durch formal-ästhetische bzw. inhaltlich-konzeptuelle Analogiebildungen. Jene visuelle Clusterung, die auf einem variablen Korpus basiert, erfüllt zum einen den Zweck einer verdichteten bildbasierten Phänomenbeschreibung (vgl. Tab. C, D u. E), zum anderen dient sie einer anschließenden relationalen Bildanalyse als Ausgangsmaterial. Durch das Erkenntnismedium des Bildvergleichs treten formale wie typologische Zusammenhänge und genealogische Verweisungen hervor. Erst die Vergesellschaftung von benachbarten Bildsystemen ermöglicht einen Nachvollzug der Medienwechsel wie -sprünge und somit jener Bildwanderungen, welche nicht nur für die Logik von Bildlichkeit[88] im Allgemeinen, sondern auch für die Gegenwartsästhetik des Niedlichen in ihrer Funktion als kontextflexible Rahmung im Speziellen kennzeichnend sind. Die Bildensembles spüren besagten Migrationsbewegungen dabei in verschiedensten Medienformaten nach und perspektivieren digitale Bildkulturen sowohl auf die Pop- und Konsumsphäre als auch auf den Bereich der bildenden Kunst. »Die Unabgeschlossenheit und Momenthaftigkeit dieser Arbeitsweise« sind hierbei keineswegs ein Manko, sondern mit Jelena Jazo vielmehr »als integrale[r] Bestandteil und Qualität dieser wissenschaftlichen Herangehensweise anzuerkennen.«[89]

#fluffy #cute – Flauschigkeit

»OH MY GOD!!!! THE FLUFFINESS!!!!!!!! <3 <3 <3 <3«[90]

»It's so fluffy, I'm gonna die!«[91]

Plüsch, Pelz, Fell, Echt- oder Kunsthaar, organisch oder synthetisch, naturbelassen oder bunt eingefärbt, lang- oder kurzflorig – Hauptsache »samtig, voluminös, handwarm, weich«[92] und von angenehmer Haptik. Als prototypische Gewandung des Niedlichen – »the fluffier the cuter«[93] – durchzieht Flauschiges vielgestaltig dessen Materialikonografie. Gepaart mit einer miniaturisiert-zierlichen Statur und kugelig-runden, bauschigen Körperform wird der affektive Reiz, welcher von Flauschig-Niedlichem ausgeht, ungleich stärker. Klein, weich, rund und flaumig, so lautet denn auch die im Kabinett der Niedlichkeiten bewährte Erfolgsformel, welche unmittelbar zur distanzlosen sensomotorischen Erkundung, einem beherzten Zu- bzw. Hineingreifen oder leidenschaftlich-luftabschnürenden (Zer-)Drücken aufzufordern scheint.[94] Mit dem Substantiv #furball deutet die Tag-Cloud um die Verbindung *fluffy cute* bereits auf deren figurative Entsprechung hin. Ein Objekt, das jene phänotypischen Charakteristika mustergültig auf sich vereinigt und demzufolge als niedlich par excellence gelten dürfte, ist der Pompon – auch Puschel, Büschel oder Bommel genannt.[95] Konjunktur hat die bauschige Kugelform derzeit insbesondere in ihrer Fellvariante, die – vorrangig an Tasche, Schlüsselbund oder Smartphone befestigt und klar gegendert – einem*r weiblich konnotierten Träger*in mitunter gleich im Plural als modisches Accessoire dient (vgl. Tab. C, Abb. 1). Bereits die ersten Ergebnisse der Google-Bildersuche deuten jene Nuancierungen an, welche dieses erstaunlich ausdifferenzierte Produktsegment auszeichnen. Hergestellt aus Synthetikfasern, qualitätszertifiziertem ›Finnraccoon‹, ›Deluxe‹-Fuchspelz oder anderem Echtfell, naturbelassen oder modisch eingefärbt – obgleich weiterhin schmückendes Beiwerk, hat der haarige Puschel offenkundig seine exklusive Liaison mit der Strickmütze aufgekündigt und – mobil gewordenes Accessoire – in jüngster Vergangenheit an kontextueller Flexibilität gewonnen. Die Ausführungen reichen von dezent minimalistisch und möglichst natürlich über schreiend-bunte Ombré-Fellfarbverläufe bis hin zu opulent-ornamentalen Arrangements, bei denen die Bommel geradezu ikebanaesk von Perlen, Federn, Metallanhängern und anderem Zierrat flankiert wird. In Gadget-Manier birgt manch langfloriges Exemplar gar ein funktionales Surplus: Mit Powerbank und aufklappbarem Taschenspiegel beherbergen die haarigen Untiefen eines elektrifizierten Power POMPOMs[96] so beispielsweise gleich zwei segensreiche Utensilien zur Erleichterung des alltäglichen Influencer*innen-Arbeitslebens.[97] Pantone-Trendfarben[98] aufgreifend, parieren sie allzeit modebewusst spontane Energienotstände und gewährleisten somit en passant die – zuvor unauffällig im eingelassenen Klappspiegel auf Tauglichkeit geprüfte – Selfie-Kommunikation.

Genderstereotypes Komplement des spätestens mit *Manta Manta* (1991) als Standarte proletenhafter Männlichkeit in die Annalen der Popkultur eingegangenen Fuchsschwanzes ist das qua Werbeversprechen Luxus umwehte Modeaccessoire Fellbommel – »luxurize yourself«[99] – zumindest in der Echthaarausführung ebenfalls ein per Taxidermie produziertes Tierpräparat und somit organisches Material. Obgleich es sich in beiden Fällen lediglich um Tierkörperfragmente handelt, ist der Abstraktionsgrad des geometrisch zugerichteten und überwiegend chemisch eingefärbten Kugelbauschs doch ungleich größer. Die Konservierung des ursprünglichen Zustandes stellt bei der ›Trophäe‹[100] Fuchsrute einen integralen Aspekt dar: Es gilt, die indexikalischen Qualitäten des Tierfells, seine »körperlich-fleischliche Immanenz«[101] betont zu bewahren. Das stilisierte Fellbommeldesign hingegen entledigt sich sämtlicher kreatürlicher Aspekte und negiert derart qua Gestaltung die Existenz eines vorgängigen Lebewesens. Abgesehen von einem äußerst ökonomischen Umgang mit der segmentierten Ressource bzw. dem Werkstoff ›Tier‹ zeugt das Produktdesign nicht nur von einer profunden Entfremdung von der Natur, es erleichtert das Gewissen sogleich durch die angebotene kognitive Dissonanz. Qua Design von dem Materialursprung zu abstrahieren, entbindet moralisch von der unbequemen Frage nach dem höchst ambivalenten Verhältnis zwischen Menschen und Tieren.[102] In Form jenes miniaturisierten Abstraktums scheint Pelztragen selbst nach dem *animal turn*[103] ethisch offenbar vergleichsweise unproblematisch.

Beim Blick auf die vielfältigen neckisch-figurativen Varianten der Produktgruppe findet allerdings – gewissermaßen am semiotischen Nullpunkt des realen Referenten – eine kreatürliche Refiguration statt. Einheitlich rot durchgefärbt und mit einem dreieckigen Augenpaar versehen, verwandelt sich so beispielsweise die Fuchspelz-Bommel des Modehauses Fendi für 690 US-Dollar in einen übellaunig dreinblickenden ›Taschenkäfer‹ (vgl. Tab. C, Abb. 3) und verdeutlicht derart exemplarisch, dass die rudimentäre Gestaltwerdung mitnichten jene Tierart adressiert, welche für die Produktion der Bommel Fell und Leben gelassen hat. Im Zuge jenes symbolischen Animismus beschränken sich die applizierten physiognomischen Merkmale auf Augen, Ohren, Schwanz oder andere signifikante Elemente, welche die Erkennbarkeit als reales oder fiktives Lebewesen gewährleisten (vgl. Tab. C, Abb. 2). In besonders skurrilen Fällen werden die Flauschkugeln auch um bemützte Köpfe von schlafenden Babys ergänzt (vgl. Tab. C, Abb. 4). Die figürliche Anatomie bleibt in jedem Fall fragmentarisch. Jener anthropomorphisierende »Akt des Gesichtverleihens« gilt Ngai als »Meistertrope«[104] des Niedlichen. Allerdings ist die metaphorische Personifikation offenbar nur auf Kosten des Artikulationsvermögens zu haben. Hierauf deutet die notorische Unvollständigkeit des niedlichen Antlitzes, insbesondere der häufig ausgelassene Mund hin:

»[…] ›[G]iving face‹ in cuteness seems to amount to denying speech. The striking incompleteness of the cute visage implies that although the object must be given just enough face to enable it to empathetically return our gaze, a fuller personification becomes impossible because it would symbollically render that object our equal, erasing the power differential on which the aesthetic depends.«[105]

Als lebender Pompon und ikonischer Nukleus des *Fluffy-Dog*[106]-Mems gilt der Zwergspitz. Hiervon zeugen nicht nur Kosenamen wie Pompom oder die Kurzversion Pom[107], sondern ebenso online omnipräsente Belobigungen seiner herausragenden, nur durch multiple Superlative sprachlich adäquat zu erfassenden Form- und Materialeigenschaften – »kleinster und flauschigster von allen kleinen, flauschigen Hunden.«[108] »Knuddeliger als ein Plüschtier«[109] sichert ihm sein züchtungsbedingter Phänotyp einen festen Platz im Olymp der flauschigsten Geschöpfe mit dem weltweit größten »Awww«[110]-Faktor. Jene hervorragende Wertung im Gesamtklassement verdankt die mit maximal 29 Zentimetern Widerristhöhe bereits kleinwüchsige Hunderasse ihrer nochmals geschrumpften Ausführung, dem *Pomeranian nano* oder *Pomeranian teacup*. Miniaturwuchs, verhältnismäßig kurze Extremitäten und eine insgesamt kompakte Erscheinung lassen die Hunde rundlich-gedrungen wirken. Dieser Eindruck ist ihrem voluminösen Fell geschuldet, in dem Ohren, Schwanz und Pfoten optisch nahezu vollständig verschwinden. Nicht nur dank lebenslanger Welpenoptik, sondern vor allem aufgrund der äußeren Ähnlichkeit mit einer runden, flauschigen Fellkugel (#furball) besitzt jener Mikrohund einen ungleich größeren Niedlichkeitsfaktor.

Im Fall des possierlichen Pommeraners speist sich die Mehrzahl der via Google auffindbaren Internetmeme aus Material-, Form- und Farbassoziationen. Rekurriert wird auf formale Ähnlichkeiten mit unbelebten Objekten; seien dies Naturphänomene wie Wolken, Schneeflocken, Fellknäule respektive Staubflusen oder aber von Menschenhand Geformtes bzw. industriell Hergestelltes wie Schneeball, Wattebausch, Zuckerwatte oder Marshmallow, in Abhängigkeit zur Fellfarbe wahlweise auch Fleischbällchen (vgl. Tab. C, Abb. 5a–e). Voraussetzung für den memetischen Erfolg des vergnüglichen Tier-Ding-Vergleichs ist die Passung zwischen fotografischem Tierportrait und sprachlich evoziertem Vorstellungsbild. Um die angestrebte Analogie visuell pointiert herauszuarbeiten, gilt es folglich, Bilder zu wählen, welche die Unförmigkeit des miniaturisierten Tierkörpers besonders eindrücklich inszenieren, d.h. von dessen kreatürlicher Statur abstrahieren. Mit der vorgeblichen Uneindeutigkeit des Abgebildeten kann derart humorvoll gespielt werden. Der Text eines Bildmakros ergänzt das visuell Dargestellte demzufolge um eine weitere Bedeutungsebene und somit alternative Lesart. Ähnlich wie Fabelwesen fungieren die im Kontext von Internetmemen prominent vertretenen Tiere laut Flora Hartmann zumeist als anthropomorphisierte Surrogate und dienen dazu, »menschliche Aktionen oder Emotionen [zu] vermitteln.«[111] Was auf LOLCats[112] oder Advice Animals[113] fraglos zutreffen mag, kann jedoch nicht für die gewählten Beispiele gelten. Ihr Unterhaltungswert gründet weniger auf der Personifizierung eines tierlichen Stellvertreters, sondern vielmehr auf der Verdinglichung des Tieres qua amüsantem Gedankenexperiment des Objektvergleichs, das ein kindlich lustvolles Spiel unterhaltsamen Fantasierens ermöglicht. Was wäre, wenn… Pompon oder Pommeraner? So lautet denn auch die zum Zwecke kurzweiliger Erbauung rhetorisch gestellte Frage. Die komödiantische Stärke der Meme gründet auf dem jeweils explizierten Täuschungspotenzial, wobei die möglichen Folgen jener Zuschreibungsfehler seitens der Rezipient*inn*en imaginär ausgestaltet werden. Wie bei der Verwechslungskomödie ist ein Wissen um den Irrtum und die damit zusammenhängende Möglichkeit zur gedanklichen Vorwegnahme der Konsequenzen Voraussetzung für den »dramaturgisch gesetzte[n] Lachanlass«[114]. Jenes semiotische Oszillieren zwischen verschiedenen Kontexten und Lesarten mag auch deshalb so vergnüglich erlebt werden, weil es an rar gewordene Stunden eines Dolcefarniente erinnert, in denen die größte Herausforderung darin besteht, figürliche Umrisse in den vorbeiziehenden Wolkenformationen zu entdecken. Reizvoll sind die Vexierbilder gerade aufgrund der unaufgelösten Spannung zwischen Personifizierung einerseits und Verdinglichung andererseits. Damit deuten sie zugleich auf die fundamentale Ambivalenz hin, die sowohl für die Mensch-Tier-Beziehung als auch für die ästhetische Kategorie des Niedlichen kennzeichnend ist. So scheint es auch wenig verwunderlich, dass letztere maßgeblich von Tieren bevölkert wird.

Die gewählten Bildmakros rücken den Tierkörper in den Bildmittelpunkt, dessen planvolle züchtungsbedingte Gestaltung einiges über die Stilmittel des Niedlichen zu sagen vermag. Bereits vor der Geburt eines Rassetieres wird dessen späteres Körperbild antizipiert und durch gezielte Verpaarung zu erzielen versucht. Für die genetische Veredelung von ›Teetassen‹-, ›Spielzeug‹- bzw. ›Designerhunden‹ wie dem Minizwergspitz findet eine Umkehrung evolutionsbiologischer Maxime statt: Nach dem Prinzip *survival of the weakest* werden Kümmerlinge miteinander gepaart, um derart besonders ›degenerierte‹ Exemplare bzw. lebende »anatomische Desaster«[115] zu erschaffen.[116] Es handelt sich, drastisch ausgedrückt, um eine intentionale Schöpfung von ›Freaks‹, gewissermaßen die ästhetische Praxis des *enfreakment,* welche dem *petworking* vorausgeht. Neben Distinktionszwecken zielt diese insbesondere auf ein gesteigertes Affizierungsvermögen der erschaffenen tierlichen Frankensteins ab.[117]

Das nunmehr durch die Tierzuchtpraxis ästhetisch-optimierte und weitestgehend verniedlichte Erscheinungsbild eines *Pomeranian nano* gleicht –

der Wortwitz sei erlaubt – einer Fellbommel optisch aufs (Echt-)Haar und vermittelt eine Ahnung von jenen Perversionen, welche die Sehnsucht nach Niedlichem zu gebären in der Lage ist. Gemäß menschlichen Idealbildern und Bedürfnissen geschaffen, verschwindet das tierliche Individuum Mönnig zufolge hinter Metaphorik, Repräsentationen sowie Anthropomorphismen und wird insbesondere im Fall domestizierter Zuchttiere gleich mehrfach »auf seinen Körper und sein Abbild reduziert.«[118]

Die flauschige Qualität des Haarkleides ist unmittelbar für den Eindruck des Niedlichen verantwortlich, bedingt der dichte und voluminöse Wuchs doch zum einen die formale Stilisierung bzw. Abstraktion von der erbärmlich dünnen, zerbrechlich wirkenden Realgestalt der nunmehr verborgenen Körperform. Die derart gewonnene, kontinuierlich nachwachsende Unförmigkeit ist andererseits Vorbedingung für die wiederholte Gestaltbarkeit bzw. kontexterweiternde Refiguration der tierlichen Silhouette, dient das Körperfell des tierlichen Gefährten doch als ›Werkstoff‹ zur professionellen Hervorbringung einer manieriert-niedlichen Form. Einer von vielen *Pet-Grooming*-Stars auf Instagram ist beispielsweise ein weißer Zwergspitz namens Pom Pom, der dank eines exzentrischen Haarschnitts im April 2019 und somit pünktlich zum Osterfest als *Egg Dog*[119] alias wandelndes Ei zu memetischer Berühmtheit gelangte.[120] Ähnlich verfährt die japanische Hundestylistin Yoriko Hamachiyo[121] mit ihrem Zwergpudel Sesame, dessen toupiertes hellgraues Haarkleid sie ebenfalls näherungsweise in Kugelform bringt. Im Unterschied zum eiförmigen Zwergspitz, der durch einen kurzen Videoclip auf Instagram bekannt wurde, welcher sein Betragen[122] während des Schneidens aus einer frontalen Kameraperspektive dokumentiert, hält Hamachiyo ihr Werk erst nach Vollendung fotografisch fest. Auffällig ist dabei nicht bloß das vergleichsweise durchdachte Setting – der Hund exakt mittig im quadratischen Bildformat vor einem weißen, mit blassrosa Herzen übersäten Hintergrund sowie die gleichmäßige Ausleuchtung –, sondern die Tatsache, dass er in der gewählten Abbildung[123] mit dem Rücken zur Kamera platziert wurde und sein Gesicht nicht zu sehen ist (vgl. Tab. C, Abb. 6). Motivisch die eigene Profession und folglich die tierliche Haarpracht fokussierend, ereilt das qua Namen personifizierte, nunmehr gesichtslose Haustier eine verdinglichende Transformation – »[a] real ball of fluff!«[124] Irritiert wird diese lediglich durch den kurzgeschorenen dünnen Schwanz, der unter dem bauschigen Fell herausblitzt.

Eingang in die Produktgestaltung findet jener stilisierende Verfremdungseffekt, das tierliche Fellknäul, wiederum am Beispiel des ebenfalls japanischen, durch Crowdfunding finanzierten Fabrikats Qoobo von Yukai Engineering (vgl. Tab. C, Abb. 7).[125] Das reduzierte Design fusioniert Sofakissen mit Haustier und erschafft dadurch eine hybride animatronische Kreatur, die insbesondere für ihre therapeutischen Qualitäten beworben wird: »A Tailed Cushion That Heals Your Heart.«[126] Die verbaute Mechanik reagiert auf Berührung, verfügt jedoch nicht über Spracherkennung. Eine Interaktion mit Qoobo ist folglich nur mittels nonverbal-haptischer Kommunikation in Form von Streicheln, Tätscheln und Reiben der felligen Oberfläche möglich. Korrekt ausgeführt, initiiert jene liebkosend konnotierte[127] manuelle Betätigung unterschiedliche Schwanzbewegungen, die wiederum symbolisch codiert sind – entweder zärtlich wogend oder verspielt schwingend.[128] Vorgeblich unberechenbare Teilautonomie verstärkt die Fiktion eines lebendigen Gegenübers, bewegt sich der angenähte Schwanz dank der verbauten Elektronik, die sein Kunststoffskelett steuert, mitunter auch ohne händisches Zutun: »It occasionally wags just to say ›Hello‹!«[129] Die angebotenen naturalistisch getönten Farbausführungen des Kunstfellüberzugs dienen laut Herstellerangabe dazu, Qoobo farblich auf die Inneneinrichtung abzustimmen: »Select the color that matches your style or room décor.«[130] Derart werden dekorative Funktion wie Accessoirecharakter des artifiziellen, allzeit verfügbaren und dabei selbst gänzlich anspruchslosen ›Seelenwärmers‹ gesteigert. Für Kuscheln und Umarmen optimiert – »[r]ight weight and size to cuddle«[131] –, dekliniert die Produktgestaltung mustergültig die Stilmittel von *cute design* durch.[132] Die zoomorphen Anleihen beschränken sich bezeichnenderweise auf den Schwanz und die Materialqualitäten des fellähnlichen weichen Nylonüberzugs. Wie im Fall des fotografischen Antiportraits des Minipudels Sesame fungiert der Schwanz bei Qoobo als Symbol für Kreatürlichkeit, nicht umsonst stellt die ›Lebensechtheit‹[133] der programmierten Bewegungen, die glaubwürdige Nachahmung der Natur,[134] eines der prominent hervorgehobenen Produktmerkmale dar: »We worked to develop a technology that can move your heart and a cushion tail.«[135]

Gemäß den Werbevideos zielt das Produkt vorrangig auf stilbewusste alleinlebende Menschen aller Altersstufen, insbesondere jedoch auf berufstätige Singles und Senior*inn*en, die hiermit einen optisch dezenten, aber trotzdem vorzeigbaren Haustierersatz erwerben.[136] Qoobo stellt somit gleich mehrfach die optimierte Version eines Heimtiers dar, lassen sich mit ihm doch sämtliche Probleme und Anforderungen vermeiden, die der Besitz eines lebendigen Tieres mit sich bringt. Beworben wird Qoobo des Weiteren als transitorisches Objekt[137], das die Ablösung vom Elternhaus, die Eingewöhnung in der ›fremd‹ und ›anonym‹ gezeichneten Großstadt sowie Schwierigkeiten im neuen Job emotional erleichtern oder auftretende psychische Leiden abmildern soll.[138] Beim Aufbruch in ihr Erwachsenenleben trifft die junge Protagonistin beispielsweise auf unterschiedliche Menschen, die ihr unabhängig voneinander einen Qoobo überreichen, so dass sie in der letzten Einstellung geborgen in ihrem sonnenbeschienenen Bett, umringt von fünf schwanzwedelnden Kissen bzw. »kopflosen Roboterkatzen«[139] erwacht.

Sowohl bei Fellbommel als auch bei Qoobo handelt es sich um stark abstrahierte, fragmentierte Tierkörper und folglich Objektfetische, die im Fall des mechanisierten Katzenkissens sogar eine eigentümlich vitale Anmutung besitzen.[140] Die Anziehungskraft jener niedlich konnotierten Konsumobjekte scheint durch ihr groteskes Design gleichwohl keinen nennenswerten Schaden zu nehmen, im Gegenteil. Es sind gerade die beschriebenen extremen Stilisierungsprozesse, welche, so Ngai, die Ästhetik des Niedlichen zuallererst gebären, indem sie Machtlosigkeit ästhetisieren und jenes ungleiche Kräfteverhältnis etablieren, das für das Geschmacksurteil *cute* grundlegend ist.

»Realist verisimilitude and formal precision tend to work against or even nullify cuteness, which becomes most pronounced in objects *with simple round contours and little or no ornamentation or detail.* By this logic, the epitome of the cute would be *an undifferentiated blob of soft doughy matter.* Since cuteness is an aestheticization of powerlessness […], and since soft contours suggest pliancy or responsiveness to the will of others, *the less formally articulated the commodity, the cuter.*«[141]

Wann verliert das Flauschig-Niedliche nun aber seine verführerisch-anheimelnde Anziehungskraft? An welchem Punkt ist das beruhigende Wohlgefühl, der Komfort und die Wärme, die Qoobo und andere Flauschkreaturen im buchstäblichen wie sprichwörtlichen Sinne versprechen, vergiftet? Nach Ansicht von Daniel Grossman wird Niedliches grundsätzlich just in dem Moment ungenießbar, in dem es aus seiner idealisierten Darstellung befreit und dem Realismus überantwortet werde. Derart trete nicht nur die Tragödie planvoller Deformation, gewaltsamer Zurichtung und Manipulation, sondern zugleich das nicht eingelöste Glücksversprechen überdeutlich hervor.[142]

Die im Folgenden vorgestellte künstlerische Arbeit kann ebenfalls als Beispiel für Technik im Pelz gelten. Gleichwohl auf unterschiedliche Weise und mit anderer Wirkung widmet sie sich ›beflauschten‹ tierlichen Partialobjekten, welche sich allerdings ungleich weniger zur Fetischisierung eignen. Ein Interesse für Fremdartiges bzw. *alien species*[143] – das Nicht-Heimische, ja gar Un-Heimliche im Freudschen Sinne[144] – trägt das deutsch-französische Künstlerinnenkollektiv NEOZOON bereits im Namen.[145] Die vielfach installativen, mitunter selbst invasiv-interventionistischen[146] Arbeiten thematisieren die Repräsentanz von Tierlichem nach der Entfremdung von der Natur, gewissermaßen dessen bild- wie warenförmigen Wiedereintritt in die urbanisierte Lebenswelt. Dabei arbeiten die Künstlerinnen mit bereits vorhandenen kulturellen Artefakten, die rekombiniert, umfunktioniert und neu kontextualisiert werden. Anhand abgelegter oder verwaister Pelzmode fokussiert ihr materielles Upcycling ebenfalls die Ressource Tierfell. Kombiniert mit einem selbstständig fahrenden Unterbau werden so beispielsweise ausgediente Pelzmützen als Haustierrasse *Pelliciusia urbana* (2011) – »Ordnung: Säugetiere (Mammalia), Familie: Mützenartige (Petasus)«[147] – reanimiert (vgl. Tab. C, Abb. 9). Bevorzugt im Rudel lebend, kriechen jene Exemplare der Gattung ›städtische Tierhäute‹ geschäftig über den Boden, rotten sich temporär in Zimmerecken zusammen, drehen sich bei Körperkontakt um die eigene Achse und zeigen auch ansonsten ein sonderbares Verhalten. Während sich die Schwanzbewegungen des hybriden Katzenkissens Qoobo weitgehend kontinuierlich und geräuschlos vollziehen, wodurch seine technologische Konstruktion zurücktritt, scheitert eine glaubwürdige Simulation von Leben wie Liebenswertem[148] bei NEOZOONs *Pelliciusia urbana* bereits im Ansatz an dem deutlich hörbaren Getriebe der unsichtbar verbauten mechanischen Apparatur. Die akustische wie motorische Performance legt nahe, dass es sich dabei um camouflierte Staubsaugerroboter handelt. Während ein kunstfellüberzogenes, zoomorph gestaltetes rundes Kissen mit reaktiver Elektronik als ästhetischer Impuls ausreicht, um soziale Interaktion, körperliche Nähe sowie emotionale Bindung zu begünstigen, lässt sich das gleiche trotz optischer wie konzeptueller Analogien von NEOZOONs technoiden Kreaturen nicht behaupten.

Qoobo oder Fellbommel sind ob ihrer Immobilität dazu verdammt, willfährig an Ort und Stelle zu verharren. Ihr weitgehend passives Verhalten verstärkt den Dingcharakter und minimiert einen etwaigen Eindruck von Bedrohlichkeit oder die Wahrscheinlichkeit von Verselbstständigung. Diese qua Design übersteigerte Passivität ist eine konkrete Spielart jener Ästhetisierung von Machtlosigkeit, die für Niedliches grundsätzlich kennzeichnend ist.[149] Im Unterschied dazu werden die selbsttätig umherfahrenden Pelzmützen in Form eines autonomen ›wilden‹ Rudels inszeniert. *Pelliciusia urbana* sind »[dämonische] Tiere in Meuten«[150], die keinerlei verniedlichende Kosenamen besitzen, nicht domestiziert scheinen und physisch wie habituell befremdlich bzw. unheimlich wirken. Darüber hinaus haben sie einen deutlich morbideren Charakter, lassen Pelzaccessoires wie Mütze, Stola oder

Muff nicht nur unmittelbar an totes Tier, sondern zugleich an verstorbene Menschen denken, als deren verwaiste Hinterlassenschaften sie Eingang in Kleiderkammern oder Ähnliches gefunden haben. Hier greift exakt der Realismus, von dem Grossman spricht. Während Qoobo und Fellbommel die durch maximale Stilisierung ›desinfizierte‹, von negativen Affekten weitgehend gereinigte Version eines tierlichen Partialobjektes darstellen, kontaminieren Realismus sowie Inkongruenz der kombinierten Konsumobjekte den Eindruck des Niedlichen. Die Fiktion des niedlichen Objekts wird durch die Indexikalität des Pelzes, seine imaginierte Geschichte als ausrangiertes, unschicklich gewordenes Modeaccessoire sowie die überdeutlich wahrnehmbare, keinem tierlichen Vorbild nachempfundene Mechanik durchkreuzt. Obgleich ihre Bewegung auf Lebendigkeit hindeuten könnte, ist das, was da am Boden herumkriecht, eher potenzierte Leb- bzw. Seelenlosigkeit. Mit Frankensteins Monster vergleichbar schlägt die elektrische Reanimation der Pelzmützen als ›städtische Tierhäute‹ fehl, erscheinen die kompositen Readymade-Kreaturen von NEOZOON doch vielmehr als Wiedergänger, deren Spuk nur für die Dauer der Akkuladung währt.

Ein Büschel Fell vor einfarbigem Hintergrund. Flüchtig besehen könnte es sich dabei fast um eine Produktabbildung für Fellaccessoires oder Herrentoupets handeln (vgl. Tab. C, Abb. 8). Körperliche Wonnen wollen sich bei näherer Betrachtung nicht ungetrübt einstellen, sind die zwei diagonal übereinandergelegten Bildsegmente trotz der Bemühung um eine geschlossene Form unübersehbar. Auch die Farbigkeit der beiden Teile passt nicht recht zueinander – und blitzt da nicht ein Ohr hervor? Je länger das Studium der Fotografie dauert, desto weniger lässt sich das Abgebildete, vorgeblich kohärente Motiv zweifelsfrei als Entität identifizieren. Etwas Vertrautes, das gleichzeitig fremd bzw. pervertiert erscheint; eine Repräsentation von indexikalischer Qualität, die sich dennoch nicht enträtseln lässt, da sind gemischte Gefühle praktisch vorprogrammiert. Während der Titel des Einzelbildes die Fellfarbe zum einzig erwähnenswerten Attribut deklariert und so einer fragmentierenden Verdinglichung zuarbeitet, scheint der Name der Serie dem Dargestellten simultan Leben einzuhauchen. Nominell haben wir es folglich mit einem silbergrauen Winterschläfer zu tun, der jedoch nicht als tierliches Individuum, sondern als warenförmiger Typus – Modell *hibernator,* Ausführung *silvergrey* – präsentiert wird. Für die Collagen der siebzehnteiligen Serie verwendet Ruth van Beek Fotografien von Kleintieren aus Haustier-Enzyklopädien als Materialgrundlage.[151] Zwergkaninchen, Meerschweinchen, Chinchilla oder Hauskatze werden hierauf vor einem kontrastfarbigen Studiohintergrund prominent in Szene gesetzt. Durch Falten und Zerschneiden rückt die niederländische Künstlerin den gewählten fotografischen Reproduktionen der Bildobjekt gewordenen Tierkörper auf durchaus brutale Weise zu Leibe, um derart einen radikalen, die ursprüngliche Körperform verstümmelnden Eingriff zu erzielen. Das portraitierte Tier wird wortwörtlich auf seine materielle Essenz – den ›Werkstoff‹ Fell – zurückgefaltet bzw. zurechtgestutzt. Jene Reduktion kreatürlicher Merkmale erschwert nicht nur die Bestimmung der abgebildeten Tierart – eine Kontextualisierung, welche ebenso der Bildtitel verweigert –, sondern lässt daran zweifeln, ob es sich überhaupt (noch) um ein Lebewesen handelt. Hierbei profitiert die Arbeit von dem »eigentümliche[n] Potential« des fotografischen Mediums, »den Unterschied zwischen tot und lebendig, zwischen Sein und Schein unkenntlich zu machen [...].«[152] Durch ihr künstlerisches Vorgehen treibt van Beek die anatomischen Mutationen züchtungsbedingter Domestizierungsprozesse des Konsumobjekts Tier symbolisch auf die Spitze und thematisiert auf physisch schmerzhafte Weise die sadistische Seite der menschlichen Tierliebe. Für *The Hibernators* wählt die Künstlerin ausschließlich Tierportraits, die in einer Studiosituation entstanden sind und somit den inszenatorischen Charakter der fotografischen Darstellung geradezu paradigmatisch thematisieren. Auf diese Weise unterstreicht sie den Objektstatus der abgelichteten Kreaturen, die einen mehrstufigen Prozess der Kommodifizierung unterlaufen.[153] »They look like strange objects, forced in the frame of the picture, looking hopelessly lost. When I start cutting or folding the cutout, I kind of try to free the animal again from it's pose, only to capture it again in a new transformed pose or shape.«[154] Indem sie den konfektionierten Kreaturen ihr Antlitz nimmt und den Betrachtenden derart die Möglichkeit zur Identifikation verweigert, kann sich jene maßgeblich auf Anthropomorphismus basierende affektive Hinwendung nicht einstellen, die für den Eindruck des Niedlichen grundlegend ist.[155] Obgleich die Augen des frisch frisierten Sesame aufgrund der gewählten Rückansicht ebenfalls nicht zu sehen sind (vgl. Tab. C, Abb. 6), kippt der Eindruck des Flauschig-Niedlichen jedoch nicht. Der auffälligste bildimmanente Unterschied zwischen den beiden stark inszenierten, verdinglichenden fotografischen Tierportraits besteht in der hervorstechenden Versehrung des Dargestellten, den sichtbaren Schnitt- bzw. Nahtstellen oder Falten, die für van Beeks Collagetechnik kennzeichnend sind. Sie durchkreuzen die Illusion des Unschuldigen, verweisen auf die menschliche Konstruiertheit der tierlichen Repräsentation sowie deren gewaltsame Anteile und verleihen derart den ethischen Aspekten mehr Gewicht, die – so ließe sich an dieser Stelle schlussfolgern – den ästhetischen Genuss des Niedlichen massiv beeinträchtigen, wenn nicht gar verunmöglichen. Einzig der transitorische Zustand des Winterschlafs nährt eine diffuse Hoffnung auf die zukünftige Emanzipation der Tiere von ihrem fetischisierten Objektstatus[156] und eine Umkehrung des etablierten Machtverhältnisses – *what the fluff!*[157]

#chunky #cute – Massigkeit

»Anything that's fat or round, i'll post. [...] but i'll be picky [...].«[158]

»[L]ook at this absolute unit.«[159]

Als ein Schlüsselmerkmal niedlicher Gestalt/ung – »cute objects have no edge to speak of, usually being soft, round, and deeply associated with the infantile and the feminine«[160] – steht Rundheit auch bei den folgenden Ausführungen im Mittelpunkt. Im Fall der zuvor unter anderem exemplarisch anhand des Minizwergspitzes studierten Materialeigenschaft Flauschigkeit ist die rundliche Silhouette das kunstfertige Resultat eines sorgfältig getrimmten buschig-voluminösen Haarkleids. Das nunmehr näherungsweise kugelrunde äußere Erscheinungsbild der bereits qua Züchtung manieriert-niedlichen Hunderasse wird durch diesen erneuten Formgebungsprozess noch gesteigert – »cutening the cute«[161] –, basiert de facto jedoch auf einer optischen Illusion. Wasser hilft angesichts des haarigen Blendwerks der Wahrheitsfindung, enttarnt ein Kontakt mit dem feuchten Element doch unmittelbar wie gnadenlos den anatomischen Kern, d. h. die schmächtige Statur des mühevoll händisch aufgeplusterten, nunmehr im Bade abschmelzenden Pommeraners[162] und demonstriert jene Janusköpfigkeit, aus der sich die latente Skepsis vor dem vorgeblich allzu Niedlichen speist (vgl. Tab. D, Abb. 1).[163]

Obgleich Miniaturisierung und Handlichkeit nahelegen, dass die niedliche Tiergestalt idealiter leichtgewichtig, kleinformatig und zierlich ist, deutet alles darauf hin, dass jene Beobachtungen unter umgekehrten Vorzeichen ebenso Gültigkeit behalten. Kugelige Anschauungsexemplare aus der Social-Media-Menagerie sind daher nicht in Form miniaturisiert-fragiler Fellknäule von Interesse – ganz im Gegenteil. Die Aufmerksamkeit richtet sich jetzt auf die schiere Präsenz der wohlgenährten, trägen wie schweren, mit besten Absichten liebevoll in Form gefütterten (Bio-)Masse. Die Kugel[164] gilt denn auch nicht nur Bauschigem – Stichwort: Pompon – designseitig als Idealform, eine ähnlich prominente Rolle spielt sie im semiotischen Repertoire der Beleibtheit.

Dass gemeinhin ein Nexus zwischen kugelrund und übergewichtig besteht, darauf deutet bereits die synonyme Wortverwendung hin.[165] Unmittelbar anschaulich wird besagter Zusammenhang beim Blick auf jene Tierdarstellungen, die allenthalben mit #cute und #adorable verschlagwortet über Instagramprofile wie @round.animals – »[d]aily dose of thicc & round animals«[166] – oder @round.boys – »the original round animals account«[167] – geteilt werden. Im virtuellen Kuriositätenkabinett der kugelförmigen Tierkörper bzw. ›runden Lieblinge‹ reihen sich lebendige Fellknäule wie Minizwergspitze dabei gleichberechtigt an absichtlich unvorteilhaft fotografierte sowie tatsächlich korpulente Exemplare. Die zumindest bei flüchtiger Betrachtung gegebene formale Ähnlichkeit zwischen einem flauschigen und einem fettleibigen Säugetier dient sich im wissentlich wenig überzeugenden Versuch, schiere Massigkeit als bloße (Lang-)Haarigkeit zu camouflieren, augenzwinkernd der Logik der Verwechslungskomödie an: »I'm not fat, I'm fluffy!« (vgl. Tab. D, Abb. 2a) Das Spiel mit der ambigen, durch Behaarung umschmeichelten bzw. vorteilhaft kaschierten Körperform verliert mit Abnahme der Haarlänge proportional an Plausibilität, so dass einer kurzhaarigen Katzenart deutlich weniger imaginärer Spielraum vergönnt ist: »I'm not fat, dammit!« (vgl. Tab. D, Abb. 2b)[168]

Chonkcilla, Unichonk oder Chonkkin[169] – ob reale oder fiktive Tierfiguren, alle lassen sie sich sowohl sprachlich als auch optisch an die kugelrunde Idealform angleichen bzw. anfüttern.[170] Laut Urban Dictionary, dem selbsternannten, kollektiv organisierten Nachschlagewerk für Internetslang, hat sich *chonk* als orthografische Variation von *chunk* – übersetzt etwa so viel wie ›großer Brocken‹ – online zur Bezeichnung korpulenter Tiere aller Art etabliert.[171] Befeuert durch die CHONK Chart[172], eine qua Bildbearbeitung manipulierte Körperfett-Risikoskala für Haustiere, die vor allem im Sommer 2018 viral kursierte, erfreuen sich insbesondere über- bzw. schwergewichtige Stubentiger memetischer Berühmtheit. Graduell von einem zwanzigprozentigen, als unbedenklich indexierten Körperfettanteil auf 70 Prozent in den dunkelroten Risikobereich ansteigend, gipfeln die begleitenden Illustrationen auf der letzten Stufe in einem unförmig adipösen Tierkörper (vgl. Tab. D, Abb. 3). Die Bauchdecke hängt auf Bodenhöhe, wodurch die Silhouette der grafisch dargestellten Katze in der Seitenansicht nahezu quadratisch wirkt. Während das veterinäre Schaubild augenscheinlich für die gesundheitlichen Konsequenzen von Fettleibigkeit bei Katzen im Speziellen wie Haustieren im Allgemeinen sensibilisieren will und dazu die massiv übergewichtige tierliche Figuration als stark gefährdete Normabweichung inszeniert, die es unter allen Umständen zu vermeiden bzw. mit sofortiger Wirkung auf strikte Diät zu setzen gilt, zielt die CHONK Chart auf das genaue Gegenteil. Dank der humoristischen Umdeutung wird die ursprünglich als abnorm und krankhaft deklarierte Körperform glorifiziert. ›Je fülliger, desto besser‹ lautet entsprechend der Überbietungslogik alsdann die Losung, besteht die Meisterschaft doch gerade im Erklimmen der letzten Stufe, eingedenk deren gigantischer Ausmaße die Beschreibung *chonky* geradewegs als unpassend verniedlichender Deminutiv erscheint. Ein verballhornter christlich-religiöser Ausruf bleibt denn auch die einzige adäquate Reaktion auf jene leibhaftige, Ehrfurcht gebietende Epiphanie – »OH LAWD HE COMIN'«[173]! Die Pointe besteht freilich in dem Umstand, dass ein derart adipöses Geschöpf – zumal mit der geringen Körpergröße einer Hauskatze – allein aufgrund der gewichtsbedingten motorischen Einschränkungen de facto schwerlich eine auch nur irgendwie ernstzunehmende Bedrohung darzustellen vermag.

Die ursprüngliche Risikotabelle von Hill's, einem Hersteller für Diätfuttermittel, geht mit einer phänotypischen Beschreibung der felinen Metamorphose einher. Auf dem als pathologisch indexierten Topniveau seien die Fettpolster demnach so dicht, dass selbst ein Ertasten der Knochen unmöglich werde[174] – allerhöchste Zeit, den Stoffwechsel mithilfe von individuell abgestimmtem Diätfutter besagten Fabrikats anzukurbeln. Die graduell zunehmende, unproportionale Verzerrung des allzu wohlgenährten Tierkörpers geht offenkundig mit einem allmählichen Verlust der natürlichen Form einher. Von drahtig-athletisch, in der Aufsicht »sanduhrförmig« und mit einer »prominenten Knochenstruktur«[175] der Gesichtspartie hin zu einer zunehmend amorphen Gestalt, die weitgehend ohne Ecken und Kanten auskommt: »No bony structures.«[176] Dietmar Rübel zufolge triggert bereits der materiale Formverlust bzw. die Formlosigkeit von unbelebten Dingen sowie die damit einhergehende Suspendierung bestehender ästhetischer Kategorien und Grenzziehungen stellvertretend die menschliche Grundangst vor der eigenen Desintegration: »The fear that things could lose their form, become pliable, melt, or disintegrate is usually associated in aesthetic theory with a fear of dehumanization in general.«[177] Trotz ihrer überzeichneten Darstellung löst die qua CHONK Chart vorgeführte Deformation der vertrauten tierlichen Form rezeptionsseitig jedoch ganz offenbar kein ernstliches oder gar existenziell bedrohliches Unbehagen aus. Perspektiviert auf die bereits zuvor angeführte Argumentation Ngais, welcher das ästhetische Urteil ›niedlich‹ als umso wahrscheinlicher gilt, je reduzierter und undifferenzierter die formale Gestaltung eines Objekts ausfällt, liegt vielmehr folgende plakativ auf eine Formel gebrachte Schlussfolgerung nahe: *je fetter* (ergo runder ergo unförmiger ergo stilisierter) das Tier, *desto niedlicher.* Demgegenüber erweist sich der morphologisch vorgeführte Gigantismus als Umkehrung jenes miniaturisierenden Effekts, der für Niedliches üblicherweise kennzeichnend ist.[178] Entsprechend dem von Ngai als protoniedlich herausgestellten Phänotyp – »an undifferentiated blob of soft doughy matter«[179] – scheint folglich vorrangig die Stilisierung der Form[180], nicht jedoch deren Abmessungen für den Eindruck von Niedlichkeit maßgeblich; eine Hypothese, die es abschließend zu überprüfen gilt. Auch Grossman weist auf einen Nexus zwischen Niedlichem und »anatomischer Ausdehnung«[181] hin. Im westlichen Kulturkreis sei das formale Kriterium Rundheit ein gängiges ikonografisches Element von Unschuldsdarstellungen. Die Vorstellung jener »innocent rotundity«[182] rekurriere wiederum auf die kultische Verehrung des Kindes bzw. der Kindheit – »the infantile cult of the round«[183]. An einem »pädomorphen Ideal«[184] orientiert, ziele die Morphologie des Niedlichen dementsprechend auf physische wie habituelle Verjüngung, der formal insbesondere Rundlichkeit entspreche.

Nutztiere betreffend gilt ein korpulentes Äußeres der fleischverarbeitenden Lebensmittelindustrie nicht erst seit Einführung genetisch optimierter Massentierhaltung als ökonomisches Prädikat. Die Freude am sowie der Stolz auf das wohlbeleibte, Maximalertrag in Aussicht stellende Zuchttier finden ihren bildlichen Ausdruck beispielsweise ab Mitte des 19. Jahrhunderts in der Viktorianischen Genremalerei. Preisgekröntes Elite-Rindvieh – wie der aufgrund seiner schieren Massigkeit und distinguierten Abstammung in ganz Großbritannien als Krone der angelsächsischen Rinderzucht bekannte Ochse von Durham (1796–1807) – tourte nicht lediglich in spezialangefertigten Fuhrwerken landauf, landab, sondern wurde ebenfalls in stilisierten Tierportraits verewigt.[185] Die sogenannte »livestock portraiture«[186] zielte denn auch weniger auf ein wahrheitsgetreues Bildnis, denn auf die idealisierte Darstellung der tierlichen Anatomie – getreu der Devise ›je massiger, desto besser‹ – »[…] the most impressive animals were those that pushed natural limits or approached unattainable ideals. The most obvious limit was size.«[187] Jedes der lokalen Nutztiere wurde hierzu an eine bereits in der Körperform angelegte geometrische Idealform angeglichen: Großzügig proportioniert waren Rinder meist von kompakt rechteckiger, Schafe von länglich-elliptischer Statur, während bei der Abbildung von Schweinen die Kugel als anatomisches Modell fungierte.[188] Um die Fleischmassen besonders eindrücklich zu inszenieren, wurde die jeweilige tierliche Prominenz, hier: »der berühmte« Ochse von Lincolnshire (vgl. Tab. D, Abb. 4), in Ganzkörperdarstellung en profil vor einer ruralen Landschaft portraitiert. Aus der Perspektive jener charakteristischen Darstellungsweise scheint der annähernd rechteckige Rumpf, zumal im direkten Kontrast mit den vergleichsweise dünnen, kurzen Beinen und dem relativ kleinen Kopf, geradezu monströse Dimensionen zu besitzen.[189] »Dem ungeübten Betrachter mögen sie wie idiosynkratische Darstellungen übergroßer, überfütterter, überausgestellter Monstren erscheinen. Für diejenigen, die damit zu tun haben, sind sie Ausdruck eines Novums von Wohlstand, gesellschaftlichem Wandel und Vertrauen in den ›Fortschritt‹.«[190] Als Statussymbol wie Figuration ihrer Eigentümer bzw. Züchter erfüllten jene betont imposanten und stattlichen Portraits preisgekrönter Zuchttiere vor allem repräsentative, prestigeträchtige Funktionen.[191] Das Affizierungsvermögen dieser bereits zum Entstehungszeitpunkt breitenwirksam als menschengemachte Sensationen vermarkteten, ob ihrer Unförmigkeit spätestens aus heutiger Sicht grotesk wirkenden *livestock celebrities* (bzw. *cattlefluencer*) griff jüngst das Museum of English Rural Life zum Zwecke des digitalen Marketings via Twitter (@TheMERL) auf. Adam Koszary, früherer Programmdirektor und Leiter des Digital Lead Management, beschreibt das seiner Meinung nach augenfällige ›Social-Media-Potenzial‹ jener Nutztierdarstellungen und dessen viralen Erfolg in einem Interview denn auch folgendermaßen: »People love an absolute unit, and are in awe at the size of the lad.«[192]

Was hat beinahe 200 Jahre altes »korpulentes Rindvieh«[193] nun aber mit *cuteness* zu tun? Auf Niedlichkeit zielen jene historischen Tierdarstellungen doch offenbar nicht, vielmehr wird die ›brutale Masse‹ des Tierkörpers zum eigentlichen Bildsujet und besonders eindrücklich – beispielsweise durch bildimmanente Größenvergleiche zu Baumgruppen, Siedlungen oder Personen, welche die ungeheuren Dimensionen ehrfurchtgebietend zu verdeutlichen suchen – inszeniert. Ergebnis jenes Gigantismus ist ein ökonomisch optimiertes tierliches Ungetüm, Fetischobjekt der Fleischwarenindustrie, das ob seiner qua Domestikation ins Monströse übersteigerten Physis und der implizierten Gewaltausübung jene gemischten Gefühle, von ungläubigem Staunen über Befremdung zu Mitleid und Aversion, auslöst, aus denen sich sein Sensationscharakter damals wie heute speist. Jene affektive Ambivalenz ist ebenfalls für die ästhetische Kategorie des Niedlichen konstitutiv. Eine partielle Vergrößerung durch überproportionale Körperfülle mündet im Fall adipöser Tiere im Diskursumfeld von #cute auf Instagram dennoch nicht in Ekel, Abscheu oder Furcht. Accounts wie @chonky.animals[194] tragen ihre Verehrung für tierliche Körperfülle vielmehr bereits im Namen. Für jene bildbasierten »Geschmacksverein[e]«[195] besitzen massige Kreaturen ein ausgemachtes, im Sinne von *fat admiring* ausschließlich positiv konnotiertes Affizierungspotenzial, gelten sie ihnen doch als massiv niedlich. Mit dem signifikanten Hashtagverbund #chunky #cute #adorable liefert das derart verschlagwortete Bildmaterial dementsprechend eine affirmierende Lesart der kuratierten Sammlung an korpulenten Tierleibern. Niedlichem gilt Übergewicht, so ließe sich unmittelbar schlussfolgern, als liebenswert, ja gar anbetungswürdig – zumindest dann, wenn es sich um Tiere oder Babys handelt, die eingedenk optimierter Quetschbarkeit wie hilfloser Schwerfälligkeit gar nicht speckig (#chubby) genug sein können. Gehäuft auftretende Hashtagpaarungen wie #funny und #fat signalisieren darüber hinaus, dass die medial vorgeführte anatomische Monstrosität als kurioses Spektakel dem Zwecke kurzweiliger Erheiterung wie Erbauung dienlich ist. Die fiktiv-spielerische Auslotung des physisch Möglichen, wie sie das bildgestützte Gedankenexperiment CHONK Chart exemplarisch vorführt, deutet bisweilen gar auf ein pseudowissenschaftliches Interesse an jenen *Physica Curiosa* hin.[196] Besagtes Faible für Monströses bzw. die kollektive Schaulust am versehrten Tierkörper schreibt sich gegenwärtig gleichwohl in den bereits benannten ›Petfluencern‹ fort. Der ursprünglichen lateinischen Wortbedeutung wie auch seiner bis ins Mittelalter gebräuchlichen Verwendung zufolge bezeichnete der Begriff Monstrum etwas Wunderbares, ein göttliches Omen oder eine Warnung. Derart wies er eine Nähe zur ästhetischen Kategorie des Erhabenen auf: »By challenging the boundaries of the human and the coherence of what seemed to be the natural world, monstrous bodies appeared as sublime, merging the terrible with the wonderful, equalizing repulsion with attraction.«[197] Garland Thomson zufolge wandelte sich die kulturelle Vorstellung des ›außergewöhnlichen‹ Körpers im Zuge der Aufklärung. Das einstige Wunder werde seither als zu reparierender Defekt betrachtet – »wonder becomes error.«[198] Ein Blick auf die CHONK Chart legt eine erneute Revision des Freakdiskurses nahe. *Awww! Aweee!* Es darf wieder schamlos geschaut, voller Ehrfurcht gestaunt und lautiert werden.[199] Allerdings nur dann, wenn es sich erstens um ein Lebewesen handelt, das nicht der menschlichen Spezies angehört, und die vordergründig als erhaben inszenierte Kreatur (OH LAWD) der Lächerlichkeit einer »niederen Komik«[200], wie Karl Rosenkranz sie mit Blick auf das Plumpe konstatiert, preisgegeben wird.

Was nun aber tatsächlich passiert, wenn das Haustier zum Masttier wird, sei im Folgenden fallbeispielhaft am Instagramaccount @chonky.animals illustriert, der seine Abonnent*inn*en täglich mit neuen Medieninhalten, den sogenannten »daily chonks«[201], versorgt. Zum Zwecke der Klassifizierung wie Auffindbarkeit werden sämtliche Veröffentlichung von einem Hashtagkonglomerat begleitet, das lediglich minimal, abhängig vom jeweils abgebildeten Tier variiert. Unverändert bleiben dabei folgende Schlüsselbegriffe, die den Bildkorpus aus Sicht der Accountbetreibenden am treffendsten charakterisieren und damit jenen Diskursrahmen aufspannen, in dem die veröffentlichten Tierportraits nicht nur verortet, sondern ebenso durch Sucheingabe aufgefunden werden sollen: #animals #chonky #cute #adorable #animal #chonker #aww #fat #unit #funny #absoluteunit.

Eine Durchsicht des gesamten Datensatzes[202] offenbart sogleich, dass das Prädikat *chonky* – zentrales tierliches Attribut bzw. formal-ästhetische Eingangsvoraussetzung und ästhetisch-affektiver Trigger der mit 428 000 Abonnent*inn*en recht beachtlichen affektiven Gemeinschaft – nicht notwendigerweise an Übergewicht gebunden ist. Rubriziert werden ebenso Tiere mit dichtem Fellwuchs wie beispielsweise ungeschorene Alpakas, langhaarige Katzenrassen (z. B. Maine Coon), Tiere mit ausgeprägten, üppigen Speckfalten – zumeist Möpse, Doggen oder haarlose Sphinx-Katzen – und Robben, die aufgrund ihrer prallen, formstabilen und speckig glänzenden Leiber als #chonker[203] par excellence gelten können. Dessen ungeachtet beschränken sich die nachfolgenden Ausführungen bewusst auf die fotografischen Darstellungen adipöser Haustiere, liegt der Fokus mit Gewicht und Masse doch auf zwei physikalischen Größen, die nicht als prototypisch niedlich gelten. Zudem ist Korpulenz, d. h. beträchtlich formverändernde Gewichtszunahme, im untersuchten Phänomenbereich #chonky für den Eindruck von idealerweise kugelförmiger Rundheit maßgeblich. Motiv der via @chonky.animals geteilten Tierportraits ist dabei nicht der Fressvorgang als solcher, vielmehr wird die Leibesfülle der wohlgenährten Protagonisten und somit der tierliche Körper selbst zum zentralen Bildgegenstand. Zumeist im ›natürlichen‹ Habitat des häuslichen Innenraums – vorzugsweise auf komfortablen Ruhemöbeln wie Sofa, Sessel, Teppich, Fußmatte oder Schlafzimmerbett – abgelichtet, befindet sich eine signifikante Anzahl der Tiere augenscheinlich in einer Art semi-komatösem Dämmerzustand, mutmaßlich immobilisiert durch das zuvor verzehrte Mahl und die einsetzende Verdauungstätigkeit.[204] Während ein beleibter Mops absolut tiefenentspannt, wie dahingegossen quer ausgestreckt über Ledercouch und Sofatisch liegt, wobei sich sein Wanst schwerkraftbedingt zwischen dem Mobiliar nach unten aushängt (»perfect form«, Tab. D, Abb. 5a), ruht ein draller Corgi bildformatfüllend auf der Seite und es scheint fraglich, ob seine Stummelbeine den massigen Körper jemals wiederaufrichten können (»l o a f«, Tab. D, Abb. 5b). Mops und Katze wiederum schlafen einträchtig, alle Viere von sich gestreckt auf einem sonnenbeschienenen Türvorleger (»DOUBLE CHONK«, Tab. D, Abb. 5c). Im Wachzustand fotografierte Tiere befinden sich häufig in einer breitbeinigen, menschenähnlichen Sitzhaltung, welche ihre beachtliche Plauze prominent in Szene setzt (»AWH LAWD HE SITTIN«, Tab. D, Abb. 5d). Indem ihre anthropomorphe Darstellung Gelegenheit zur Identifikation bietet, ermöglichen die behäbig, selbstzufrieden und genüsslich sprichwörtlich auf der faulen Haut liegend dargestellten tierlichen Modelle ein stellvertretendes Genießen – eine kurzfristige, gleichwohl imaginäre Teilhabe am paradiesisch visionierten Zustand eines lebenslangen Dolcefarnientes fernab sozioökonomischer Zwänge, wie es Haustieren gewöhnlich nicht ohne Neid attestiert wird. Als Repräsentanten des zutiefst Menschlichen verkörpern sie folgenlosen und daher ungefährlichen zivilen Ungehorsam, die Weigerung zur Leistungserbringung wie Selbstoptimierung, und demonstrieren mithin Disziplinlosigkeit im Kleinen.[205]

Demgegenüber kann der rotweiß-getigerte Kater Zarathustra als selbstbewusst wie -bestimmt auftretende Persönlichkeit und somit – gewissermaßen im Umkehrschluss – als *ego animal* unter den wohlbeleibten tierlichen Gefährten gelten. Auf dem Instagramprofil @fatcatart[206] sowie der gleichnamigen Homepage[207] präsentiert der konsequent im Pluralis Majestatis über sich selbst sprechende Stubentiger die Früchte seines distinguierten – ausnahmslos um sinnliche Freuden, kulinarische Wonnen sowie die schönen Künste kreisenden – Lebensstils. Auch die Selbstcharakterisierung geizt nicht mit Superlativen: So ist Zarathustra nicht nur fraglos der beste und kultivierteste Kater der Welt, sondern genießt zugleich die Gunst der Götter, welche seine unzivilisiert-animalischen Begierden sublimierten, damit er seine freie Zeit zwischen den taktgebenden Mahlzeiten mit dem Sinnieren über höhere Belange zubringen kann. Seine drängendste Leidenschaft besteht jedoch darin, als Modell für die »großen Meister« zu fungieren, wüsste doch einzig ein Monet, Botticelli oder Rembrandt seinen »großzügigen Körper« und seine »erhabene Seele« als ästhetisches Surplus wertzuschätzen.[208] Kunstfertig wird Zarathustra von seiner Besitzerin, der russischen Künstlerin Svetlana Petrova, in bewegtes wie unbewegtes Bildmaterial hineinmontiert, wobei sich Referenzen aus dem Bereich der Bildenden Kunst (#classicartmemes) sowie popkulturelle Zitate aneinanderreihen. In einer Neuinterpretation von Paolo Uccellos Ölgemälde *Der heilige Georg* (1470) wird ihm beispielsweise in der

Rolle als »Winged Cat«[209], gezähmte Bestie und überdimensioniertes Haustier der Königstochter, vom Hl. Georg häppchenweise Biofleisch angereicht. Die vormalige Hauptfigur des Drachentöters erfährt durch die verrichtete Care-Arbeit eine folgenreiche Umdeutung in einen beinahe liebevoll-fürsorglichen Mundschenk. Zu anderer Gelegenheit initiiert Zarathustras massiger Körper, nunmehr zum Quadrat umgeformt, den »Cat Suprematism«[210] oder zieht anstelle von Elizabeth Taylor in *Cleopatra* (1963) auf einer gigantischen, von unzähligen Sklaven geschulterten Sänfte feierlich in Rom ein – »nothing like this has come to Rome since Romulus and Remus«[211] (vgl. Tab. D, Abb. 6). Was sie auch tut, die Persona Zarathustra entscheidet, hieran lässt das Begleitnarrativ keinen Zweifel, souverän über ihre Bildwerdungen und ist somit zumindest nominell deutlich handlungsfähiger als die vorherigen tierlichen Brummer. Deren paralytische Untätigkeit steigert sowohl ihren Objektstatus als auch ihre Relativität – das *animal ego* existiert nur als Erweiterung eines vorgängigen Subjekts – und trägt damit unmittelbar zur Erhöhung ihres Niedlichkeitsfaktors bei. Jene Ästhetisierung von Machtlosigkeit erfährt in Zarathustra ihre bullige Umkehrung: »HOW TO WELCOME THE FAT CAT: OH LAWD HE COMIN'!«[212]

Wann ist das Niedlich-Plumpe vergiftet? Wann wird *chonky cute* inkonsumerabel bzw. zu etwas, an dem man zu ersticken droht. An welchem Punkt kippt das korpulente Haustier von *chonky* zu *choky?* Zunehmende Unförmigkeit bzw. Überhandnahme des Plumpen bei gleichbleibendem Realitätseindruck der Darstellung führt offenbar dazu, dass sich das ästhetische Urteil *cute* in Paarung mit *chonky* nicht mehr in Anschlag bringen lässt. Diese Schlussfolgerung legen die kuratierten Bildpools von Instagramaccounts wie @wow_absolute_units[213] – »for your daily dose of ABSOLUTE UNITS«[214] – oder @thic.bois[215] – »Saucy Cat Memes«[216] – nahe. Im Fall eines stark übergewichtigen Schimmels, der von seiner gewaltigen Körpermasse ins Gras gedrückt zu werden scheint (vgl. Tab. D, Abb. 7a), findet sich besagtes Werturteil im begleitenden Hashtagverbund dementsprechend nicht mehr: #horse #absoluteunits #unit #absoluteunit #fat #fathorse #chonk #chonker #ohlawd #big #chonky #chunky #chunk #giant #veryfat #obese #horses. Abgeleitet vom entsprechenden medizinischen Begriff betont ›adipös‹ mutmaßlich die ungesund-krankhaften Aspekte der stark übergewichtigen Tierkörper. Deren Niedlichkeit, so ließe sich spekulieren, schwindet immer dann, wenn ihr Leiden zu offensichtlich wird, steht das Tierwohl beim Anblick des Pferdes doch sichtlich in Frage. Ungeachtet dessen zielen derartige Darstellungen weiterhin auf den unterhaltsamen Sensationscharakter des

Abgebildeten. Um sie ohne Skrupel genießen zu können, ist ein bildimmanenter Hinweis auf ihre digitale Genese vonnöten. Die wellenförmige Horizontlinie im Hintergrund der unproportional aufgeblasenen Pferdestatur deutet untrüglich auf Bildbearbeitung hin und weist die skurrile Anatomie derart als fiktional aus. Im Fall von »blob boi« (vgl. Tab. C, Abb. 7b), einer rotweiß-getigerten Hauskatze, deren formatfüllend fotografierter Körper optisch nur aus Bauch und Kopf zu bestehen scheint, lassen sich Anzeichen einer digitalen Körpermodifikation hingegen nicht ausmachen. Mutmaßlich im Schlafzimmer auf der Bettdecke sitzend, ist der Stubentiger derartig schwergewichtig, dass die Matratze sich unter ihm zur Senke formt. Die blitzbedingt rot reflektierenden Pupillen verleihen *blob boi* einen diabolischen Anstrich, die Anziehungskraft des Niedlich-Plumpen hat sich verflüchtigt. Trotz seiner Ähnlichkeit steht derartiges Bildmaterial weniger mit *(chonky) cute animal media,* denn mit dem Memgenre *cursed image*[217] – konkreter: *cursed animal*[218] – in Verbindung.

Als zweites Beispiel und thematische Überleitung zum Folgekapitel, das die Quetschbarkeit des Niedlichen fokussiert, dient *Jellygummies,* eine Serie von dreidimensionalen GIF-Animationen des schottischen Illustrators Sam Lyon.[219] Die zumeist anthropo- oder zoomorphen Fantasiekreaturen, deren Gestaltung mal an gealterte, aufgedunsene Teletubbies, mutiertes Obst und Gemüse oder aber umherwabernde Materie erinnert, eint ein unverkennbarer Bildstil. Künstlerisches Markenzeichen von Lyons *3D GIF art* ist die fettglänzend bzw. gummiartig wirkende Oberflächenbeschaffenheit – »a particular texture and sheen«[220] – der prallen animierten Figuren. In Kombination mit den auf endlos gestellten, mal zuckenden, mal zappelnden Minimalbewegungen ruft diese getreu der Namensgebung Assoziationen zu einer gallertartigen essbaren Masse wie Gelee oder Wackelpudding hervor. Animationsbedingt alternieren die surrealen Wesen so teils unablässig zwischen kreatürlicher Figuration und abstrakter Formlosigkeit.[221] Sprachliche Beschreibungsversuche wie »zähflüssige Haptik« oder »breiige Bewegung«[222] deuten nicht nur auf die bizarre Anmutung der GIFs, sondern zugleich auch darauf hin, dass die digital simulierte Materialität rezeptionsseitig betont haptisch imaginiert wird. Bei einigen Autor*inn*en scheint sie sogar tätliche Impulse sowie den Wunsch nach direktem Hautkontakt und Nähe zu wecken (»you just want to squeeze and touch them, take them home and put them next to your pillow«[223]), so dass Lizzie Plaugic beispielsweise ausdrücklich bedauert, die animierten Geschöpfe nicht anfassen zu können: »The worst part of the whole thing is that you can't actually touch the GIFs.«[224]

Der 3D-Sticker in hamsterähnlicher Gestalt (vgl. Tab. D, Abb. 8) wird auf Giphy von folgendem Hashtagkonglomerat begleitet, das sowohl Aufschluss über technische, motivische als auch ästhetische Werturteile gibt: #animation #3d #animal #sam lyon #jellygummies #dance #art #cute #loop #chocolate #hamster #ugly.[225] Die Koexistenz von ›niedlich‹ und ›hässlich‹ verweist darauf, dass hier eine ästhetische Mischform vorliegt, welche die GIFs scheinbar paradox als »verstörend-faszinierend«[226] kennzeichnet. Wie bei den meisten Geschöpfen von Lyon ist auch die Anatomie des Hamsters unförmig aufgeschwemmt. Das tatsächlich groteske und mithin irritierende Element ist jedoch weniger der massig-plumpe Körperbau, sondern dessen eigentümliche Bewegung. Wie von einer unsichtbaren Schnur gezogen, beschreibt lediglich die Nasenspitze eine ruckartige, unnatürlich (drei-)eckig wirkende Bewegung. Fast sieht es so aus, als wollte sich jemand oder etwas erfolglos aus der umschließenden Hamster-Gummihaut befreien. Intensiviert wird jenes Kippmoment in Richtung Befremdung, Abneigung und Ekel über die aufgerufenen Materialassoziationen. Während die braune Farbigkeit der hochglänzenden Oberfläche weniger an flauschiges Tierfell, denn an Schokolade oder Fäkalien denken lässt, ist auch das traditionell aus ausgekochten Tierknochen hergestellte Nahrungsmittel Gelatine nicht mit der qua Bewegung suggerierten Lebendigkeit in logischen Einklang zu bringen.[227] Vergleichbar mit den von Joel Gn mit Blick auf ein *de-sign* des konventionell Niedlichen besprochenen Kobito Dukan[228] findet auch bei Lyons simultan #cute und #ugly gelabelten Gestalten spielerisch[229] eine kontexterweiternde Vermischung von niedlich konnotierten Parametern wie dem Hamster oder Süßigkeiten und »anti-cute features«[230] statt, die aufgrund ihrer Verlagerung in Richtung der Groteske ein produktives Irritationsmoment erzeugen.[231]

#squishy #cute – Quetschbarkeit

»It's so … […] I'm just so lost for words because once I start squishing it I'm just speechless and I just want to keep squishing it. […] Oh my gosh, I can't …«[232]

»I'm gonna hug you and kiss you and love you forever (and never use you up).«[233]

Die nachfolgenden Überlegungen zur Modellier- und Verformbarkeit des Niedlichen entzünden sich an einer gegenwärtig virulenten Produktgruppe, welche die charakteristischen Form- und Materialeigenschaften von *cute design* geradezu idealtypisch auf sich vereinigt: sogenannte *squishies,* wortwörtlich mit ›Quetschies‹ zu übersetzen. Analogien zur gleichnamigen Lebensmittelverpackung finden sich nicht bloß nominell, sondern ebenso auf ästhetisch-funktionaler Ebene, steht doch auch im Fall des mit Fruchtmus bzw. Gemüsepüree befüllten Quetschbeutels der multisensorische, spielerische Erlebnischarakter sowie die Selbstwirksamkeit der nunmehr weitgehend autonomen frühkindlichen Nahrungsaufnahme durch händisches Zusammendrücken der Weichplastikverpackung im Mittelpunkt.[234]

Wahlweise als Anti-Stress-Gadget, Spielzeug oder gar Kuscheltier vermarktet, handelt es sich bei dem asiatischen Importschlager *squishy* zumeist um miniaturisierte Tierfiguren, die ebenfalls ausdrücklich zu manueller Krafteinwirkung auffordern. Die beworbene haptische Interaktionsmöglichkeit ist dabei mitnichten Selbstzweck. Neben kurzweiliger Zerstreuung trägt wiederholtes Drangsalieren, d. h. rhythmisches Quetschen, Drücken oder Ziehen der strapazierfähigen Silikonfiguren laut Herstellerangaben zur Affektableitung und in der Folge zu körperlicher Entspannung bei.[235] Als willfähriges Instrument des Mood-Managements wird der vergleichsweise billige Artikel auf spielerische Weise im Kontext des Wellness- und Selbstfürsorgediskurses verortet. Die Handhabung erinnert an das Entspannungsverfahren der progressiven Muskelrelaxation, Handtrainer zum gezielten Muskelaufbau sowie entsprechend des Härtegrads farbig codierte, medizinisch konnotierte Therabälle. Im Unterschied dazu ergibt sich der psychophysische Nutzen eines *squishy* nicht allein aus dessen elastischer Materialität; mindestens genauso maßgeblich ist die gewählte niedliche Formensprache.

Ein Quetschtier kommt selten allein. In der Regel umfasst eine Verkaufseinheit einen zweistelligen Zoo an unterschiedlichen Haus-, Nutz- und Wildtieren, die gesammelt oder verschenkt werden können. Darunter befinden sich Variationen von Katzen, Hasen, Küken, Schweinen, Robben, Bären, Elefanten, Schafen, Koalas, Schwanzlurchen und dergleichen mehr (vgl. Tab. E, Abb. 1a). Ungeachtet figürlicher wie farblicher Varianz orientiert sich die Produktgestaltung durchgängig am japanischen Designprinzip *kawaii*, das der hochelastischen Silikonmasse eine stark vereinfachte kreatürliche Form verleiht. Zwar führt die zum Zwecke optimierter Quetscherfahrung vorgenommene Abstraktion mitunter dazu, dass sich das referenzierte Tier nicht mehr zweifelsfrei erkennen lässt. Wie bereits demonstriert wurde, beeinträchtigt die Unförmigkeit den Eindruck des Niedlichen jedoch nicht. Als dessen Inbegriff kann Ngai zufolge vielmehr eine weiche, teigige Masse gelten – »the less formally articulated the commodity, the cuter.«[236] Niedlichkeit verhält sich demnach umgekehrt proportional zu einer detailgetreuen, naturalistischen Gestaltung. Phänotypisch kennzeichnend ist folglich die extreme Stilisierung des tierlichen Vorbilds.[237] Die reduzierte äußere Gestaltung des protoniedlichen Objekts bietet derart eine Projektionsfläche für die imaginäre Ausgestaltung im individuellen Aneignungsprozess: »Simplicity is a key feature of cuteness.«[238]

Obgleich die Quetschtiere zum Großteil in einer liegenden Körperhaltung und somit im Zustand völliger Passivität und Immobilität inszeniert sind, evozieren die jeweils konkret gewählten Posituren durchaus unterschiedliche Gefühle. Der Kassenschlager, die gleich in vierfacher Ausführung vorhandene, anthropomorph gestaltete Katzenfigur scheint als einzige mit geschlossenen Augen tiefenentspannt und selbstzufrieden in Rückenlage zu schlummern (vgl. Tab. E, Abb. 1a). Schlafend dargestellt, nimmt sie nach Harris den Superlativ unter den niedlichen Posen – »[...] the pose we find cutest of all [...]«[239] – ein, steigere das Motiv des Schlafes doch die Attribute von Unschuld sowie Wehrlosigkeit, die dem Niedlichen grundsätzlich zugesprochen würden, und betone durch die Passivität das Moment der Verdinglichung.[240] Im Kontrast zu der genießerisch-sorglosen Attitüde des katzenartigen ›Quetschies‹ wirkt die Körperhaltung der verbleibenden Exemplare vergleichsweise geschlossen, suggeriert wahlweise ängstliches Kauern oder apathische Selbstaufgabe und appelliert derart an emotionale Zuwendung wie Fürsorge. Harris zufolge impliziert die Ästhetisierung von Mangelhaftigkeit, Bedürftigkeit und Machtlosigkeit qua Produktdesign bereits herstellerseitig einen sadistischen Anteil.[241] Ihre Fähigkeit zur Emotionalisierung verdanke die ästhetisch-affektive Kategorie des Niedlichen folglich einer wesenhaften Grausamkeit. Erst durch einen entmündigenden Akt der Verdinglichung werde jene Machtasymmetrie etabliert, die als Voraussetzung für das ästhetische Urteil ›süß‹ selbst gelten könne: »[...] the more objectified the object, or the more visibly shaped by the affective demands and/or projections of the subject, the cuter.«[242]

Die Gleichzeitigkeit von gemischten, durchaus widersprüchlichen Gefühlen, Fürsorgeimpuls auf der einen und oftmals tabuisierten Missbrauchs- bzw. Gewaltfantasien auf der anderen Seite, verweist auf eine dem Konzept des Niedlichen inhärente Ambivalenz.[243] Ein Eintrag auf Urban Dictionary erklärt die Wortbedeutung des Adjektivs *squishy* entsprechend durch Verweis auf dessen alltagspraktisch geläufige impulsiv-tätliche Reaktion beim Anblick von Niedlichem: »When you see something really cute, such as a baby, you may want to smoosh, squeeze, rip its head off, eat it [...], or squish it, hence, squishy.«[244] Der Drang sich dem niedlichen Objekt handgreiflich nähern, es kneifen, drücken oder gar zermalmen zu wollen, hineinzubeißen oder es ganz zu verschlingen, wird mit *cute aggression* bezeichnet.[245] Neuropsychologischen Studien zufolge zielen jene affektiven Impulse ungeachtet ihrer Brutalität nicht darauf ab, Schaden anzurichten, weswegen sie besonders paradox anmuten. Vielmehr handele es sich um eine Reaktion auf positive Gefühle, deren Intensität als überwältigend – »too cute to handle«[246] – erlebt werde.[247] Nach Einschätzung von Oriana Aragón u. a. ist *cute aggression* ein Beispiel für einen dimorphen, vermeintlich widersprüchlichen Gefühlsausdruck und fungiert als Regulativ extremer Gefühlsausschläge.[248] Karikiert wird jenes Phänomen in der Konzeption der glücklosen Tierliebhaberin Elmyra Jessica Duff, einem Hauptcharakter der von Warner Brothers von 1990 bis 1992 produzierten Zeichentrickserie *Tiny Toon Adventures*.[249] Die junge Elmyra pflegt ein obsessives Verhältnis zu Tieren. Sämtliche Kreaturen, die sie zu fassen bekommt, erdrückt sie mit ihrer überbordend-enthusiastisch inszenierten Zuneigung und Fürsorge. Handlungsleitendes Anliegen der mit unablässigen Liebkosungen und ungewünschten Care-Handlungen[250] malträtierten Geschöpfe ist denn auch stets die panikartige Flucht aus den Armen der leidenschaftlichen Peinigerin. Dabei ist der faktisch missbräuchliche wie gewalttätige Umgang von Elmyra nicht beabsichtigt, sondern ein unreflektiertes Beiprodukt ihrer Impulsivität.[251] In der Rolle als Tierquälerin wider Willen bzw. mit den besten Absichten wird Elmyra zu einer tragischen Figur, deren Hingabe niemals die ersehnte Erwiderung erfährt: »No cute little animal wants to be my pet!«[252]

»I love kittens, I love kitties, squeeze them into itty bittys!«[253] Jener kindliche Reim[254] bringt ihre Konzeption von Liebe auf den Punkt, das heißt auf die konkrete ›Liebeshandlung‹: was sie liebt, das (zer-)quetscht sie. Die Tiefe ihrer Gefühle drückt Elmyra folglich körperlich über die Intensität ihrer Umarmung aus. Wie der Reim verdeutlicht, besitzt diese innige Geste jedoch zugleich eine umformende, gestaltverändernde und somit brutal-übergriffige Dimension, gilt es ihr doch, die geliebten Kätzchen durch manuelle Krafteinwirkung auf ›klitzekleine‹ Teile zu komprimieren. Obgleich das Eichhörnchen ›geknuddelt‹ wird bis ihm die Luft ausgeht und die Augäpfel aus ihren Höhlen hervortreten (vgl. Tab. E, Abb. 2), bleibt die Brutalität von Elmyras aggressiver Zuneigung ohne Konsequenzen, dem »Unverwundbarkeitspostulat«[255] des klassischen Cartoons sei Dank, und kann daher nicht nur ohne moralische Bedenken, sondern sogar mit einem Augenzwinkern stellvertretend genossen werden. Ad absurdum geführt wird *cute aggression* am Beispiel von The Good Advice Cupcake.[256] Selbst »sweet as f*ck«[257] bespielt der von Loryn Brantz gezeichnete Charakter vorbildlich die Ikonografie des Niedlichen: Riesige, feucht glänzende Augen und gerötete Wangen kennzeichnen das weiße Törtchen mit der rosa Sahnehaube und den schlaksigen Extremitäten, das trotz seiner namensgebenden Lebensweisheit und der damit assoziierten Besonnenheit nicht vor aufwallenden Gewaltfantasien gegenüber seiner allzu niedlichen Katze gefeit ist – »I want to squeeze you until your eyes pop out.« (vgl. Tab. E, Abb. 3) Die verbal formulierten tätlichen Impulse stehen sowohl zum lieblich-unschuldigen kawaiiesken Bildstil des Comics als auch zur liebevollen Gestik wie Mimik, die der Cupcake seiner Katze gegenüber an den Tag legt, in absolutem Widerspruch. Die anthropomorphisierte Süßware, welche als verniedlichtes Nahrungsmittel vorrangig zum Verzehr gedacht und demzufolge selbst Leidtragende von Vernichtungsfantasien ist, wird zum Aggressor.

Wie die im vorherigen Kapitel besprochenen *Jellygummies* sind auch ›Quetschies‹ in Bezug auf ihre Materialität ambivalent: Nach einer gewissen Nutzungsdauer kann das weiche, anfangs angenehm kühle und pudrige Handgefühl ob zunehmender Klebrigkeit und Verschmutzung in Ekel umschlagen.[258] Weiterhin steht die anatomische Versehrtheit des verstümmelten Tierkörpers im Kontrast zu dem nahezu unkaputtbaren Material: Stumpfe physische Krafteinwirkung vermag die Körperform zwar bis zur Unkenntlichkeit zu deformieren; jene Gestaltveränderung ist jedoch nicht von Dauer. Aufgrund seiner Elastizität kehrt das reaktive Objekt ein ums andere Mal mühelos wie unermüdlich in seine figurative Ursprungsform zurück. Derart widerstands- bzw. leidensfähig erdulden die Quetschtiere selbst die stürmischsten bzw. fragwürdigsten Liebkosungen mit geradezu stoischer Ruhe. Jene physische Resilienz garantiert ihnen das Überleben zahlloser Affektattacken. Ein sorgloser, grobmotorischer, ja gar gewalttätiger Umgang mit den kleinen, betont passiven Tierchen bleibt folgenlos. *Squishies* besitzen weder ein kognitives noch ein materielles Erinnerungsvermögen, sind praktisch nicht nachtragend und ermöglichen daher ein lustvolles, weil moralisch entlastetes, freies Spiel negativer Impulse. In puncto *cute aggression* kann diese materiale Indifferenz einerseits erleichternd erlebt werden, immerhin behält die Ableitung negativer Affekte an jenen zoomorphen Silikonkreaturen derart einen gesellschaftlich akzeptierten Charakter. Wie bereits die äußere Gestalt der tragischen Kreaturen ruft jedoch auch die beschriebene materielle Unbeugsamkeit gemischte Gefühle hervor und deutet derart auf ein inhärentes Kippmoment hin. Unabhängig von körperlicher Ausdauer wie emotionaler Anstrengung prägt sich die manuelle Bearbeitung bei sachgemäßem Gebrauch nicht dauerhaft in das hochelastische Silikon ein. Ob der physiopsychischen Investition erscheint die derart ausbleibende Ein- bzw. Umformung geradezu als Provokation. Die Anschmiegsamkeit des niedlichen Objekts, seine Anpassung wie Fügsamkeit im übertragenen Sinne, ist lediglich vorgeblich und daher zutiefst unbefriedigend. Das Materialverhalten demonstriert eindrucksvoll die Dinghaftigkeit als solches, handelt es sich bei dem Objekt faktisch gerade nicht um ein ›liebenswertes Gegenüber‹, war ihm sein*e Besitzer*in doch schon immer egal. Im – gleichwohl hoffnungslosen – Versuch, jene narzisstische Kränkung zu kompensieren, das Material niederzuringen bzw. das niedliche Objekt zu unterjochen, tritt die repetitiv-rhythmische Muskelkontraktion als zwanghafte Handlung zutage, die das Subjekt in einem kontinuierlichen Bewegungsablauf unablässiger Wiederholung gefangen hält.[259]

Das Verlangen, eine irreversible Versehrung herbeizuführen, das Innere des *squishy* nach außen zu kehren, zeigt sich zum Beispiel auf YouTube recht eindrücklich: Junge, zumeist weibliche Akteurinnen rücken ausrangierten oder eigens zu diesem Zwecke käuflich erworbenen Quetschdingen in Großaufnahme mit der Schere zu Leibe oder überfahren sie – in aller Regel erfolglos – mit dem Auto. Jene Videos werden häufig in Form experimenteller Versuchsanordnungen inszeniert, die in Nahaufnahme die jeweiligen Objekte und deren Materialverhalten fokussieren.[260] In einem knapp 30-minütigen, mit Musik unterlegten Video zerschneidet die deutschsprachige Nutzerin PatDIY Lee so beispielsweise ein schreiend buntes Potpourri aus in puncto Form, Farbe und Material möglichst divergenten Exemplaren.[261] Etwas anders ist das Interesse bei Hello Marphies Video *Crushing Crunchy & Soft Things by Car Compilation!* gelagert, in dem haushaltsübliche Dinge unterschiedlichster Materialität und Funktion – von fragilen Christbaumkugeln, offenen Zahnpastatuben über druckempfindlichen Steckschaum bis hin zu selbstregenerierenden *squishies* – vor einem Autoreifen aufgereiht und langsam überrollt werden (vgl. Tab. E, Abb. 4a).[262] Die Tonspur dient in dem Fall nicht der Narration, sondern fokussiert mit Aufnahme der Umgebungsgeräusche ebenso wie die Bildebene vorrangig die nunmehr akustischen Materialeigenschaften in Anbetracht der massiven, stumpfen Krafteinwirkung. Noch stärker ins Zentrum gerückt werden die auditiv-haptischen Qualitäten der sezierten ›Quetschies‹ durch ein visuell reduziertes, geräuscharmes Studiosetting. Das mit *Cutting Open Squishy Squeeze Toy Compilation | ASMR Cutting Squishy Toys* betitelte Video inszeniert beispielsweise Hände vor weißem Hintergrund (vgl. Tab. E, Abb. 4b).[263] Insbesondere die letzten zwei

Beispiele deuteten bereits auf den ideellen wie faktischen Zusammenhang zwischen dem Konsumobjekt *squishy* und dem Internetphänomen ASMR[264] hin, dem unter anderem verschiedenste, auffällig häufig niedlich konnotierte, haptisch erfahrbare Materialien aus der Spielwarenabteilung wie kinetischer Sand[265], Acrylfarbe[266], Schleim[267], Polyurethanschaumstoff oder Playfoam®[268] als audiovisuelle Trigger gelten.

Ungeachtet ihrer Tiergestalt werden *squishies* häufig als sich selbst zum Verzehr darbietende Nahrungsmittel inszeniert und erinnern auf diese Weise an japanische Reiskuchen, sogenannte Mochi (vgl. Tab. E, Abb. 1b). Meist mit Bohnenpaste gefüllt, zeichnet sich jene kugelförmige, bisweilen eingefärbte und mit Tiergesichtern verzierte Süßigkeit durch eine geschmeidige Konsistenz mit pudriger Oberflächentextur aus. Ihre formal-ästhetischen wie haptischen Qualitäten sind denen der Silikon-›Quetschies‹ derart ähnlich, dass sich von einem konzeptionellen Verwandtschaftsverhältnis sprechen lässt. Umso augenfälliger wird dieses an *Squishy*-Exemplaren, die direkt in Form von anthropomorphisiertem Convenience-Food wie Hamburgern, Pommes, Milchtüten oder Ähnlichem gestaltet sind.[269]

Wenn Lebensmittel beinahe zu niedlich zum Essen werden – »(almost) too cute to eat«[270] – und Dinge, die tunlichst nicht gegessen werden sollten bzw. nicht zum Verzehr geeignet sind (z. B. Babys, Haustiere, Silikon oder Schaumstoff), geradezu nach ihrem Konsum zu verlangen scheinen (»[s]o cute I could eat it«[271]), dann befinden wir uns bereits mitten im durch Paradoxien gekennzeichneten, multisensorischen Bannkreis der Niedlichkeiten.

Eine gänzlich neue Dimension erhält die online weit verbreitete Praktik des Tieredrückens jedoch, wenn die Speckpolster von duldsamen Haustieren zum schamlosen Knautschen herhalten müssen. Aufgrund des hohen Fettanteils erfreut sich unter den Hunderassen insbesondere die japanische Züchtung Shiba Inu als lebendiges Quetschtier zweifelhafter memetischer Berühmtheit. Während »hooman pls calm ur excitment« (vgl. Tab. E, Abb. 5a) augenzwinkernd auf die mitunter massiv übergriffigen Handlungen verweist, die sich angesichts des Niedlichen ungefragt wie schmerzhaft am Körper desselben vollziehen, demonstriert die Fotocollage eine Variation von Gesichtsausdrücken, die sich durch beidhändiges Verschieben der speckigen Hundebacken erzielen lässt (vgl. Tab. E, Abb. 5b).[272] Die zeichnerische Umsetzung jener Spezialform des Tieredrückens weist als mediale Weiterverarbeitung demgegenüber auf die Popularität des Phänomens hin (vgl. Tab. E, Abb. 5c).

Als nervenberuhigendes Hilfsmittel zur Bewältigung alltäglicher Stressoren ist das Phänomen *squishy* an der Schnittstelle zwischen Ngais ästhetischen Kategorien *cuteness* und *zaniness* anzusiedeln. Obgleich unbeschwert erscheinend, sei *zany* als ungestüme Ästhetik zu charakterisieren, in der eine Verletzungsgefahr stets mitschwinge. Am deutlichsten träten jene Eigenarten der formalen Dynamik in der Performancekunst, hierin speziell an den Komponenten Rhythmus und Bewegung, zutage.[273] *Zany* im Sinne von überdreht, aufdringlich sowie expressiv ausagierend ist dabei nicht bloß die kollektive Obsession mit knautschbaren Tierkörpern, seien diese nun tatsächlich lebendig oder lediglich fiktional beseelt, sondern deren Verortung im Diskurs subjektiver Selbstorganisation und -optimierung.[274] Physiopsychische Unausgeglichenheit wird in einem Akt ichbezogener Care-Arbeit durch beiläufige, kontinuierliche Muskelkontraktion an wehrlosen wie strapazierfähigen Tierwesen abgebaut. Derart als Selbstregulativ verwendet, ist die Praxis des Silikontieredrückens mit der Funktion von ASMR-Videos vergleichbar und auf gleiche Weise dem »Wohlfühl-Imperativ«[275] bzw. »Glücksdiktat«[276] einer auf Resilienz zielenden Kultur unterworfen. Intimität wird hierbei jedoch nicht digital vermittelt,[277] sondern unmittelbar haptisch im direkten Materialkontakt erfahren und mithilfe niedlicher Stilmittel imaginär ausgestaltet. Stumm, aber deshalb nicht weniger eindrücklich, demonstrieren sie, dass sich das berühmte Hamsterrad immer weiterdreht. Page zufolge funktionieren niedliche Medieninhalte, die prototypisch tierliche Protagonisten vorführen, Konsumobjekte oder auch lebendige Tiere im Sinne eines *cruel relief*, einer trostspendenden, jedoch systemerhaltenden und daher ›grausamen‹ Copingstrategie.[278]

Während einige die haptische Befriedigung unmittelbar mit den eigenen Händen zu erfahren suchen, scheint für etliche Menschen stellvertretendes Tierequetschen bzw. ein visueller Stimulus völlig ausreichend. Jener zirkuläre wie einförmige Bewegungsablauf findet seine zeitgenössische mediale Entsprechung in einem mit Social Media wieder erstarkenden Dateiformat der 1990er Jahre, der GIF-Animation. Innerhalb digitaler Kommunikation omnipräsent, zeichnet sie sich unter anderem durch ihre herausragende »affektive Performance«[279] – die medienspezifische Fähigkeit zur Emotionalisierung – aus. Zumeist tonloses Fragment eines deutlich längeren Videos, isoliert das GIF lediglich die für die beabsichtigte Aussage relevanteste Sequenz. Im Fall von #squishy wird das Quetschmoment auf seine Essenz, den Zenit der Deformation, zugespitzt. Der kontinuierliche Loop verlängert jenen Kulminationspunkt ins Endlose und verleiht dem Dargestellten eine leiblich erfahrbare Intensität. Die entkontextualisierte, repetitiv ablaufende Bewegung gleicht einer rituellen Handlung und transformiert den Material gewordenen tierlichen Protagonisten in einen als Requisite im Klammergriff gehaltenen Fetisch. Sei es ein von drei Paar Händen gleichzeitig geknautschter und getätschelter Mops (vgl. Tab. E, Abb. 6a), eine Hauskatze, deren Gesichtsspeck von manikürten Frauenhänden in alternierendem Tempo und mit variierendem Kraftaufwand bearbeitet wird (vgl. Tab. E, Abb. 6b), oder – vergleichsweise exotisch – ein Belugawal, der von einem*r Taucher*in ausgiebig am Kopf gequetscht wird (vgl. Tab. E, Abb. 6c), etwaige Gänsehaut stellt sich bei den Betrachtenden vermutlich weniger aufgrund orgastischer Freuden, denn gemischter – mit Mitleid und Befremdung durchsetzten – Empfindungen ein.

Frust am Arbeitsplatz? Aggressionen aufgrund ausbleibender Genialität? Dann wird es Zeit, den Stress unter Zuhilfenahme von Schwänen in Wohlgefallen aufzulösen – »It's time to solve stress with swans!«[280] Als Nachfolgeprodukt eines aufblasbaren Schwimmtiers in Schwanengestalt hat der britische Künstler David Shrigley sein Sortiment um eine quetschbare Miniaturversion namens *Ridiculous Stress Swan-Thing* aus Polyurethanschaumstoff erweitert (vgl. Tab. E, Abb. 7). Die bei jeder Gelegenheit beworbene heilende, ja lebensverändernde positive Wirkung von *squishies* wird jedoch bereits beim schieren Anblick jener Kreatur zweifelhaft. Die spezifische Anatomie des gewählten Federviehs erschwert eine verniedlichende Darstellung, ist der lange und schlanke Hals doch ein zentrales Merkmal des Schwimmvogels. Im Dienste der Wiedererkennbarkeit trotzt seine Gurgel erfolgreich verniedlichenden Stilisierungsbemühungen. Shrigleys ›Schwanending‹ wird vorrangig am Torso, nicht jedoch im Gesicht gequetscht. Während sich die Originalform noch buchstäblich in Gänze begreifen lässt, ragt der nahtlos in den Hals übergehende Kopf jener *Squishy*-Mutation nicht bloß bereits keck aus der Verpackung, sondern entzieht sich auch im praktischen Gebrauch provokativ seiner Deformierung. Selbstbewusst Aufmerksamkeit einfordernd (»look«), hält er bereits vor dem Erwerb Blickkontakt mit seinem*r Quetscher*in und zwar ohne auch nur eine Miene zu verziehen. Aus dem ausgestanzten Guckloch seiner temporären Pappbehausung stierend, stellt sich die Frage, wer oder was hier wen anschaut – mit Ngai formuliert: »So who is really the tool for whom?«[281] Die offensive Aufforderung zum Schauen, gepaart mit einem ungerührten wie unablässigen Zurückschauen durchkreuzt das asymmetrische Blickregime[282], arbeitet einer Verdinglichung der Vogelgestalt entgegen und verdeutlicht die Dynamik der Niedlichem zugrunde liegenden

Kräfteverteilung – »[…] a surprisingly complex power struggle.«[283] Wie zum erneuten Spott trägt der Schwan seinen von außen zugeschriebenen Objektstatus als uneigentliche Bezeichnung vor sich her. Sein gleichmütiger Gesichtsausdruck führt dabei die Absurdität der ursprünglich zur Entspannung gedachten Handlung des Tieredrückens vor. Von diesem Schwan ist weder Anteilnahme noch stellvertretendes Leiden zu erwarten, vielmehr scheint er die erbärmlichen Zen-Wiederherstellungsversuche seines Gegenübers zu verhöhnen. Indem Shrigley die Strategien von *cute design* in Teilen subvertiert, rückt er jene Mechanismen in den Blick, die bei der Kommodifizierung von Emotionen üblicherweise unbemerkt greifen. Die gewählte Produktbezeichnung ist selbstironisch, trägt die Lächerlichkeit des Unterfangens bereits im Namen und entkräftet somit potenzielle Kritik a priori. Der Erwerb eines ›Quetschschwans‹ bringt dessen Käufer*in demzufolge in die günstige Situation, Überlegenheit wie Kennerschaft demonstrieren zu können, ohne dabei auf vergnügliches Tiergequetsche verzichten zu müssen.

Vulnerable, shitty, shonky[284] – am Beispiel der skulpturalen Installation *HAVE A NICE DAY* (2014) des gebürtig japanischen, in Australien lebenden Künstlers Koji Ryui wird der materiellen Resilienz der Silikon-, Gummi- oder Schaumstoff-*Squishies,* die hochelastisch behände in ihre Ursprungsform zurückschnellen, ein ebenso weicher, formbarer Werkstoff mit einem jedoch gänzlich anderen Materialverhalten gegenübergestellt (vgl. Tab. E, Abb. 8). Ryui arbeitet bevorzugt mit Wegwerfartikeln der Konsumkultur, im vorliegenden Fall mit dünnen Einwegplastiktüten, deren Aufdruck sogleich den Titel stiftet: THANK YOU! HAVE A NICE DAY! Kreisförmig rahmen die schwarzen Großbuchstaben das mittig platzierte sonnengelbe Konterfei von Mr. Smiley. Als Emblem des Kapitalismus, Inbegriff von *cruel optimism*[285] und ›Urtypus‹ niedlicher Konsumästhetik – »the perfect feelgood symbol«[286] – hat das Design nicht nur globalen Kultstatus entwickelt, sondern ist seit seiner Erfindung Anfang der 1960er Jahre auch durch unterschiedlichste kulturelle Kontexte und Bedeutungszusammenhänge migriert.[287] Das stark abstrahierte ikonische Antlitz, dessen lächelndes Gesicht die Essenz eines *positiven Anthropomorphismus* darstellt, nutzt Ryui, um seine händisch geformten, ungebrannten Tonklumpen mit einer kreatürlich wirkenden Hülle zu camouflieren. Im Unterschied zum Kunststoff-Quetschtier besitzt jenes Naturmaterial eine geradezu konträre Plastizität, lässt es sich doch nur im feuchten Zustand durch entsprechende Krafteinwirkung modellieren und verharrt, einmal getrocknet, dauerhaft in seiner Form.[288] Da ungebrannt, behält der Ton unter seiner eng anliegenden, luftundurchlässigen Plastikummantelung jedoch seine Feuchtigkeit und somit formverändernden Eigenschaften – die »konsequente Nachgiebigkeit«, »Performativität wie Prozesshaftigkeit«[289] – bei, weswegen sich die Körperlichkeit der Skulpturen im zeitlichen Verlauf verändert. Ihre aufstrebenden, gliederlosen Rümpfe scheinen dem Druck der Schwerkraft langsam, aber sicher immer mehr nachzugeben, in sich zusammenzusinken oder viskos von ihrem Podest abzuschmelzen. Widerständigkeit, die nicht nur im Kontext traditioneller Bildhauerei,[290] sondern auch mit Blick auf das niedliche Objekt als materielles Ideal gilt, ist hier nicht länger gegeben. Vielmehr thematisieren Ryuis *soft sculptures* Verformbarkeit, Anpassungs- wie Widerstandsvermögen sowohl im buchstäblich materiellen als auch im übertragenen Sinne. Das schematische, auf Dauer gestellte Grinsen von Mr. Smiley gewinnt durch die sechs unterschiedlich geformten Gestalten einerseits an Individualität, andererseits spendiert ihm deren materielles Eigenleben ein ungekannt nuanciertes Mienenspiel. *HAVE A NICE DAY* befragt das universelle Glückssymbol hinsichtlich seiner realen Tragfähigkeit. Wie bereits der floskelhafte Ausdruck jener kommerzialisierten Redewendung deuten auch die sichtbar nach unten hängenden Mundwinkel auf ein ernüchterndes Ergebnis hin. Während Quetschtiere dank ihres weitgehend ermüdungsfreien synthetischen Grundstoffs Gleichgültigkeit an den Tag zu legen scheinen, steigert die für Ton spezifische »Neigung zum Lebendigen«[291] sowie die anthropomorphe Gestaltung der performativen Skulpturen den Eindruck von Leidensdruck in einer »Müdigkeitsgesellschaft«[292], die in den kraftlos deprimiert und bemitleidenswert erscheinenden ›Würmchen‹ ihre symbolische Entsprechung findet.

Accidentally cute und *animal masquerade*: Aspekte ›unfreiwilliger‹ Niedlichkeit am Beispiel der ›schwarzen‹ Subkulturen Black Metal und Gothic

Birgit Richard

Bildkulturen der Social Media und subkulturelle Stile in Memen

Herzerwärmende Blicke, samtige Pfoten, weiches Fell oder rund, klein und flauschig – in Annahme einer Allgegenwärtigkeit des Niedlichen und *cuteness* als Frame begreifend,[1] wenden sich die folgenden Ausführungen ›schwarzen‹ subkulturellen[2] Stilgemeinschaften wie Black Metal und Gothic zu. Es gilt zu untersuchen, ob jene Szenen, die mit Blick auf ihre ästhetischen Codes wie »besondere Affinität zum Tod«[3] in vermeintlich größtmöglichem Widerspruch zu Artikulationen des Niedlichen stehen, Spielarten desselben aufweisen können; zumal das ästhetische Urteil *cute* mitunter auch bei der Rezeption von Bildkomplexen fällt, deren Urheber*innen mitnichten eine derartige Lesart im Sinn hatten.[4]

Mit Blick auf Phänomene ›unfreiwilliger‹ bzw. unbeabsichtigter Niedlichkeit fokussieren die nachfolgend vorgestellten, aus Fallstudien abgeleiteten Typologien zunächst die musikalische Subkultur Black Metal und wenden sich anschließend der Gothic-Kultur mit Steampunk als Subgenre zu. Die Wahl jenes Untersuchungsfeldes gründet auf dem langjährigen Forschungsinteresse der Autorin. Ergebnisse vorausgegangener Studien[5] werden erweitert und aus der forschungsleitenden Perspektive *cuteness* beleuchtet.

Gothic und Black Metal, als kulturelles Subsegment des Heavy Metal, sind gegenwärtige Nachfahren der einstigen »öffentlichen, expressiven Gruppenstile«[6], wie die Shell-Jugendstudie 1981 musikbezogene jugendliche Subkulturen bezeichnete, und müssen sich heute ihrer medialen Rezeption im Internet stellen. Innerhalb der »Ökonomie der Aufmerksamkeit«[7], wie sie für digitale Bildkulturen im Allgemeinen und für Social Media im Speziellen kennzeichnend ist, kommt ungewöhnlichen, aufgrund ihrer Exotik herausstechenden Selbstinszenierungen eine besondere Bedeutung zu.[8] Je expressiver und extrovertierter ein Inszenierungsstil verkörpert wird, je deutlicher subkulturelle Zugehörigkeit erkennbar ist, desto größer die Anerkennung in den eigenen Reihen, aber auch die Wahrscheinlichkeit warenästhetischer Vereinnahmung oder einer Verspottung durch Außenstehende.[9] Aus diesem Grund versuchen jugendkulturelle Stile sowohl online als auch offline einen Schutzraum zu etablieren, um unbehelligt unter ihresgleichen bleiben zu können. Sobald eine öffentliche Veranstaltung, beispielsweise von der Größenordnung des Wave-Gotik-Treffens[10], stattfindet, erfahren der subkulturelle Stil und dessen Anhänger*innen gewollt oder ungewollt mediale Präsenz. Jede visuell auffällige Teilkultur muss sich heute darüber im Klaren sein, dass sie und ihr Erscheinungsbild kontrovers rezipiert werden[11] und sich die jeweiligen Rezeptionen sowie damit einhergehende Fremdbilder einer Kontrolle entziehen.[12] Vor diesem Hintergrund nehmen die nachfolgenden Ausführungen einerseits online verfügbares memetisches Bildmaterial in den Fokus, das die stilprägenden ästhetischen Codes des Black Metal reformiert, und untersuchen andererseits am Beispiel des Wave-Gotik-Treffens 2018 und 2019, inwieweit eine gotische ›Niedlichkeitsnische‹ existiert und sich in der szeneinternen Rezeption – insbesondere auf Instagram – abbildet.

Grim cute – ›Unfreiwillige‹ Niedlichkeit im Black Metal

Basierend auf Ergebnissen vorausgegangener Studien kann das Aushandlungsfeld von Black Metal zunächst folgendermaßen skizziert werden: Zentraler Marker ist die Selbstinszenierung inmitten eines vorgeblich ›wilden‹, von menschlicher Zivilisation unangetasteten Naturraums, der einer »archaische[n] vormoderne[n] Männlichkeit, der die Naturgewalten ihre Macht verleihen«[13], als kraftspendendes Refugium dient: »Die wilden ›männlichen‹ Jäger und Krieger agieren als Teil der wilden Natur, der ›corpse paint‹ kann unter anderem als Versuch, in der Natur aufzugehen, angesehen werden.«[14] Neben das Motiv der wilden Natur treten Aufführungen von Ernsthaftigkeit und aggressiver Gewalt[15] als stilprägende Verkörperung des ›Bösen‹. Wenngleich dieser »traditionelle[] Zeichenvorrat des Black Metal«[16] der 1990er Jahre insbesondere durch Bands aus Frankreich und den USA in Bewegung kommt,[17] bleiben »die ursprünglichen Black-Metal-Codes [...] in der intendierten Inversion bzw. einer ›Anti-Anti-Ästhetik‹ in der Inszenierung indirekt enthalten«[18] und bilden speziell für memetische Bezugnahmen die maßgebliche Referenz.[19]

Wenn Black Metal in der symbolischen Inszenierung des ›absolut Bösen‹ zum Zweck des Tabubruchs auf Ernsthaftigkeit setzt, wie erklären sich Phänomene ›unfreiwilliger‹ bzw. unbeabsichtigter Niedlichkeit und welchen Umgang pflegt die Subkultur damit?

Als aufschlussreich erweist sich zunächst der Umweg über ein erstaunliches visuelles Phänomen: die optische Ähnlichkeit zwischen der schwarzweißen Gesichtsbemalung des *corpse paint*[20] und der Fellzeichnung eines Pandabären. Diese erlaubt eine assoziative Verknüpfung von Subkultur und Tierwelt, die auch in memetischen Beiträgen verhandelt wird.[21] Bereits auf funktionaler Ebene weisen die Farbschemata Gemeinsamkeiten auf. Während die weißen Körperteile der Tarnung des Pandas im Schnee dienen, verbergen die schwarzen Extremitäten diesen im Schatten. Da der Große Panda weder Winterschlaf hält noch Fellwechsel kennt, ist er das ganze Jahr hindurch auf Nahrungssuche und dementsprechend darauf angewiesen, sich optisch an unterschiedliche Umgebungen anzupassen. Sein außergewöhnliches Haarkleid ist somit gewissermaßen ein evolutionärer Kompromiss in den Diensten der Camouflage.[22] Die verhältnismäßig kleinen Augen werden durch eine tiefschwarze, elliptische Umrandung optisch vergrößert. Wie sämtliche dunkle Flecken auf dem Kopf erfüllen sie weniger die beschriebene Tarnfunktion, sondern unterstützen eine artspezifische Kommunikation: Anhand der individuell geformten, schwarz maskierten Augenpartie erkennen sich die Tiere untereinander; die schwarzen Ohren dienen hingegen der Abschreckung. Kommunikation unter Pandas erfolgt demnach über die Wahrnehmung unverwechselbarer Gesichtsmerkmale.[23] Eine weitere Eigenart der Fellzeichnung, die an dieser Stelle nicht unerwähnt bleiben soll, ist deren Genderneutralität, da sie lediglich eine geringfügige geschlechtsspezifische Zweifarbigkeit aufweist.[24] Caro u. a. zufolge ist ein derart kontrastierendes Muster womöglich ebenfalls ein Beispiel für eine die Wahrnehmung »störende Kolorierung«[25]: Scharf abgegrenzte Binnenformen verschleiern den tatsächlichen Umfang des Tieres, wodurch der Tierkörper oder dessen Teile als Resultat einer optischen Täuschung eine Formveränderung (Verkleinerung/Vergrößerung) erfahren.

Corpse paint besitzt ebenfalls eine Tarnfunktion;[26] innerhalb der winterlichen Landschaft Norwegens unterstützt jene kontrastreiche Gesichtsbemalung die Inszenierung archaischer Männlichkeit. Zu deren performativer Verortung greift Black Metal unter anderem auf den Naturraum zurück, der als »ein ungebändigter und gefährlicher Ur-Raum«[27] inszeniert wird. In ihrer Funktion als ›Ort der Bewährung‹ wird Natur häufig lebensfeindlich dargestellt; so beispielsweise in Form von weißen, endlos wirkenden Eislandschaften. »Eine Ästhetik des Winters dient immer dazu, eine bestimmte Raum-Subjekt-Relation zu etablieren, die in erster Linie vom Naturraum dominiert wird, in dem sich das männliche Subjekt bewährt.«[28] Durch *corpse paint* kommt es wie beim Panda zu einer Verschleierung der Größenverhältnisse der männlichen Subjekte im winterlichen Naturumfeld, die mit der natürlichen Landschaft verschmelzen und deren ›unerbittliche‹ Stärke absorbieren. So inszeniert sich beispielsweise die Band Immortal mit nackter Haut und ärmellosen Lederwesten in der winterlichen Landschaft.[29] Desgleichen findet sich in den rhizomatischen Typographien der Bandlogos.[30]

Beide Arten der Schwarzweißzeichnung weisen Parallelen zum *dazzle painting* auf, das der britische Soldat und Künstler Norman Wilkinson im Ersten Weltkrieg als Camouflagestrategie für alliierte Kriegsschiffe entwickelte. Mithilfe eines kontrastfarbigen Alloverdessins aus kubistisch anmutenden geometrischen Formen wurde den feindlichen U-Booten die korrekte Wahrnehmung des zu bombardierenden Schiffes erschwert. Jenes Tarnkonzept zielt demnach nicht auf maximale Anpassung, d. h. Unsichtbarwerden in der Verschmelzung von Objekt und Umgebung, sondern umgekehrt auf eine auffällig zur Schau getragene Maskierung bzw. Kriegs-(schiff-)bemalung, die als Blendwerk einer strategischen Kriegsführung fungiert.[31] *Dazzle painting* stiftet Verwirrung; die geometrischen Formen der Bemalung brechen die Schiffskontur auf und erschweren das Einschätzen der Größenverhältnisse sowie der Fahrtrichtung.[32] Die Tarnung der Black-Metalheads in der winterlichen Landschaft und jene des Pandas im Licht und Schatten des Bambuswaldes ziehen Gemeinsamkeiten in der farblichen Gestaltung nach sich. Blendungs- und Tarnungsmotiv – die auffällige Camouflage – werden im Kontext beider Phänomene bemüht.

Darüber hinaus bringt die Ähnlichkeit der Farbschemata *cuteness* über den breitenwirksam als ›süß‹ und ›niedlich‹ wahrgenommenen Pandabären mit der ›schwarzen‹ Ästhetik in Verbindung. Eine derartige Auffassung speist sich unter anderem aus evolutionsbedingten und überlebenssichernden Eigenschaften und Verhaltensweisen des Großen Pandas.[33] Neben Schlafen verbringt der ›Bambusbär‹[34] den Großteil seines Tages mit der Nahrungssuche und -aufnahme. Letztere erfolgt vornehmlich im Sitzen (auf Bäumen)[35] – eine Pose, die dann auch vorrangig medial rezitiert wird und den Bären gemächlich-bequem, friedlich und menschenähnlich wirken lässt.

YouTube-Videos von neugierig wie unbeholfen herumtollenden Jungtieren in Auffangstationen, die in spielerischen Situationen gezeigt und somit als harmlos ausgewiesen werden, tragen ebenfalls zu dieser eindimensionalen Sichtweise und der damit einhergehenden Popularität des Tieres bei. Obwohl in Wirklichkeit rau, erscheint das Pandafell überdies dicht und weich – nahezu kuschelig.[36] Als überdimensionaler ›Teddybär‹ vereint der Panda wesentliche Marker der Ikonografie des Niedlichen auf sich und kann dabei ähnlich Black Metal selbst als »accidental cute«[37] – versehentlich niedlich – begriffen werden.

Die schwarzweiße Fellzeichnung des Pandabären und die prototypische Gesichtsbemalung der Black-Metalheads werden auf szeneinternen Fanseiten im Internet immer wieder scherzhaft aufeinander bezogen. Mit jener visuell wahrnehmbaren Analogie spielt beispielsweise ein von Espen Westum gestaltetes Wimmelbild, das Betrachtende mit »Find the Panda« dazu auffordert, einen Pandabären in der Fülle von Personen mit verschiedenartiger *corpse paint* auszumachen (vgl. Tab. F, Abb. 1). Ein weiteres dreiteiliges Tableau zeigt die evolutionäre Bewegung vom Panda über die Band Kiss zur ›bösen‹ Band Gorgoroth (vgl. Tab. F, Abb. 3). Die Zunahme an Ernsthaftigkeit veranschaulicht sehr gut, dass *cuteness trueness* als Antithese gegenübertritt. Das Animalisch-Wilde im archaischen Männlichen des Black Metal kennzeichnenden Bildstils schlägt in diesem Moment in das Animalisch-›Cutifizierte‹ um und wird damit zugleich domestiziert.

Begründet sich der Anschein des Niedlichen einzig aus der farblichen Reduktion und der daraus resultierenden Verfremdung des menschlichen Gesichts, das derart abstrahiert in eine formale Ähnlichkeitsbeziehung zur Tierwelt tritt?

Das stilprägende Naturkonzept des Black Metal kennt weder ›cutifizierte‹ Wesen noch niedliche Tiere. Im Narrativ der Subkultur ist die Fauna ausnahmslos ungezähmt, gefährlich oder unheilvoll.[38] Als wilde Bestie konzipiert, stellt das Tier innerhalb der lebensfeindlichen winterlichen Einöde eine Kampfherausforderung für den männlichen Krieger dar. Dieses Natur- und Tierkonzept spiegelt sich auch akustisch wider, darauf verweisen die Gesangstechniken *screaming* und *growling*. Diese animalischen Stimmlagen der gutturalen Gesangstechniken des Black Metal, die teilweise von den Gothics übernommen werden, sind schamanischen Ursprungs. Obertongesang und Kehllaute, etwa bei den Tuwa oder den norwegischen Sami, klingen oft erschreckend und nicht menschlich. Als Bestandteil spiritueller Riten unterstützen sie tranceartige Zustände; Wohlklang ist nicht ihr Ziel. Die

›schwarzen‹ Stile wiederum streben nicht nach derartigen bewusstseinserweiternden Erfahrungen. Sie beabsichtigen vielmehr, den Eindruck unkontrollierter Wildheit zu erwecken. Mal kreischend, mal schreiend verdeutlicht die Gesangsperformance ein Außer-sich- bzw. Außer-menschlich-Sein. Derart werden die Black-Metalheads selbst zum ungezähmten Tier. Entscheidend ist die Umwertung des tierischen Lauts: Es erschallt kein lieblicher, glockenheller Vogelgesang, sondern ein urgewaltiges Brüllen. Neben Wolfsgeheul stehen Brüllen, Röcheln, Gurgeln, Zischen, Fauchen, Kreischen bzw. aggressiv-schrille Kampfschreie im Allgemeinen als akustische Vorlagen aus dem Bereich der Fauna bereit. Tierische Geräusche wie zartes Piepen oder Schnurren sind im Kontext von online, vornehmlich auf YouTube zirkulierendem *cute animal content* üblicherweise positiv bzw. »super cute«[39] besetzt. Black Metal hingegen kennzeichnet das ›böse‹ animalische Geräusch, das zunächst alles andere als niedlich konnotiert ist, es mit der entsprechenden audiovisuellen Inszenierung allerdings jederzeit werden kann.[40] Die Strategie der ›Evilisierung‹ kommt nicht nur im Bereich des Visuellen zur Anwendung, sondern kann ebenso in der Umwertung bestimmter tierischer Laute beobachtet werden. Aufgrund ihrer hyperbolischen Theatralik und grotesken Wirkung reizen die oben erwähnten Gesangselemente gleichfalls unabsichtlich zum Lachen.

Innerhalb von Social Media kursieren diverse Bildphänomene, welche die ›weiche‹ (»There's nothing better than tough guys showing their soft sides […]«[41]), ja gar ›menschliche‹ (»the people in the scene are softies for their pets just like you and me …«[42]) Seite der sich auf der Bühne brutal und gefährlich gebärdenden Protagonisten demonstrieren. Sei es Tom Araya von Slayer, der sich auf Initiative der Tierschutzorganisation Motley Zoo Animal Rescue während der US-Tournee 2016 backstage in liebevoller Umarmung mit verschiedenen verwaisten Hunden ablichten ließ, oder der 2014 von Alexandra Crockett herausgegebene Bildband *Metal Cats*, in dem prominente, ausnahmslos männliche Szenegrößen ebenfalls in einem ›inoffizielleren‹ Kontext als Privatpersonen und Katzenliebhaber gezeigt werden (vgl. Tab. F, Abb. 7).[43] Diese Form von Verniedlichung des selbsternannten ›absolut Bösen‹ kann im Anschluss an Dick Hebdiges Beobachtung der zyklischen Bewegung von Subkulturen gelesen werden, die sich regelmäßig mit Versuchen der gesellschaftlichen Wiedereingliederung konfrontiert sehen. Das konkrete Beispiel verdeutlicht die Eignung von Tieren als Requisiten, welche die ›Außenseiter‹ sogleich viel zugänglicher erscheinen lassen.[44] Im Falle der Animal-Rescue-Aktivist*inn*en dient *cuteness* in Erweiterung ihrer tierliebenden Anhängerschaft insbesondere als strategisches Mittel, um »den Widerstand [...] ›in die vorherrschenden Bedeutungsrahmen‹ [einzupassen] [...] und die zerbrochene Ordnung [wiederherzustellen].«[45] Hier findet eine Resozialisation durch das niedliche Tier statt.

Das Wissen um die Ernsthaftigkeit der Subkultur sowie die Inszenierung des ›absolut Bösen‹ erweisen sich als weiteres Einfallstor für Niedliches. Mit Dirk Baecker lässt sich Ernst als ein Unterfangen begreifen, das von vorneherein zum Scheitern verurteilt ist: »[...] ob ich es ernst meine oder nicht, ist gleichgültig. Der andere macht etwas daraus.« Denn: »Der Ernst zweiter Ordnung ist immer nur der Ernst eines anderen, der mich ernst nimmt beziehungsweise die Situation, die Kommunikation, die Verhältnisse.«[46] Diese Differenz zwischen Intention und Rezeption zeigt sich im steten Versuch jugendkultureller Stile, über Ernst und Drohung eine Abgrenzung zur Restgesellschaft zu etablieren. Außerhalb des subkulturellen Stils werden Schock und Provokation jedoch als nicht ernstgemeint wahrgenommen.

Auch die extremen Metal-Spielarten bedürfen ernster Mythen und großer Erzählungen zur eigenen Autopoiesis. Es gelingt jedoch nicht, diesen spektakulär vorgetragenen Ernst ›nach außen‹ zu transportieren. Die theatralische Martialität des im Kern immer noch subkulturellen Stils sowie eine abstruse Gestik und Mimik[47] produzieren das »unfreiwillig Komische[]«[48]. Das exaltierte Gebaren der prototypischen, pathetischen Bildinszenierungen von Black Metal bietet Möglichkeiten, sich ›zu belustigen‹ und Machtverhältnisse umzukehren. Durch ihre vehemente Behauptung von Ernsthaftigkeit findet der unbeabsichtigte Umschwung zum Niedlichen statt.

Fan-Art zu Black-Metal versteht es, den konstruierten Ernst mit Wissen um die eigene Außenwirkung durch ›inhärente Albernheit‹[49] selbstironisch wie -reflexiv medial zu durchkreuzen und formiert derart ein vorherrschendes Verständnis von Ernst, der in der Albernheit stecken kann.[50] Die Basis der Auseinandersetzungen bildet die stilkonstituierende *trueness*[51], mit der sich spielerisch brechen lässt. Black Metal hat die Unmöglichkeit von Ernst somit bereits absorbiert. Sei es der uniformierte Black-Metal-Babysitter, der mit seinem Schützling Miniaturscheiterhaufen baut, Kekse in Pentagrammform backt oder mit Kunstblut gefüllte Tonfiguren modelliert, um diese anschließend als Zielscheibe für Schießübungen zu verwenden,[52] oder aber der YouTube-Kanal des Black Metal Vegan Chef. Im dämmrigen Kerzenlicht seiner als Verlies gestalteten Küche growlt Brian Monowitz in voller Montur, d.h. mit Kettenhemd, Nietenmanschetten und *corpse paint,* Zutaten wie Zubereitung des zu kochenden Gerichts.[53] Parodiert wird hier nicht nur das traditionell spießbürgerliche, vormals vorrangig Hausfrauen adressierende TV-Format Kochsendung als solches.[54] Es handelt sich auch um eine humorvolle und gleichzeitig ernstgemeinte Form der Selbstreflexivität. Kochen und dann auch noch fleischlos lässt sich mit den Essgewohnheiten eines stereotypen Black-Metalheads nicht vereinbaren.

Black Metal ist folglich zugleich ein Sonderfall von ›unfreiwilliger‹ *cuteness:* Die Akzeptanz niedlicher Ästhetik(en) und die künstlerisch-kreative Bezugnahme zeugen von einem hohen Maß an Selbstreflexivität, da die ›unfreiwillige‹ bzw. unbeabsichtigte Eigenschaft von der Teilkultur aktiv mitverarbeitet und somit eigenmächtig ausgestaltet wird. *Cuteness* und alle hiermit zusammenhängenden diskursiven Zuschreibungen (z. B. niedlich-lieblich, hilflos, schutz- und fürsorgebedürftig, kindlich, weiblich, weich, schwach usw.) dienen nun der Szene als Differenzfolie, die in die eigene Selbstdarstellung integriert wird. Hierbei finden zuvorderst zwei bidirektionale Strategien Anwendung: Die *Verniedlichung des Ernstmachens* und die *Evilisierung* (das *Boshaftmachen*) *des Niedlichen* (boshaft/ernst ⭾ niedlich/lustig – *Evilisierung* ⭾ *Verniedlichung*).

›Evilisierung‹ oder: Das Tier wird Black Metal – Analyse und Auswertung von Black-Metal-Memen und -Fan-Art

Der zwischen dem 01.05.2018 und 01.10.2019 erhobene Datensatz von 113 Fällen repräsentiert die Essenz der Internetmeme, die auf den Plattformen Tumblr, Instagram, Pinterest, Flickr, Facebook, Bored Panda und KnowYourMeme unter dem Hashtag #blackmetalmemes verschlagwortet sind. Obgleich sich Urheberschaft und Provenienz von Internetmemen nur schwerlich, wenn überhaupt, rekonstruieren lassen, liegt im Fall von Black Metal die Schlussfolgerung nahe, dass das online dezentral wie ungebündelt auffindbare memetische Bildmaterial zu einem signifikanten Teil aus der Szene selbst stammt, speist sich selbiges doch in erheblichem Maße aus Insiderwissen über die szenespezifische Bildprogrammatik. Die Ergebnisse weisen auf einen selbstreflexiven Humor und kreativen Umgang mit den gesellschaftlichen, online wie offline existierenden Zuschreibungen und Vorurteilen hin.[55] Sie fokussieren die stilspezifischen ästhetischen Auffälligkeiten – insbesondere natürlich die *corpse paint,* unleserliche rhizomatische Bandlogos und die extrem exaltierte, pantomimisch übertriebene Mimik und Gestik. Hinzu kommen Anspielungen auf eigenwillige Verhaltensweisen in der Selbstdarstellung wie das orientierungslose Herumirren im Wald, der bierselige Körperbau der Black-Metalheads oder ihre ›duftige‹ lange Haarmähne – die Zierde eines jeden Black-Metal-Kriegers.[56] Die erhobenen Fälle lassen sich wie folgt kategorisieren:

Tiere im schwarzweißen Fellkleid – Analogiebildungen

Katzen, Hunde (insbesondere Huskys und Wölfe) sowie Ratten, Schafe und Ziegen, *advice animals* wie der Waschbär oder die Kultkatze Grumpy Cat sind neben dem schon erwähnten Panda für die Verwendung in Black-Metal-Memen prädestiniert. Als ›Rohmaterial‹ für die Verwechslungskomödie dienen vorrangig solche Tiere, deren Fellzeichnung sozusagen eine ›natürliche‹ *corpse paint* ausbildet. Die Analogiebildung kulminiert in einer den Phänotyp des Black-Metalheads mimetisch aufgreifenden Gegenüberstellung: Das Tier wird Black Metal. Ein schwarzweißer Hase scheint ähnlich dem Leadsänger der Band Immortal zu growlen (vgl. Tab. F, Abb. 2) und eine schwarzweiße Katze avanciert auf den Hinterpfoten stehend zum tierischen Bandmitglied,[57] während die Black-Metalheads den Husky in ihren Reihen auch nach einem Monat noch nicht bemerken (vgl. Tab. F, Abb. 5).

Protagonisten

Neben vereinzelt auftretenden Bezügen zu Gaahl, dem Sänger von Gorgoroth, oder dem Mayhem-Mitglied Death, das Selbstmord beging, werden zwei Ikonen der Black-Metal-Kultur aus unterschiedlichen Motivationen heraus immer wieder bemüht: Der freundlich lächelnde, aber rechtsradikale und rechtskräftig verurteilte Mörder und Brandstifter Varg Vikernes.[58] Er wird memetisch aufgegriffen, da er buchstäblich ›Ernst gemacht‹ hat: Mittels real ausgeübter, tödlicher Gewaltverbrechen initiierte er zwei zentrale Erzählungen des Black Metal. Die Bildbeiträge beziehen sich zum einen auf Vikernes zahlreiche Kirchenbrandstiftungen sowie auf die Ermordung eines Konkurrenten aus der Black-Metal-Kultur. Zum anderen werden die bekanntesten Plattencover seiner Einmannband Burzum transformiert: So erscheint Homer Simpson beispielsweise auf dem Cover von *Filosofem* (1996).[59] In einer anderen motivischen Appropriation flieht ein Mädchen, das sich die Ohren zuhält, vor einem beherzt in die Trompete blasenden Jungen.[60] Besonders bemerkenswert sind die Wortspiele eines Bildmakros, das eine Katze mit *corpse paint* und umgekehrtem Kreuz auf der felligen Stirn zeigt. Oben steht: »I'm Varg Vicatness«; unten: »I killed Euronymouse« (vgl. Tab. F, Abb. 9). Dieses Paragramm bezieht sich auf das Pseudonym Euronymous des Mayhem-Gitarristen Øystein Aarseth – jenes Bandmitglied, das Vikernes 1993 ermordete. Letzterer wird zudem zur ironischen, muskulösen Werbeikone einer Calvin-Klein-Reklame,[61] zum Betreiber der »Norwegian-Fried-Churches«-Kette[62] (NFC) oder ziert das Innere einer Schachtel Sicherheitszündhölzer (»longer safety matches«) mit seinem Konterfei.[63]

Als zweiter zentraler Protagonist mit der größten Variationsbreite an Referenzen tritt der friedliche Abbath, seines Zeichens Sänger der Band Immortal mit sehr charakteristischer *corpse paint*, in Erscheinung. Die Meme verschmelzen Abbath in der Fotomontage beispielsweise mit einem schwarzweißen Kaltblüter. Abbath avanciert hier beinahe zum Zentauren. Bei näherem Hinsehen wird jedoch deutlich, dass er mitsamt seiner Gitarre auf dem gescheckten Pferd sitzt.[64] Dieses und ähnliche Meme wie die Montage von Abbaths Gesicht in einen Katzenkopf, der ihn zum Mischwesen werden lässt (vgl. Tab. F, Abb. 4), exemplifizieren zugleich eine weitere zentrale Kategorie: die sogenannten *Manimals*[65]. Hierzu zählen auch Formationen gemischter Mensch-Tier-Gruppen bzw. Tiere als Bandmitglieder wie im obig genannten Immortal-Husky-Mem oder im Fall von Grumpy Cat als Bandmitglied von Immortal, betitelt mit »Cat of Northern Darkness« anstelle des Albumtitels *Sons of Nothern Darkness.*[66] Als dritter Protagonist taucht, wenn auch weniger häufig, Gaahl auf, der durch reale Gewaltexzesse bekannt geworden ist. Er wird stets in den Kontext geschlachteter Schafe oder satanistischer Rituale gestellt und repräsentiert damit diesen Strang der Black-Metal-Erzählung.

Namensähnlichkeiten – Logos, Wortspiele und Produkte

Zusätzlich zu visuell-bildbasierten lassen sich verbal-sprachbasierte Analogiebildungen, insbesondere in Form von Wortspielen, ausmachen, die zumeist Szenewissen voraussetzen. So wird aus der schwedischen Band Marduk im Memformat »Marduck« (vgl. Tab. F, Abb. 6). In logischer Fortsetzung des Enten-Paragramms findet sich mittig: »waddle waddle«; und unten: »Duck Endless« anstelle des Albumtitels *Dark Endless* (1992). Die Bildebene erinnert an die formal reduzierte, niedliche und mit Infantilität verknüpfte Gestaltung einer Quietscheente, gleichwohl diese Assoziation durch die Darstellung als Black-Metal-Ente mit umgedrehtem Kreuz, schwarzumrandeten Augen und einem auf Blutdürstigkeit verweisenden blutroten Schnabel, roten Farbausläufern wie -spritzern kontrastiert wird. Die Strategien der *Ver-*

niedlichung des Ernstmachens und *Evilisierung des Niedlichen* treten hier deutlich zutage.

Eine textuelle Modifikation von Bandnamen und Songtiteln zeigt sich außerdem in Memen, in denen beispielsweise der Bandname Dimmu Borgir zu »Dimmu Burger« umgewandelt wird. In visueller Entsprechung hält eine lächelnde Frau mit *corpse paint* einen Hamburger in der Hand.[67] Angelehnt an den Songtitel *Grim and Frostbitten Kingdoms* von Immortal werden Pseudo-Produktwerbungen für »Frostbitten Flakes« entworfen: »They're GRRRRRIIIIMMM!!!«; wahlweise »NOW with added kvlt-ness!!« oder auch »NOW Gluten Free« (vgl. Tab. F, Abb. 14). Stilprägende Gestaltungsmerkmale und Typografie wie rhizomatische weiße Schrift auf schwarzem Grund werden hier mit einer Abbildung der Band Immortal und einem Teller Frühstücksflocken, der bereits aufgrund seiner Farbigkeit heraussticht, kombiniert. Es entsteht ein ›evilisiertes‹ Produkt. Insbesondere auf die verästelten Bandlogos wird in memetischen Beiträgen immer wieder referiert: Jegliche rhizomatische Struktur – sei es die aufgerissene Polsterung eines Stuhls[68] oder Erbrochenes auf einem T-Shirt in einem Black-Metal-Comic[69] – kann in visuelle Analogie zum unleserlichen Bandlogo treten.[70]

Konstruktion von Gegensätzen: zur maximalen Friktion der Bildelemente

Diese Kategorie kennzeichnet ein *mashup* mit anderen musikalischen Stilen: ABBA erhält ein neues Mitglied und wird in »ABBAth« umbenannt (vgl. Tab. F, Abb. 16). Weitere Motivreihen dienen der Abgrenzung von anderen männlich dominierten jugendkulturellen Stilen wie Hip-Hop; zu einer Friktion der Stile kommt es dann, wenn etwa eine Kappe, auf der »swag« steht, von einem Jungen im Burzum-T-Shirt getragen wird.[71]

Die Einbeziehung von Kindern bzw. das Motiv kindlicher Unschuld auf Text- und Bildebene dient ferner der Konstruktion des größtmöglichen Gegensatzes zur Boshaftigkeit. Dies kann über die Kombination von Kindern und Black-Metal-Accessoires wie das Burzum-T-Shirt erfolgen sowie als Initiationsritual im Zuge des Erwachsenwerdens: Ein Bildmakro zeigt ein Mädchen, das von der Mutter *Corpse-paint*-Makeup erlernt,[72] oder auch eine Gruppe von Babys mit *corpse paint*. Aus »Emperor« wird dann folgerichtig »PAMPEROR«; unten steht: »THE WRATH OF TODDLER«.[73] Auch Schlittenfahren (vgl. Tab. F, Abb. 8) oder ›Verlaufen im Wald‹, Albernheit und Herumtollen bedienen das Motiv des Infantilen und erzeugen eine Inkongruenz zum Boshaft-Ernsten.

Kontextverschiebungen: Raum

Zu den immer wieder zitierten räumlichen Kontexten gehört insbesondere der Wald. Viele der erhobenen Meme referieren auf das legendäre Musikvideo *The Call of the Wintermoon* (1992) der Band Immortal,[74] das auf Bildebene ein Herumirren, Posieren und Gestikulieren der Bandmitglieder in norwegischer Waldlandschaft zeigt. In memetischer Weiterverarbeitung der Videovorlage verbringen finnische Ranger nun quasi folgelogisch ihre meiste Zeit damit, Black-Metal-Bands, die sich bei einem Musikvideodreh im Wald verirrt haben, zu retten.[75] »Meanwhile in Norway…«-Meme betonen das Bedürfnis nach subkultureller Abgrenzung und Andersartigkeit, welches sich auch nicht durch einen Transfer in ›normale‹ Kontexte (z. B. Kinderbetreuung oder Urlaubsaktivitäten) einebnen lässt. Bei einer spezifisch norwegischen Form des Waldkindergartens wird eine Kindergruppe in bunten Winterjacken folglich von vier *corpse paint* tragenden Black Metalheads betreut (vgl. Tab. F, Abb. 15). Ein anderes Motiv ist beispielsweise Abbath in voller Bühnenmontur auf einem Surfbrett.[76]

Alles kann *trve* werden: ›Evilisierung‹ des Spießigen als zentrale Kategorie

Potenziell kann alles ›evilisiert‹ und durch stilistische Einpassung subkulturell, hier Black Metal, werden: Gegenstände und Accessoires wie der Gartenzwerg[77] oder eigentlich ›uncoole‹, spießige Tätigkeiten und Instrumente wie Gärtnern oder Rasenmähen[78] (vgl. Tab. F, Abb. 10) und ein Akkordeon[79]. Die Sense, aber auch Gartenarbeitsgeräte wie die Harke erinnern wiederum aufgrund ihrer Form an mittelalterliche Waffen, die für das Bildprogramm des Black Metal zentral sind.[80] Auch ein klassisches Familienweihnachtsfest darf gefeiert werden – nur heißt es nicht mehr »White«, sondern »Black Christmas« im passenden Weihnachtspullover mit umgedrehten Kreuzen.[81] In einem Comic klingeln zwei Metalheads, einer der beiden trägt ein Mayhem-Bandshirt, wie die Zeugen Jehovas an der Tür: Sie sagen »Satan« und growlen »ARRRRRRGGGGHHHHHH«.[82] Ein umgearbeiteter Cartoon von Sheepworld, in dem Abbaths *corpse paint* das nunmehr menschenähnliche Antlitz des »Kultschafes«[83] ziert, bringt den drastischen Habitus des Black Metal mit niedlichen Stilelementen in Verbindung. Aus der ursprünglichen kindlich-kitschigen Liebesbekundung »Ohne dich ist alles doof!« wird auf diese Weise »Mit Black Metal ist alles Krieg!« (vgl. Tab. F, Abb. 11).[84] Der Liebreiz der Comicvorlage verstärkt die Diskrepanz und somit die humoristische Wirkung der Aussage: »Sonne: Krieg«, »Schmetterling: Krieg«,

»Blümchen: Krieg«, »alle anderen: Krieg«, »ich: Krieg«. Aus dem alltäglichen Ringen des Metalheads mit dem Zwang zur ›Evilisierung‹ resultiert im Comic die unwiderstehliche Hyperniedlichkeit, die den immerwährenden semiotischen Aushandlungsprozess von ernst/*evil* versus verspielt/*cute* visualisiert. Weitere Beispiele für die Perspektivierung der ›devianten‹ Subkultur auf den bürgerlichen Mainstream, die ebenfalls maßgeblich über Aspekte des Niedlichen operieren, sind die Comicreihe *Belzebubs* von JP Ahonen, der Szenen aus dem Black-Metal-Alltag wie beispielsweise ein Portrait von Vater und Kind illustriert (vgl. Tab. F, Abb. 12), oder die *Norwegian Black Metal Crochet* (vgl. Tab. F, Abb. 13), welche die weiblich konnotierte, feinmotorische Tätigkeit des Häkelns mit den virilen männlichen Protagonisten des Black Metal kontrastiert. Die aufwändig im Stil japanischer *Amigurumi* gestaltete Figur eines Black-Metal-Gitarristen ist eher dekoratives Sammlerstück, denn Kinderspielzeug und laut einem Artikel auf Buzzfeed: »Cute enough to make a church burst into flames.«[85]

Die angeführten Beispiele verdeutlichen die Integrationsfähigkeit des Konzepts Black Metal; alles kann potenziell transformiert und auf Black Metal bezogen werden. Während die Strategie der Verniedlichung einer Normalisierung und Einhegung dient, zielt ›Evilisierung‹ darauf ab, Alltag und Normalität ›schwarz‹ zu färben und auf diese Weise symbolisch mit subkultureller Finesse zu überziehen.

Gothic cute – Verniedlichung der Finsternis

Der Rekurs auf die Ikonografie des Teufels oder der Schwarzen Magie, mythische Erzählungen von Finsternis, Tod und Vergänglichkeit sind für die Selbstdarstellung und stilspezifische Ästhetik des Gothic zentral.[86] Dies zeigt sich insbesondere in den herangezogenen Tierreferenzen. Die Gothic-Szene umgibt sich vorzugsweise mit »Symboltieren des Bösen«[87]. Es gilt, sich mithilfe der ausgewählten Fauna ausdrücklich auf satanische Gehilfen und verfemte Nachttiere zu beziehen, um derart eine offenkundige Distanz zur restlichen Gesellschaft aufzubauen:

> »Während sich die Punks auf die Ratte beschränken, die sie auch real bei sich tragen, haben die Grufties einen imaginativen Zoo von Tieren auserkoren, die seit dem Mittelalter nach christlicher Definition als Symboltiere des Bösen gelten, als Begleiter des Teufels und seiner Gehilfen, wie Magier und Hexen. Diese Tiere werden we-

gen ihrer Farbe oder ihrer nächtlichen Lebensweise zu Sendboten des Bösen. Dazu gehören vor allem die Spinnen, außerdem Fliegen, Raben bzw. Krähen, Lurche, Eidechsen oder Salamander, Kröten, Eulen, Schlangen, Käfer und auch Ratten, um nur einige zu nennen.«[88]

Die Kontinuität dieses ›schwarzen Tierparks‹ auf den Grundlagen christlichen Glaubens und davon abgeleiteten bzw. darauf bezogenen westlichen Aberglaubens ist erstaunlich. Dieser bleibt im Kern – abgesehen von Ergänzungen um Faultiere – bis in die Gegenwart der sozialen Medien aktuell.[89]

Mit Blick auf ihre Erscheinungsformen steht Niedlichkeit nur in einem vermeintlichen Kontrast zur ›schwarzen‹ Ästhetik des Gothic, treten beide doch ineinandergreifend als konsumästhetische Strategie auf. Niedliches und die ›Cutifizierung‹ des ›Bösen‹ zeigen sich im gesamten Design sowie Dekor der Gothic-Szene und werden zudem szeneintern ausgestaltet. Die mitschwingende Nivellierung der christlich geprägten Symbolik und Darstellung des ›Bösen‹ macht Letzteres gesellschaftsfähig und konsumierbar, ist jedoch vonseiten der Szene selbst nicht beabsichtigt. Insbesondere die ›schwarzen‹ Symbolobjekte erfahren im Transfer auf Plüsch eine materielle ›Verflauschung‹:[90] Schwarze, haarige Plüschspinnen mit stilisiertem Skelettkopf scheinen vom Kuschelbedarf der Gothics zu künden. Deren sonstige Stilelemente, beispielsweise die Kleidung, gehen entweder auf Distanz (z.B. nietenbesetzte Kleidung und Accessoires, voluminöse Reifröcke) oder verschmelzen beinahe mit dem Körper (z.B. Ganzkörperkostüme aus Leder und Latex im Fetischsegment der Szene sowie Korsett und andere steife, enganliegende Miederwaren). Andere Materialien wie Samt sind wiederum bereits anschlussfähig an die Ikonografie des Niedlichen.

Abgesehen vom gegenwärtigen klar gegenderten Trend *pastel goth*[91] sowie den vorangegangenen japanisch geprägten Kleidungsstilen *gothic lolita* und *visual kei*[92] ist eine Niedlichkeitsnische innerhalb der Szene bisher nicht erfasst. Die nachfolgend vorgestellte, auf Offline- und Online-Feldforschungen basierende Typologie zum WGT 2018 und 2019 zeigt, dass diese existiert und vergegenwärtigt deren Spezifika.

Methodische Vorgehensweise

Expressive Mehrgenerationenstile[93] erfordern eine an die gegenwärtige Verfasstheit des Untersuchungsgegenstands angepasste methodische Herangehensweise. In der von digitalen Medien geprägten Gegenwart reicht es zur

Erforschung subkultureller, visuell auffälliger Stilgemeinschaften und deren szenespezifischer Artikulationen nicht aus, sich auf eine klassische Offline-Feldforschung zu beschränken.[94] Insbesondere Social Media müssen miteinbezogen werden, da sie – aktiv genutzt – in ständiger Reflexion der modischen Erscheinungen direkten Einfluss auf die materiellen Stilbilder ausüben.

Aus diesem Grund wird die primäre Ebene der Offline-Feldforschung und teilnehmenden Beobachtung zum WGT 2018 und 2019 um eine sekundäre Ebene, die Erhebung im virtuellen Raum nach den forschungsleitenden Paradigmen der *Internetpromenadologie*[95] sowie *search as research*[96], erweitert.[97] Unter Berücksichtigung des Forschungsfilters *cuteness* konzentriert sich die durchgeführte Erhebung zum einen auf häufig wiederkehrende und folglich konventionalisierte Standardmotive. Innerhalb des verfügbaren Bildmaterials gilt ihr Augenmerk zum anderen gleichermaßen devianten Bildphänomenen beziehungsweise außergewöhnlichen Einzelbildern, die im Sinne von Roland Barthes »punctum«[98] als kontrastive Einzelfälle aus der Masse herausstechen. Die Erhebung des Datensamples erfolgt, bis eine Sättigung des Materials eintritt, d. h. die gleichen Motive in Variationen immer wiederkehren.[99]

Die Hypothesen zum Stellenwert des Niedlichen im Gothic gründen auf der Auswertung der Offline- sowie Online-Feldforschung auf Instagram zum WGT 2018[100] und 2019.[101] Im Jahr 2018 wurden 60 Fälle zum Forschungsfilter *cuteness* aus dem erhobenen Bildmaterial extrahiert, ausgewertet und zu fünf Typen verdichtet. Diese wurden 2019 nochmals durch die Analyse von 3305 Posts zu #wavegotiktreffen2019 und 16 064 Posts zu #wgt2019 bestätigt und ergaben zusätzliche 62 Fälle.[102] Die ausgewählten 122 Fälle wurden entweder per Screenshot gesichert oder im Falle von Fotografien, die im Rahmen der eigenen Feldforschung vor Ort entstanden, archiviert. Wie die geringe Fallzahl annehmen lässt, ist der Anteil an niedlichen Motiven für die Gesamtheit der Stichprobe und für die Ausrichtung der ›schwarzen‹ Stilgemeinschaften nicht bestimmend, aber dennoch existent. Auf Basis der ausgewählten Fälle wird nachfolgend ein Ansatz für eine Typologie zu *gothic cute*, einer gotischen Niedlichkeitsnische, entwickelt. Die Untersuchung rückt hierbei ambivalente Empfindungen angesichts der ›schwarzen‹ Niedlichkeiten ins Zentrum und widmet sich Fällen, die den Umschlagpunkt vom Niedlich-Anheimelnden zum Abstoßend-Unheimlichen, das Mischverhältnis *creepy gothic cute*, markieren.[103]

(Creepy) Gothic cute – Versuch einer Typologie

Plüsch im Bild – Objekte und Stofftiere

Niemals ohne kuschelige Begleitung zu reisen, scheint das Motto vieler WGT-Besucher*innen. Daher sind im erhobenen Datensample immer wieder Stofftiere als Reisebegleitende rund um das Ereignis anzutreffen. Die Plüschtiere stehen für Vorfreude auf das Festival, unterwegs sein und den Abschiedsschmerz, wenn es wieder nach Hause geht. Sie sind bildliches Abschiedssymbol bei der Abreise aus der Festivalbehausung und fungieren als Transferhelfer zwischen den ›bunten‹ Alltagswelten und den favorisierten ›schwarzen‹ Ereigniswelten des Festivals.[104] Ähnlich der YouTube-Kategorie *follow me around* werden Plüschtiere wie Eule[105], Oktopus[106], Biber[107], Huhn (vgl. Tab. G, Abb. 1), Ente[108] oder auch eine Filzlaus[109] in der Ich-Perspektive inszeniert, um als freundliche Guides den Betrachtenden Einblicke in die gotischen Festivalwelten zu ermöglichen. Das vorgehaltene Plüschtier ersetzt hier die Waffe im Egoshooter.[110]

Ein Anwendungsbeispiel strategischer ›Evilisierung‹ ist die Einpassung verniedlichter Kulttiere in die ›schwarze‹ Objektwelt wie im Fall eines rosa bzw. *millennial pink*[111] eingefärbten Alpaka-Plüschtiers mit Kosenamen ›Pummeldingsi‹, dessen zuckerwatteartiges Fell mit der glatten, hautengen schwarzen Fetischbekleidung seiner Besitzerin @sulphergirl kontrastiert.[112]

Weiterhin exemplarisch sind niedliche Spielzeugfiguren aus den 1970er Jahren wie das Monchhichi, das als Gothic-Monchhichi[113] eine neue Bestimmung erhält.

Auf dem Agra-Messegelände wird im Rahmen des WGTs alljährlich ein szenespezifisches Warensortiment feilgeboten. Während der Festivaldauer können in den hiesigen Hallen diverse Mischwesen, Fantasie- oder Sammeltiere mit Totenkopfgesichtern, sozusagen ›schwarze‹ Teletubbies, Plüschvampire und Zombie-Einhörner, käuflich erworben werden. Daneben gibt es plüschige Steampunk-Oktopusse oder ein schwarzes furchterregendes Cthulhu-Plüschtier mit Fledermausflügeln (vgl. Tab. G, Abb. 2).[114] An den offerierten kreatürlichen Objekten zeigt sich der dem Niedlichen zugeschriebene Kippmoment deutlich: Anziehung und Abstoßung gehen einher. Die Szene schwärzt Tiere an – nicht nur im übertragenen Sinn. Elefanten, gemeinhin als freundlich, gemütlich und duldsam imaginiert, werden nun von ihrer dunklen Seite gezeigt: Die schwarzen Plüschelefanten erhalten bedrohliche rote Augen über schwarzen Stoßzähnen[115] und lehnen sich derart an die gängigen Farbschemata für das Teuflische an. Unter der angebotenen Kuschelware befinden sich 2019 auch Varianten von Teufelsköpfen mit Hörnern[116] oder ein Plüschteufel- bzw. Ziegenbock-Rucksack mit rotem Pentagramm und schwarzen Hörnern.[117] Die Figuren rekurrieren auf die Ziegengestalt als Symbol für Satan und den animalischen Ursprung des ›Bösen‹.[118] Dieses ästhetische Mischverhältnis wird ebenso anhand der angebotenen Konsumobjekte für die SM-Fetischszene offenbar, deren Design überraschenderweise mitunter niedliche Elemente enthält. Hierzu zählen nicht nur mit Plüsch verzierte Handschellen, die neben der Komfortfunktion bereits optisch einen ›Verflauschungseffekt‹ erzeugen. Besonders prominent sind Bondage-Plüschtiere vertreten, zu deren Ausstattung miniaturisierte Fetischutensilien aus Lack und Leder wie Gesichtsmaske, Geschirr und Peitsche gehören. Durch die Fusion von flauschig-weichem, gemeinhin als niedlich gelabeltem Kuscheltier mit Requisiten sadomasochistischer Praktiken tritt das zugrundeliegende asymmetrische Machtverhältnis auf der spielerischen Ebene überdeutlich hervor. Die Niedlichkeit des Teddybären wird einer ›Evilisierung‹ unterzogen – oder anders ausgedrückt: die dem Niedlichen gemeinhin attribuierten ›bösen‹ Anteile werden herausgestellt.[119]

Dress for cuteness und Tiermaskerade

Die Animalisierung des Menschlichen, oder: Selbstanimalisierung, ist eine der prägnantesten Formen der Verniedlichung, die sich am Materialkorpus zeigt. Sie erfolgt einerseits digital über Facefilter von Snapchat oder Instagram: Fragmentierte und stilisierte tierische Körperteile, zum Beispiel Kombinationen von Ohren und Schnauzen, stehen für die Tierwerdung zur Verfügung. Andererseits zeigen eigene Fotografien der Offline-Feldforschung 2019 und auch Online-Bildbeiträge aufsteckbare Haarkränze mit Plüschohren und kleinen Hörnern oder Geweihkränze als materielles Pendant.[120] Hinzu kommt die Verpackung der gesamten Person in einteilige *Kawaii*-Plüschtierkleidung, Onesies oder überdimensionale Maskottchenkostüme.[121] Vorbilder dieser Cosplay-Variante können Figuren aus Games sein, zum Beispiel ein blaues Fabeltier, das Sonic the Hedgehog ähnelt.[122] Beliebter ist jedoch eine partielle Animalisierung über Kleidungstücke wie Jacken, Capes oder Pullover, deren Kapuzen entweder katzen- und hasenohren- oder teufelshornförmig auslaufen. *Dress for cuteness* ohne tierischen Bezug zeigt sich darüber hinaus zum Beispiel an einer Selbststilisierung als *adult baby* in einem viktorianischen Kinderkostüm (vgl. Tab. G, Abb. 3).

Spezialfall: *double cuteness*

Hierunter lassen sich zum einen Bilder bzw. Schnappschüsse von frei im Leipziger Stadtraum lebenden Wildtieren wie Mäuse, Ratten und Eichhörnchen fassen, welche die Festivalumgebung und das Campinggelände in Koexistenz bevölkern.

Von Gothics mitgebrachte Haustiere fallen in diese Subkategorie, vor allem wenn diese auch noch in Kombination mit Materialien aus Echtfell fotografiert werden. Als prototypisch kann der Fotostream des »[s]uper fluffy«[123] @medivaldog im heidnischen Mittelalterdorf auf dem WGT 2019 gelten: Die Beiträge zeigen eine mittelalterlich inszenierte Lagerstätte mit schlafenden Hunden und Tierfellen oder ein mit dem Hund kuschelndes, sich küssendes Paar.[124] Die Akkumulation weicher, felliger Materialien und liebevoller Handlungen mündet in einer flauschigen Überdetermination an Wärme und Gemütlichkeit.

Des Weiteren können hierunter junge Mitglieder gotischer Mehrgenerationenfamilien[125] in stilkonformen Outfits, die zumeist tierische oder fantastische Anleihen nehmen, rubriziert werden. Die Kostümierungen der kleinen Festivalbegleiter*innen erzeugen in ihrer überbordend-bizarren Ausgestaltung, vor allem in Kombinationen mit Netzstoff und Nieten, jedoch zuweilen einen befremdlichen, wenn nicht gar unbehaglichen Eindruck.[126]

Cute ambivalence

Zur Präzisierung gotischer Niedlichkeit wird nachfolgend eine Feinjustierung hinsichtlich der oben erwähnten absonderlichen Anmutung vorgenommen. Jenen ambivalenten Spielarten nachzuspüren, verspricht, der visuellen Komposition von *gothic cute* auf die Schliche zu kommen. Die anschließenden Ausführungen stützen die Annahme, dass diese durch ein variierendes Mischverhältnis des Gruselig- bzw. Unheimlich-Niedlichen – *creepy cute* –gekennzeichnet ist.

Spielzeuge für Erwachsene

Diese Sparte zeichnet sich unter anderem durch die Umgestaltung von Spielzeugen wie Puppen und Teddybären aus, die derart ›evilisiert‹ in die Ding- und Symbolwelt der Gothic-Szene überführt werden.[127] Mit Killernieten verziert und einer eisernen Gliederkette zum Nachziehen ausgestattet, unterläuft das ursprünglich rote, mittlerweile jedoch in unzähligen Farbvarianten erhältliche BIG-Bobby-Car nutzer*innenseitig einem ›schwarzen Tuning‹ (vgl. Tab. G, Abb. 5). ›Evilisierung‹ und Niedlichkeit beziehungsweise rückwirkende Verniedlichung treten in diesem einzigartigen Schlüsselobjekt deutlich zutage: Das Wehrhafte wird durch den Transfer auf Kinderspielzeug verharmlost; zugleich findet jedoch eine Brutalisierung und Fetischisierung des miniaturisierten, mit Infantilität konnotierten Kunststoffautos statt.

Besonders augenfällig bei der Auswertung der Bildbeiträge zum WGT auf Instagram ist des Weiteren, dass sich Teile der Fetischszene[128] nicht etwa nur im Verborgenen wie beispielsweise auf der Fetischparty Obsession Bizarr in Fantasietierkostümen aus Lack, Leder, Gummi oder Plüsch präsentieren: Gummipferde[129], *furries* oder andere aufrechtgehende geschirrte Tierwesen (vgl. Tab. G, Abb. 9) inszenieren sich immer wieder auch spektakulär im Stadtraum. Für die nicht ganz so Zeigefreudigen steht eine abgemilderte Variante zur Verfügung: Katzen- oder Hasenohren aus Lack oder Leder gibt es ebenfalls als Kopfschmuck zum Aufstecken.[130] Fetischanteile in der Tradition von Catwoman[131] und unverfängliche Formen der Tierwerdung koexistieren, wenngleich auch hier Klischees von Frauen als anschmiegsame wie wilde Kätzchen bedient werden.[132]

Manimals[133] und Zwischenwesen

In dieser wohl aufschlussreichsten Unterkategorie zu *cute ambivalence* tummeln sich erfundene Mensch-Tier-Wesen: vermenschlichte Tiere oder animalisierte Menschen, die aufgrund ihrer oft verstörenden Wirkung eher *creepy* oder *weird* als *cute* erscheinen. Im Datensample findet sich beispielsweise eine Vogelfrau oder Harpyie[134], deren Gesicht und Handgelenke Federschmuck ziert. Auch ihre Schultern sind mit einem Federkleid bedeckt (vgl. Tab. G, Abb. 6). Insbesondere das befiederte Gesicht mit seinem schwer beschreibbaren, entrückten Ausdruck, einem durchdringenden Blick, hinterlässt einen befremdlichen und seltsamen Eindruck. Die Figur des animalisierten Menschen zeigt sich ebenfalls in einer Fotografie von @schwarzes_erbe.pixx:[135] Eine Frau trägt schwarze Katzenohren aus Spitze sowie eine floral-ornamentale schwarze Spitzenmaske, die sowohl die Nase als auch die untere Gesichtshälfte umschließt und derart Assoziationen zu einem Bart hervorruft. Die Verzierung der unteren Gesichtshälfte durch Spitze, Federn oder auch Bemalungen unterhalb des Wangenknochens ist sowohl bei Frauen als auch bei Männern ein wiederkehrendes Inszenierungsmotiv.

Unter die Kategorie lassen sich des Weiteren Fabelwesen fassen, deren Federn- und Knochendekoration sich über den ganzen Körper erstreckt. Exemplarisch dient eine schamanenähnliche männliche Figur: Neben einem gehörnten Schädel, der wiederum mit dem hornverzierten Schädel des Gehstocks korrespondiert, und spitzen Ohren ist sie in eine ganzkörpergeschuppte schwarze Bemantelung gewandet.[136] Zwischen Mann, Frau und Tier ist ein gehörnter und geschminkter *twink*[137] von zarter Statur einzuordnen. Er steht für das punktuelle Einspielen queerer Ästhetiken in das WGT. Beispiele für Geschlechtergrenzen überschreitendes Crossdressing finden sich vereinzelt auch bei Cosplay-Gestalten.[138] Darüber hinaus finden sich 2018 und 2019 immer wieder Skelette oder puppenartige Figuren mit Totenkopf, zum Beispiel in historischen Kinderwagen.[139]

Untote

Ganz und gar spezifisch für die Gothic-Kultur sind zwischen tot und lebendig oszillierende Gestalten – insbesondere präparierte Tiere. Eigens hergestellte Hundeskelette auf Rollen,[140] eine gebeutelte Rabenfigur konserviert unter einer Plexiglashaube[141] sowie Tiertotenschädel mit Plüschohren[142] oder ausgestopfte, als Raumschmuck gedachte Kreaturen wie ausgestopfte Fledermäuse, drapiert in einem mit rotem Samt ausgeschlagenen Sarg (vgl. Tab. G, Abb. 7), sind für Außenstehende ganz und gar nicht niedlich und wirken möglicherweise aufgrund des expliziten Bezugs zum Tod befremdlich oder unheimlich. Andere per Fotomontage oder auch real hybridisierte Haustiere wie ein schwarzes Kätzchen mit Fledermausflügeln und -zähnen (vgl. Tab. G, Abb. 8) oder ein mechanisiertes, im Steampunk-Stil beflügeltes Meerschweinchen (vgl. Tab. H, Abb. 12) bleiben hingegen im Bereich des Niedlichen.

Cute skulls[143]

Als langlebigste Verniedlichungspraxis im Gothic kann die konstante Umgestaltung des Totenkopfs gelten. Niedliche Totenschädel – das klingt zunächst widersinnig, ist jedoch einfach zu realisieren:[144] Dem Todes- und Protestsymbol der sogenannten ›schwarzen‹ Stile werden verniedlichende Attribute (z.B. Schleifen) appliziert; es wird einer rosafarbigen Kolorierung unterzogen und die leeren, bedrohlich wirkenden schwarzen Augenhöhlen werden zu Herzchen umgeformt. Auch in den Bildern des WGT ist der Totenkopf als Form und Muster allgegenwärtig: Unterschiedlich eingefärbte Miniaturschädel, die mittels Federkranz eine Kopfbedeckung erhalten und damit einer direkten ›Verflauschung‹ unterzogen werden, lassen sich auf dem WGT käuflich erwerben.[145] Erwähnenswert ist darüber hinaus ein auf Instagram hochgeladenes Bild, das den Anbieter Formkohlen zeigt, welcher totenkopfförmige Holzkohlen für den heimischen Einsatz in einer Schubkarre feilhält,[146] oder gar eine mit Totenkopf garnierte Torte in pastellig-bunten, schimmernden Farben (vgl. Tab. G, Abb. 4).

Viele ›bunte‹ Artefakte, die sich dem Objektuniversum *cute* zurechnen lassen, finden in der gotischen Subkultur ihre ›schwarze‹ Kehrseite. Der Eindruck von Bedrohlichkeit und einer andersartigen, finsteren Welt, der distanzierend wirkt und die Subkultur für Außenstehende ungenießbar erscheinen lässt, wird durch Phänomene der Verniedlichung – wie sie durch japanische Einflüsse in den Nullerjahren Einzug in die Szene gehalten haben – ein Stück weit nivelliert. Dabei kann speziell die Verniedlichung von Todesdarstellungen auf eine lange Tradition zurückblicken (z. B. *Grim-Reaper*-Cartoon). Mit der Abspaltung der Emos Anfang des 21. Jahrhunderts beginnt die verstärkte Verniedlichung von Todessymbolen, zum Beispiel durch die Kreuzung mit Elementen und Stilmitteln japanischer *Kawaii*-Kultur. Aus diesem *mashup* resultieren beispielsweise rosa Haarschleifen mit Hello-Kitty-Totenkopf.[147] Der eingearbeitete symbolische Verweis auf den Tod dient weniger zur Erzeugung von Horror oder der Abschreckung, sondern wird als verniedlichtes Schmuckmotiv zum dekorativen Objekt.

Die Verniedlichung des Todes ist die inhärente Grundbedingung für seine Verarbeitung: Der Tod wird gleichzeitig *cute* und für eine größeres Publikum konsumerabel. Das Niedliche kann den Stachel und Horror des Todes nehmen, der eigentlich für die ›schwarzen‹ Stile konstituierend ist.

Retro-cuteness: Steampunk[148] als Erweiterung des gotischen Niedlichkeitsspektrums

Besonders interessant sind Kategorien, die unerwartet aus dem erhobenen Bildmaterial hervorgetreten sind. Während der Auswertung der Online-Feldforschung auf Instagram kristallisierte sich Steampunk als Sonderfall heraus. Der Stil erschließt der ›schwarzen‹ Subkultur neue Tierwelten und beschäftigt sich zudem explizit mit Technologien und ihrem Verhältnis zur Natur. Die niedlichen Objekte jener Subszene fokussieren Technikvisionen vom Dampfmann[149] oder dampfbetriebenen Androiden, die miniaturisiert als Schmuck oder Figurinen auftauchen, und zeichnen sich durch eine Retroästhetik aus. Zentrale Bildelemente sind folglich dampfbetriebene Mechaniken (*steam* als Energieform und Antriebskraft). Durch den formlosen Dampfbetrieb wird gleichzeitig eine Art von Beseelung, ein Eigenleben des Mechanisch-Analogen inklusive Utopien der Verselbstständigung imaginiert. Unter Berücksichtigung des Forschungsfilters *cuteness* gilt es, im Sample vorkommende Bildphänomene zu Steampunk mit Blick auf *machine cuteness,* die Verniedlichung von Technologie, zu fokussieren.

Der Umgang mit Technologie ist ein entscheidender Aspekt für die Verortung des historisch erscheinenden Substils als eine Gegenwartsästhetik. Bilder des Steampunk-Stils suggerieren eine Reenactment-Bewegung, die keinerlei Bezug zu gegenwärtigen Erscheinungen hat. In den Bildern von kupfernen Taucherglocken und Miniaturrobotern wird die Positionierung von Steampunk als Kommentar zum gegenwärtig Technologisch-Medialen im historischen Gewande jedoch offensichtlich. Ob ein eskapistisch-konservativer oder ein kritischer Blick auf das Anthropozän vorliegt, soll in der Analyse herausgearbeitet werden.

Steampunk ist keine rein jugendkulturelle, sondern eine generationsübergreifende Ästhetik, die weit über die Subkultur Gothic hinaus populär ist. Tomorrowland, der global größte, jährlich im belgischen Boom stattfindende und für seine spektakulären Bühnenbilder bekannte Rave, bediente sich wiederholte Male der für Steampunk typischen Themenwelt und Formensprache.[150] Vor allem die Fanwelten von Games wie *World Of Warcraft* oder *Minecraft* sind ästhetisch von Steampunk beeinflusst. Sie verfügen über spezifische Skins, um Elemente der Spielgrafik entsprechend zu modifizieren.

Bei Steampunk scheint es sich auf den ersten Blick um eine Retroästhetik zu handeln, die retrofuturistischen Strömungen zugerechnet werden kann.[151] In Abwandlung von Jenkins kreiert Steampunk das Bild von einem Gestern, das es so nie gegeben hat – *a yesterday that never was.*[152] Die szenedominierenden Fantasien rekonstruieren eine vergangene Epoche großer Entdecker, die eingedenk des beginnenden Industriezeitalters und seiner Erfindungen durch einen optimistischen, aus heutiger Sicht jedoch als naiv zu bezeichnenden Glauben an den Fortschritt charakterisiert ist. Indem sie nostalgisch in Erinnerungen an technologische Unschuld schwelgt, symbolisiert die zeitgenössische Retroästhetik Steampunk die Erinnerung an eine längst vergangene Ära ungebrochenen Fortschrittsglaubens vor dessen Ernüchterung. Aufgrund seiner Uneinlösbarkeit ist der aristokratische, dandyhaft-künstlerische und großbürgerliche Traum von der Eroberung aller Welten – zu Wasser, zu

Luft und auf der Schiene – sowie der Beherrschung der Zeit durch ihre Messung einzig in Form einer Rückschau möglich. Das Technikgenie und Erfindersubjekt der Romantik tritt an die Seite des gottverlorenen, in schweigender Natur auf sich selbst gestellten Individuums der Gothic Novels.[153]

Gerade im Spiegel seiner Internetbilder ist Steampunk jedoch nicht nur ein nostalgischer Rückblick auf positiv konnotierte, dem Menschen wohlgesinnte analoge Technologie des Viktorianischen Zeitalters. Mehr oder weniger bewusst stellt der Stil zugleich deren Schattenseiten dar. Zu denken wäre an die geisterhaften oder toten Erscheinungen, die das Ergebnis der Verwandlung ihrer menschlichen Motive in der sogenannten Kirlian- oder Koronaentladungsfotografie sind oder die unaufhaltsame Akkumulation des Mechanischen, das die Menschen gnadenlos dem Takt der Maschine und ihren Zeiteinheiten unterwirft.[154] Sinnbild des Mechanischen ist dem Steampunk das Zahnrad, das als inflationär genutztes, mitunter ausschließlich dekoratives Stilmittel zum Einsatz kommt (z. B. Zahnräder am Zylinder). Die Fülle an mechanischen Errungenschaften sowie die utopischen Möglichkeiten der Technologien werden fantasievoll bis ins Detail ausgestaltet.

Eine Referenz auf die gegenwärtige *Maker*-Szene stellen vor allem die szenespezifischen, teils spektakulären Nostalgiestrategien in Bezug auf zeitgenössische Technologien – wie Laptops in selbstgebautem Steampunk-Gehäuse – her. Dieses Phänomen soll hier nicht als Retrofuturismus, sondern eher als eskapistischer Retrostil im Sinne von Simon Reynolds *Retromania* bezeichnet werden, der die gegenwärtige Wiederholung von unverändertem Vergangenem bezeichnet und zugleich beklagt.[155] Für die angestrebte Analyse von *cuteness* sind diese jedoch irrelevant und werden daher nicht weiterverfolgt.

Viel interessanter ist die partizipative Weitergabe von Steampunk-Wissen über das Internet (z. B. via Tutorials und Erklärvideos). Die angewandten Steampunk-Künste sind auf Etsy und DeviantArt, wo sie sogar eine eigene Kategorie besitzen, besonders präsent. Hervorzuheben sind dabei insbesondere die Roboterfiguren von Brent James Harris[156] und Igor Verniy[157]. Daneben existiert ein breites Marktsegment für als ›Steampunk‹ gelabelte Produkte, die online unter anderem von den global verkaufsstärksten E-Commerce-Anbietern wie beispielsweise Amazon oder Ebay gehandelt werden. Steampunk ist ein Stil, der wie zuvor Emo eine rasante Verbreitung und Kommerzialisierung über das Internet erfahren hat.

Mit der Integration von Steampunk erweitert die Wave-Gotik-Szene ihre Anleihen bzw. das fantasievolle Andocken an die Viktorianische Ära um die technische Komponente. Parallel dazu werden Technologiephantasmen in der gotischen Cyberpunk-Kultur sichtbar, die als Nachfolgerin bzw. Erweiterung der Industrial Culture aufzufassen ist.[158] Mit Blickrichtung aus der Zukunft feiert diese den apokalyptischen Untergang der heutigen technologiedurchwirkten Kultur und imaginiert deren zukünftige Ruinen. Steampunk dagegen zerstört nicht, sondern belebt durch Neuerfindung wieder – ein Versuch der Restauration, der Wiederherstellung einer ausgeträumten Utopie. Mit Bezug zu anachronistisch gewordenen Visionen vom Dampfmaschinenantrieb und der Mechanisierung der Welt kann Steampunk innerhalb von Gothic folglich als Komplement des zukunftsgerichteten Cyberpunks gelten. Steampunk ist eine retrofuturistische Richtung, dennoch stellt sich die Spielart des Retrofuturismus ganz anders dar als bei Vaporwave[159], der ersten digitalen Nostalgiewelle. Alles geht vom industriellen Zeitalter und dessen Geschwindigkeiten aus, die im Vergleich zu gegenwärtigen Zeittaktungen geradezu behäbig erscheinen. Steampunk ist als Strategie der Entschleunigung zu verstehen. Die ›heißen‹ Dampfmaschinen schaffen Vertrautheit und damit ein Gleichgewicht zu den unsichtbaren kalten Nanomaschinen des digitalen Zeitalters.

Für die nachfolgende Analyse besitzen Genese, Historie und Entwicklung des Stils Steampunk weniger Relevanz, sie dienen lediglich zur Einordnung der Motive. Im Fokus stehen die ›cuten‹ Ästhetiken, welche das online mithilfe der Hashtags #wgt2018 und #wgt2019 erhobene Bildmaterial offenbart. Dessen Auswertung führt die Bedeutung jenes gotischen Subsegments für das Forschungsinteresse deutlich vor Augen. Die Notwendigkeit einer gesonderten Betrachtung von Steampunk ist somit ein zentrales Ergebnis der Online-Feldforschung zu Gothic im Jahr 2018 (ergänzend 2019), da jene Teilkultur einen überraschend hohen Niedlichkeitsfaktor aufweist. Im Kontext der Onlineerhebung auf Instagram wurden 2018 fünf und 2019 sechs Fälle zu Steampunk mit Bezug auf den Forschungsfilter *cute* extrahiert. Eine ergänzende qualitative Bildrecherche zum Schlagwort »Steampunk« über die Suchfunktion[160] und Bildersuche von Google führte zu den nachfolgend vorgestellten Beobachtungen.

In den digitalen Medien der Gegenwart existiert eine Tierwelt, die verniedlicht werden kann und der Selbstdarstellung zuhandenkommt. Sichtbar wird sie beispielsweise auf solchen YouTube-Kanälen, die es sich zur Aufgabe gemacht haben, bisher einer großen Anzahl von Menschen unbekannte bzw. noch nicht breit rezipierte Tierarten in einer Art und Weise zu inszenieren, dass sie als ›mega niedlich‹ wahrgenommen werden und als viraler Erfolg eine

Belobigung seitens der YouTube-Community erfahren. Auf YouTube wird die Fremdheit eines exotischen Tiers durch bestimmte *cutie marks* eingeebnet, so dass es trotz seiner Wildheit als vertrauter Begleiter des Menschen erscheint. Auf diese Weise kann sogar ein Tintenfisch zum *cute animal* avancieren.[161]

Für die produktive Anknüpfung an das ästhetische Universum von *cuteness* ist entscheidend, dass Steampunk andersartige Tiere in den ›Cutie-Park‹ einbringt: Tintenfisch bzw. Oktopus, Chamäleon, Wal, Schmetterling und weitere Insekten sowie seltene, außergewöhnliche Fische (z. B. der in der Tiefsee lebende Anglerfisch) – allesamt Kreaturen, welche die Menschen der Viktorianischen Ära zugleich ängstigten und faszinierten. Neben seltenen Tieren (z. B. Seepferdchen) werden selbstkonstruierte maschinelle Kreaturen präsentiert. Mithilfe von Zahnrädern, Schrauben und Uhrwerken erfahren sämtliche Lebewesen und unbelebte Objekte unterschiedslos eine Mechanisierung und animierte Beweglichkeit (vgl. Tab. H, Abb. 15). Historische Vorläufer jener – auf den Frankensteinmythos[162] rekurrierenden – Tiermaschinen bzw. Maschinentiere, neuartige mechanisierte Wolpertinger, sind Blechspielzeuge. Daneben werden Tiere vermenschlicht und als Steampunks mit Zylinder, dem zentralen Accessoire der Szene (vgl. Tab. H, Abb. 10 u. 11), inszeniert.

Anhand mechanisierter Skulls oder zahnradbestückter Tierskelette zeigt sich die Eingliederung in die gotische Symbolwelt am deutlichsten. Diese Objekte verweisen auf die Beherrschung der Natur im industriellen Zeitalter. Durch Mechanisierung wird selbst das gefährlichste Raubtier zum menschengemachten Artefakt und damit zum vermeintlich beherrschbaren Zeitvertreib. In Spielfilmen wie *Wild Wild West* aus dem Jahr 1999 beherbergen die kreatürlichen Steampunk-Visionen ebenfalls Phantasmen übergroßer mechanisierter Tiere. Die erwähnten Tiere und Maschinen sind dabei in ihrer Fremdheit zugleich faszinierend und bedrohlich, denn selbst als gezähmte Kampfmaschine schwingt stets die Angst vor deren unkontrollierter Verselbstständigung oder willentlichem Ungehorsam mit. Die Ästhetik des Steampunk speist sich folglich aus gemischten Empfindungen angesichts des technologischen Anderen, das simultan begrüßt, geradezu frenetisch gefeiert, und eingedenk prometheischer Scham mit wachsendem Unbehagen beäugt wird. Derart ist Steampunk von Affekten getragen, deren Ambivalenz ebenso in der zeitgenössischen Haltung gegenüber digitalen Technologien widerhallt.

Das Verlangen nach einer Überwindung der als limitierend wahrgenommenen Naturgesetze geht mit einem großen Respekt vor Flora, Fauna und den Naturgewalten einher. Visionen zur Naturbeherrschung durch menschliche Forschung – prominent verkörpert in der Figur des männlichen Entdeckers und Wissenschaftlers – werden mithilfe des Technikphantasmas transportiert.

Ein weiteres zentrales Bildsujet des zu Steampunk erhobenen Datensamples ist der Menschheitstraum vom Fliegen. Die Motive reichen von geflügelten Tieren wie Libellen über Elfen und Einhörner, d.h. Fabelwesen, zu selbstkonstruierten Fluggeräten und anderen mechanischen Prothesen, welche die menschliche oder tierische Flugfähigkeit (vgl. Tab. H, Abb. 12) gewährleisten sollen.

Im wahrsten Sinne des Wortes ist Steampunk eine gestaltgewordene ›schmutzige‹ Technikfantasie, die sich mit Ablagerungen von Kohlestaub, Ruß und Öl, also mit den Spuren fossiler Brennstoffe, nicht bloß inhaltlich auseinandersetzt, sondern diese sogar ästhetisierend als Schmuckpatina verwendet. Bildphänomene im Bereich Steampunk beinhalten Aspekte des Niedlichen ausschließlich in deutlich gebrochener Form: Aufgrund der längst verschwundenen Technologien kommt zum einen ein anheimelnd-nostalgisches Gefühl auf. Überschattet wird dieses jedoch zum anderen von einem Unbehagen in Anbetracht der materiellen Schwere sowie der ökologischen Unbedarftheit als ein Resultat grandioser anthropozentrischer Selbstüberschätzung. Die Materialikonografie zentriert auf das korrodierende Metall Kupfer sowie das aus einer Kupfer-Zink-Legierung hervorgehende Messing, zusammengeschraubte bzw. sichtbar verschweißte Metallteile, Dampfantrieb und Zahnrad (vgl. Tab. H, Abb. 13). Sowohl die in der Viktorianischen Zeit unbekannten bzw. neuentdeckten Tiere als auch die technischen Apparaturen in der Ästhetik des Steampunks sind dieser rötlich-golden schimmernden Farbgebung unterworfen (vgl. Tab. H, Abb. 14). Eine symbolische Einschreibung von Zeitlichkeit erfolgt durch optische ›Historisierung‹ der Materialoberfläche, deren tragender Unterbau häufig aus Kunststoffmüll wie PET-Flaschen hergestellt ist. Die Oberflächen des Steampunk bedienen daher gleichzeitig zwei Aspekte des Niedlichen: Sie überdecken mit ihrem Dekor die Unerbittlichkeit der Maschine und bedienen den Wunsch nach Recycling und Wiedereingliederung schädlicher Materialien.

Es gibt keine flauschig-weichen Materialien; die harten Metalle bzw. deren designseitige Simulation dominieren. Die ausgewählten Objekte wie Uhren in Form eines Fisches[163] werden über ihre Oberflächenästhetik angepasst, beispielsweise durch kupferfarbige Zahnräder, die es als billige Streuware kiloweise zu kaufen gibt.

Jene auf Instagram erhobenen Bilddateien, die der Teilkultur Steampunk zugerechnet werden können, rufen weniger das ästhetische Urteil des Niedlichen, denn des Unheimlichen oder Seltsamen hervor. Dies gilt insbesondere für die Puppen[164], ›untote‹ Steampunk-Babys[165], fotografische Abbildungen geisterhafter Mädchenerscheinungen[166] oder Tintenfische. Ungeachtet ihrer miniaturisierenden Transformation in schmückende Accessoires oder Plüschtiere wirken speziell die tierischen Begleiter im Steampunk nicht notwendigerweise angenehm; so beispielsweise der besagte, wiederholt auftauchende Oktopus.[167] Das bedrohliche Bild eines Tintenfischmonsters mit Fledermausflügeln ist das Ergebnis einer Synthese unterschiedlicher Bildwelten, beispielsweise Illustrationen zu Jules Verne und dem ›Verbotenen Wissen‹ sowie Verschwörungstheorien nach H. P. Lovecraft (1890–1937); insbesondere das ›Bestiarium‹ des Schriftstellers, dem die Tintenfischgottheit Cthulhu und anderen Mischwesen angehören (vgl. Tab. G, Abb. 2). Lovecrafts Geschichten sind keinesfalls optimistisch, sondern vielmehr durch antimoderne und technophobe Überzeugungen gekennzeichnet. Mit ihren Umarbeitungen und Aktualisierungen viktorianischer Mythen entpuppt sich die Bildästhetik von Steampunk dagegen als Geistes Kind der Moderne.

Die im Datensample überproportional vertretenen Roboterfiguren[168] sind bereits allein aufgrund ihres Miniaturmaßstabs prädestiniert für das ästhetische Urteil *cute*. Retrospektiv betrachtet erscheint ihre mechanisierte Fortbewegung langsam und stockend, fast schon tapsig, so dass sie nicht nur harmlos, sondern mitunter (z. B. beim Verlust des Gleichgewichts) sogar jämmerlich hilflos wirken. Werden die Dimensionen der maschinellen Kreaturen jedoch beibehalten oder gar überlebensgroß aufgeblasen, stellt sich Unbehagen in Anbetracht der nunmehr monströsen Tiermaschine und der Möglichkeit eines Kontrollverlustes mit potenziell verheerenden Folgen ein.

Des Weiteren sind auf dem WGT und auf Internetplattformen Steampunk-Masken[169] erhältlich. Indem sie das menschliche Antlitz verbergen, symbolisieren sie eine Robotisierung des Selbst. Die Transformation zum rostigen Roboter durch mechanische Arme ist ein starkes Motiv für die Ablösung von den als hinderlich erachteten Bedingungen einer unberechenbaren Natur. Das Bildprogramm von Steampunk zeigt die Erweiterung der menschlichen Sinne und des Körpers, der durch die neugewonnenen Prothesen eine Mechanisierung durchläuft. Davon künden beispielsweise die optischen Messgeräte, die – oftmals in Form des Einglases – als Stilelement auftauchen. In diesem Punkt ist Steampunk optisch gar nicht so weit entfernt von Formen der gegenwärtigen Selbstoptimierung wie etwa von *Private-Eye*-Bildschirmen zeitgenössischer *augmented reality*.

Vor dem Hintergrund des gegenwärtig virulenten Diskurses von Selbstquantifizierung und -optimierung mittels Digitaltechnologie richtet sich Steampunk lieber in vergangenen Medien ein, die mehr Muße und klarere Verhältnisse versprechen, da sie aus der Gegenwart betrachtet überschaubare Zeit- und Raumfenster für die eigene Weltsicht in Aussicht stellen. Gleichzeitig suggerieren die Rückgriffe auf die Ästhetiken der viktorianischen Technik auch die Möglichkeit der damaligen Einflussnahme auf Technologien, die historisch nicht verbürgt ist. Das Erstaunen über Eisenbahn und Kinofilm war bei den Zeitgenossen genauso groß wie bei gegenwärtigen Technologiephänomenen, zum Beispiel angesichts des autonom fahrenden Automobils oder allgemeiner: dem Internet der Dinge. Steampunk-Ästhetik setzt sich vom heutigen ›digitalen Fortschritt‹ ab, der über stereometrisch gestaltete Hardware-Blackboxes und unsichtbare Software agiert. Aus Perspektive der Gegenwart verweist die Steampunk-Technologie auf ›unsichere‹ maschinelle Objekte, die ob ihrer Fehlfunktionen und Marotten nicht bedrohlich wirken, sondern wie etwas schrullige alte Vertraute aus einer als sicher geglaubten Vergangenheit mit klar zugewiesenen Rollen und Zukunftsperspektiven. Die bildlichen Repräsentationen der Spielzeugroboter verharmlosen die lebensbedrohlichen Verhältnisse, unter denen diese schweren Tauchanzüge aus Metall im 19. Jahrhundert zum Einsatz kamen. Verniedlichung suggeriert Harmlosigkeit wie Vorhersehbarkeit und täuscht über einen angesichts der technologischen Antiquiertheit mehr als wahrscheinlichen unkontrollierten Funktionsausfall hinweg. Vor dem Hintergrund des heutigen Wissenstandes scheint die Eignung derartiger Ausrüstung fragwürdig. Eine differenzierte fortschrittskritische Perspektive spart die Steampunk-Vision gänzlich aus – Technik erscheint als unbelastetes Hilfsmittel der Menschheit, welches das Versprechen zur Beherrschung der wilden Natur in sich trägt.

Als ein zentrales Ergebnis kann festgehalten werden, dass Steampunk mit seiner spezifischen stilistischen Ausrichtung das Niedlichkeitsspektrum von Gothic signifikant erweitert. Neben nunmehr mechanisierte gotische Wappentiere gesellen sich weitere tierische Kreaturen, die ebenfalls weniger einem Streichelzoo, denn einem viktorianischen Kuriositätenkabinett entstammen. Die Darstellung der referenzierten Tiergestalten zielt weder auf eine verniedlichende Inszenierung noch auf Zähmung bzw. Domestikation, sondern vielmehr auf Distanz- und Abschreckungseffekte, charakterisieren sie die literarischen oder filmischen Vorlagen doch ausnahmslos als grässliche Ungeheuer.

Steampunk ist der Versuch, eine Unschuld des technologischen Fortschritts und dessen Errungenschaften zu rehabilitieren; ferner die Wiederherstellung einer Unschuld zu imaginieren, die historisch niemals existiert hat. Im Bilduniversum von Steampunk fungiert *cute* als ästhetische Strategie zur Camouflage von Technik, die – ihrer ursprünglichen Funktion beraubt – lediglich als Ornament und Dekoration zum Einsatz kommt. Korrekte historische Rekonstruktion ist hierbei ganz offensichtlich nicht von Interesse; es genügt der symbolische Verweis. Die Art der Formverwendung erinnert an die postmoderne Denkfigur *duck* des US-amerikanischen Architekten Robert Venturi im Hinblick auf gegenständliche bzw. figürliche Architektur: Ein Gebäude oder Objekt symbolisiert sich selbst durch die Form; so verweist ein Hot Dog als Gebäudeform direkt auf seine Funktion als Hot Dog Stand.[170] Für Steampunk lässt sich diese Figur etwa folgendermaßen anpassen: Das Zahnrad als pars pro toto führt die mechanische Technik in ihrer Dekorhaftigkeit als Oberfläche vor, auch in Formen der Selbstmaschinisierung durch robotische Prothesen. Der Verweis auf die historische Form zeigt Steampunk-*Cuteness* als heilende Flucht aus der Gegenwart und zugleich auch als ein aktives Ausscheren aus derselben durch kreative Aneignung der Stilelemente im Rahmen von *Maker*-Stilgemeinschaften.

Anhand des erhobenen Bildmaterials konnten verschiedene neuartige Hybridisierungen von *cuteness* beobachtet werden. Sowohl im Fall von Gothic als auch bei Black Metal resultiert der Einsatz von prototypisch niedlichen Stilmitteln stets in einer ausgeprägten ästhetischen Mischform. Zum bereits gesicherten *creepy cute* des Kernstils Gothic gesellt sich mit Steampunk ein weiteres Adjektiv: *retro (creepy) cute.* Hierbei handelt es sich um eine Spielart des Niedlichen, die sich aus der Spannung zwischen verschiedenen technologischen Zeithorizonten speist. Wie anhand des Folgekapitels deutlich wird, unterscheidet sich die im Steampunk prävalente Vorstellung vom Robotischen bzw. das »robotische Imaginativ«[171] diametral von Robotervisionen im Zeitalter des Internets der Dinge und *social robotics.*

Black Metal (Meme und Fan-Art) – Typologisierung

boshaft/ernst ⭾ niedlich/lustig
Evilisierung ⭾ Verniedlichung

formal – funktional
Analogiebildung
Verwechslungskomödie
formal möglichst ähnlich, inhaltlich möglichst divergent
visuell – bildbasiert
Katzen
corpse paint
Großer Panda
Schwarzweiß-Farbschema
Tierische Requisiten
schwarzweiße (Fell-)Zeichnung
Subkultur und Tierwelt
Spiel
„Das Tier wird Black Metal“
Umcodierung
verbal – sprachbasiert
Mensch – Tier – Maskerade
Wortwitz
Gleichklang im Wortlaut, alternative Schreibweisen o.Ä.
Manimals
Rudel
Hybride
imaginäre Soundebene
(z.B. *Black Metal Rabbit*)
Abbath | Immortal
Gitarrenzentaur, Pinguin
Gaahl | Gorgoroth
Ikonen
gesellschaftliche (Wieder-)Eingliederung des Delinquent-Devianten
Protagonisten
Helden
Varg Vikernes | Burzum
Resozialisierung
Familie
Black Metal trifft (Spieß-)Bürgertum
Symbolfiguren des Menschlichen
Kindheit | Infantilität | Babys
Gartenzwerg
Black Metal Gardening
Entradikalisierung
Kulturraum
„[...] ist Krieg!“
Glättungsversuch
Schrulligkeit
Abgrenzung
Kommerzialisierung
„Meanwhile in Norway...“
Konsumsphäre
weirdos
Betonung von Andersartigkeit
Convenience
Mainstream
freakishness
Rückbindung an Pop
Archaik
Exotismus
oddities
angry cute
Naturraum
kawaii
Tarnung und Blendung

Wordle A: Black Metal

Gothic-Cute-Ambivalenzen

(WGT-Online-/Offline-Feldforschung)

kein fester Kanon

Konsumobjekte

Transferobjekte (z.B. Reise)

Übergangsobjekte (von bunt zu schwarz)

,Evilisierung' des Kindlichen

Spielzeug für Erwachsene

Guides | Fremdenführer (#followmearound)

Tierreferenzen

Fetisch, Animalisierung
(z.B. *furries,* SM-Teddies,
Gummipferde,
,schwarzes' Bobbycar)

Plüsch-/Stofftiere

Verniedlichung des Bösen

cute-ify satan

teuflische Begleiter
(schwarz wie die Nacht)
Teufel, Ratten, Schafe, Ziegen,
Maus, Eule, Spinne usw.

animal masquerade

Zum-(Plüsch-)Tier-Werden

Mode
(z.B. Onesie,
Hoodies,
Kopfschmuck)

Facefilter
(z.B. Snapchat, Instagram,
Apple Animojis)

Octopus, Cthulhu, Seepferdchen,
Libelle, mechanisierte Meer-
schweinchen, Biber, Falter, Gecko,
exotische mechanische Tiere,
mechanische Ente

Manimals

dress for animal cuteness

Harpyie

Steampunk

Mensch ⇆ Tier ⇆ Maschine

Dampfmann

robo cute

machine cuteness

Zwischenwesen

cute skulls

Emo – Gothic – Lolita

cute

oddbody *kawaii* *creepy*

Taxidermie

Tierpräparate

Untote, Mumien, Skelette

Lebendige Tiere

Natur und Gothic-Gewandung

double cuteness *hyper cute*

Leben und Tod

Kindheit Erwachsenenalter

Geschlechter

Wordle B: Gothic

Intentionally cute – Konsumästhetik des Robotisch-Niedlichen

Birgit Richard

Im Kontext kulturwissenschaftlicher Forschungsbemühungen um die Konturierung von Gegenwartsästhetik macht es wenig Sinn, sich ausschließlich mit spektakulären Entwicklungen und künstlerischen Unikaten wie dem humanoiden Roboter Sophia oder dem Roboter-Dirigenten Alter 3 zu beschäftigen, da diese unseren Alltag noch nicht betreffen und in naher Zukunft auch nicht betreffen werden. Wirklich interessant sind für die alltägliche Lebenswelt konzipierte Dinge; ihre Phänotypen und soziale Einbindung. »Alexa! Ask Roomba to start cleaning«[1] – während Sprachassistenten und Staubsaugerroboter bereits vernetzter Bestandteil vieler Haushalte sind, drängen auch soziale Roboter und ›intelligente‹ Roboterspielzeuge, sogenannte *smart toys,* auf einen Einzug in das familiäre Umfeld. Die einst unbezahlbaren Hightechprodukte der Wissenschaft sickern – getreu dem *Trickle-down*-Prinzip der Konsumforschung – in alltägliche Umgebungen.[2] Daher ist es unerlässlich, am Beispiel von Konsumgütern zu erforschen, ob und wie sich diese ›kleine Robotik‹ bereits unauffällig in unserem Alltag einnistet und an der Umgestaltung unserer häuslichen Umgebung mitarbeitet – Stichwort: *smart home.*[3]

Smart toys können in Bezug auf Funktionsumfang wie Komplexität als abgespeckte Version sozialer Robotik begriffen werden. Letztere ist für den gesellschaftlichen Kontext und soziale Interaktion konzipiert. Sie fokussiert einen Einsatz in den Bereichen Care, Lernen, Spiel sowie Unterhaltung, zu therapeutischen Zwecken und im Gesundheitswesen[4] und verspricht als Heimrobotik Arbeitserleichterung im Privathaushalt sowie emotionalen Zuspruch in der Rolle als zusätzliche soziale Gefährten.[5] Die Zielgruppen sind zunächst Kinder, Senior*inn*en sowie Familien. *Smart toys* oder *robotic toys* verfügen über diverse Architekturen. Energiezufuhr, Sensoren, Softwarebasis und die Möglichkeit zur aktiven Interaktion sind laut Jochen Peter u. a. zentrale Kriterien für die Klassifikation als *smart toy.* Bewegungsfähigkeit und materielle Präsenz seien hingegen optional.[6] Aus eigenen Beobachtungen kann ergänzt werden, dass *smart toys* zuweilen auf verschiedenen Komplexitätsstufen programmiert werden können. Häufig sind sie zudem qua App über ein mobiles Endgerät steuerbar sowie partiell mit Künstlicher Intelligenz versehen. *Smart toys,* die eine Internetanbindung besitzen, bezeichnen Peter u. a. als *connected* und Bestandteil des *Internet of Toys.*[7] Solche cloudbasierten *connected smart toys*[8] emanzipieren sich von ihren Benutzer*inne*n. Über die Schnittstelle zum Internet entstehen Einsichtsmöglichkeiten und Angriffsflächen; erst recht, wenn ein (teil-)autonomes *smart toy* mit integrierter Kamera und Mikrofon in die menschliche Behausung einzieht und an vertraulichen Szenerien und Wissen partizipiert. Haushalt und Privatleben werden durch diese datenliefernden Spielzeuge durchlöchert.[9]

Wie ist nun aber diese auf soziale Interaktion ausgelegte, ›intelligente‹ Technik beschaffen? In welcher materiellen Hülle wird sie präsentiert und vermittels welcher Referenzen inszeniert? Soziale Robotik wie *smart toys* nehmen Spezifika und Charakteristika lebendiger Vorbilder wie natürliche Phänomene als Ausgangspunkt der Simulation eines Künstlichen Lebens. »*[A]s if* it possessed a mind«[10] – während gegenwärtig als auf Künstlicher Intelligenz fußend besprochene Systeme wie Siri, Alexa und Co. auch ohne *body* gedacht werden können, bedienen sich soziale, auf Interaktion ausgerichtete Roboter und speziell *smart toys* bis jetzt zumeist einer reduziert bio- oder zoomorphen Gestalt. Sie fokussieren darüber hinaus eine verhaltensbasierte Simulation von Leben, vor allem über Sensoren und Aktoren. Lernfähigkeit, adaptives Verhalten sowie Persönlichkeit spielen ebenfalls eine zentrale Rolle.[11] Was gemeinhin als Künstliche Intelligenz besprochen wird, ist partiell integriert, wie *connected smart toys* zeigen. Für soziale Robotik und *smart toys* ist der über Soft- wie Hardware generierte Anschein einer ›sozialemotionalen Intelligenz‹[12] bzw. interaktiver, sozialer, empathischer und affektiver wie kommunikativer Fähigkeiten entscheidend: »The term ›social intelligence‹ implies the ability to interact with other people or machines, to interpret and convey emotional signals, and to perceive and react to interlocutors' intentions for maintaining the illusion of dealing with a real human being.«[13] Oder in erweiterter Form: einem Lebewesen. Damit der Roboter als lebendig empfunden wird, müsse er neben der Simulation von Persönlichkeit wie Bewusstsein auch ein gewisses Maß an Autonomie besitzen und abseits der Interaktion mit Nutzenden die Illusion des Am-Leben-Seins aufrechterhalten.[14]

Zur Überbrückung der technischen Grundlage des Objekts und als Beziehungsverstärker dient gegenwärtig maßgeblich das facettenreiche Stilmittel *cute design,* das sich sowohl auf *mind* als auch *body* – Erscheinungsbild und Verhalten – beziehen kann.[15] In Anwendung auf Robotik begünstigt *machine cuteness* Zuneigung gegenüber einem Objekt, wie sie sonst nur einem lebendigen Wesen entgegengebracht wird – der Maschinenstatus wird zugunsten einer Annäherung überbrückt. Ein prägnantes Beispiel sind der via App steuerbare sowie mit Kamera und Gesichtserkennung ausgestattete Cozmo und dessen ›smarteres‹ Nachfolgemodell Vector, die eingehüllt in einen Mantel von Technik camouflierender Niedlichkeit, die nicht weich und plüschig daherkommt, das menschliche Herz erweichen.

»Kluge[], aber felllose[] Hamster«[16] – Ein Nachruf

Stand das Tamagotchi noch als Übungsgadget für eine permanente Erreichbarkeit, um später im Smartphone seine endgültige Behausung zu finden, wo es um Aufmerksamkeit und Dauerbedienung bettelt, so sind *smart toys* als Einführung in die Teilautonomie der Dinge zu verstehen – die Akzeptanz eines gewissen Eigenlebens. Als Kombination von virtuellem Haustier und Roboter stellen das lernfähige *smart toy* Cozmo und sein ›intelligenterer Verwandter‹ Vector eine Verwandlung des Ur-Tamagotchis in eine sich selbst bewegende Roboterform dar: Blieb letzteres noch brav am zugewiesenen Platz, fahren erstere herum und können den Nutzer*inne*n folgen. Sie sind neue digitale Haustiere, die nicht im Virtuellen verharren, sondern materiell werden und den Realraum beanspruchen.

Das Erscheinungsbild betreffend, kann Cozmo als kleine über ein mobiles Endgerät (Android, Fire OS, iOS) und App fernsteuer- wie programmierbare Planierraupe mit OLED-Display und Kamera beschrieben werden. Vor allem die computeranimierte Filmreihe *Cars* (seit 2006), aber auch das sprechende Auto K.I.T.T. aus der Serie *Knight Rider* (1982–1986) machten Fahrzeuge mit ›Gesichtern‹ akzeptabel. Außer der Augenpartie weist Cozmo keine bio- oder zoomorphe Gestalt auf. Punktuelle Anleihen bei Lebendigem und Unlebendigem nimmt auch der Roboterhund CHIP (Abk. für *Canine Home Intelligent Pet)* von WowWee, dessen Design zugunsten von Beweglichkeit die zoomorphe Form partiell verlässt: Die ›Pfoten‹ erinnern an Raupenketten oder Industriereifen. Wie schon die Bezeichnung ›Raupe‹ nahelegt, basieren diese technologischen Entwicklungen auf Prinzipien, die der Natur abgeschaut wurden.[17] Die betont technoide Optik kaschiert und stilisiert jedoch weiterhin die den Objekten zugrundeliegende komplexe Technologie. Im Unterschied dazu ist die technologische Referenz des Steampunk die historische Maschine. Das Maschinelle erscheint als äußeres Dekor. Die Komplexität und Gefährlichkeit der Maschine wird jedoch ebenfalls verschleiert, die Produktions- und Arbeitsverhältnisse der Dampfmaschinenepoche zugedeckt.

Für den Schreibtisch gedacht, erkennt Cozmo aufgrund seiner Sensoren den drohenden Abgrund. Qua App lassen sich zudem sowohl Bewegungen steuern als auch mittels Kamerabild aus Perspektive des Roboters nachvollziehen und derart Cozmos Unzulänglichkeiten eruieren. Anschließend kann das Spielerlebnis beispielsweise durch Anpassung der Lichtverhältnisse optimiert werden. Einmal intensiv fokussiert, merkt sich Cozmo via Gesichtserkennungssoftware sein Gegenüber und kann dank integriertem Lautsprecher den per App eingegebenen Namen sowie eingetippte Texte sprechen. »Hau' mich!«, »Fang' mich!«, »Erinner' dich!«[18] – zusätzlich zu drei vorprogrammierten Spielen lassen sich Minispiele freischalten und Cozmo performt Tricks wie ›Faustoß‹ oder ›Fangen‹.[19] Cozmo Code Lab erlaubt des Weiteren das Erlernen von Programmiergrundlagen auf unterschiedlichem Niveau – vom *Sandbox*- bis zum *Constructor*-Modus. Danach können die eigenen Projekte bei Anki eingereicht werden. »[C]omplex but not complicated«[20] – das Cozmo Software Developer Kit erweitert die Gestaltungsmöglichkeiten darüber hinaus über die Open-Source-Programmiersprache Python SDK.[21]

Während Cozmo unternehmensseitig vorranging als Lern- und Spielroboter »with a big brain and an even bigger personality«[22] ab acht Jahren beworben wird, setzt Anki mit dem optisch verwandten Nachfolgemodell Vector (vgl. Tab. H., Abb. 1)[23] auf einen autonomen cloudbasierten und über ein eingebautes Mikrofon sprachsteuerbaren *home robot* mit Touchsensor – »he can see«, »he can hear«, »he can feel«, »he can think«, »he can communicate«, »he can self-charge«[24] –, der mit Amazon Alexa verknüpft werden kann und dann auch als ›smarter‹ Assistent – als ›rollende Alexa‹ – fungiert: »Hey Vector, come here.«[25] Die abweichende Zielgruppe der beiden Modelle lässt sich auch an der Altersempfehlung von 18+ und divergenter Preisgestaltung ablesen.

»Smart enough to take over the world … nice enough not to«[26] – die Metapher des ›guten Roboters‹

Als Sujet in Literatur, Film- und Computerspielindustrie ist der Roboter schon von Beginn an eine Fantasie, die jederzeit vom ›Dienenden‹ und Akzeptierten ins Unheimliche und Bedrohliche umschlagen kann. Unbehagen sowie das Risiko einer Aversion wächst mit zunehmender Menschenähnlichkeit und Intelligenz, so die Theorie des *uncanny valley*[27]. Das zentral verhandelte Narrativ ist zumeist das Mensch-Roboter-Verhältnis. So artikuliert sich der Roboter wahlweise als emanzipiert-menschenmordend wie der Computerassistent HAL 9000 in Stanley Kubricks *2001: Odysee im Weltraum* (1968) oder sozialverträglich-loyal wie die wesenhaften Androiden R2-D2, C-3PO und BB-8 der *Star-Wars*-Saga (seit 1977). Das Transformationsprinzip ›gut zu böse‹ funktioniert auch vice versa, wie der ab dem zweiten Teil der Filmreihe rehabilitierte Terminator vor Augen führt. Erzählungen über ›gute‹, menschenverteidigende im Kampf gegen ›böse‹, machtbesessene und menschenvernichtende Roboterspezies wie in der Actionfilmreihe *Transformers* (seit 1986) sind ebenfalls prävalent. Indirekte oder direkte Referenzen auf derartige kulturelle Verhandlungen von Robotern begreift Leslie M. Fritz als herstellerseitige Strategie zur Affinitätssteigerung bezüglich beworbener Produkte: »Aligning consumers' perceptions of social robots with fictional robotic characters instructs consumers to view the robots as harmless, to have higher tolerance for product flaws, and to emotionally sympathize with the robots in the same manner viewers of these films were meant to sympathize with the robotic characters.«[28]

Ein einführendes Produktvideo der Firma Anki referiert auf das ambivalente Image des Roboters. Der Protagonist der einminütigen Sequenz, Vater eines Babys, befindet sich in der Abteilung für Heimrobotik eines Elektronikfachmarkts und hat die Auswahl zwischen fünf Robotern, zu denen er Szenarien des häuslichen Zusammenlebens imaginiert.

Nachdem der tropfenförmige, an Smartspeaker von Amazon oder Google erinnernde Kona bei der Frage nach dem Wetter unauthorisierte Käufe tätigt – »rain. Buying jacket, buying everything«[29] – sowie persönliche Daten verkauft und eine fliegende insektenartige Drohne zusammen mit dem weinenden Baby im Kinderzimmer abhebt, kulminiert das Video in einem apokalyptischen Szenario. Ein hundeähnlicher Roboter, der an Boston Dynamics Spot denken lässt,[30] greift den Protagonisten bellend an, während der an HAL 9000 angelehnte Homebot den Sprachbefehl »Homebot, open the door« mit »I'm sorry Ethan, but no. Goodbye«[31] verweigert. Letzterer erinnert darüber hinaus an den robotischen Antagonisten AUTO (Abk. für Autopilot) aus dem Animationsfilm *WALL•E* (2008), der die Rückkehr der Menschen auf die Erde aufgrund eines im Protokoll geführten Befehls vehement zu verhindern sucht. Das zu Beginn des Produktvideos als beinahe langweilig imaginierte Zusammenleben mit Vector fungiert derart als Gegenfolie. Angesichts der katastrophalen Zukunftsvision erscheint die Entscheidung für Vector als einzig vertretbare, die das familiäre und häusliche Leben nicht gefährdet, sondern sogar bereichert: Vector führt nur Befohlenes aus; er hält dank Kamera und Spracherkennung sonst flüchtige Momente des Familienlebens fest; bei Trennung zeigt er emotionale Rührung. »In these fantasy scenarios, the home robots occupy a place that is both inside and outside the domestic scene, as facilitators and recorders of these happy family moments, as well as occasionally taking part in them – but only when invited.«[32] Am Ende des Videos steht fest: »Some decisions are easy, like choosing Vector, the home robot who won't destroy humanity.«[33] Das Produktvideo nimmt augenscheinlich Bezug auf gesellschaftliche Befürchtungen angesichts des Einzugs von Robotern in das häuslich-familiäre Umfeld und evoziert dabei den Gedanken an die Möglichkeit eines solchen Szenarios vielleicht auch gerade erst.[34] Bedenken werden mit der in Film und Literatur ebenfalls ikonischen Figur des Roboters als loyaler Begleiter konterkariert.[35]

Darüber hinaus könnten Cozmo und Vector Sprösslinge der Filmroboter WALL•E und EVE sein, was zuvorderst von der Zusammenarbeit mit ehemaligen Pixar-Animatoren herrührt:[36] »He's [Cozmo; d. A.] got the body like Wall-E's with a mechanical arm that can push, lift things and move things around, or flail to show distress. His face is reminiscent of Eve's, with two digital oval eyes that displays a variety of emotions.«[37] Cozmo und Vector verbinden damit die von Despina Kakoudaki eingeführten Roboterparadigmen ›traditionell-industriell‹ und ›hoch-technologisiert‹.[38] Sie bespielen dabei weder die ästhetische Uniformität von Smartspeakern noch gleichen sie durch ihre optischen wie mechanischen Anleihen an eine Baumaschine gänzlich der futuristischen Gestaltung anderer *home robots* wie Kuri oder Jibo. Im Anschluss an die Kategorisierung von Roboterästhetiken seitens Takanori Shibata können Cozmo und Vector als *new character* beschrieben werden:

> »Of these, ›unfamiliar animal type‹ and ›new character/imaginary animal type‹ are argued to be the most successful at avoiding negative associations and negative affective responses from the human caregiver. This is because both unfamiliar animals (as opposed to common household pets) and imaginary animals have less attached preconceptions of their behaviour.«[39]

Das sich um Cozmo und Vector aufspannende assoziative Netz verweist auf die Wechselwirkungen von Kultur, Wissenschaft und Technologie, aus denen sich die gesellschaftliche Vorstellung des Roboters speist.[40]

Alle Alarmsignale kritischer Nutzer*innen sollten eigentlich aktiv werden, wenn ein technischer Gegenstand, der sehen und hören kann und – wie im Fall von Vector – obendrein noch Amazons Alexa kennt, unseren Haushalt bevölkert. Der Gedanke an *our future robot overlords* mag sich jedoch angesichts des hamstergroßen Fabrikats nur schwerlich einstellen, bespielt dieser in Optik und Verhalten doch nach allen Regeln der Kunst das Designprinzip *machine cuteness:* »Superintelligent. Superfrech.«[41] Superniedlich! Als Miniaturmodell eines Baggers besitzen Cozmo wie Vector eine kleine, nichtscharfkantige Statur. Wie auch am Beispiel des Roboterhundes Zoomer von Spin Master oder Aibo von Sony deutlich wird, ist fellähnliche – kuschelige, pelzige oder haarige – Materialität nicht zwingend Bestandteil der Ikonografie des Niedlichen. Vielmehr scheint ein Arrangement anderer Niedlichkeitsmarker »affektive Naturnähe«[42] zu offerieren und den glatten, kühlen Kunststoff zu kompensieren.

Informationen und Emotionen werden unter anderem über das vergleichsweise große Display sowie abgerundete, Augen nachahmende Quadrate vermittelt. Diese können aber auch zu schmalen Strichen schrumpfen oder – je nach simulierter Stimmung – weitere Formen annehmen. Bei Cozmo verändern sie sich in pixeliger Unschärfe und unter unruhigem Flackern. Im Fall von Vector scheint die animierte Augenpartie wie weichgezeichnet. Eine kleine, runde Öffnung unterhalb des Gesichtsdisplays wirkt zudem wie ein Mund, ist jedoch die integrierte Kamera. Die fluide und eigentümliche Robotermimik fungiert als Indikator für Affekt und Denkprozesse[43], bewirkt den Eindruck von Anteilnahme wie Antwortbereitschaft und erfüllt damit – herstellerseitig implementiert – angenommene Ansprüche an zwischenmenschliche Konversation. Übernimmt Alexa die Kontrolle, werden die animierten Augen durch ein kennzeichnendes blaues abgerundetes Quadrat ersetzt, das Alexas Aktivität signalisiert. Aus Vector erklingt jetzt Alexas Stimme. Jene Inbesitznahme erwirkt einen Hybridzustand, angesichts dessen sich zuweilen ein seltsames Gefühl einstellt.

Trotz reduzierter Mimik auf Emoji-Niveau – oder gerade deshalb – werden Cozmo und Vector als anrührend empfunden. Schon das Ur-Tamagotchi zeigte, dass nur wenige visuelle Anreize ausreichen, um die Gegenwart eines Lebewesens zu suggerieren und eine emotionalen Bindung zu etablieren.[44] Die hinsichtlich Form wie Farbe stark reduzierte, fragmentarischanthropomorphe Gesichtsdarstellung erzeugt bereits in derart abstrahierter Version den Anschein eines lebendigen, kommunikativen Gegenübers und kann als wesentlicher Bestandteil der Produktsprache des Niedlichen gewertet werden.[45]

Nicht zuletzt im Verhalten artikulieren sich Cozmo wie Vector betont niedlich und freundlich, jedoch auch gemäßigt ›frech‹ und eigenwillig – eben mit ›Persönlichkeit‹.[46] Mehr noch als der cloud-intelligente Sidekick Vector, der über den eingebauten Touchsensor empfangene Streicheleinheiten genießt und honoriert,[47] verlangt Cozmo in bekannter *Smart-toy*-Manier als ›forderndes Ding‹[48] vehement Aufmerksamkeit und die Verrichtung von Care-Arbeit: Tunen, Füttern, Spielen. Dies ist nicht im Sinne imaginierter Aufforderungen eines Fetischs zu verstehen – sie werden vielmehr handfest, manifestieren sich über Töne und Bewegungen im Raum und haben das Potenzial, den »menschlichen Besitzer gar unmenschlich [zu] tyrannisieren«[49]. Im Gegensatz zu Vector kann Cozmo als überdreht und mitteilsam beschrieben werden, agiert Ersterer doch vielmehr als höflicher Assistent und fügt sich als potenzieller Bestandteil eines vernetzten *smart home* in »Diskretion vormaliger Diener«[50] eher unaufdringlich ins Alltagsgeschehen ein. Das Care-Paradigma erscheint invertiert – während sich Vector um die Belange der Nutzenden kümmert, sind diese im Fall von Cozmo als Pflegekräfte gefordert. Erfährt Cozmo keine Care-Arbeit, ›jammert‹ er. ›Füttern‹ und Spielen erfolgt über die Hinzunahme von leuchtenden Würfeln, deren Oberfläche berührungssensitiv ist. Werbevideos parallelisieren seine Verhaltensweisen mit denen eines Haustiers.[51] Cozmo zeigt Gefallen und Zuneigung, ›singt‹, ›jubelt‹, bekommt Schluckauf bei Überfütterung oder wird ›wütend‹, wenn gegen seinen – herstellerseitig vorfabrizierten – Willen gehandelt wird. Die Stimmungslagen werden durch entsprechende Motorik wie Bewegen des Schilds, Kopfneigung oder Hin-und-her-Fahren unterstützt. Nach Masahiro Mori können Bewegungen von Robotern als Affinitätsmultiplikator fungieren oder Betroffenes weiter in das ›unheimliche Tal‹ bis zur Aversion hinabsteigen lassen.[52] Cozmos Bewegungen wirken weniger bedrohlich als unbeholfen, handzahm, fröhlich oder spielerisch, nicht ernstzunehmend aggressiv. Der Gipfel der Niedlichkeit wird derart weiter erklommen.

Im vehementen Einfordern von Aufmerksamkeit und Care-Arbeit gleicht Cozmo ganz und gar dem Tamagotchi, das in der aktuellen App-Version ebenfalls mit allen Mitteln Beachtung zu erheischen versucht: Die Augen Futabatchis, ein Tamagotchi im Babystadium, blinzeln unablässig, der vorstehende schnabelartige Mund bewegt sich und die Wangen sind kreisförmig gerötet. Bei Nichtbeachtung zappelt das Neugeborene hyperaktiv herum und gibt regelmäßig glucksende Laute von sich.[53] Akustik ist auch für das Niedlichkeitsempfinden von Cozmo und Vector zentral. *Machine cuteness* funktioniert zuweilen über das, was ich als die *kleine Sprache* bezeichne: hochgepitchte, verfremdete, undeutliche – gewissermaßen ›versehrte‹ – Töne, die Lachen oder Rührung auslösen. Auch in der lustig-niedlichen wie kuriosen Tierwelt YouTubes spielen ungewöhnliche, meist hochfrequente Töne eine besondere Rolle für den Niedlichkeitsfaktor. Nicht mehr zu halten ist der affektive Flow, wenn der kleine Cozmo den eigenen Namen nach Gesichtserkennung ausspricht oder mit Niesen ›allergisch‹ auf Tierhaare reagiert.[54] Hier reüssiert die Camouflage des Technoiden. Die verbale Kompetenz des Mini-Roboters ist jedoch deutlich eingeschränkt und verweist auf das dem Niedlichen beistehende asymmetrische Machtverhältnis, das kontinuierlich neu austariert werden muss.[55] Eine gewisse Hilflosigkeit und Versehrtheit im Sinne limitierter Funktionen und ›Fails‹ kommuniziert, dass die Technik nicht perfekt ist und ein natürliches Wesen keinesfalls ersetzen kann.

Cozmo und Vector können als Prototypen von *machine cuteness* betrachtet werden, die das Designprinzip beinahe übererfüllen. Wie die Roboter zeigen, reicht für die Annahme von Wesenhaftigkeit und Lebendigkeit eine optische, motorische oder akustische Referenz an ›Leben‹ aus. Anthropomorphisierung, tierähnliche Bewegungen und Verhalten, fragmentarische menschliche Sprache wie infantile Töne, Kleinheit, Verletzlichkeit und Unbeholfenheit – ein Zusammenspiel von *body* und *mind* – bilden ein Arrangement an Niedlichkeitsmarkern, dem man augenblicklich emotional verfällt, das aber durchaus auch einen bitteren Beigeschmack birgt. Anschließend an Heinz Drüghs Definition von Convenience[56] als *convenience robotics* begriffen, offerieren soziale Roboter und *smart toys* herstellerseitig implementiert zuverlässig nicht komplexe soziale Beziehungen, instantane Zueignung und emotionale Erleichterung, evozieren dabei jedoch auch gemischte Gefühle. Eine reflexive Distanzierung, die Vergegenwärtigung der Simulation, lässt potenziell über Ansprüche an Beziehungen nachdenken, aber auch Verunsicherungen über die Zukunft des Menschen gewahr werden. Die Mensch-Roboter-Beziehung beinhaltet zuweilen Langeweile, Verärgerung, Unbehagen, Furcht, Schuld oder Mitleid angesichts der Rollenzuweisungen sowie der mit dem Bild des Roboters verknüpften imaginativen Dimensionen.

Niedliches Design sowie Framing in Referenz auf harmlose fiktionale Robotercharaktere bringt soziale Roboter und *smart toys* zwar über die Türschwelle, aber gegenwärtig nicht weiter,[57] wie eine Reihe von Herstellerpleiten und ›verblichenen‹ Robotern offenbart.[58] Vor dem Hintergrund der Pleite von Anki ist auch Cozmo und Vectors Zukunft nunmehr ungewiss.[59] Die für Vector entworfene Rettungskapsel[60] kann ihn nicht vor einer Vereinzelung retten. Er scheint damit kein *smart toy* zu sein, das sich virtuos im Internet der Dinge bewegt. ›Smarte‹ Objekte bleiben dann unvernetzt, wenn Nutzer*innen den Gebrauchswert nicht erschließen können und sich der Fiktionswert irgendwann abnutzt, konkret: wenn Mienenspiel, Geräusche und Gebaren lästig werden. Wenn es nicht (mehr) anschlussfähig ist, wird niedliches Design zum ›untoten‹ Schlummern im digitalen Nirwana verdammt; es bleibt bestenfalls die niedliche Hülle. Das heißt aber nicht, dass diese robotischen Schläfer nicht irgendwann wieder reanimiert und in den Warenkreislauf eingespeist werden können. Folglich lässt sich bilanzieren, dass *cuteness* allein reicht nicht ausreicht, um ein Produkt am Markt zu halten, solange dessen Funktion und Mehrwert nicht klar definiert sind. Angesichts der Verbreitung von Staubsaugerrobotern kann ausbleibender Markterfolg daher einerseits auf einen letztlich insuffizienten Nutzen bei vergleichsweise hoher Preisgestaltung und sodann Entbehrlichkeit sowie schnell abebbendes Interesse zurückgeführt werden, andererseits bleibt die Rolle des sozialen Roboters bisher offen und führt zu Konfusion in Umgang und Bewertung: »Is a social robot a pet, child, sibling, friend, lover, servant, slave, or do they represent the ›evolution of a new species‹?«[61] Die Frage nach der Gestaltung und gesellschaftlichen Integration des Roboters wirft uns zuweilen auf uns selbst zurück.

Alter Pelz, neuer Stil! Hybride Plüschtaxidermie und materiell-memetische Fanpraxis am Beispiel des *Oddbody*-Fandoms

Jana Müller

»Moody Furballs«[1] – das interaktive elektronische Plüschspielzeug Furby[2] blickt auf eine langjährige Existenz als ›Pflegefall‹ zurück. Seit Erstveröffentlichung 1998 entwickelte Hasbro (Tiger Electronics) zahlreiche Varianten des *smart toy*[3] sowie seiner Derivate (z. B. Furblings, Shelby) und fokussiert mit Generation 2012, Furby Boom! (2013) sowie zuletzt Furby Connect (2016) insbesondere eine appbasierte Erweiterung des Kultspielzeugs[4]. Seither gönnt Furby seinen Besitzer*inne*n lediglich kurze Ruhepausen von der nachdrücklich eingeforderten Care-Arbeit[5] – im Schlafmodus, bei Dunkelheit oder Batterieentnahme: »Furby is a toy for the committed.«[6]

Nachfolgend wird davon ausgegangen, dass im Design des Massenprodukts gesellschaftliche Vorstellungen codiert sind und der herstellerseitige Versuch besteht, Affizierungsvermögen mittels einer Kommodifizierung von Emotionen sowie Intimität standardisiert zu garantieren – »[w]hen it is ›awake‹, Furby is at work with autonomous affective labour«[7]. Deshalb erscheint zunächst eine skizzenhafte Analyse des Objektdesigns und dessen Entwicklung lohnenswert, um anschließend vernakuläre Ausdrücke in Form »kategorienverletzender«[8] kreativer Konsumpraktiken aus praxeologischer Perspektive in den Blick zu nehmen.[9] Hierbei wird angenommen, dass Furby in seiner »verführerischen Visibilität«[10] wie Materialität Reibungspunkte oder eine Lückenhaftigkeit[11] eignet, die eine nutzer*innenseitige Refokussierung begünstigen: »[...] Design shapes materials into forms better adapted to some people and functions than others, and people cultivate methods of manipulating objects for particular purposes.«[12] Es gilt, Furby in seiner Multidimensionalität zu erfassen und Widersprüchlichkeiten in Bezug auf Objekteigenschaften, Handhabungen sowie Beurteilungen herauszustellen.[13]

Furby-Evolution

»Das Ding sieht aus wie die Kreuzung aus einem fetten Uhu und einem Teppichrest.«[14]

Die Gattungszuschreibungen des »sozio-robotischen Spielzeugs«[15] variieren, einen jedoch in dessen Charakterisierung als zoomorphes Kompositwesen. Das »seltsame Tier«[16] oder »interaktive Plüschmonster«[17] sei beschreibbar als »Kreuzung zwischen […] Maus, […] Katze, […] Eule und […] Gremlin […]«[18], »eulen- oder hamsterartig«[19] sowie »Katzen-Hamster-Vogel-Hybrid«[20] und stellt folglich ein Fantasiewesen mit multilateralen Anleihen dar. Seit Veröffentlichung der ersten Generation im Jahre 1998 bis 2016 unterging das marktbeständige Spielzeug für Kinder ab sechs Jahren ähnlich der von Jay Gould für Disneys Mickey Mouse[21] beschriebenen Verjüngung sowie ›Weichzeichnung‹ einer optischen und verhaltensbezogenen Evolution (vgl. Tab. I, Abb. 1): »The Furby must be able to negotiate its place in the families that it inhabits. Just as with dog breeding, the changes in Furby's design through several generations have produced phylogenetic variations that make them more or less engaging for their owners and more or less profitable for its producers.«[22]

Physis

Furby war schon immer in zahlreichen Farbvarianten und Sondereditionen erhältlich. Bis 2005 zeichnete sich das Produkt durch eine vergleichsweise längliche, kleine Statur, einen mit Plüsch ummantelten Korpus sowie von Stoff umhüllte Extremitäten, anthropomorph gestaltete, konvex aus der Gesichtspartie hervortretende Augen mit mechanisch bewegten Augenlidern, Wimpern, einen Schnabel, eine Hasenschwanz ähnliche Blume sowie eine Infrarotschnittstelle und weitere Sensoren zur Nutzer*inneninteraktion aus. Retrospektiv betrachtet erlebte die lineare Produktentwicklung mit Einführung des Emoto-Tronic Furby im Jahr 2005 jedoch eine optische Zäsur: »›It was a departure. It's more like a stepchild.‹«[23] Verglichen mit den Vorgängermodellen ist das Fabrikat jenes »emoto♥tronic Friend«[24], dessen Produktion bereits 2007 eingestellt wurde,[25] signifikant größer. Die unteren Extremitäten sind nunmehr nahezu gänzlich von dem voluminösen Plüschkörper verdeckt und gleich der Augenlider sowie dem flexiblen Schnabel, der Ähnlichkeiten zu dem Amorbogen menschlicher Oberlippen aufweist, gummiert. Überdies eignet ihnen eine Aufgliederung in drei Zehen mit farblich abgesetzten Nägeln. Emoto-Tronic Furby verfügt weder über einen Infrarotsensor, noch ist die charakteristische Augen, Schnabel sowie Sensor säumende Kunststoffmaske der Vorgängerversionen sichtbar. Während die Vorläufer Assoziationen zu den frühkindlichen Menschendarstellungen der ›Kopffüßler‹[26] evozieren, erscheint die Körperform der 2005er-Generation infolge einer tierähnlichen Sitzstellung differenzierter. Diese lässt eine Unterscheidung in Kopf und Torso treffen. Mit den Ober- und Unterlidern, ausdifferenzierten Füßen sowie dem menschlichen Sehorgan nachempfundenen Augen und einer vergleichsweise naturalistischen Farbgebung wirkt dieser ungleich menschenähnlicher. Die häufig auf Halbmast hängenden Augenlider sowie das überbordend-schwulstige Fell verleihen dem Objekt einen melancholischen Gesichtsausdruck. »KILL ME«, scheint dann auch die einzig folgelogische, exklamatorisch vorgebrachte Bitte eines Emoto-Tronic Furby zu sein, der sich des Lebens überdrüssig aus seinem Elend befreien lassen möchte (vgl. Tab. I, Abb. 2).[27] Der Grund für die Todessehnsucht bleibt bildimmanent ungeklärt. Ein Vergleich mit anderen Bildmakros des *Kill-me*-Memkomplexes legt die Lesart nahe, Furby 2005 eine depressive Grundstimmung zu attestieren oder den Beitrag als Kommentar auf die Gestalt/ung – dessen Unförmigkeit bzw. Abweichung von der Produktlinie – zu fassen. Der zugeschriebene Wunsch trägt weiter zu einer Vermenschlichung des Modells bei, das qua Produktdesign schon fast ›zu menschlich‹ wirkt.

Verkleinert und mit reduziertem Plüschvolumen, einem Quastenschwanz, kurzfloriger Stoffummantelung der unteren Extremitäten, Ohren und einem kugelförmigen gelben Schnabel aus Kunststoff, einer sichtbaren Kunststoffmaske und farblosen LCD-Augen mit beweglichen planen, wimpernlosen Augenlidern sowie App-Konnektivität über Hochfrequenztöne präsentiert Hasbro Furby 2012 zwar deutlich renoviert – das Design erweist sich jedoch anschlussfähig an die vor 2005 veröffentlichte Generation. Insbesondere der Rückgriff auf die ›Kopffüßler‹-Form ist prägnant, jetzt jedoch noch kugelförmiger. Furby Boom! (2013) zeigt vergleichsweise wenige optische Neuerungen. Charakteristisch sind insbesondere die gekerbten Ohren, eine zickzackförmige Umrandung der Gesichtspartie und Fußglieder aus Kunststoff. Furby Connect (2016) potenziert schließlich die Rundlichkeit seiner Vorgänger und tritt mit überproportional großen mandelförmigen Ohren samt Aussparung sowie unteren Extremitäten und einem kleinen Schnabel aus Kunststoff in Erscheinung. Die nun farbige LCD-Anzeige der mittels Kunststoffringe tiefergelegten, relativ weit auseinanderstehenden Augen ist stark anthropomorphisiert. Der Infrarotsensor wurde durch einen Taster ersetzt, der zur Befestigung der im Lieferumfang enthaltenen Schlafmaske dient. Als Neuerung erhält das Objekt zudem eine milchig-transparente Antenne, die im On-Modus verschiedenfarbig leuchtet und als Joystick bedient werden kann.

Das physische Redesign der Furby-Generationen lässt mit Ausnahme des Emoto-Tronic Furby die Tendenz zu einer rundlicheren Körperform, großen Ohren- sowie dominanten Augenpartie und einem kleineren Schnabel erkennen. Diese zunehmende Stilisierung geht mit einem Eindruck von Sterilität angesichts der sichtbaren Plastikteile und des kürzeren, nahezu zivilisiert getrimmten Fells einher. Mit Blick auf ihre zoo- und anthropomorphen Referenzen eint alle Versionen eine formale Reduktion: Der Verzicht auf obere Extremitäten bedingt körperliche Versehrtheit. Beständig fokussiert der Hersteller auf verschiedenfarbigen Plüsch, der die Zugänglichkeit des Objekts zu maximieren[28] und den elektronischen, aus Kunststoff und Mechanik bestehenden Unterbau zu kaschieren verspricht.

Habitus

Sprachbezogene Lernfähigkeit, das Vermögen zur charakterlichen Entwicklung in Abhängigkeit nutzer*innenseitiger Behandlung sowie gattungsinterne Konnektivität sind bereits seit der ersten Generation elementare Bestandteile der Produktkonzeption.

»I feel great! Please take me everywhere you go. I love to play. The more you play with me, the more amazing things I will do. The more time you spend with me, the sooner I will be able to speak your language. And if you introduce me to other Furbys, I will be able to play with them, too!«[29]

Furby spricht für sich selbst. Durch die Verwendung der Ich-Form wird dem Objekt ein Subjektstatus zuteil. Indem die Gebrauchsanweisung eine gegenseitige schrittweise Annäherung postuliert, simuliert sie eine bilaterale Interaktion und vorgebliche Teilhabe Furbys am Diskurs, die jedoch herstellerseitig prädeterminiert ist.

»I go through four stages of development. The first stage is when you meet me. I am playful and want to get to know you. I also help you learn how to care for me. The second and third stages of development are transition stages when I begin to speak your language. The fourth stage is my mature stage when I speak your language more often but I will also use some Furbish. By this time we'll know each other very well. I want to help you play and care for me. We are going to have a great time getting to know each other.«[30]

Die Interaktion mit Furbys der ersten Generation erfolgt sowohl über Geräusch- als auch taktile Sensoren sowie einen Infrarotsensor. Das Spielzeug verfügt über einen Sprachchip mit einer begrenzten Anzahl an Wörtern der Fantasiesprache ›Furbish‹ und einer Landessprache. Aktiviert wird nur, was bereits auf dem Sprachchip gespeichert ist. Es besteht folglich keine autonome Lernfähigkeit. Die Emoto-Tronic-Version umfasst einen erweiterten Wortschatz und Spracherkennung sowie – so lässt bereits die Namensgebung vermuten – gesteigerte gestische Fähigkeiten, Emotionen nonverbal auszudrücken. Die gattungsinterne Kommunikation findet aufgrund des fehlenden Infrarotsensors über sensorischen Kontakt in Bauchregion statt.

Wie das Tamagotchi[31] fordert auch Furby als »aktiver Spielteilnehmer«[32] nachdrücklich zu Care-Arbeit auf. Konkret fokussiert die Fürsorgeleistung Fütterung und Zuwendungen in Form von Liebkosungen wie Streicheln und Unterhaltung. Bei Vernachlässigung oder ›Überbefriedigung‹ von Bedürfnissen droht zwar nicht der Tod[33], jedoch Verhaltens- und Persönlichkeitsänderungen: »How you treat FURBY will shape FURBY'S personality. There is something you should know about FURBY. Never treat your FURBY the wrong way. FURBYS can be unpredictable. Are you ready to handle a FURBY?«[34]

Bis auf Generation 2005 verfügt Furby ähnlich dem Tamagotchi-Spielprinzip nicht über einen Ein- bzw. Ausschaltknopf. Eine nutzer*innenseitige Sedierung des elektronischen Plüschtiers ist dennoch versionsabhängig via Dunkelheit, Nichtbeachtung, vermittels einer bestimmten Kommandoabfolge[35] oder verbaler Anweisung – »›Go to sleep‹«[36] – einzuleiten. Furby Connect lässt sich zudem durch langes Drücken der Antenne oder per Schlafmaske zum Schlummern bewegen. Ein Prozess, den das Fabrikat mit menschlich anmutenden Gähngeräuschen deutlich kommuniziert. Darüber hinaus leidet Furby aufgrund einer implementierten Resetoption, die bereits Erlerntes vergessen lässt, unter fakultativem Gedächtnisschwund. Die Funktion schützt Nutzende davor, mit einem (selbstverschuldet) maliziösen Furby leben zu müssen und befreit derart von einer Verbindlichkeit im Umgang mit selbigem.

Die Idee der Persönlichkeitsentfaltung wird mit Furby 2012 weiter ausdifferenziert und die Erledigung der Care-Arbeit digital erweitert. Neben ›Prinzessin‹ und ›Quasselstrippe‹ kann sich Furby zum ›Rüpel‹, ›Witzbold‹ oder ›Sänger‹ entwickeln. Bereits im Werbenarrativ wird jedoch suggeriert, Furbys Verhalten sei nicht endgültig nutzer*innenseitig steuerbar – »a mind of its own«[37].

»It is interesting in its status as a mass customized serial commodity. It is a mass produced object, but in the software-controlled behaviours, there is a dimension of randomness that allows individual Furbys to stand out.«[38]

Wer nicht auf die radikale Resetfunktion zurückgreifen möchte, findet im Internet Leitfäden mit Umerziehungsmaßnahmen – »to turn Furby nice again«[39] –, denen sich das Plüschspielzeug aus Nutzer*innensicht jedoch bisweilen in eigenwilliger Manier zu widersetzen scheint.[40]

Generation Boom! modifiziert die Idee der Persönlichkeitsentwicklung marginal und konkretisiert diese in Form von adjektivischen Zuschreibungen. So könne sich Furby »rockig, süß, kampflustig, fresslustig oder aufgedreht fühlen.«[41] Mit der neusten Generation Connect fokussiert Hasbro den appbasierten Ausbau *(Furby Connect World)* des Furby-Universums in Form eines *Sugar-bowl*-Settings[42], das sowohl bereits bekannte Charaktere, die Furblinge, digital recycelt als auch mit dem Tamagotchi- wie Hatchimal-Schlüpfprinzip vereint und auf eine Intensivierung des Furby-Erlebnisses abstellt. Erst einmal ausgebrütet, erhält das Furbling Namen wie Persönlichkeit und artikuliert sich bis zum ersten nutzer*innenseitigen ›Wisch-Streichel-Kontakt‹ betont schüchtern, indem es mit den Ohren sein Gesicht verdeckt, um anschließend nahezu hyperaktiv-begierig auf seine Versorgung und Bespaßung zu warten. Die Furblinge kommen zudem mit verschiedenen Charakterzügen und Fähigkeiten daher, die stetig erweiterbar sind. Furby Connect sowie speziell die digitalen Furblinge kommunizieren nicht mehr nur allgemein ihren Appetit, ihre Forderungen werden konkret: Kirschen, Melonen oder Gurken sollen sogleich virtuell zugeführt werden. Eine Instantgratifikation, die sich im Falle des *Real-life*-Furby verbal oder seit Integration des LCD-Displays insbesondere anhand der qua Augen gezeigten Symbole vermittelt, wird ebenfalls virtuell sichtbar: Was Furby gefällt, wird mit Herzen belohnt. Aktions-Reaktions-Mechanismen können in Interaktion spielerisch ergründet werden, sind aber mit obig umrissener implementierter Regellosigkeit verbunden.

»Überraschend anders«[43]. Dass sowohl *Real-life*-Furby als auch App-Furblinge sich gerne ›fäkal verhalten‹, entspricht zwar nicht dem unausgesprochenen Sauberkeitskodex bzw. der Hygienisierung anderer virtueller Haustiere, das freche, eigenwillige Betragen bleibt jedoch ohnehin realiter (olfaktorisch) folgenlos.[44] Nach einer HCI-Studie mit dem aussagekräftigen Titel *Laughing is Scary, but Farting is Cute,* die Jason C. Yip u. a. mit Kindern (7–11 Jahre) zur ästhetisch-affektiven Wirkung von Technologien durchführten, kann solch ›flaches Fäkalverhalten‹ sogar als Katalysator für Niedlichkeitsempfinden fungieren, da selbigem keine ambig-intrigante Intention unterstellt werde.[45] Ein *»zu niedliches«*[46] Objekt sei von den Teilnehmenden zudem verdächtigt worden, Übles zu verbergen.[47] Dies deutet bereits auf die Janusköpfigkeit des Niedlichen, den Verdacht einer Verschwörung unter trügerisch harmloser Fassade hin. Während sich Furbys Lachanfälle infolge ›windiger Geräusche‹ zunächst eher als schelmisches Vergnügen über die eigene mangelnde Impulskontrolle deuten lassen und an eine Kleinkindphase erinnern, in der Fäkalverhalten und -sprache ebenfalls der Unterhaltung dienen, erscheinen willkürliches robotisches Lachen ohne erkennbaren Aktions-Reaktions-Kausalzusammenhang sowie bestimmte Tonfälle hingegen vielmehr suspekt, wie zuletzt die Diskussion um einen vielfach als *creepy*, *unsettling* oder *eerie* beurteilten Lach-Bug von Amazons Alexa zeigte.[48]

Niedlich

Furbys Produktdesign und insbesondere dessen Modifikation seit 1998 lassen sich vor dem Hintergrund von *cute design* bzw. spezifischer *machine cuteness* besprechen. Über das Fürsorgemandat sowie die reduzierte Formensprache des »Pelz-Computertier[s]«[49] vermittelt sich eine infantile Abhängigkeit von dem Wohlwollen und Verantwortungsgefühl sowie der Verlässlichkeit der Nutzenden. Dem Fellknäul eignen keine oberen Extremitäten und es verharrt stets an nutzer*innendefinierter Position. Derart verfügt Furby über weniger *agency* als andere *smart toys.*[50] Im Gegensatz zu einer evolutionären Zunahme von Rundlichkeit, Ohren- sowie Augengröße ist das Mundwerkzeug der neusten Furby-Generation vergleichsweise kleiner.[51] Stärker als seine Vorgänger evoziert Furby Connect Assoziationen zu einer stilisierten Darstellung von Küken und Infantilität. Das Entlehnen tierlicher oder menschlicher Eigenschaften fungiert als Stilmittel, um Zugänglichkeit zu fördern, bleibt jedoch gezielt abstrahiert. Auf Eindeutigkeit und Realitätsnähe wird zugunsten größtmöglichen Projektionsspielraums und kleinstmöglichen Abneigungsrisikos verzichtet.[52] Der Eindruck einer Simplifizierung speist sich folglich aus der subjektiven gedanklichen Verknüpfung mit einem Tier beim Anblick des elektronischen Plüschobjekts – »[i]f viewed as animals, *Furbys* appear physically limited«[53]. Ein Eindruck von Nachrangigkeit entsteht zudem qua Sprache. Während Furby bei Inbetriebnahme nur das mittels ›Wörterbuch‹ übersetzbare ›Furbish‹ spricht, werden in Auseinandersetzung mit dem Spielzeug weitere Ausdrücke in Landessprache freigeschaltet, so dass sich Furby schließlich in einem Kauderwelsch artikuliert, das gegebenenfalls dem Sprechvermögen jüngerer Nutzer*innen gleicht, darüber hinaus jedoch kognitive Disparität zum Subjekt impliziert. Auf diese Weise lassen sich auch die lediglich simulierte, auf Programmierung basierende Lernfähigkeit sowie die Zufälligkeit der gegebenen Antworten kaschieren. Die fragmentarische Übernahme menschlicher Sprache fördert den Eindruck eines Am-Leben-Seins, steht jedoch prototypisch für den mit Entmenschlichung einhergehenden *positiven Anthropomorphismus.*

Furby ist in Form, Material und Verhalten herstellerseitig darauf ausgelegt, Künstlichkeit sowie technologische Beschaffenheit durch Lebendigkeitssimulation insbesondere im Handlungsvollzug zu camouflieren: »A human who interacts with a robotic pet tends not to regard it as an impersonal piece of machinery, instead overlooking its machine-based intricacies in favor of its simplicity and predictability of form.«[54] Das anthropomorphisierte Persönlichkeitsdesign[55] soll darüber hinaus zu einer individualisierten Nutzer*innenerfahrung beitragen und eine soziale (Langzeit-)Bindung mit selbigem motivieren: »In other words, the non-human difference of an object must be negated in order for the subject to become immersed in an interactive moment with the object.«[56] Dass sich unter der plüschigen Oberfläche Elektromechanik verbirgt, steht in der anthropomorphisierten, primär aus Furbys Erzählperspektive gestalteten Gebrauchsanweisung von 1999 und auch 2005 noch ausdrücklich geschrieben, um potenzielles Fehlverhalten, das in Annahme eines realen Lebewesens entstehen könnte, und durch mechanische Geräusche hervorgerufene Irritationen zu vermeiden:

»Furby is a state-of-the-art, electro-mechanical, robotic toy. The mechanical sound you hear when Furby moves is normal.«[57]

»I only eat PRETEND food. You should never feed me real food or liquids.«[58]

Die technologisch-artifizielle Grundlage tritt zugunsten einer nahtlosen Interaktion hinter der via *cute design* suggerierten Unmittelbarkeit[59] zurück und wird lediglich in der Gebrauchsanweisung kommuniziert[60] oder bei Störungen wie Energieverlust sichtbar. Es handelt sich hier um eine einseitige, durch *cute design* begünstigte Affizierungssituation.[61] Furbys Vermögen ›zu bewegen‹ wird herstellerseitig durch ein Zusammenspiel von physischer Versehrtheit, infantilem Persönlichkeitsdesign, geringen Sprach- und kognitiven Fähigkeiten sowie Rundlichkeit, Kleinheit und Flauschigkeit verstärkt.[62] Gleichzeitig suggeriert Furby, selbst affizierbar zu sein. Auf Interaktionen wie Streicheln und Liebkosungen reagiert das Objekt mit Herzsymbolik, verbalem Zuspruch oder moderater Renitenz. Wenngleich die ›soziale Maschine‹ nach Joel Gn bereits Wünsche sowie Begierden des Individuums ausspielt[63] und Herstellerimplementierungen willfährig performt, kann dieser eine autonome Beteiligung an der Interaktion seitens der Nutzenden zugeschrieben werden. Ein Gefühl von Manipulation durch das niedliche, aber nachdrücklich fordernde Objekt oder imaginierte Rachegelüste dessen infolge subjektseitiger Unterdrückung[64] können zu einer veränderten Bewertung der Affizierungsrelation führen, die sich nutzer*innenseitig vollzieht und – wenn überhaupt – in programmierter Varianz Einfluss auf den sozialen Roboter nimmt. »[A]lmost alive«[65] – als ob Furby ein reales Lebewesen wäre, kann folglich eine scheinparitätische Beziehung eingegangen werden, die jedoch auf einer Kommodifizierung von Affekten, herstellerseitigen Standardisierungen[66] sowie *positivem Anthropomorphismus* basiert. In einem derartigen »Design von ›Gefühlswelten‹«[67] fungiert die Simulation eines bilateralen Affizierungsgefüges als Marktstrategie der Einflussnahme auf »Denken, Fühlen und Handeln«[68].

Furchtbar niedlich

»The revived Furby is significantly more palatable than its vintage predecessors; its enormous sparkling eyes, lush fur, and rounded body almost resemble a chinchilla or burrowing owlet who had an unfortunate run-in with a Pixy Stix. But the first Furbies were nightmare fuel.«[69]/

Bereits im Herstellerdesign okkupiert Furby nicht nur das Reich konventioneller Niedlichkeit – moderater Eigenwille, Rüpelhaftigkeit und Monstrosität sind implementiert.[70] Insbesondere in der Nutzer*innenerfahrung oszilliert das Objekt zwischen »Unschuld und Überschreitung«[71]. Sowohl Chris Chesher als auch Jackie Marsh diskutieren Furby als *uncanny*. Das Unheimliche manifestiert sich Chesher zufolge vorrangig in dessen unkontrollierten Bewegungen – »it writhes its whole body and rocks on the spot.«[72] Marsh untersucht in einer Studie das Konzept des *uncanny valley* im Hinblick auf Kinder, Jugendliche und das *Internet of Toys*. »Seltsames Verhalten«[73] sei zwar herstellerseitig angelegt, um Care-Arbeit zu forcieren, führe jedoch trotzdem zu Irritation und Abneigung – speziell dann, wenn Erwartungshaltungen unerfüllt blieben:[74] »Indeed, Hasbro deliberately program the Furby to resort to such behaviours so that its owners will play music to it, or stroke it to sooth it, bringing it back to more serene behavior, but the Internet is replete

with accounts of how this did not happen in many families as the uncanny feelings produced by the unsociable behavior caused them to get rid of the toy.«[75] Aversionen gründen folglich auf unerwartetem oder ›ungehorsamem‹, nicht kontrollierbarem und intransparentem Objektverhalten. Derart ›asoziales‹ – dem Objekt waren Nutzende jedoch eigentlich schon immer gleichgültig[76] – Gebaren wird allerdings nicht unbedingt technisch-funktional erklärt, sondern in Annahme von Beseeltheit auf Dämonisierungen oder eine intentionale Boshaftigkeit des Objekts zurückgeführt.

Diese Auffassungen nähren sich nicht nur aus einem Direktkontakt, sondern auch aus angrenzenden Kontexten, die zugleich die *»Dingbiografie«*[77] maßgeblich prägen. Als erstes elektronisches Plüschspielzeug nach dem Tamagotchi initiierte Furby bereits Ende der 1990er Jahre zahlreiche (Horror-)Mythen. Das Abhören durch die NSA stand ebenso zur Debatte wie dessen Fertigung aus echtem Tierfell. Damit einher gehen Erzählungen um plötzliches Aufwachen und Sprechen, Unkontrollierbarkeit aufgrund eines fehlenden Ausschaltknopfes und technischer Irritationsmomente sowie die beunruhigende optische Nähe zu Mogwais und das Wissen um die Möglichkeit deren Verwandlung. Die invasiven Gremlins stehen nach Daniel Harris prototypisch für die Transformation von *cute* in *anti-cute;* das konventionelle Niedliche werde zugleich konturiert und unterlaufen: »Whereas Gizmo is soft, dry, and relatively well behaved, the ferocious aliens that quickly hatch from their water-induced hibernation are […] ›ugly, slimy, mean-spirited, and gloppy‹.«[78] Als Funzo bei den *Simpsons*[79], Terby im Roman *Lunar Park* von Bret Easton Ellis oder (Mama) Tattletail im PC-Game *Tattletail* (2016), das zudem explizit an das Veröffentlichungsjahr von Furby anknüpft, changieren furbyähnliche Wesen zwischen plüschiger Unschuld und aggressivem Killerspielzeug. Jene an eine jugendliche bis erwachsene Zielgruppe gerichteten Medieninhalte beziehen sich auf die dem Spielzeug diskursiv angeheftete Ambivalenz. Catherine Caudwell zufolge äußert sich diese auch in Fan-Fiction, indem Furby beispielsweise körperlich nachgerüstet wird und derart den Rahmen des Liebenswerten sowie moderater Monstrosität, wie sie das herstellerseitige Objektdesign vorsieht, verlässt: »Cute *Furbys* became monstrous when they were described as an assemblage of disparate parts, made physically capable and aggressive, and affected by their environment or external stimulus.«[80]

Wenig possierlich tritt Furby ferner in Bildmakros und GIF-Animationen in Erscheinung (vgl. Tab. I, Abb. 4a u. b). Rachegelüste ob Vernachlässigung werden artikuliert: »You said you'd always love me – YOU LIED.« Thema-

tisiert wird unter anderem das schnelle Abebben von nutzer*innenseitigem Interesse sowie eine unverhoffte Rückkehr und Besessenheit des Spielzeugs.[81] Am Starterpaket-Bildmakro[82] für einen nur kurz bespielten, dann vor zehn Jahren auf dem Dachboden eingesperrten Furby wird die imaginierte Janusköpfigkeit des Objekts ebenfalls überdeutlich (vgl. Tab. I, Abb. 3). Das Beziehungsangebot »›Let's be friends‹« wird angesichts des sonst textuell und visuell Dargebotenen als doppelzüngig ausgewiesen. Begleitet von unheilvollem Lachen und Mordgelüsten ist die Verschwörung des Niedlichen doch längst in vollem Gange; die Furby-Armee bereit zur Machtübernahme – »›[t]his will be our planet now!‹« –, so eine qua Bild-Text-Arrangement nahegelegte Lesart. Die Kippfigur Furby tritt zudem in einem von Mike Diva fingierten Werbespot pointiert hervor, der Furby hinter schönem Schein in satanische Rituale involviert zeigt (vgl. Tab. I, Abb. 5).

Derartige Beiträge stehen prototypisch für das von Sianne Ngai beschriebene Potenzial des niedlichen Objekts, in subjektseitiger Imagination selbst zum Aggressor zu werden[83] und Sühne zu verlangen: Zur Anklage steht auch die Zerstörung mit der Hydraulikpresse.[84] »Yet it is the very aestheticization of powerlessness in the experience of cute that seems to give rise to a fantasy about the cute object's power, one epitomized by the boomeranging of the aggressive affect projected onto the object back outward and toward the subject.«[85]

Furby wird derart als *milkshake duck*[86] imaginiert, wenngleich eine ›Rache des Dings‹[87] auf eine nicht existente Handlungsfähigkeit des Objekts verweist: »Die Gegenwart von Dingen kann eine Wirkung haben, aber Dinge können keine Intention haben, sie können weder auf ›Rache‹ sinnen, noch ›tückisch‹ sein.«[88] Die im Objektdesign angelegte gemäßigte Monstrosität und Rüpelhaftigkeit wird, wie dargelegt, überzogen und die seither ambivalente Auffassung des Objekts, die sich aus Nutzer*innenerfahrungen, Fan-Fiction sowie angrenzenden Medientexten speist, nachdrücklich betont: »These user stories and *Furby's* online representation in general, demonstrate that contrary to the intentions of their designers and marketers, *Furbys* are not necessarily received as cute, or the embodiment of the helpless and harmless demeanour that goes along with it.«[89]

Subjektseitige Aggression in Reaktion auf Furby beschreibt Chesher anhand von YouTube-Videos, die eine Zerstörung dessen zumeist durch Erwachsene zeigen, und perspektiviert das Artefakt in einem Rundumschlag auf alle drei der von Ngai analysierten ästhetischen Kategorien *cute, interesting* und *zany:* »It is engineered to entertain, interesting enough to circulate and cute and zany enough to be destroyed.«[90] Während Furbys überdreht-komödiantisches, slapsticknahes Verhalten – »[i]t mocks teen speak […]. It farts. It laughs maniacally. It changes personalities«[91] – einerseits als *funny cute* begriffen werden kann, interpretiert Chesher eine derartige *zaniness*[92], die »Aufdringlichkeit und Autonomie«[93] des eingeschalteten Objekts, neben einer durch Niedlichkeit ausgelösten Aggression als Katalysator für zerstörerisches Verhalten gegenüber dem Roboterspielzeug.[94] Ein händisches Drücken oder Quetschen zur Affektableitung, wie es Ngai[95] und auch Katja Gunkel beschreiben, ist aufgrund des elektromechanischen Kunststoffunterbaus nur bedingt möglich. Mit der Anwendung brachialer Methoden – überfahren, zerschneiden, verbrennen – entfällt jedoch auch das Entlastungsmoment folgenloser Gewaltanwendung auf Basis materialbezogener Resilienz.[96] Das im Objektdesign angelegte Spannungsverhältnis kippt derart objekt- oder subjektbezogen ins fiktive oder reale Extrem.

Alter Pelz, neuer Stil

Furby wird nicht nur von Kindern bespielt – auch Jugendliche und Erwachsene setzen sich mit ihm auseinander. Dies kann einerseits auf einen gewissen Nostalgiewert des Objekts aufgrund seines langjährigen Bestehens sowie zahlreicher Renaissancen zurückgeführt werden.[97] Jedoch greift diese Annahme in Anbetracht eines florierenden, um Furby rankenden produktiven Fandoms[98] zu kurz, das nicht der Vergangenheit verhaftet bleibt, sondern sich gegenwärtig in den Social Media konstituiert.[99] Fanseitige Produkte und Auseinandersetzungen mit dem Fantext[100] können einerseits als singulär begriffen werden, andererseits besteht die Möglichkeit sozialer Formationen und Konsensbildungen auf Basis der Aneignungen,[101] was sich auch in der Herausbildung von Stilgemeinschaften respektive »Geschmacksverein[en]«[102] äußern kann. In der gegenwärtigen affektgeprägten Gesellschaft rückt Fansein »aus der Schmuddel-Ecke in die gesellschaftliche Mitte«[103]: »Fandom is big and mainstream by now. It is at the forefront of culture, politics and digital communication.«[104] Im Sinne Matt Hills wird Fandom nachfolgend als »fuzzy set, or concept«[105] verstanden:

> »There are a series of possible ways of doing fandom […] that go to make up a network of networks. Some fan practices remain separated from others, and some might act as nodes bringing diverse versions of fandom together temporarily (corporatized

conventions), whilst still others could limit whether one is viewed as a ›true‹ fan by groups on specific platforms, or in particular interpretive communities. Rather than mapping the fan world, the point here is to recognize its fuzzy boundaries and openness […].«[106]

Fansein sollte folglich entlang seiner facettenreichen Ausdrucksformen ergründet werden und wissenschaftliche Perspektiven nicht zu einer Verstärkung von Binaritäten, z.B ›Fans‹ versus ›Nicht-Fans‹, und Idealisierungen beitragen, so die Forderung,[107] die aber durchaus Bestandteil des Selbstverständnisses von Fans darstellen können. Louisa Stein zufolge sind diese jedoch kontrafaktisch, gründet sich Fandom doch stets auf gemischten Empfindungen:

»In today's convergence transmedia culture especially, we hold and perform multiple overlapping positions simultaneously. We are rarely if ever singularly a ›fan‹ or ›anti-fan‹ of any given text. ›Fandom‹ amounts to participation in a range of intersecting communities and practices that at any given moment involve a multiplicity of diverse affects and investments, from hurt to hate to disenchantment to interest to amusement to love, from causal perusal to involved personalization.«[108]

In Emphase auf affektive Beziehungen, dynamische Prozesse des Affizierens und Affiziertwerdens, ließe sich das Konzept Fandom bzw. Fansein auch als »affektives Arrangement«[109] begreifen: »In our understanding, affective arrangements are heterogeneous ensembles of diverse materials forming a local layout that operates as a dynamic formation, comprising persons, things, artifacts, spaces, discourses, behaviors, and expressions in a characteristic mode of composition and dynamic relatedness.«[110] Affekt sei dessen konstitutive Komponente und ausschlaggebend für eine vorübergehende Abgrenzung der Formation von der Umgebung.[111] Insbesondere auf der Mikroebene eines (digital) vernetzten Fansettings kann *doing fandom* als ein solches affektives Arrangement gedacht werden, im Kontext dessen das Fanobjekt einerseits affiziert und andererseits ein zentrales Element für die Produktion und Zirkulation von Affekt zwischen Individuen darstellt.[112]

Furby, insbesondere Generation 1998, wird gesammelt, in Storytelling eingebettet und im Rahmen einer »maker culture«[113] bzw. materieller Fanproduktion gestalterisch eingreifend modifiziert. Victoria Godwin und Benjamin Woo zufolge besteht in der Fanforschung hinsichtlich materieller Objekte ein Desiderat.[114] Diese würden häufig nur als »Übergangsobjekte zweiter Ordnung«[115], als Platzhalter für das eigentliche Fanobjekt[116] besprochen.[117] Ein Forschungsdefizit bekundet auch Brigid Cherry für Handwerkspraktiken wie Häkeln oder Stricken.[118] Diese seien jedoch weniger Bestandteil eines speziellen Fandoms als vielmehr Alltagspraxis oder Kunsthandwerk, wenngleich sich beides nicht ausschließe.[119] Im Falle von Furby kann davon ausgegangen werden, dass hier das Objekt selbst im Fokus der Fanaufmerksamkeit steht, da dieses auf keinen externen Quelltext rekurriert oder als Stellvertreter fungiert.[120] Fans, verstanden als »[...] *Menschen, die längerfristig eine leidenschaftliche Beziehung zu einem für sie externen, öffentlichen, entweder personalen, kollektiven, gegenständlichen oder abstrakten Fanobjekt haben und in die emotionale Beziehung zu diesem Objekt Zeit und/oder Geld investieren*«[121], schließt Konsumobjekte per definitionem nicht aus und erweitert derart den »[...] Gegenstandsbereich der Fanforschung [...], betrachtet man den Fanbegriff nicht als konstitutiv. Die Konsumforschung befasst sich oftmals mit Fans, ihren Projekten und Verhaltensweisen, ohne sie direkt so zu nennen.«[122] Eine affektive Beziehung mit einzelnen Konsumobjekten kann somit durchaus dem Bereich der Fanforschung zufallen. Woo begreift materielle Kultur vielmehr als integralen Bestandteil von Fandoms: »But all of them require physical objects: [...] Things are the sine qua non of fandom, that without which it remains only potentiality and not a realized capability.«[123] Und weiter: »Understanding the particular material expressions of fans' affective investments, and the affordances and constraints they entail, is part and parcel of understanding fandom.«[124] Objektorientierte Alltagshandlungen wie »[...] research, curate, organize, clean, repair, move, and dispose [...]«[125] seien eine Schnittstelle von materieller Fanpraxis mit weiter verbreiteten Konsumformen des ›Mainstreams‹.[126] Spielzeugfandom seitens Erwachsener[127] gehe in seinen gestalterischen Ausprägungen aber über derartige Sammlungstätigkeiten hinaus, so Katriina Heljakka:[128] »A toy fan [...] is not only a collector of objects either, but a creative player of materials and storyworlds [sic!] [...]«[129]. Insbesondere sensorische Anreizpunkte, die »[a]rticulation, poseability, and [...] ›huggability‹«[130] des Objekts, seien für kreatives *adult play*[131] zentral.

»It is no longer justifiable to categorize adult toy fandom single-handedly as a type of collecting dictated by a nostalgic attitude or ›rejuvenalization‹. Rather, it should be viewed as an activity that is justifiably seen as a form of play that uses new technologies, media services, and so on with the same ease as it employs material objects – the toys themselves – to bond and co-create with like-minded audiences.«[132]

Sophie Einwächter konstatiert, dass insbesondere die Digitalisierung zu weitreichenderer Vernetzung, zunehmender Sichtbarkeit und gesteigerten Handlungs- sowie Einflussmöglichkeiten von Fans geführt habe.[133] Diese würden darüber hinaus verschiedene mediale Inhalte – aber auch Formate und Praktiken – miteinander verquicken.[134] Gerade Onlineplattformen eignen sich zum kreativen Austausch: »On distinct media platforms […] fans show their creative products and discuss or refer to popular culture.«[135] Speziell Instagram, Flickr und Tumblr sind, wie Simon Bieling aufzeigt, Schauplatz für eine »zweite Bildkarriere« von »käufliche[n] Gegenstände[n]«[136], die sich auch für das Fanobjekt Furby feststellen lässt.

#oddbodyfurby

»I HAVE NO SKILL AND I WOULD PAY WHATEVER IT TAKES«[137]

Ein *Netzspaziergang*[138] zu Furby ergab, dass das elektronische Plüschspielzeug nutzer*innenseitig facettenreich kreativ angeeignet wird. Insbesondere das Schlagwort *oddbody*, das für gestaltverändernde Praktiken im Umgang mit Furby verwendet wird,[139] erwies sich für das umrissene Desiderat materieller Fanpraxis abseits von Sammlungstätigkeiten speziell aufgrund der Umgestaltung der *cute design*ten Oberfläche zu personalisierten Objekten als interessanter Ausgangspunkt.

Eine Google-Bildersuche zu »Furby oddbody« sowie Hashtagsuche zu #oddbodyfurby auf Instagram und #oddbody furby auf Tumblr ermöglichte die Erstellung eines Bildpools.[140] Der Analysefokus lag vorrangig auf fotografischen Dokumentationen der Auseinandersetzung mit dem Objekt. Die Suchergebnisse können mit Lev Manovich überwiegend als *casual* begriffen werden:[141] Der Inhalt – das Fanobjekt – steht im Fokus der Aufnahmen, während Bildparameter wie Kontrast und Farbigkeit trotz beispielsweise auf Instagram softwareintern verfügbarer Stilmittel zur *»Instant-Ästhetisierung«*[142] augenscheinlich wenig reguliert werden. Hinsichtlich der Untersuchung ist zu beachten, dass »[m]it jedem Hashtag […] zugleich auch die Erwartung gebunden [sic!] [ist], dass sich mit ihm ebenso verlässlich ein Überblick über ein bestimmtes fotografisches Wechselspiel gewinnen lässt. Ein Suchbegriff ist also zugleich eine Eingangschiffre für eine bestimmte Gruppe sozialer Wechselspiele, identisch mit einer bestimmten Gruppe von Nutzerinnen, die ihre Fotografien mit dem entsprechenden Begriff versehen haben.«[143] Eine Verschlagwortung dient in erster Linie auch den Partizipierenden selbst als Referenz und zum Austausch.[144] Dieser sprachlichen Indexierung nachzuspüren erweist sich folglich als adäquate Herangehensweise zur Untersuchung des Begriffs und der Fanaktivität, denn »[s]ichtbar macht sich der Fan insbesondere im direkten Verweis auf bzw. im direkten Kontext mit seinem

Objekt […].«[145] Der Bildpool ließ eine induktive Gruppierung in zwei ineinandergreifende Kategorien an Umgangsformen zu. Eine kontextspezifische Definition der Bezeichnung *oddbody* ergibt sich abgeleitet aus dem Bildmaterial, soll jedoch im Folgenden zunächst allgemein umrissen werden.

Das Seltsame

Eine Präsenz »dessen, *was nicht dazu gehört*«[146], begreift Mark Fisher als Eigenschaft der ästhetischen Kategorie *weird*, die in der deutschsprachigen Ausgabe[147] als das Seltsame bzw. seltsam übersetzt wird. Ihr stilistischer Inbegriff sei die auf dem Zusammenspiel verschiedener Elemente basierende Montage[148] – eine »Kombination von Dingen, die nicht zusammengehören.«[149] Für eine Erklärung von Phänomenen, denen das Seltsame anhafte, fehlten Bezugssysteme. Sie entzögen sich einer Kategorisierbarkeit und markierten ein *»Dazwischen«*[150]. »Aber es ist nicht das Seltsame, mit dem etwas nicht stimmt: Es sind unsere Vorstellungen, die unpassend sein müssen.«[151] Eine derartige Perspektivierung auf das wahrnehmende Subjekt und normative Ordnungsprinzipien als Maßgabe immunisiert Fisher gegen eine potenziell verfängliche Auslegung seiner Thesen.

Das Groteske, das ebenfalls mit einer Deplatzierung einhergehe, versteht er als eine Spielart des Seltsamen *(weird)*: »Die Fähigkeit, andere zum Lachen zu bringen, zeigt, dass das Groteske vielleicht am Besten [sic!] als eine bestimmte Form des Seltsamen zu verstehen ist. Es ist schwer, sich ein groteskes Objekt vorzustellen, das nicht zugleich seltsam ist, aber es gibt seltsame Phänomene, die nicht zum Lachen sind […].«[152] Fisher zufolge sind groteske Phänomene stets seltsam, seltsame Phänomene aber nicht zwingend grotesk.

Etymologisch kennzeichnet seltsam eine Verbindung zu ›sichtbar‹ und ›selten‹ sowie die Bedeutung »selten zu sehen«[153] oder »selten sichtbar«[154] mit einer »Weiterentwicklung zu ›ungewöhnlich, merkwürdig, befremdlich‹.«[155] Auf duden.de wird seltsam als »vom Üblichen abweichend und nicht recht begreiflich; eigenartig, merkwürdig«[156] näher charakterisiert. Das Adjektiv grotesk dagegen meine »durch eine starke Übersteigerung oder Verzerrung absonderlich übertrieben, lächerlich wirkend«[157]. Dem französischen *grotesque* entlehnt, sei die Groteske »zunächst […] Ausdruck der bildenden Kunst für nicht-natürliche Kombinationen von Menschen-, Tier- und Pflanzen-Teilen«[158] und kann derart auch mit der Worterklärung zu hybrid als »aus Verschiedenartigem zusammengesetzt, von zweierlei Herkunft; gemischt, zwitterhaft«[159] oder Hybrid als »Mischung; Gebilde aus zwei oder mehreren Komponenten«[160] parallelisiert werden. Diese Definitionen weisen wiederum Schnittstellen mit Fishers Konturierung des Seltsamen *(weird)* auf.

Die Einträge zu *odd body* und *odd* im English Oxford Dictionary (OED) lassen sich mit den Ausführungen Fishers kontrastieren. *Odd body* oder umgangssprachlich *odd bod* sind *Othering*-Begriffe, die eine Abweichung von einer mitgedachten Bezugsgröße anzeigen: »odd body *n.* a person who does not fit into any grouping or category; (now) *esp.* one who is strange or eccentric[]«[161]; »odd bod *n.* [...] *colloquial* a person who is odd, strange, or eccentric.«[162] *Odd bod/y* wird – in Annahme von Kategorisierbarkeit – folglich als nicht zuordenbare Person beschrieben, was im Deutschen nur sinngemäß mit ›Sonderling‹, ›komischer Kauz‹, ›merkwürdiges Geschöpf‹ oder ›seltsamer Körper‹, aber auch mit ›Unikat‹ übersetzt werden kann. Dem Adjektiv *odd* eignen darüber hinaus auf dessen Wortherkunft gründende Mehrfachbedeutungen: »The first meaning of odd, an Old Norse word, was ›having one left when divided by two‹, as in ›odd numbers‹. This led to ›single, solitary‹, and then ›strange, unusual‹.«[163] *Odd* kann folglich mit ungerade, aber auch seltsam, eigenartig, ungewöhnlich, komisch usw. ins Deutsche übersetzt werden.[164]

Weird unterhält hingegen eine Verbindung zum Übernatürlichen, die dem attributiven Gebrauch des Substantivs *weird* (z.B. »fate, destiny«[165]) zur Charakterisierung der drei ›Schicksalsfrauen‹, insbesondere der als *weird sisters* bezeichneten Hexen in Shakespeares' *MacBeth*, entspringt. *Weird* meine demnach: »Having the power to control the fate or destiny of human beings, etc.; later, claiming the supernatural power of dealing with fate or destiny.«[166] Das OED listet unter anderem folgende Wortbedeutungen: »mysterious or unearthly character; unaccountably or uncomfortably strange; uncanny[]«; »strange or unusual appearance, odd-looking[]«; »[o]ut of the ordinary course, strange, unusual; hence, odd, fantastic.«[167] Die im Deutschen aufgezeigte definitorische Verknüpfung von grotesk und hybrid/Hybrid sowie zu Fishers Definition des Seltsamen *(weird)* machen Einträge des OED zu *grotesque* gleichermaßen deutlich: »In a wider sense, of designs or forms: Characterized by distortion or unnatural combinations; fantastically extravagant; bizarre, †quaint[]« oder »[l]udicrous from incongruity; fantastically absurd.«[168] Während *weird* etymologisch Transzendenz anhaftet,[169] leitet sich *odd* vielmehr profan her.[170] Das Seltsame oder seltsam weisen sprachgeschichtlich ebenfalls keine Verbindung mit dem Übernatürlichen auf. Die Adjektive *odd, weird* und *grotesque* dienen sich jedoch gegenseitig als Formulierungsalternative[171] und werden in The Penguin Thesaurus als Antonyme normativer Setzungen wie »ordinary«[172], »regular«[173] oder »normal«[174] geführt. Tullio Richter-Hansen, der einen Zusammenhang von *queerness* und *weirdness* im Film untersucht, übersetzt Letzteres mit dem Begriff Sonderbarkeit,[175] wenngleich er einschränkend anmerkt, dass zwar ein angrenzend-umschreibender Wortkomplex – »seltsam, eigenartig, komisch, sonderbar, bizarr, schräg oder absurd«[176] –, aber keine passgenaue deutsche Übersetzung existiere; eine Eigenschaft, die *weird(ness)* mit *queer(ness)*, so der Autor,[177] jedoch auch mit *cute(ness)* teilt. Als *weird* könne bezeichnet werden, »[…] wer oder was in besonderer – d.h. sonderbarer, aber eben oft diffuser – Weise von normativen Ordnungen oder Darstellungen abweicht.«[178] *Weird* konstituiert sich demnach über ein Differenzverhältnis und kann als relationale Kategorie gefasst werden.[179]

In Indienstnahme als ästhetische Strategie zeichnet sich *weirdness* inhaltlich wie formalästhetisch durch einen Bruch aus, der sich makrokosmisch auf gesellschaftlich etablierte Normen und Vorstellungen oder mikrokosmisch beispielsweise auf eine medienspezifische Regelhaftigkeit oder Ästhetik beziehen kann und potenziell Irritationen bei den Rezipient*inn*en hervorruft.[180] Eine etablierte Ordnung wird, so ist anzunehmen, am effektivsten durch starke Gegensätze konterkariert. Auch Fisher versteht *weird* (seltsam) als kategorienberstend sowie disruptiv.[181] Mit Bezug auf H.P. Lovecraft beschreibt er eine Begegnung mit dem Seltsamen als auf gemischten Empfindungen basierend: »the weird cannot only repel, it must also compel our attention. So if the element of fascination were entirely absent from a story, and if the story were *merely* horrible, it would no longer be weird.«[182] *Weirdness* oszilliert derart zwischen Attraktion und Aversion, Faszination und Schrecken, positiv und negativ.

Die Ausführungen Fishers und Richter-Hansens in Betracht ziehend, wird im Kontext der vorliegenden Fallanalyse das Seltsame bzw. seltsam als Übersetzung für *odd* und *weird* gewählt. Durch seinen Schulterschluss mit dem Grotesken unterhält bereits das konventionelle Niedliche ebenfalls eine Beziehung zum Seltsamen.[183] Maja Brzozowska-Brywczyńska zufolge beschreibt Daniel Harris das Niedliche als eine »weird category of mutants and malformed outcasts«[184]. Strategisch eingesetzt vermag das Seltsame, die »sauberen, sinnlichen Oberflächen«[185] des auf einer austarierten Grundspannung fußenden niedlichen Konsumobjekts zu kippen. Das Seltsame ist möglicherweise immer dann präsent, wenn formalisierte Charakteristika vermeintlich polarisierender ästhetischer Kategorien unter einem (imaginierten) Bindestrich zusammenfinden.

Die Ergebnisse der Stichwortsuche zu »Furby« in Kombination mit »oddbody« können unter Maskerade, Hybrid sowie *long furby* als Sonderfall dessen subsumiert werden. Sie eint eine marginale bis drastische optische Veränderung des ursprünglichen Produktzustands; zumeist der Furby-Version 1998 oder Furby Buddies von 1999, die über weniger technische Funktionen verfügten. Einen derartigen Eingriff in die Objektmaterialität begreift Heljakka als Element spielerischer Handlungen und benennt den sich dabei potenziell einstellenden Zustand als *flow*: »Flow is derived during play acts with toys, in the manipulation of physical objects besides collecting – play patterns such as customization of toys, creating stories of toys, and cosplaying with them.«[186] Unter der Rubrik Maskerade werden Beiträge verortet, auf denen Furby eine geringfügige optische bzw. primär additive Veränderung durch Kostümierung, Accessoires, Schmuck und Schminke erfährt (vgl. Tab. J, Abb. 1). Dies dient, so ist anzunehmen, vorrangig der Objektpersonalisierung sowie einer Persönlichkeits- und Charakterzuschreibung.

Der Ausdruck Hybrid im Sinne eines »Gebilde[s] aus zwei oder mehreren Komponenten«[187] wird als kategoriale Zuschreibung für Abbildungen gewählt, auf denen Furby ein Crossover oder eine Überformung erfährt (vgl. Tab. J, Abb. 1a–d). Das Objekt wird, wie bereits Caudwell hinsichtlich Furby-Fan-Fiction feststellt,[188] um Extremitäten wie Arme oder Beine ergänzt, die dem Konsumobjekt originär nicht oder nur unproportional klein eignen. Des Weiteren wird Furby in andere (Plüsch-)Gestalten eingepasst oder zu neuartigen Kreaturen umgearbeitet. Erhalten bleibt dessen charakteristische Gesichtspartie: »The Furby face is the only unifying character trait of the oddbody species.«[189] Diese ist beispielsweise auf Etsy auch als Blankoreplik käuflich zu erwerben. Somit bedarf die Herstellung von *oddbodies* nicht zwingend eines Original-Furbymodells. Das zur Anfertigung verwendete Material (Plüschtiere, Stoffe, Garn usw.) reicht von bereits Bestehendem bis hin zu Selbstgefertigtem wie Häkelarbeiten.

Die handwerklichen, autodidaktisch erlernten Fertigkeiten sowie das Erscheinungsbild der Kreationen lassen die Bastelei *(bricolage)*[190] der Furby-Modifikationen mit dem Begriff des Patchworks in Zusammenhang bringen. Patchwork als Materialität, Handwerk sowie das Fragmentarische akzentuierende Textiltechnik soll hier einer Verwendung der Begrifflichkeiten *mashup,* Collage, Montage oder Remix vorgezogen werden. Ein Charakteristikum von Patchwork sei, so Viola Hofman, dass Einzelteile kompiliert und derart in einen neuen Kontext gestellt würden.[191] Jedes Stück bewahre seine Eigenständigkeit, ergebe in Kombination aber ein »neue[s] Ganze[s]«[192], das jedoch – entgegen einer Begriffsdefinition auf duden.de[193] – »[...] selten vom Ideal der Harmonie bestimmt [ist]«[194], sondern in »augenscheinlicher Inkohärenz« vielmehr »[...] das Postulat der Ordnung selbst in Frage [stellt; d. A.]«[195]:

> »Dem kulturell geprägten Oberflächenverständnis nach ist der Patch-Stil ein ›Anti-Stil‹ [gegenüber industrieller Produktion; d. A.], der den richtigen Ton nicht treffen kann oder nicht treffen will, der auf Geschlossenheitsprinzipien verzichtet, auf Alterungsprozesse und Diskontinuitäten verweist und vielleicht sogar Lust an der mutwilligen Zerstörung hat.«[196]

Eine derartig definierte »Patchwork-Ästhetik«[197], verstanden als Disruption einer (fabrikneuen) Oberfläche durch Neuzusammenstellungen, kann auch auf Furby-Hybride, insbesondere auf Crossover angewandt werden, da die verwendeten Bestandteile eindeutig zuordenbar bleiben. Die radikale Veränderung des Furbys ist hier vermutlich weniger als widerständige Konsumpraxis und ›Anti-Stil‹, denn als affirmative, aber gewohnte Ansichten des Objekts unterminierende Sublimationsstrategie wie Personalisierung aufzufassen.

Als Spezialfall von Hybridität kann unter dem Schlagwort *oddbody* der sogenannte *long furby* rubriziert werden, der zwischen Gesichtspartie und Füßen durch Ansetzen eines Mittelteils, einer Plastikkette sowie Füllmaterial und Plüsch, das »›longifying‹«[198], erweitert wird (vgl. Tab. J, Abb. 2a–d). Die Streckung der mittleren Körperpartie gilt den *long furbies* als kleinster gemeinsamer Nenner. In Dimension, Material und Farbe sowie der Ergänzung um Gliedmaße zeigen sich wiederum Unterschiede. Bei Inaugenscheinnahme der Suchergebnisse fällt auf, dass der zur Verlängerung verwendete Stoff dem Ursprungsprodukt entweder in der Farbgebung gleicht oder das Objekt bis auf die Augenpartie gänzlich neu arrangiert wird. Einträge in Foren und auf Tumblr-Seiten sowie YouTube-Tutorials zeigen, dass Anleitungen zur Anfertigung tradiert, *long furbies* jedoch auch zum Kauf, z. B. auf Etsy, angeboten werden.

Nimmt man einen tierlichen Vergleich vor, ergeben sich visuelle Ähnlichkeiten zu einem Röhrenaal, Dachshund sowie der zum Internetmem mutierten ›Longcat‹, welche die Erfinderin des *long furby*[199] in einem Gedankenspiel als Inspirationsquelle nennt: *»A small wiggling idea.... what if furby was like wiener dog.... What if longcat was furby...... What If......«*[200].

Der auf KnowYourMeme angeführten Herkunftsgeschichte zufolge entsprang das ›Longcat‹-Mem der Fotografie einer weißen Katze, die von ihrem*r Besitzer*in unter den Achseln gehalten wird und deren restlicher

Körper der Schwerkraft nachgebend vertikal nach unten hängt.[201] Die Fotografie inspirierte Weiterverarbeitungen, z. B. in Form von Bildmakros und GIFs,[202] die in erster Linie auf den imaginierten Riesenwuchs der Katze – »epic length«[203] – abstellen und diese beispielsweise in einen bildlichen Vergleich mit den höchsten Gebäuden der Welt stellen (vgl. Tab. L, Abb. 1). Eine Verzerrung von Körperpartien ist ebenfalls für Memvarianten wie *long dog* oder *long horse* kennzeichnend (vgl. Tab. L, Abb. 2 u. 4). Insbesondere bereits drahtige und langschnauzige Hunderassen wie Windhunde oder die Rückenpartie eines Pferdes bieten anatomische Ansatzpunkte für ein ›longifying‹. Entsprechende Körperpartien werden aufgegriffen und häufig per Bild- oder Videobearbeitung durch Streckung hinsichtlich ihrer Länge zugespitzt. Untertitelt sind solche Kreationen oftmals mit der Phrase »Haha Long Boy«, die wiederum einem anderen Memkontext entstammt.[204] Die Begriffe ›Long boi‹, ›Long Boye‹ usw. sind darüber hinaus auch Bestandteil der Fantasiesprache ›DoggoLingo‹ und bezeichnen einen langen oder dünnen Hund.[205] Als endlos schlüpffähiges Llalacorn, ein bis zu circa 80 cm in die Höhe wachsender Plüschhybrid von Spin Master, wurde jenes Prinzip darüber hinaus erst kürzlich in einem kommerziellen Zusammenhang materiell rückgebunden.[206] Das interaktive Spielzeug kreuzt Einhorn mit Lama und schließt in der offerierten »EGGsperience«[207] an die Produktkonzeption von Furby an; so zeigt das Llalacorn unterschiedliche Stimmungen und besitzt eine »einzigartige Persönlichkeit«[208], will gefüttert, beschäftigt und liebkost werden. Ob ein rosa- oder lilafarbener Hybrid schlüpft, bleibt dem Zufall überlassen. Das qua Werbenarrativ an weibliche Konsumentinnen adressierte Produkt ist selbst gegendert: »Snuggle Llalacorn, and she'll coo and shrink down to a small size; play music and she'll grow taller belting out the high note; make her chase her confetti fruit accessory up and down; and tickle her to make her giggle and bob up and down! When you're ready for another hatch, place your Hatchimals WOW back into her egg to hatch again and again!«[209] An Werbetext wie Produktdesign zeigt sich, dass Kleinformat, Kompaktheit und Passivität– Stilelemente des Niedlichen – mit Intimität und Nähe,[210] Streckung hingegen mit Spiel und Aktivität verbunden wird. Dass die Produktkonzeption unweigerlich an *long furby* denken lässt, thematisiert zudem ein Bildmakro, das auf eine Rivalität zwischen *long hatchimal* und *long furby* abstellt (vgl. Tab. L, Abb. 3). Ein Werbebild erhält die Headline eines Internetartikels über das Llalacorn: »Step aside, long Furbies – long Hatchimals have arrived«[211]. Dieser Aufforderung steht ein Reaktionsbild gegenüber, das ein modifiziertes Filmstill aus *Scooby-Doo* zeigt;

eine bereits memgewordene Szene,[212] in der Shaggy Rogers seinen rülpsenden Hund Scooby-Doo fragt: »Are you challenging me?« Daraufhin setzt ein Rülps- und Furzduell zwischen den beiden Kontrahenten ein. Im Bildmakro wird Roger mit einem angeschnittenen *long furby* zusammenmontiert. Nicht mehr Rülpsen und Furzen gilt hier als duellentscheidend, sondern Länge. In Auslotung des *Long-furby*-Phänomenumfeldes spannt sich ein diffuses Netz an Memnachbarschaften und assoziativen Verknüpfungen. Prozesse des Ein- und Rückwirkens mäandernder multimodaler Medientexte werden fragmentarisch ersichtlich.

Konturierung des Seltsamen: Hybride – Plüsch – Taxidermie

Als anthropomorphisierte *stuffed animals,* durch Hybridität wie Patchworkästhetik erweisen sich *Oddbody*-Furbys assoziativ anschlussfähig an Taxidermie – insbesondere an eine in der Gegenwartskunst präsente und auch in Memen[213] aufgegriffene »Crap/Crappy«[214], »Botched«[215], »Speculative Taxidermy«[216] oder »Taxidermic hybrids«[217]. Tierpräparation bezeichnet den, wie Géza Szöllősi meint, »hyperrealistischen Ansatz«[218], in Konservierung »Tod als Leben zu maskieren«[219], und verfährt dabei ähnlich paradox wie der *positive Anthropomorphismus* im Kontext von *cute design:* »This unfulfillable desiring permeates all taxidermy: the longing for the beast (for its beauty, menace, or familiarity) scars the beast's beauty, menace, or familiarity.«[220] Während das Intimitätsverlangen im Fall von *cute design* durch einen Anthropomorphismus forciert wird, der sich auf Entmenschlichung gründet,[221] kann Taxidermie Ersehntes nur durch eine Verletzung dessen erreichen.

Obwohl Rachel Poliquin die Wirkweise jeder Art von Taxidermie als beunruhigend auffasst, begreift sie speziell anthropomorphe Taxidermie – ausgestopfte Tiere in Kleidung und häuslichen Alltagssituationen – aufgrund ihrer Domestizierung und Sittsamkeit als besonders unheimlich (»eeriness«[222]) und attestiert solchen Szenerien eine »unsettling cuteness«[223]. Auch Hybridformen, die entstehen, wenn unterschiedliche tote Tiere in Teilen miteinander oder mit Objekten kombiniert werden, beschreibt sie als besonders affizierend: »And when that animal presence is fragmented, rearranged, and recombined, an additional layer of significance is added. The play and multiplicity of meaning carries beyond the actual animals themselves. Viewers must move from materiality to emotionality, from what is present to the eyes to what cannot be presented in material form.«[224] In der Publikation

Crap Taxidermy[225] und auf einem Weblog[226] versammelt Kat Su viele derartige Taxidermie-Hybride: »Regular taxidermy endeavors to give the illusion of life to the non-living, but crappy taxidermy highlights the subject's state of death due to the animal being contextualized in a completely surreal or absurd way.«[227] Die Sammlung von »weird, creepy taxidermy«[228] umfasse »bug-eyed, misshapen, bizarre, awkward, or just-plain-wrong piece[s] [...].«[229]

Die Phänomenbeschreibungen ähneln dem im Kontext Gegenwartskunst von Steve Baker geprägten Begriff *botched taxidermy*, den Giovanni Aloi in Abgrenzung zu seinem Konzept der *speculative taxidermy* begreift:

»Essentially, in botched taxidermy ›things appear to have gone wrong with the animal‹, Baker argued. [...] Its main role was that of confronting the viewer with a fragmented, abrasive visibility, resisting and simultaneously displacing fixed cultural meanings. [...] Baker identified six predominant recurring modalities characterizing its aesthetics. The most common involved an awkward use of mixed materials, the replacement of taxidermy animals with stuffed animal toys, the production of hybrid form, the staging of ›messy confrontations‹, the manipulation of taxidermy mounts, and an overall aesthetic of tattiness.«[230]

Aloi hingegen vermeidet einen auf normative Konzepte sowie »physische Monstrosität«[231] abstellenden Taxidermiebegriff und fokussiert jene als Ansatzpunkt zur Reflexion und Veränderung zeitgenössischer Bedingungen, Mensch, Tier und Umwelt betreffender Diskurse wie Praktiken: »Speculative taxidermy is not concerned with notions of aesthetic wrongness, holding to form, or open-form, or messiness, but with interconnectedness, intra-action, materiality, and indexicality.«[232] Beide Ansätze vereint, dass Taxidermie besonderes Affizierungsvermögen zugesprochen[233] und als Grundlage weiterführender kritischer Auseinandersetzungen bewertet wird. Dass Taxidermie resoniert, zeigt sich auch an deren Weiterverarbeitung in Bildmakros oder GIF-Animationen. »PLEASE KILL ME« – »AGAIN«, bittet der präparierte Rotfuchs, wobei sich »AGAIN« in der Schriftgröße vom übrigen Text abhebt und damit nachdrücklich betont, dass der bereits eindeutig verblichene Fuchs *noch einmal* getötet werden möchte (vgl. Tab. K, Abb. 3). Dies suggeriert zugleich, dieser sei zuvor ebenfalls nicht auf natürlichem Wege verstorben. Im Vergleich mit anderen Fuchspräparaten wirkt das Memexemplar aufgrund seiner kurzen Schnauze sowie anthropomorphen Sitzhaltung mehr menschlich als tierlich. Der starrende, verstörte Blick brachte dem Rotfuchs auf KnowYourMeme die Bezeichnung *Stoned Fox* ein.[234] Wie bereits im Fall des *Kill-me*-Furby-Beitrags ist das Bildmakro als humoristischer Kommentar auf die Gestalt/ung des Fuchses zu begreifen, die den hyperrealistischen Ansatz offensichtlich nicht erfüllt. Anlässlich seiner menschlichen Erscheinung wird dieser in Membeiträgen weiter anthropomorphisiert, insbesondere, indem er stellvertretend Gefühlszustände bzw. Situationen durchlebt, in denen sich Mensch wiedererkennen kann.[235] Diese Zustände werden auf Kosten des auffällig versehrten toten Tierkörpers kommunizierbar.

Ohne wie Su und Baker auf normative Konzepte ästhetischer Falschheit und Richtigkeit abzustellen, sind für die weitere Analyse – die zwar keine toten Tiere, sondern plüschige Konsumobjekte thematisiert – Phänomene »schimärenhafter«[236], »taxidermischer Hybridität«[237] insbesondere aus dem Bereich der Gegenwartskunst von Interesse, da sich Parallelen ausmachen lassen: *Cute design* wird direkt oder indirekt befragt, angeeignet, modifiziert, gebrochen und invertiert – Patchworkästhetik und Montage als Merkmale des Seltsamen finden Anwendung.

In Besetzung eines ›Dazwischen‹ in Form und Wirkung[238] kann speziell als ästhetisches Argument eingesetzte hybride, aus verschiedenen Elementen montierte Taxidermie wie die skulpturalen Ensembles von Les Deux Garçons im Kontext des Seltsamen gedacht werden (vgl. Tab. K, Abb. 4). Anschlussfähig an die anthropomorphen Settings von Walter Potter[239] aus dem 19. Jahrhundert sowie an Sammlungen in Kuriositätenkabinetten und Wunderkammern zeigt das Künstlerduo ausgestopfte Tiere kombiniert mit Keramik und Plüschtieren, als siamesische Zwillinge, arrangiert mit Satinschleifen oder Hüten[240] und in symbolträchtigen Posen wie der Kreuzigung Jesu oder als Pietà[241]. Eingepasst in eine niedlich-infantile Dingwelt treten Versehrtheit und Tod hinter hygienisierter Perfektion zurück und werden von der trügerischen Harmonie dekorativer Zurschaustellung transluzid überlagert. Im Gegensatz dazu stehen die ›Kuscheltiere‹ von Katharina Moessinger (vgl. Tab. K, Abb. 1).[242] Überlagerung weicht Emphase. Unter Verwendung von Tierhäuten und -fell überträgt die Künstlerin Schnittmuster industriell gefertigter Plüschtiere auf die Größe echter Tiere oder bildet künstliche Stofftierform mit tierlichen Fragmenten nach. Tierhäute und -fell, die für den Endverbraucher*innen, zum Beispiel in der Textilindustrie, nur als verarbeitetes Produkt sichtbar sind, werden hier fragmentarisch aus der Entfremdung in eine kreatürliche Form zurückgeführt, die in ihrer Hybridität nachdrücklich den »Werkstoff Tier«befragt. Der anthropomorphisiert breitbeinig dasitzende *Hase* (2007) ist eine solche Plüschtier-Reproduktion, die das Auseinanderdriften von realem Vorbild und tierlicher Repräsentation als (niedliche) Karikatur desselben Moessinger zufolge sehr deutlich werden lässt.[243] Das Artefakt verweist auf die insbesondere für Kuscheltiere maßgebende Gestaltungslogik *cute design* und deren inhärente Abgründigkeit: Die Reinszenierung mit ›totem Tier‹, der Realitätsbezug, fördert Zurichtung und Deformation als Marker niedlicher Gestaltung zutage und nimmt der derart verunreinigten niedlichen Plüschtierästhetik ihre Unschuld.[244]

Eine weitere Form taxidermischer Hybriderzeugung zeigt das Künstlerinnenkollektiv NEOZOON mit der Arbeit *VULPES LAETUS* (2012) (vgl. Tab. K, Abb. 2). Diese setzt sich aus einer rotbraunen Fuchspelzstola mit Kopf, Arm- und Beingliedern sowie buschigem Schwanz und verbauter Mechanik wie Sound zusammen. In ihren unkontrollierten Wälzbewegungen über den Boden erinnert die Arbeit an das Spielzeug *weazel ball.* Gleichzeitig bricht die Kreatur ähnlich eines Lachsacks[245] in höhnisches Gelächter aus. Der lateinische Titel bedeutet übersetzt ›fröhlicher, glücklicher oder auch lebendiger Fuchs‹ und steht damit in direktem Bezug zum bereits dahingeschiedenen Tier, das sich quasi-lebendig vor Lachen zu winden scheint. Durch die kontinuierliche Reibung am Boden, so ist anzunehmen, nutzt sich seine Oberflächenbeschaffenheit währenddessen immer mehr ab. Der mechanisierte, laut lachende tote Tierkörper bespielt Elemente des Seltsamen sowie Unheimlichen, fragt nach einer Kommodifizierung von Tieren, ökonomischen Strategien, Konsumpraktiken sowie der Gestaltung von Mensch-Tier-Beziehungen und verweist damit indirekt auf Stilmittel von *cute design.*[246]

Furby-Hybride stellen eine Übergangsform dar: Der Hybrid lässt Furby nicht verkennen, geht aber in Irritation von Gestalt und Material unverkennbar darüber hinaus und bricht derart mit herstellerseitigem *cute design* sowie vertrauter Handhabung und Rezeption des Konsumobjekts. Die präparierten anthropomorphen bzw. zoomorphen Plüschhybride[247] sind prima facie vom zentralen Aspekt der Taxidermie – dem Tod – entbunden, können jedoch assoziativ, zum Beispiel mit Blick auf zum Trocknen aufgehängtes Furby-Fell (vgl. Tab. K, Abb. 8) oder das ›Furby-Necronomicon‹[248] (vgl. Tab. K, Abb. 9), welches aufgrund unbekannter Ursprungshistorie zu Mutmaßungen über die Verwendung von *fake skin* oder echter Haut anregt und aus derartiger Uneindeutigkeit sein ambivalentes Affizierungsvermögen zieht, wieder daran anknüpfen.

Artifizielle Hybride generieren auch die Künstlerinnen Asia Ward und Patricia Piccinini. Während erstere im Rahmen ihrer Skulpturenserie *Animatronic Creatures* aus Plüschtierfragmenten sowie Haushaltsgeräten mechanische Skulpturen schafft, morpht Piccinini zumeist animalisch anmutende und menschliche Körperteile zu verletzlichen Fantasiewesen, »die fast möglich sind«[249] (vgl. Tab. K, Abb. 5); Kreaturen, mit denen sie nach eigener

Aussage Interkonnektivität und Empathie aus ihrer Perspektive thematisiert und Anleihen bei Surrealismus und Sozialem Realismus des 19. Jahrhunderts nimmt:[250] »I would describe it as the realisation of a feeling of warmth towards something that you were previously disturbed by.«[251] Die ›verAnderten‹ Kreaturen bespielen das Seltsame als Strategie, um Normalitätsvorstellungen zu hinterfragen sowie biogenetische Zukunftsentwürfe aufzuzeigen und vermögen es, eine Palette unterschiedlicher, ambivalent-gemischter Gefühle anzusteuern.

Gerade der von Piccinini angeführte Surrealismus scheint zudem für die Konturierung des Seltsamen dienlich – in Verbindung mit dem Niedlichen speziell die künstlerische Stilrichtung des Popsurrealismus[252]. Dieser tritt sowohl in der Gegenwartskunst als auch in Form handgemachter Skulpturen, die beispielsweise auf Etsy verkauft werden oder auf Instagram präsent sind, in Erscheinung (vgl. Tab. K, Abb. 6 u. 7). Der Wortkombination entsprechend, werden Popkultur und Pop-Art in surrealistischem Stil verarbeitet. Zumeist adressieren die popsurrealistischen Werke zeitgenössische Themen. Das seltsame »mixmaster universe«[253] des Popsurrealisten Mark Ryden treffend beschreibend, werden dessen Arbeiten in einer Buchankündigung als »Psycho mit Zuckerguss«[254] betitelt. Zumeist in Bonbonästhetik verpackt, befragt der Künstler soziale Normen und moralische Werte sowie gesellschaftliche Vorstellungen von Weiblichkeit und Kindheit – und damit auch die Indienstnahme von Niedlichkeit als ästhetische Strategie und Stilmittel. Die popsurrealistische Mischung »kindlicher Unschuld und psychische[r] Abgründe«[255] Rydens wird mit OOAK-Fantasiekreaturen[256] und jenen der Künstlerin Qixuan Lim[257] ins Skulpturale transponiert. Sowohl die Arbeiten Rydens als auch die Skulpturen können dabei als Bestandteil einer pastelligbunten Farb- und soften Materialwelt im Kontext von *millenial pink* und dem von Annekathrin Kohout eingeführten Clean-Pop – ein ästhetischer Code gegenwärtiger Bildsprache, der in erster Linie auf die Omnipräsenz von Pastellphänomenen abstellt – gedacht werden: »Weiß (Cleanness) + Pink (Pop) = Hellrosa/Weißrosa (Clean-Pop).«[258] Wo sich Unschuld, Purismus, knalliges Kolorit und trashige Motivik mischen, sei das ästhetische Phänomen zugegen.

»Clean-Pop ist das Resultat, wenn sich Pop und Cleanness verbinden, wenn das Trashige unter dem Weichzeichner und der Überbelichtung von Instagram-Filtern erscheint. Clean-Pop sind Fantasie Wesen [sic!] auf den flachen Screens von Smartphones, Tablets und Computern. Clean-Pop ist, wenn das Horn des Einhorns gen Himmel zeigt, als würde es gleich losfliegen – als Sticker auf dem leuchtenden Apfel

des MacBook. Clean-Pop ist (alter) Pop hochaufgelöst oder frisch verpackt. Clean-Pop ist ein neuproduziertes Glücksbärchi-Kuscheltier. Clean-Pop ist ein Ombre aus dunkelbraunem Ansatz und weißblonder Länge – es macht aus dem Nachlässigen Bestimmtheit und Perfektion.«[259]

Clean-Pop als dominantes visuelles (Internet-)Phänomen der Gegenwart sei »ästhetische Erscheinungsform [eines zeitgenössischen; d. A.] Eskapismus«[260]. In der Aneignung durch Netzfeminist*inn*en und Cyber Art sieht Kohout jedoch die Entwicklung einer Clean-Pop-Subkultur begründet, die Hygienisierung mit »Elementen der Unreinheit«[261] spicke und derart mit gesellschaftlichen Vorstellungen und Stereotypen brechen könne. Neue Motiviken würden wiederum auf den ›Mainstream‹-Clean-Pop rückwirken.[262]

Clean-Pop und Popsurrealismus tangieren sich nicht zwingend, können jedoch diffundieren, wie speziell die Arbeiten Mark Rydens und Qixuan Lims sowie die OOAK-Fantasiefiguren nahelegen, die beides zu bespielen scheinen. Pastell, Zuckerwatte, Alice im Wunderland, Plüsch, Infantilität und Perfektion verbinden sich mit Surrealem, mit Verstümmelung, Fragmentierung, Unproportionalität, Kreatürlichkeit, Abgründigkeit und beunruhigendem Subtext zu Hybridformen, die sich nach der Beschaffenheit sowie Kippmomenten des Niedlichen befragen lassen und zur Indienstnahme von (vermeintlichen) Gegensätzen als Stilmittel des Seltsamen zurückführen.

Unter Berücksichtigung der zwei formulierten Kategorien lässt sich der im Furby-Fandom verwendete Begriff *oddbody* abschließend einerseits als Bezeichnung für Furbys fassen, die durch taktile Eingriffe eine Modifikation und derart Personalisierung erfahren. Diese reicht von marginaler Veränderung, häufig in Form von Applikationen und individueller Oberflächengestaltung, bis zu radikaler Veränderung durch Aufbruch der Ursprungsform und Kombination mit weiteren Objekten und/oder dem Objekt nicht zugehörigen Materialien zu einem neuartigen Artefakt, das Furby jedoch weiterhin kenntlich macht. Andererseits zählen auch objektunabhängige Kreationen, welche nur Furbys (nachmodellierte) Gesichtspartie aufgreifen, dazu: »if your creation includes the iconic eyes and beak, then it has the heart and soul of a Furby. They don't necessarily need to be from original Furbies; if it looks like a Furby face, it still counts as an oddbody Furby.«[263] Godwin bezeichnet ähnliche Vorgehensweisen hinsichtlich Actionfiguren als »›body mods‹« oder »›frankensteining‹«: »In addition, action figure customizers modify bodies (›body mods‹ or ›frankensteining‹), making limbs or torsos longer or shorter by cutting out or inserting sections. They make limbs, breasts or bellies larger by sculpting additional mass or smaller by

carving away material.«[264] Hybridität, die dem elektronischen Plüschspielzeug Furby bereits herstellerseitig eignet und die Michelle Cotrim und Rita Ribeiro als »maßgebenden Aspekt des Monströsen«[265] auffassen, wird in nutzer*innenseitigen Praktiken der Fragmentierung, Dekonstruktion und Rekombination potenziert. Das konzipierte ›Flickwerk‹ verweist schließlich auf eine reformierte Identität.[266] Durch Patchworkstil und hybride Plüschtaxidermie entwickeln sich alternative Ausdrücke zu fabrikneuem *cute design*. Schematisierungen sowie bekannte Sichtweisen können durchkreuzt werden. Einer Entität oder als geschlossen betrachteten Sache etwas hinzuzufügen, was den ursprünglichen Charakteristika dieses Objekts vermeintlich nicht entspricht, diese übertreibt, untertreibt, modifiziert oder Ungewohntes kombiniert, soll im Folgenden als *De-sign*-Strategie[267] und Stilmittel des Seltsamen aufgefasst werden.

Cute de-sign

Objekten wird unterschiedliche Aufmerksamkeit zuteil;[268] Objekten eignet eine »polysemische[] Vielfalt«[269]; Objekte fungieren als Reflexionsanlass; Objekte zirkulieren; Objekte sind eine Herausforderung.[270] Die Annahme David Kellers und Maria Dillschnitters, »dass die Funktionalität von Objekten und der Umgang mit ihnen konventionell bestimmt ist, also sozial ausgehandelt wird und über Prozesse der Stabilisierung allmählich etabliert beziehungsweise festgeschrieben wird«[271], steht zunächst im Widerspruch zur Auffassung von Spiel(-zeug) als zweckfrei.[272] Dennoch, so ist anzunehmen, können auch Spielzeugen »sekundäre Zwecke«[273] anhaften, die gesellschaftliche Wahrnehmungen beeinflussen sowie bestimmte Umgangsweisen nahelegen und sich als ›objektgemäßer‹ Gebrauch etablieren. Soziale Roboter und *smart toys* wie Furby artikulieren darüber hinaus quasi autonom gewünschtes nutzer*innenseitiges Verhalten. ›Adäquate‹ Umgangsweisen werden einerseits herstellerseitig formuliert und beispielsweise durch Bewerbung angetragen, aber auch gesellschaftlich oder gruppenspezifisch ausgehandelt und konventionalisiert.[274] Deren Übertretung kann als ›Zweckentfremdung‹ respektive ›inadäquat‹ aufgefasst werden; Vorstellungen, denen normative Konzepte zugrunde liegen.[275]

Die *Oddbody*-Fanpraxis wird im Folgenden als Aneignung[276] bzw. graduelles Customizing[277] verstanden – »[w]hat varies is the amount of time, energy, skill, or material resources individuals are able or willing to invest«[278]. Die explorative Auseinandersetzung mit dem Spielzeug seitens Erwachsener kann als *adult play*[279] bezeichnet werden, das in den Kontext externer Aufmerksamkeit, hier Social Media, gestellt wird.[280] Eine »Übersetzung des Seriellen ins Einmalige«[281] ist zunächst grundlegendes Merkmal konsument*inn*enseitiger Rezeption: Die »[s]erielle Produktion des verwechselbar Gleichen führt [...] nicht lediglich zur seriellen Rezeption und Konsumtion.«[282] Dabei sind »Aneignungs- und Markierungshandlungen« mit »Gefühls- und Erinnerungsbeigaben«[283] verknüpft. Ein solch »explorativer Umgang«[284] könne jedoch auch zu einem »wirtschaftlich strategischen Paradigma«[285] ausgebaut werden und »[d]ie Narration der Zweckentfremdung [derart; d. A.] vom Widerstand zur Strategie [kippen, d. A.].«[286] Hinsichtlich Spielzeug stellt »offene Entwicklung«[287] eher ein evidentes Paradigma dar, gewinnt jedoch im Sinne einer Strategie an Kontur, indem beispielsweise Hasbro zwischen einer Vielzahl an Furby-Varianten nach eigenem Gusto wählen lässt und Furby bereits herstellerseitig auf vorfabrizierte Individualisierung – die Persönlichkeitsentwicklung – im Handlungsvollzug ausgelegt ist. Das *smart toy* soll zum singulären Objekt werden. Dass dem Anschein nach bereits optisch kein Furby dem anderen gleicht, dieser jedoch gemäß »Originalitätsetikette«[288] tatsächlich nur marginal variiert wird – Furby ist stets ein Massenprodukt –, ist ein reanimierbares Kaufargument und legt zugleich den Grundstein für Sammlungsbestrebungen.[289]

Dass es sich hinsichtlich *Oddbody*-Furbys um eine gesteigerte Form der Aneignung handelt, legen bereits die Hashtagnachbarschaften zu #oddbodyfurby auf Instagram oder #oddbody furby auf Tumblr nahe. Derart verschlagwortete Bildbeiträge sind häufig außerdem unter #customfurby bzw. #custom furby getaggt. Die *Oddbody*-Furby-Fans verfügen über unterschiedliche Grade an Sonderwissensbeständen in Form handwerklicher Skills. Es »[...] geht hier also um Wissen und Fertigkeiten hinsichtlich der Veränderung der Konsumprodukte, die gegen die ursprünglich intendierte, das Produkt typischerweise nicht verändernde Verwendungsweise gerichtet ist.«[290] Nach Paul Eisewicht und Michaela Pfadhauer nehmen ›Aneignungskulturen‹ und Markenfans eine divergente Grundhaltung zum Bezugsobjekt im Ursprungszustand ein: »Ausschlaggebend und fundamental verschieden zur genuin produktaffinen Haltung von Markenanhängern ist in Aneignungskulturen die Idee, dass erst durch die mehr oder weniger kreative und mehr oder minder radikale *Modifikation* eines Produkts ein Wert entsteht; dass dieser Wert dem Produkt also *nicht* inhärent ist.«[291] Eine radikale Wertnegation des Ursprungsprodukts kann für die *Oddbody*-Furby-Aneignungen eher nicht angenommen werden. Es ist vielmehr davon auszugehen, dass *Oddbody*-Furbys durch produktaffirmative Modifikation eine Valorisierung und erhöhte »affektive Besetzung«[292] erfahren[293] und deren Wert durch bildvermitteltes Zeigen weiter ausgehandelt wird. »Customization such as re-painting, resculpting, swapping out body parts and accessories, and so forth further individualizes them, or makes them better resemble beloved fan objects, or creates original characters. Fans perform similar modifications on smaller scale action figures […], and many other fan objects.«[294] Eine affirmative Einstellung gegenüber dem Bezugsobjekt lässt sich zudem anhand der häufig auftretenden Hashtagpaarungen mit #furbyfandom, #safefurby und #allfurby (bzw. #furby fandom, #safe furby, #all furby) vermuten. Diese Schlagworteinhegung verfolgt den Zweck, Inhalte auszusparen, die in irgendeiner Form Gewalt gegenüber dem Objekt ausdrücken oder dieses in Verbindung mit Drogen, Alkohol und Sex zeigen: »Nothing too bad, but stuff that some members didn't want to see.«[295] Es ist der Versuch, einen *safe space* zu etablieren. Darüber hinaus, so wird auf dem Tumblr-Blog @tarotfurbyandchill erwähnt, wenden sich derartige Hashtags gegen Mitglieder, die im Bereich *DDLG*[296] aktiv sind.[297] *Eine Regel des Kanals Odd Bodies & Kind Souls* der Kommunikationsplattform Discord lautet: »This is a server specifically for oddbody customs! So please keep all ›omg it's so cursed‹ comments entirely out of this space.«[298] Fans, die ihre Bildbeiträge an jenes Hashtagensemble anbinden – sollte dies nicht ironisch stattfinden – und genanntes Regelwerk kennen beziehungsweise befürworten, formieren einen »›Affinitätsraum‹«[299]: Sexuelles Interesse, negative Zuschreibungen, destruktive Umgangsweisen sowie die Bezeichnung der Kreationen als *cursed* gelten als Grenzüberschreitung.[300] Allerdings kann auch die Zerstörung des herstellerseitigen Objektdesigns durch Modifikationen, zum Beispiel von Sammler*inne*n, die an dessen Unversehrtheit interessiert sind, als ›inadäquater‹ Gebrauch wahrgenommen werden.[301] Divergierende Konventionalisierungen und unterschiedliche Fanpraxen vergegenwärtigen erneut die vielfältigen Möglichkeiten eines *doing fandom.*

Die *Oddbody*-Fanpraxis setzt zu einer Übertretung der ursprünglichen Objektgestaltung – *cute design* – und einem »play of categories«[302] an. Ein derartiges *de-sign* kann etablierte und häufig in ihrer Unmittelbarkeit subtil auftretende Herstellerstrategien, gesellschaftlich dominante Klassifikationsmuster und Umgangsweisen sowie einseitige Wahrnehmungen und Naturalisierungen sichtbar, greifbar und analysierbar machen. Die *Oddbody*-Fans definieren eine eigene Rahmung, indem sie Furby um werkseitig Ausgespartes oder moderat Gehaltenes ergänzen. Anhand jenes explorativen Umgangs wird deutlich, dass Dingen keine »stabile[] Einbettung«[303] eignet. Fanseitig als liebenswerte Objekte aufgefasst, wird die Sphäre des Liebenswerten durch eine Veränderung des Referenzsystems erweitert – das Niedliche erweist sich als (ver-)formbar.[304] Die Konfektionierung des Niedlichen gerät derart selbst in den Fokus. Ein Wissen über etablierte und reproduzierte Rahmungen kann schließlich zu Reflexionen hinsichtlich eigener und gesellschaftlicher Grenzziehungen beitragen.[305]

#cursed #weird – »mildly terrifying«[306]

Meme, das ubiquitäre Ausdruckskonzept einer »*more* participatory culture«[307], evozieren die Frage nach einem Verhältnis zu Fandom. Wenngleich diesbezüglich keine allgemeingültigen Aussagen getroffen werden können, soll ein Zusammenhang hinsichtlich des Furby-Fandoms, speziell der *oddbodies*, beleuchtet werden.

Memetische Partizipation kann als kreative fankulturelle Praxis, als »fannish mode[]«[308], verstanden werden. Insbesondere Neukombinationen von Quelltexten in Form von *mashup*, die den ursprünglichen Bezug weiterhin erkennen lassen, sind Petra Missomelius zufolge Gegenstand fanseitiger Produktion.[309] *Vidding*[310], Cosplay, Fan-Fiction und Fan-Art vergegenwärtigen den memetischen Charakter von Fandom. Memetische Aktivitäten sind darüber hinaus eine gängige Verhandlungsform der Gegenwart, beispielweise in Reaktion auf popkulturelle oder politische Ereignisse,[311] die sich insbesondere aus Medientexten speist, digital vollzieht und deren Zielsetzungen variieren. Obwohl Hills Partizipationskultur und Fandom nicht synonym fasst, konstatiert er, dass angesichts ausgeübter digitaler Praktiken nahezu jeder als »eine Art Fan«[312] begriffen werden könne, auch wenn sich die Person selbst nicht als solcher oder Teil eines Fandoms definiere. In einer weiter gefassten »Fanwelt«[313] sollten die vielfältigen Möglichkeiten zur Auseinandersetzung mit der Gegenwart fokussiert werden.[314] Fandom, verstanden als »set of pathways or branches«[315], könne Aufschluss darüber geben, was es für bestimmte Menschen bedeutet, Fan zu sein. Von akademischen Klassifizierungen einzelner Fanerfahrungen, Kontrastierung von Fandom zu ›Realität‹[316] sowie Vorstellungen von geschlossenen Communities sollte laut Hills abgesehen werden.[317] »All are possibilities that become (counter)factual as fans follow certain branches but not others, whilst the overall fan world represents the ›open necessity‹ of having to choose a path within our participatory condition.«[318] Fandom könne in individueller und vielfältiger Weise ausgeübt werden.[319] Derart begriffen, stellt memetische Partizipation nur eine Möglichkeit fanseitiger Auseinandersetzung mit einem Fanobjekt dar, während diese sich beispielsweise auch in Sammlungstätigkeiten äußern kann und für einen Fan immer die »legitime[] Fanoption [besteht; d. A.], nach Konsum wahlweise nicht kreativ sein zu müssen«[320] oder die emotionale Verbindung zu einem Fanobjekt eher privat auszuhandeln.[321]

Zwischen memetischer Partizipation und dem Begriff des Internetmem trifft Ryan Milner eine maßgebende Unterscheidung. Ein singulärer Text wie ein *mashup* könne zwar an sich memetisch sein, indem er sich aus anderen Texten speist. Dies qualifiziere diesen jedoch nicht als Mem.[322] Neben zwei memetischen Logiken, die den individuellen Text beträfen – Multimodalität und Aneignung –, nennt Milner Resonanz als entscheidende Brücke zur Einbettung des singulären Texts in einen kollektiven Kontext: »If something in an image or its context doesn't resonate enough to spread, it won't spread.«[323] Kollektivismus und Verbreitung, die außerhalb des individuellen memetischen Texts stünden, seien ebenso zentral.[324] Ein singulärer, durchaus memetischer Text durchlaufe in der ›Memwerdung‹ mehrere Stadien über Mikro-, Meso- und Makroebene: »[…] micro expressive strands weave into meso social threads and eventually into macro collective tapestries.«[325] Eine solch stufenweise und zuvorderst definitorisch unscharfe Entwicklung von Nischentexten – was ist als Mikro-, Meso- und Makroebene zu verstehen? – lässt sich lediglich retrospektiv rekonstruieren und kann als modellhaft aufgefasst werden, wie Milner selbst einräumt: »The relationship between niche collectives and broader cultural practices is always porous. The relationship between subcultural internet memes and broader memetic participation is porous as well.«[326]

Popularität im Sinne großflächiger Verbreitung, die Limor Shifman und Ryan Milner als Merkmal von Internetmemen sehen, bleibt zumeist aus, was Milner im Bartheschen Sinne auf fehlenden kollektiven Anklang zurückführt.[327] Als resonanzerzeugende Merkmale und Anreiz zur Erstellung und Verbreitung memetischer Beiträge sieht die Memforschung insbesondere Lücken, Leerstellen, Unvollständigkeiten und Inkonsistenzen oder die Skurrilität eines Textes, Ereignisses usw. In ähnlicher Weise wird auch die Aufnahme kreativer Produktion im Rahmen von Fanforschung erklärt.[328] Fansein kann folglich mittels memetischer Partizipation im Internet zum Ausdruck gebracht und Entstandenes wie jeder Text, sollte es kollektive Resonanz erfahren, angeeignet, verbreitet und auf diese Weise zu einem Internetmem im Sinne Milners werden.

Die unter *Oddbody*-Furby subsumierten Beiträge sind nicht mehr als singuläre memetische Praxis zu verstehen, sondern stellen ein – wenn auch nicht auf einer Makroebene eingebettetes – Mem innerhalb des Memkomplexes Furby dar.[329] Auf Tumblr und Instagram wird den unter #oddbody furby bzw. #oddbodyfurby und #long furby bzw. #longfurby aufgeführten Kreationen zumeist ein Name sowie ein Eigenleben und eine Persönlichkeit attribuiert. Ähnlich der ›Petfluencer‹-Inszenierungen sind ganze Profile aus Sicht der personifizierten Objekte gestaltet oder diesen thematisch gewidmet. Sie werden überwiegend als Individuen charakterisiert, durchaus humorvoll und selbstironisch inszeniert und als gemischte Empfindungen hervorrufend[330], jedoch stets liebenswert aufgefasst.[331] In einem Artikel zur *Long-furby*-Produzentin Bobby Diddle (@longfurbs) zitiert Josh Blair: »›Once you buy a Furby from me‹, Diddle says, ›you're joining a family.‹«[332] Beim Verkauf eines Furbys fühle es sich an, als schicke sie ein Kind zum College.[333] Beiträge auf Tumblr wie Instagram lassen annehmen, dass sich Produzent*inn*en von *Oddbody*-Furbys, wenn auch unter Pseudonymen oder ohne sich als Person zu zeigen, als Urheber*innen der Objekte und Fotografien definieren.[334] Wettbewerbe, in denen sich Fans zu ihren Kreationen in Beziehung setzen, spielen im Bereich kreativer Fanproduktion wie Fan-Art eine zentrale Rolle. Es ist anzunehmen, dass eine Weiterverbreitung zwar durchaus erwünscht ist – jedoch unter Angabe der Herkunft.

Bildbeiträge zu *Oddbody*-Furbys finden auch größere Resonanz in Form von Reposts und Aneignungen. Diese werden beispielsweise von dem*der Urheber*in und vom Herstellungsprozess entkontextualisiert auf Webseiten wie Reddit, Imgur oder me.me integriert, im Instagramfeed von @cursed.furby.images gepostet[335] oder in Threads wie r/cursedimages verhandelt (vgl. Tab. L, Abb. 7).[336] Unter den Beiträgen finden sich Bilder von Artefakten, die als *Oddbody*-Furby kategorisiert werden können. Wie der Begriff *cursed* (= verflucht) bereits nahelegt, werden diese ob ihrer verstörenden Wirkung gerankt bzw. diskutiert. Derartige Einhegungen verdeutlichen, dass eine Reklamation von Bedeutungen nicht aufrechterhalten werden kann. Im Rahmen von Ent- und Rekontextualisierungen verliert der Entstehungskontext an Relevanz.[337] Durch Popularisierung verfällt so potenziell die Individualisierung des Fanobjekts. Im Fokus stehen die Skurrilität des Dargebotenen sowie die Abweichung vom Ursprungszustand. Aus individueller Perspektive können Grundzüge von Memen – der Verlust der Deutungshoheit durch Popularisierung – durchaus einer Selbstdefinition von Fans und Fandom entgegenstehen. Die (Neu-)Verschlagwortung eines Beitrags unter *cursed* oder *cursed image* fungiert gleichsam als Instrument zur Fokusverschiebung der Wahrnehmung und erweitert darüber hinaus potenziell den Rezipient*inn*enkreis.

Die resonanzerzeugenden Merkmale der *Oddbody*-Furbys gründen primär auf Inkongruenz und Abweichung. Erstere, so Milner und Limor Shifman,[338] könne als wesentliches Charakteristikum von Memen gelten. Die Inkongruenztheorie des Humors begreift diesen als Reaktion auf einen Bruch mit bekannten Mustern, unter anderem ausgelöst durch ein »odd or disproportioned object«[339]: »The difference must be close enough to the norm to be non-threatening, but different enough to be remarkable.«[340] Auch die Personifizierung und Wahl fotografischer wie filmischer Settings – Beiträge zeigen *Oddbody*-Furbys zuweilen eingepasst in Alltagssituationen beim ›Essen‹, im Freien schaukelnd oder auf Bäumen – bieten in ihrer Absurdität Reizpotenzial.[341] Der ›digitalen Glätte‹ »Schludriges und Amateurhaftes«[342] entgegenzusetzen, »Internet Ugly«[343], bezeichnet Nick Douglas als eine zentrale Memästhetik,[344] im Fahrwasser derer sich die »Abweichungsästhetik«[345] der *Oddbody*-Furbys ebenfalls denken ließe und die auch als resonanzerzeugend sowie Auslöser für eine Weiterverarbeitung und Verbreitung bewertet werden kann: »Creating an oddbody is an act of rejecting traditional aesthetic standards.«[346]

Wie die ästhetische Kategorie des Interessanten nach Konrad Paul Liessmann[347] setzt auch das Seltsame »Gewohnte[s] oder Erwartete[s]«[348] als Gegenfolie voraus. Die entkontextualisierte Verwendung und Rekombination von Elementen, auch in Rückbindung an bekannte Muster und standardisierte Formen, als wesentliches formales Merkmal von Memen, lässt sich mit dem Seltsamen parallelisieren.[349] Inhaltsbezogen erscheint speziell das auf KnowYourMeme als Internetmemgenre gelistete *cursed image*[350] in seiner definitorischen Unschärfe, uneindeutigen Affizierung und einem ›Dazwischensein‹, die dessen Beschaffenheit und Wirkung – »a photo that's too […] to just be […]«[351] – gleichzeitig treffend abbilden, anschlussfähig: »That yuck-yum, ew-lol, love-hate tension is where creepiness and cursed images live[]«[352] – »[w]hatever they make you feel, it's never nothing.«[353]

»Ein ›cursed image‹ lässt sich auch negativ beschreiben: Es zeigt keine Pornographie, kein Blut oder explizite Gewalt, sondern verweist stattdessen auf all diese Dinge. Vor allem das Thema und die Umstände der Bilder sind eigentlich unschuldig, wodurch das ›cursed image‹ in einem Punkt des Dazwischen verharrt.«[354]

Trotz oder gerade wegen impliziter Bildinhalte eigne *cursed images* eine »disruptive Qualität«[355]. Routinierte Wahrnehmungsweisen würden herausgefordert und flüchtiger Konsum verweigert: »Verfluchte Bilder unterbrechen die Harmonie der Bildwelt, mit der wir täglich konfrontiert sind und legen deren Befangenheit und Erwartbarkeit offen.«[356] Die Topdefinition des Urban Dictionary führt an, ein als *cursed image* gelabeltes Bild zeichne sich durch einen »style of oddity« aus. Diesen charakterisiere ein Zusammenspiel von Attributen wie »[g]ross«, »[s]cary«, »[a]bnormal«, »[d]isappointing« und »[c]omical«[357]. Das Seltsame wird hier als facettenreich schattiert dargestellt. Die Kategorie kennzeichnet weniger ein gemeinsamer Bildinhalt als eine charakteristische Wirkung. So erklärt der*die Tumblr-User*in @imagesgodabandoned den Inhalt seines*ihres Blogs wie folgt: »Cursed images are images that evoke a feeling of confusion and strangeness immediately upon viewing. When you see a cursed image, you just KNOW its [sic!] cursed. They are the kind of image that gets worse the longer you look at it. They evoke all five of the interogatives [sic!]: who, what, where, when, and why.«[358] Grundlegend scheint eine gewisse Unerklärbarkeit, Diffusität oder Absurdität des Gezeigten, die aus der jeweiligen subjektiven wie gesellschaftlichen Position heraus und auf Grundlage etablierter Konventionen bewertet wird.[359] Entgegen der umrissenen Ablehnung derartiger Kontextualisierungen mancher *Oddbody*-Furby-Fans beziehen sich andere mit Hashtags wie *cursed* und *weird* auch gezielt auf das Seltsame. Exemplarisch wäre David Gardner (@long.furby.fam) zu nennen, der das ambivalente Affizierungspotenzial der *Oddbody*-Furbys gezielt einsetzt, um Viralität und ›Memwerdung‹ zu forcieren. Gleichzeitig transponiert er aus Memkontexten bekannte Motive wie das *doge loaf* als *furby loaf* ins Materielle.[360] Gardner denkt das Internetmem in der Objekt- wie Bildinszenierung bereits mit. Zuweilen tauscht er das Furby-Erkennungsmerkmal, die Gesichtspartie, mit jener anderer Spielzeuge aus und knüpft derart an die durch stetige Modifikationen gekennzeichnete Memlogik an (vgl. Tab. L, Abb. 5).[361]

»MOTHER?«, fragt die Bildunterschrift eines unter anderem mit den Hashtags #cursedimage, #funny, #weird und #alternative[362] verschlagworteten Instagrambeitrags Gardners, die Dargestelltes als Geburtsprozess eines *long furby* aus einem *furby loaf* deuten lässt, der sich vermutlich auf einem mit weißen Kissen ausstaffierten Bett vollzieht (vgl. Tab. L, Abb. 6). In Ermangelung von Eindeutigkeit, lässt sich jedoch nicht endgültig entscheiden: »Is this sex or birth?«[363] Zum auslegungsfähigen Bildinhalt gesellt sich dessen Absurdität bzw. Unerklärbarkeit, insbesondere für diejenigen ohne nötige Kennerschaft des Furby-Fandoms: »Imagine trying to explain this to someone who isn't in the furby fandom«[364]. Darüber hinaus scheint Gezeigtes eindringlich nachzuwirken: »I can not get this image out of my head«[365]. Auf die bereits qua Hashtagverbund angekündigte seltsam-komische Wirkung des Bildes lässt sich auch anhand weiterer Nutzer*innenkommentare schließen: »THAT SHIT CURSED BY DEVIL«[366], »Kill it with fire«[367], »He ascends from hell«[368], »This picture had me silent for like 2 seconds before I just broke out in laughter«[369] oder »hahahahahaha what the hell«[370]. Indem Gardner die Artefakte in Situationen einpasst, die (für gewöhnlich) Lebewesen vorbehalten sind (z.B. Geburt bzw. Geschlechtsakt), begeht er einen kategorialen Bruch. Die auch über die Hashtags #weird und #alternative vermittelte Abweichung irritiert, befremdet und fasziniert im Sinne eines *cursed* oder *weird image* gleichermaßen und bietet in ihrer Absurdität einen Lachanlass. Während durch das Furby-*De-sign* zum einen eine eigene Variante eines liebenswerten Objekts geschaffen wird, resoniert der »style of oddity«[371] zum anderen in besonderem Maße und kann mittels Bildinszenierungen verstärkt zutage treten. Vermag es Furby bereits im Originalzustand gemischte Empfindungen auszulösen, tritt die Kippfigur in der Rezeption des *de-sign* noch deutlicher zutage, wie u/PolyPanda353 in einem Bildkommentar treffend resümiert: »Yeah, the comments on this were pretty mixed. ›Thanks, I hate it … it's glorious!‹ And ›OH GOD BURN IT WITH FIRE … where can I get one?‹«[372]

Fazit

Das interaktive Kultspielzeug Furby, welches sich in unterschiedlichen Modellversionen seit 1998 erfolgreich im Marktsegment der Unterhaltungselektronik behauptet, führt die Gestaltungslogik *machine cuteness* mustergültig vor. Seit Beginn zielt das Produktdesign konzeptuell auf affektive (Care-)Arbeit sowie eine möglichst langfristige emotionale Investition in eine scheinparitätische, auf Aktions-Reaktions-Mechanismen basierende Subjekt-Objekt-Beziehung: »The more you PLAY with me, the MORE I do! I will KEEP AMAZING you!«[1] Eine kompakt-rundliche, körperlich versehrte Flauschkugel gepaart mit einer nachrangigen, infantilen Persönlichkeit – auf jenem optischen wie verhaltensbasierten Schema gründet das herstellerseitig standardisierte Affizierungsvermögen des »Pelz-Computertier[s]«[2]. Aufgrund ihrer semantischen Offenheit und ikonischen Potenz bietet die reduzierte Formensprache, deren optische Signatur die unverkennbare Gesichtspartie ist, eine Projektionsfläche für individuelle Aushandlungsprozesse des (Liebes-)Objekts. Furby ist denn auch nicht nur als Konsumobjekt erstaunlich persistent, ebenso zentrieren zahlreiche Internetmeme und materielle fankulturelle Praktiken auf die fiktionale Ausgestaltung und kontexterweiternde Modifikation des hybriden Fantasiewesens.

Es sind gerade jene bereits in der Produktgestaltung angelegten ambivalenten Aspekte, welche die Kippfigur Furby auszeichnen und insbesondere der ersten Generation online ein vitales Nachleben bescheren. Herstellerseitig moderat dosiert und niedlich überformt, tritt die Monstrosität des Kompositwesens in seiner diskursiven Verhandlung überdeutlich zutage. Von konspirativen Kollektivierungsbestrebungen zu Rache- und Gewaltfantasien, Horrormythen von Verselbstständigung und maskierter Boshaftigkeit sind dabei nicht nur integraler Bestandteil der kulturellen Imagination eines ›Technologisch-Anderen‹, sondern resonieren ebenso in der angenommenen Doppelgesichtigkeit des Niedlichen. Produktaffirmative Modifikationen wie die *Oddbody*-Fanpraxis greifen ebenfalls in das werbeseitig mitgelieferte Referenzsystem ein und diversifizieren die eindimensionale Konzeption des ›liebenswerten Objekts‹ durch alternative Fanproduktionen. Als digital vernetzte Form des *adult play* zeigt sich die Abweichungsästhetik #oddbody in morphologischen Umgestaltungen des niedlichen Objekts, die von additiven Applikationen zu umfassenden, handwerklich voraussetzungsvollen ›chirurgischen‹ Eingriffen in das Erscheinungsbild reichen. Kennzeichnend für jene körperlich ›verAnderten‹ kreatürlichen Hybride ist die Inkohärenz der patchworkartig kompilierten Einzelteile. Mit den Stilmitteln des Seltsamen operierend, durchkreuzen jene *De-sign*-Strategien geläufige Lesarten der »Gefühlsware«[3] Furby. Nunmehr ›verpfuschte‹ Plüschtierpräparate weisen *Oddbody*-Furbys eine Nähe zu »crap taxidermy«[4] auf, deren groteske Kreaturen ebenfalls Elemente des Seltsamen und Unheimlichen bespielen.

In der Zusammenschau von Fanpraxis, Memen und Gegenwartskunst gewinnt die These an Kontur, dass die Hybridisierung von divergenten ästhetischen Kategorien wirkungsästhetisch jenes verstörend-fesselnde *je ne sais quoi* reflexiv werden lässt, welches bereits dem konventionellen, kommerziellen Niedlichen als affektiver Trigger gilt: »Whatever they make you feel, it's never nothing.«[5]

Dass Niedlichkeit auch dort existiert, wo sie am wenigsten vermutet wird, vergegenwärtigt analysiertes Bildmaterial zu den ›schwarzen‹ Stilgemeinschaften Gothic und Black Metal. »The origin of black metal is very obvious. Things just got more and more serious.«[6] Der montierte Dreischritt von der niedlich-harmlosen Pandabärengruppe über die überzogen-komödiantisch, mehr *camp* als *true* wirkende bzw. mehr Soft- als Hard-Rockband Kiss bis zur ›todernsten‹ und ›absolut bösen‹ Black-Metal-Formation Gorgoroth kontrastiert Ernsthaftigkeit, Verbissenheit und Böses ergo *trueness* als stereotypes Black-Metal-Paradigma mit Unbedarftem, Spielerisch-Albernem und Harmlosem ergo konventioneller Niedlichkeit, präsentiert Black Metal jedoch qua Gedankenexperiment zugleich als Abkömmling selbiger (vgl. Tab. F, Abb. 3). Über eben jenes Spiel mit Analogien sowie Friktionen antithetisch-konventionalisierter Stilmittel definiert sich der Umgang mit ›unfreiwilliger‹ bzw. unbeabsichtigter Niedlichkeit im Black Metal. Auch Gothic weist Verbindungen zum Niedlichen auf. Die gotische ›Niedlichkeitsnische‹ kennzeichnen Phänomene des Gruselig- bzw. Unheimlich-Niedlichen, *creepy cute;* ein ästhetisches Mischverhältnis, das zuweilen einen seltsam-befremdlichen Eindruck hinterlässt. Die Zusammenschau ästhetischer Produkte im Kontext beider Stilgemeinschaften fördert die bidirektionalen Strategien der Verniedlichung des Ernstmachens bzw. ›Bösen‹ und ›Evilisierung‹ des Niedlichen zutage; es entstehen ›schwarze‹ Schattierungen des Niedlichen und niedliche Schattierungen des ›Schwarzen‹. Erst kanonisierte ästhetische Codes lassen Brüche sowie konzeptuelle Einhegungen überhaupt möglich und sichtbar werden.

In nostalgischem Gedenken an ein bereits vergangenes Industriezeitalter entwirft das gotische Subgenre Steampunk verglichen mit den *Smart-toy*-Modellen Cozmo und Vector eine abweichende Version maschineller Niedlichkeit, *retro (creepy) cute.* Fungiert das betont technoide Design der *smart toys* als Blendwerk eines komplexeren technologischen Unterbaus, kennzeichnet Steampunk unter ästhetischem Rückgriff auf die Vergangenheit ebenfalls ein derartiges Täuschungsmanöver, jedoch häufig als bloßer Dekor ohne real-technische Grundlage. Beide verniedlichenden ästhetischen Überformungen suggerieren Harmlosigkeit wie Vertrautheit und zielen auf die Etablierung eines Wohlbehagens in Anbetracht der technologiedurchwirkten Gegenwart; einmal via vergangenheitsverklärendem Eskapismusangebot; einmal konfrontativ zur Akzeptanzförderung gegenwärtiger Technologien.

Mit der Trias Flauschigkeit, Massigkeit und Quetschbarkeit widmet sich *The Cute Show* der materialen Beschaffenheit sowie maximal manierierten Gestalt/ung des Tierlich-Niedlichen. Zuvorderst auf Instagram zum Besten gegeben, rücken mit den Hashtagpaarungen #fluffy, #chunky und #squishy #cute sowie anhand formalästhetischer und inhaltlich-konzeptioneller Analogienbildungen Be-Deutungskomplexe in den Fokus, die das Tierlich-Niedliche nach der Gemengelage von (noch) genießbarer Ambivalenz und affektiven Kippmomenten befragen lassen. Stets menschgemacht, legt das tierliche Imaginativ eine paradoxe Besessenheit der Gegenwart mit dem Tier in der Rolle als sozialkompatibler ›Freak‹ offen, der den Status des ›Anderen‹ im Zuge niedlicher Überformung nur vorgeblich verliert; anthropomorphisiert und personifiziert wie nie, erscheint das Tier im Dienste des Liebenswerten zugleich zugerichtet und verdinglicht wie nie. Als Mitleidstrigger sind durch Stilisierung erwirkte Versehrung und der damit einhergehende Eindruck von Bedürftigkeit und Minderwertigkeit dem Beziehungswert des Tieres sowie dem Niedlichen sogar zuträglich.

Wann aber verliert der ›in Form gebrachte‹ Tierkörper im weitesten Sinne seine Anziehungskraft? Allgemeingültige Aussagen lassen sich nur schwerlich treffen, ist der Kippmoment doch selbst ein multidimensionales, situatives Arrangement. Dennoch zeichnen sich bestimmte Gefüge ab, in denen die stark hervortretende Ambivalenz des Tierlich-Niedlichen dieses inkonsumerabel erscheinen lässt und negative Affekte überwiegen. Die angeführten Be-

Deutungskomplexe berechtigen zu der Annahme, dass das Tierlich-Niedliche insbesondere immer dann nicht Kurs hält, wenn ein Realitätseindruck überhand- und Unmittelbarkeit abnimmt. Maßgeblich durch spielerische Elemente und »ästhetische Zweideutigkeit«[7] charakterisiert, scheint eine eindeutige Lesart dem Unterhaltungswert abträglich, führt diese die anthropogenen Perversionen, welche die Sehnsucht nach dem Niedlichen gebärt, deutlich vor Augen; wenn das Niedliche beschämt, schlägt Ethik Ästhetik. Kündigt das Tierlich-Niedliche seine ihm erteilte Funktion als *happy object* bzw. sein Glücksversprechen auf, erfährt die tragische Komödie des ›Anderen‹ plötzlich eine reflexive Wendung: *the cute shows.* Es gerät in den Blick, dass der Werkstoff Tier im Kontext niedlicher Gestalt/ung ein fragwürdiges Licht auf den Menschen im 21. Jahrhundert wirft – »*(heavy breathing)*«[8].

Interferenzen: Das Niedliche quergedacht

Nachfolgende Bildbeispiele ermöglichen es, Verbindungslinien zwischen den drei untersuchten Teilbereichen zu ziehen, die sich in den ambivalent besetzen Imaginativen des ›Tierlich-, Technologisch- und Gesellschaftlich-Anderen‹[9] überschneiden. Im Kontext dieser normativ-relationalen Kategorien ist Niedlichkeit bzw. Verniedlichung von entscheidender Bedeutung, vermag sie doch, Nähe-Distanz-Dynamiken zu regulieren, entlang derer ›VerAnderung‹ maßgeblich stattfindet.

Fluffy, destroyer of worlds – Kippfigur Pelz-(Computer-)Tier

Extreme Aufsicht, homogenes beigebraunes Kolorit sowie partielle Unschärfe (vgl. Tab. M, Abb. 1); während sich das fotografisch festgehaltene Motiv erst auf den zweiten Blick erschließt, springt die kontrastfarbig in Weiß abgesetzte Textebene des Bildmakros sogleich ins Auge: »EVIL FURBY!!!« Jenem exklamatorischen Hinweis zum Trotz irritiert die portraituntypische Kameraperspektive die Wiedererkennbarkeit und Einordnung der abgebildeten flauschigen Kreatur, bei der es sich mitnichten um besagtes elektronisches Plüschtier, sondern um eine verdrießlich[10] dreinblickende Perserkatze handelt. Mit Ausnahme des im Anschnitt erkennbaren Schwanzes und der kontrastfarbigen Schnurrhaare ist deren Körper optisch lediglich als ovales Fellbündel auszumachen. Der Eindruck anatomischer Unförmigkeit wird durch ihren überproportional aufgeblasenen Schädel im Bildvordergrund betont. Der weitwinkligen Aufnahme geschuldet, karikiert jener optische (Verzerrungs-)Effekt die Deformation der tierlichen Repräsentation, die bereits züchtungsbedingt durch Kurz- bzw. Rundköpfigkeit, *Brachycephalie* genannt, gegeben ist. Obgleich der Schnappschuss den Holzdielenboden und nicht die nahezu bildfüllende Langhaarkatze im Fokus hat, lässt sich deren Gesichtspartie bei eingehender Betrachtung dennoch zwischen all den Haaren ausmachen. Die platte, tief ins Fell eingelassene und auf einer Höhe mit den Augen befindliche Stupsnase verleiht dem Gesicht eine flächig-breite Wirkung. Zusammen mit einem hervorstehenden Unterkiefer und tiefen Hautfalten entlang der Wangeninnenseiten entsteht jener missmutige, im konkreten Fall ›böse‹ bzw. ›übelsinnig‹ gedeutete Ausdruck, welcher vermenschlichend in das tierliche Mienenspiel hineingelesen wird. Als ein Markenzeichen von Perserkatzen ist besagtes Antlitz, das sogenannte »Peke-Face«[11], ein Hauptaugenmerk der Zuchtpraxis, gilt hierzulande jedoch als Qualzucht.[12] Morphologisch durch »ein rundes Gesicht mit großen, ausdrucksvollen Augen, eine runde, vorgewölbte Stirn und ein[en] gedrungene[n] Kopf«[13] gekennzeichnet, weist jene ästhetische Zurichtung des Tierkörpers ganz im Sinne von *cute design* eine Nähe zum Lorenzschen *Kindchenschema* auf, treibt hier jedoch deutlich groteskere Blüten.

Die Obersicht abstrahiert nicht nur von der anatomischen Realgestalt und rückt diese optisch in die Nähe eines tierlichen Partialobjekts, sondern macht ebenfalls eine räumliche Kontextualisierung unmöglich. Anstelle von Orientierung und Eindeutigkeit unterstützt die Kameraperspektive den Eindruck eines intertextuellen Vexierbilds, das felines Haustier über Formanalogien – ›Fellkugel mit Gesicht‹ – mit morphologisch uneindeutigem Elektrospielzeug gleichsetzt. Auch im Fall von Furbys stark vereinfachtem ›Kopffüßler‹-Design ist es vor allem die auf einer Hartplastikplatte montierte Visage, welche dem niedlich konnotierten Konsumobjekt ein Gesicht verleiht und als optische Signatur seinen Wiedererkennungswert gewährleistet. Die Ikonizität jenes physiognomischen Merkmals, das Responsivität bzw. ein lebendiges Gegenüber suggeriert, ist wiederum Voraussetzung für seine kontextvariablen Transplantationen in *oddbodies*.

Das Bildmakro vereint zwei kulturell ambivalent besetzte Imaginative: die *Othering*-Denkfiguren ›Tier‹ und ›Roboter‹. Mit Perserkatze und Furby werden kategoriale Repräsentanten aufgerufen, deren Körper planvoll ästhetisiert, d. h. für die manieriert-niedliche Form zugerichtet wurden. Ihre protoniedliche Gestalt/ung – klein, rund und flauschig – vermag jedoch nicht über ihren Status als Kippfiguren hinwegzutäuschen – *evil* sind sie trotzdem bzw. gerade, weil sie ›so süß‹ sind. Das Eigenschaftswort spielt somit auf jene Grundambivalenzen an, welche sowohl fest in den kulturellen Vorstellungen des Robotischen und Tierlichen als auch des Niedlichen verankert sind. Kommt alles zusammen, ist höchste Wachsamkeit geboten, potenziert sich derart doch die Ambivalenzerfahrung.

Kognitive Komplexität, unberechenbare Launenhaftigkeit sowie ein nicht korrumpierbarer Eigenwille, das diskursdominierende Psychogramm vom ›Wesen‹ der Katze scheint der ›menschlichen Natur‹ in besonderem Maße zu entsprechen. Persönlichkeit und Individualität, die dem emotional besetzten ›Intimtier‹ aufgrund eines vergleichsweise hohen Autonomiegrades attestiert werden, wirken dabei zugleich anziehend wie abstoßend, stehen Katzen nicht nur aufgrund ihrer kulturgeschichtlichen Verbindung zu Hexerei und schwarzer Magie unter Manipulationsverdacht. Dass sie als ›drollige‹, menschliches Personal befehligende ›Imperatoren‹[14] zumindest imaginär empfindlich am etablierten Machtgefüge zwischen Menschen und Tieren bzw. niedlichen Objekten rütteln, davon zeugen zahllose vermarktungsfähige Sinnsprüche. Die Frage, wer hier eigentlich wen kontrolliert, wird dabei stets zuungunsten des sich bereitwillig in sein selbstgewähltes Schicksal ergebenden »Dosenöffners«[15] beantwortet. Als Vorzeigeagenten des Niedlichen genießen Hauskatze und flauschiges Elektrospielzeug die Intimität der häuslichen Privatsphäre. Obgleich der ›Türöffner‹ *cute design* die unheimlichen Aspekte des ›Tierlich- bzw. Technologisch-Anderen‹ über *positiven Anthropomorphismus* abzuschwächen oder vielmehr in moderate, lustvoll-ambivalent erlebte Bahnen zu lenken sucht, haften die aversiv-angstbesetzten Lesarten weiterhin der Dingbiografie an und kommen vorrangig mittels vernakulär-kollektiver Bildpraktiken und -medien wie Bildmakros und GIF-Animationen zum Ausdruck. In unaufgelöster Spannung alternieren die Kippfiguren daher zwischen individuierender Vermenschlichung und schematisierter Verdinglichung, schamloser Nähe, gar Fantasien der Einverleibung, und argwöhnischer Distanz. Grundsätzlich dient das ästhetische Vokabular des Niedlichen zur ›Einhegung‹ von Alterität, die – niedlich überformt – annektiert wird und derart an Bedrohlichkeit verliert: »the cute transforms transgressive subjects into beloved objects.«[16] So zumindest die Theorie, mit der auch die kommerzielle Gestaltungspraxis *cute design* kalkuliert. Gleichwohl lassen die gemischten Gefühle, welche das de facto durchaus ambivalent verhandelte niedliche Objekt triggert, erkennen, dass diese Annahme in der Praxis nicht aufgeht.

Im Domestikationsprozess der Verniedlichung gehen Affirmation und Verleugnung von Andersartigkeit Hand in Hand.[17] Jene paradoxe Doppelbewegung bildet die Grundlage für das Kippmoment. Obgleich das Mem überdeutlich[18] vor den ›teuflischen‹ Abgründen des Niedlichen warnt, steht eines völlig außer Frage: die Kreatur stellt zu keinem Zeitpunkt eine tatsächliche Gefahr dar. Bildimmanent verdeutlicht das nicht zuletzt die Wahl der Kameraperspektive. Das Niedliche wird zunächst symbolisch vergrößert bzw. ›evilisiert‹, nur um es anschließend erneut verkleinern und verlachen zu können: Selbst, wenn *evil* Furby als Perserkatze in Erscheinung tritt, was könnte er schon ausrichten? Wie zur proaktiven Selbstberuhigung wird das Maliziös-Niedliche derart als Unsinniges entlarvt und erleichtert ob des kollektiven kulturellen Hirngespinsts der Lächerlichkeit preisgegeben – *BEWARE!!!*

Das Matroschkaprinzip (Steampunk-Furby)

Die Steampunk-Uchronie setzt mit der Erfindung der Dampfmaschine im 19. Jahrhundert ein. Unter Berufung auf eine fiktionalisierte Vergangenheit des Viktorianischen Zeitalters entwirft die Makerszene eine aus der Alternativweltgeschichte resultierende Gegenwart, deren maßgebliches Kennzeichen der sichtbare Bezug auf Mechanisierung ist. Die Sichtweise auf damalige Technologie ist hierbei zumeist nostalgisch-glorifizierend und verharmlosend. Insbesondere in filmischer Verarbeitung schwankt das generierte ›Technologisch-Andere‹ jedoch zwischen Faszination und Bedrohung, da die Angst menschlichen Kontrollverlusts über die mechanisierten Kreaturen stets mitschwingt. Die von »kühle[r], glatte[r]«[19] und intransparenter Technologie durchwirkte Konsumgesellschaft gilt der Stilgemeinschaft als Gegenpol. Mittels Zahnrädern, Kupferkolorierung und weiteren Paraphernalia mit fiktional-historischer Verweisfunktion, die paradoxerweise selbst massenproduziert sein können, werden (antiquarische) Objekte zu neuartigen Artefakten umgestaltet oder aktuelle Technik qua ästhetischer Überformung »in ein imaginäres Gestern versetzt«[20]. Derartige Singularisierung generiert einen stilgemeinschaftsspezifischen Fiktionswert; die Artefakte werden fiktional-historisch kontextualisiert und so symbolisch aufgeladen.

Gegenwärtige Vorstellungen vom Robotischen, speziell die vom Gestaltungsprinzip *machine cuteness* geprägte soziale Robotik, lassen sich mit den Technikvisionen und Stilmitteln des Steampunk kontrastieren, sind sie doch Produkt der vergleichsweise rasanten und intransparent-unkontrollierten technologischen Entwicklungen, die Steampunk bewusst ausspart. Taugt Technik der Menschheit hier als beherrschbares, wenn auch zuweilen beängstigendes Hilfsmittel und Prothese, situiert sich die soziale Robotik vielmehr »irgendwo zwischen deinen Dingen […] und deiner Familie«[21]. In Verrichtung und Inanspruchnahme affektiver Arbeit fungiert der soziale Roboter nicht mehr nur als funktionales Instrument, sondern übernimmt als aktiver Bestandteil von Affizierungsgefügen ihm hersteller-, subjektseitig und gesellschaftlich zugewiesene sozial-emotionale Funktionen; einen Anspruch, den die Steampunkvision nicht an das Technologische stellt.

Während sich Steampunk Maschinellem häufig nur in Form eines funktionslosen ästhetischen Stilmittels bedient, ersteres dabei jedoch sichtbar als artifiziell und menschgemacht ausweist, arbeitet soziale Robotik an einer Naturalisierung und Maskierung des ›Technologisch-Anderen‹ zugunsten *kommunikativer Transparenz,* die sie durch fragmentarischen Anthropomorphismus und niedliche Gestaltung zu erreichen sucht. Gleichermaßen hochgradig manieriert, sollen Produktdesign und Ko-Narrative die Künstlichkeit camouflieren, um den Beziehungswert zu steigern. Wie auch die idealisierte Technikvision des Steampunk bespielt das Design sozialer Roboter das Motiv technologischer Unschuld.

Im Falle des abgebildeten Makerhybriden paktieren Steampunk und das *smart toy* Furby als komplexitäts- und funktionsreduziertes Derivat sozialer Robotik (vgl. Tab. M, Abb. 2). Gänzlich ›entflauscht‹ birgt die mit goldfarben-patinierten Zahnrädern, Nickelbrille, Schrauben und Muttern sowie kupferfarbener Kolorierung ausgestaltete Oberfläche einen funktionsfähigen Furby; einen »emoto♥tronic Friend«[22] der 2005er-Generation, darauf lassen die noch sichtbare gummierte Schnabel- sowie charakteristische Augenpartie und ausdifferenzierte Zehenglieder schließen. Als elaborierter *Oddbody*-Furby begriffen, handelt es sich hier um eine Steampunk-Fanproduktion, die das Objekt in ästhetischer Abweichung vom Originalzustand als Unikat singularisiert und dessen Dingbiografie modifiziert. Ästhetische Referenzen auf mechanische Technik sowie eine real-technologische Objektgrundlage, die Steampunkdekor häufig missen lässt, treten hier gemeinsam auf. Auf den ersten Blick als ›Ausstülpung‹ des mechanischen Unterbaus lesbar, entbehrt die ästhetische Überformung aber de facto jedweder technologischen Fundierung. Dass eine betont technoide oder industriell-mechanische Ästhetik wie jene des Steampunk in Allianz mit Stilmerkmalen von *cute design* und Anthropomorphismus dem Beziehungswert eines sozialen Roboters sowie technologischer Transparenz nicht zwingend abträglich ist, davon zeugen bereits die (Film-)Roboter WALL·E, BB-8 oder R2-D2 sowie Cozmo und Vector. Die auffällig mechanisch-technische Hülle funktioniert weiterhin als ungeöffnete Blackbox zugunsten »falsche[r] Einfachheit«[23] – über das zugrunde liegende komplexe Innere erfährt man noch immer nichts. Ebenso wie Flausch und Fell im Originalzustand als affizierungssteigernde Surplus und Camouflage des Technologischen im Dienste des Niedlichen herhalten, fungiert die Steampunk-Ästhetik hier ersatzweise als auffälliges Blendwerk mit gleicher Wirkung: Nach ›Matroschka-Prinzip‹ erlaubt auch diese Oberfläche keine Rückschlüsse auf die technologische Grundlage.

Die Kippfigur Furby wird durch den Körperpanzer nicht nur eingehegt, sondern geradezu eingehaust, wodurch sein ohnehin eingeschränkter Aktionsradius vollends eliminiert zu werden scheint. Abhängig von der Lesart schwankt die Wahrnehmung der metallenen Umhüllung zwischen selbstermächtigender maschineller Prothese und Eiserner Jungfrau. Obgleich die dekorative, simuliert-metallische Gestaltung das Artefakt abweichend vom herstellerseitigen Produktdesign vergleichsweise wehrhaft und vermeintlich weniger zugänglich erscheinen lässt, ist jene ästhetische Überformung dem Niedlichen jedoch wenig abträglich. Vor allem die qua Nickelbrille betonte Augenpartie sowie die fühlerähnlichen Ohren spielen diesem eher zu. Mittels Steampunkrüstung wird das eigentlich technologisch komplexere elektronische *smart toy* Furby optisch remechanisiert. Ein Wissen um die Steampunk prägende Vorstellung einer prothetischen Mechanisierung der Natur, von Körpern oder Tieren zu mechanisierten Hybriden, befeuert sogar den Gedanken an eine Beseelung und Lebendigkeit des unter der Hülle Befindlichen. Darüber hinaus tragen die als Armglieder assoziierbaren Zahnräder nicht dazu bei, den Eindruck körperlicher Versehrtheit und Handlungsunfähigkeit zugunsten objektseitiger Ermächtigung zu zerstreuen. Die ästhetische Überformung durch Steampunk funktioniert hier vielmehr im Fahrwasser des Niedlichen und passt den als Abweichung bezeichneten,[24] schwulstig-felligen und vergleichsweise ›zu menschlich‹ gestalteten Emototronic Furby sogar optisch wieder der sonst linearen Produktentwicklung an.

»Vom Erhabenen zum Lächerlichen ist es nur ein kleiner Schritt[]«[25] – *waddle, waddle*

Soeben der Meeresbrandung entstiegen, präsentiert das Bildmakro auf Textebene in Schaustellersprech – »AND HERE WE SEE […]« – eine kuriose

Tierart, den »BLACK METAL PENGUIN« (vgl. Tab. M, Abb. 3). Der als exotisches Spektakel angekündigte Mensch-Tier-Hybrid vereint den Kopf von Abbath, einem Mitglied der Black-Metal-Band Immortal, mit dem Körper eines Pinguins. Nahtlos montiert gehen die schwarze Haarpracht und das charakteristische sanduhrförmige schwarzweiße *corpse paint* der Kultfigur in den gleichfarbigen Tarnfrack des menschenähnlich aufrechtgehenden Pinguins[26] über – *absolute unit!* Das mittels formaler Analogien erzeugte Vexierbild hybridisiert das ›Tierlich-Andere‹ als Differenzfolie der menschlichen Spezies mit dem intraspezifischen ›Gesellschaftlich-Anderen‹, hier Black Metal, zu einem chimärischen ›Freak‹.

Die Proportionen des Pinguins – ein im Vergleich zum stämmig-untersetzten Körperbau kleiner Kopf – werden adaptiert, bergen in Neuarrangement mit dem Menschlichen jedoch Irritationspotenzial. Das Gesicht Abbaths zeigt zu weißen Schlitzen verengte, pupillenlos-inhaltsleere Augen und schwarz geschminkte Lippen, deren Mundwinkel nach unten verlängert wurden. Eine Nase ist auf der weißen Fläche zwischen Augen und Lippen nicht zu erkennen. Der Gesichtsausdruck wirkt so missmutig-entschlossen bis finster-aggressiv und lässt die Flossen- und Körperhaltung des Pinguins als kämpferische Pose lesen; eine bedrohliche Präsenz, die zudem durch die formatfüllende, mittige Positionierung getragen wird. Ist der *Black Metal Penguin* im Begriff, sich zu nähern, subvertiert das Wissen um dessen Tollpatschigkeit und täppisch-watschelnden Gang an Land die soeben formulierte Ernsthaftigkeit und Aggressivität. Das qua Analogie entfachte Gedankenspiel rückt die Fellzeichnung des Pinguins zudem in eine assoziative Nähe zum Schwalbenschwanzfrack, der mit Eleganz und Kultiviertheit sowie insbesondere mit gesellschaftlicher Etikette konnotiert ist. Eigenschaften, die Black Metal als Kontrapunkt dienen bzw. denen Black Metal stereotyp entgegensteht. Die Vorstellung des grimmigen Abbath in einem Anzug mit Schwalbenschwänzchen, dazu noch ziemlich *chunky*, lässt die aufgeführte Bedrohung lächerlich erscheinen.

Mit Blick auf ›entfesselte Naturgewalten‹ wie Männlichkeit, Archaik und Ernsthaftigkeit reklamiert die Inszenierung des Black Metal das Erhabene für sich. *Trueness* zielt mit aller Konsequenz auf spaßbefreit-verbissene Unerbittlichkeit. In der Chimäre *Black Metal Penguin* erhält das habituell-affektive Stereotyp des ›Ernstmachens‹ und das formulierte ›Große‹ ein karikatureskes Gepräge, das qua aufgerufener Differenz Lachanlass bietet. Das Analogiespiel zwischen *corpse paint* und Pinguin resultiert in einer verzerrt-deformierten, grotesk-komischen »Ungestalt[]«[27]; auf inhaltlicher Ebene wird

›das Erhabene‹ anhand des niedlich-tollpatschigen, dümmlich-lustigen Pinguins ›verkleinert‹, parodiert und derart dem Verlachen preisgegeben.[28] Gerade Verniedlichung, wie sie hier exemplarisch über die Figur des Pinguins strategisch Einsatz findet, kann als ›Verkleinerungsstrategie‹ par excellence im Dienste des Lächerlichen operieren, vermag sie es doch, das Zielobjekt eines ›Rockzipfels‹ bedürftig zu machen[29] und in ein asymmetrisches Machtverhältnis einzupassen, das für das Lächerliche als »eine *Empfindung des Intellekts*«[30] und »Überlegenheitsgefühl«[31] ebenfalls kennzeichnend ist. Das Lächerliche ist folglich unter taktischem Gebrauch des Niedlichen zu erreichen; beide sind mit Konrad Paul Liessmann und Sianne Ngai als Kehrseiten des Erhabenen zu verstehen.[32] Eine Beziehung zwischen Niedlichem und Lächerlichem ergibt sich darüber hinaus über das Merkmal der Deformation. Während diese formal wie inhaltlich als zentrales Kennzeichen niedlicher Gestalt/ung gelten kann, unterhält das Lächerliche eine derartige Verbindung über die in der »Bildtradition des Grotesk-Komischen«[33] stehende Karikatur, die eine verzerrte bzw. deformierende Wiedergabe auszeichnet. Als »tiefsinnige[], unzensierte[] Spielerei«[34] steht das Grotesk-Komische wie auch das Niedliche[35] zudem in Zusammenhang mit dem Spielerischen. Das Bildmakro kennzeichnet ein komplexes Nähe-Distanz-Verhältnis. Die hier strategisch eingesetzte Niedlichkeit fungiert als Aufhebung der Distanz, die Black Metal zu etablieren sucht, und konstituiert durch Degradierung des sich übermächtig Gebärdenden zugleich ein neues asymmetrisches Machtverhältnis zugunsten der Rezipierenden. Die Vorzeichen des Erhabenen werden invertiert. Die angewandte *Enfreakment*-Strategie weist Dargebotenes eindeutig als ›anders‹ aus und hält derart Distanz aufrecht.

Lässt sich Dargestelltes doch als ›dem Erhabenen enthoben‹ und dem Lächerlichen preisgegeben lesen, spricht die verneinte rhetorische Frage »ISN'T IT SO BRUTIFUL« dem Abgebildetem durch die Zuschreibung des Brutal-Schönen wörtlich wiederum ehrfürchtige Bewunderung zu, legt sie doch als Antwort einzig Bestätigung nahe. Durch Kontraktion der Adjektive *beautiful* und *brutal* zu *brutiful* entsteht ein mehrdeutiger textueller Hybrid. Einerseits kann brutal als Steigerungsform von schön zu sehr schön bzw. wunderschön begriffen werden, andererseits lässt sich *brutiful* auch als kopulative oder determinative Adjektivpaarung von brutal und schön fassen; als Kombination des Brutalen, Rohen, Gewalttätigen, Schonungslosen, stereotype ästhetisch-performative Codes des Black-Metal, mit dem Schönen oder aber ›angeschwärzte‹ Black-Metal-Version desselben. Gerade in Zusammenschau mit der Bildebene ist die Frage jedoch auch als Weiterführung der Karikatur zu verstehen, erfüllt Dargestelltes durch Deformation und Hybridität weder normierte ästhetische Maßstäbe des Schönen – »despoiled by a single pimple«[36] –, noch ist es in seiner Verpaarung mit dem Niedlichen ernstzunehmend brutal. Die wörtliche Auslegung als sehr bzw. wunderschön kann angesichts Abgebildetem als normverändernd in Bezug auf die ästhetische Kategorie des Schönen aufgefasst werden oder aber ironisch bezugnehmen; die Entscheidung über die Lesart – über Erhabenheit, Ernsthaftigkeit und Komik – liegt beim Publikum.[37]

How to »spark joy«[38] in troubled times?

Obgleich das Konstrukt *cuteness* diskursiv hergestellt und historisch gewachsen ist, dünkt sich der konventionalisierte Niedlichkeitskomplex – Weiblichkeit, Infantilität, Harmlosigkeit, Unschuld, Care-Arbeit – unter dem biologistischen Anstrich Konrad Lorenz' geradezu natürlich. Gerade wenn Niedlichkeit als – Achtung: Widerspruch – »übergeordnete ästhetische Einzigartigkeit«[39], als Muster und Gestaltungselement erkennbar ist, zeigt sich deren Formelhaftigkeit und Konfektionierung. Die formale Engführung bei gleichzeitiger »Unverbindlichkeit und semantische[r] Blässe«[40] prädestiniert das Template als kontextflexibles »ready repertoire for sense-making«[41]. Im Gegensatz zu Stockfotografien ist es jedoch kein wohltemperiertes Verhältnis von »Reiz und Reizlosigkeit«[42], auf das Niedlichkeit als Konsumästhetik par excellence abstellt, sondern eher ein standardisiert verbürgtes Affizierungspotenzial. Was derart konkret codiert ist, mit dessen ›Spielregeln‹ kann umso leichter gebrochen werden. Niedlichkeit ist als dynamisches Konzept aufzufassen, dessen Referenzsystem sich durch Einspeisung alternativer Ausdrücke bzw. Verlagerung innerhalb des ästhetischen Kontinuums verändern kann; auch Umwertungen sind jedoch vor einer Normierung nicht gefeit.

Eine Publikation, die sich mit Niedlichem beschäftigt, kommt nicht umhin, dieses auf verwandte ästhetische Konzepte und soziokulturelle Kategorien[43] zu beziehen. Während ein Exkurs zu *kawaii* zum obligatorischen Bestandteil thematisch einschlägiger Literatur gehört,[44] kann das nicht in gleichem Maße für Kitsch gelten. Angesichts der phänomenologisch wie konzeptuell augenfälligen Schnittmenge zwischen jenem »Internationalismus«[45] deutschsprachiger Prägung und der globalen Konsumästhetik *cuteness* mag dies verwundern; nicht zuletzt deshalb, weil beide diskursiv maßgeblich über affektive Qualitäten – ihre emotionalisierende Wirkung und erbauliche Funktion – charakterisiert werden. Im Fall von Kitsch ist das Emotionalisierungsvermögen jedoch ausnahmslos negativ konnotiert. Obgleich selbiger, vormals verderbte Antithese des Ästhetischen und hochkultureller Erregungsgarant schlechthin, seine provokative Vitalität als »Antichrist«[46] bzw. Verkörperung des »Bösen im Wertsystem der Kunst«[47] zwischenzeitlich eingebüßt und »als Feindbild [weitgehend] ausgedient [hat]«[48], haftet der Wortbedeutung weiterhin ein Degout – »die eindeutige evaluative Bedeutung einer negativen ästhetischen Bewertung«[49] – an. ›Geschmacklos‹, ›sentimental‹ und ›gekünstelt‹[50] ziele Kitsch auf eine »Anästhesie des kritischen Bewusstseins«[51] – gleiches ließe sich ohne weiteres gegen zahllose Artikulationen des Niedlichen vorbringen. Leicht zugänglich, billig produziert, einfach und schnell zu konsumieren, in seiner Wirkung jedoch wenig nachhaltig, inhaltlich vorhersehbar, austauschbar und allgegenwärtig, erfüllt das Niedliche sämtliche Aspekte des Banalen. Ungeachtet seiner belächelten Trivialität[52] ist der ›schlechte Geschmack‹ im niedlichen Gewand jedoch offenkundig in einem ganz anderen Maße vorzeigbar, massentauglich, konsensfähig, ökonomisch sowie ideologisch erfolgreich; die Omnipräsenz niedlicher Gestaltungprinzipien und die Praxis planvoller Verniedlichung auch außerhalb der Spielwarenabteilung zeugen hiervon.

Sein argloses Image prädestiniert Niedliches für einen strategischen Gebrauch; lässt es sich doch gerade im Windschatten des Harmlosen gut agieren. Zugleich wird das Unschuldsmotiv zwecks Rechtfertigung zuweilen invertiert: *so cute, I cannot help myself….* Schuld und verantwortlich ist nicht das vorgeblich entwaffnete Subjekt, sondern das manipulative niedliche Objekt. Unschuldsvermutung und aufmerksamkeitsgenerierende Wirkung von Niedlichem werden insbesondere in politischen Kontexten instrumentalisiert. Widerständigkeit bzw. Kritik, Stabilisierung sowie Desavouierung bestehender Machtverhältnisse können durch *Soft-power*-Strategien, d. h. planvoll eingesetzte Niedlichkeit stattfinden.[53] Eine Kategorie, die sich durch Ermächtigungs-Entmachtungs-Relationen auszeichnet, scheint besonders geeignet, dort Einsatz zu finden, wo Machtkämpfe ausgetragen werden. Hinsichtlich seiner Bündnispartner*innen ist Niedliches nicht wählerisch.

»Bin nur ein Fröschlein wo winkt«[54], lautet die Selbstauskunft eines von Stefanie Sargnagel erstellten Bildmakros, das die vom Comiczeichner Matt Fury geschaffene und anschließend von rechtsextremen Akteur*inn*en der US-amerikanischen *Alt-Right*-Bewegung um Donald Trump vereinnahmte Internetmemfigur Pepe the Frog zeigt.[55] Die Zeichen sprechen eindeutig gegen ihn, lassen sich braunes Shirt und Hitlergruß sowie schwarz-weiß-rote, flaggenähnlich quergestreifte Kopfbedeckung doch als stereotype Hinweise auf die Gesinnung der anthropomorphen Amphibie lesen. Die Aussage des Froschs spielt gleich auf mehreren Ebenen mit Verniedlichung bzw. Verharmlosung. Unter Verwendung des Diminutivs identifiziert sich Pepe selbst als ›Fröschlein‹, benutzt das »Universalpronomen«[56] ›wo‹ als umgangssprachlichen Ersatz des Relativpronomens und arbeitet derart an einer Selbststilisierung als harmloser ›Dummkopf‹. Auf der Metaebene kann das Mem als satirischer Kommentar auf rechte Verniedlichungs- bzw. Verharmlosungsstrategien gelesen werden. Sich planvoll ›klein‹ und bürgernah geben, gehört zur »Medienstrategie der Selbstverharmlosung«[57] rechtspopulistischer Akteur*inn*e*n bzw. Parteien wie der AfD – *cuteness* »[…] is in other words able to change meanings of ambivalent and simply negative issues […].«[58] Ist es Zufall, dass die gelbe Verzierung der Kopfbedeckung wie ein Heiligenschein der Demokratie über Pepes Haupt schwebt? Das Bildmakro verweist auf camouflierend-heuchelnde Rhetorik sowie das Stilmittel der Ironie, deren Uneigentlichkeit stets in Anschlag gebracht werden kann. Zugleich ließe es sich als Gesamtgesellschaftskritik lesen – »Blendung ist auch Tarnung!«[59] Oder: immer noch ›braun‹ trotz neuer Fassade; das Niedliche ist nicht per se unschuldig.

In Anbetracht von Globalisierung, Digitalisierung, Flexibilisierung, Säkularisierung und zeitgenössischen Lifestyle-Paradigmen wie *cleanness, conciousness* oder *minimalism* muten die prototypischen, spießbürgerlich konnotierten Habitate des Kitsches demgegenüber ewiggestrig an. Mit Blick auf Erscheinungs- wie Verwendungsweisen ist Kitsch dennoch nicht weit vom Niedlichen entfernt. Im Folgenden gilt es daher, beide Konzepte aufeinander zu beziehen, um hierdurch Alleinstellungsmerkmale des Niedlichen zu identifizieren, denn mit Synonymen haben wir es nicht zu tun. Oder etwa doch? Ist *cute* vielleicht schlicht die renovierte, globalisierte Version von Kitsch, sozusagen *Kitsch 2.0?* Wenn wir vom Niedlichen als einem dominanten ästhetisch-affektiven Signum der Gegenwart sprechen, ihm derart eine indikatorische Verbindung zum Zeitgeist unterstellen, welche Rückschlüsse lassen sich dann aus dessen Analyse für eine Gegenwartsdiagnose ziehen?

Mit Ausnahme von Simon May, der dem Vergleich zwischen Niedlichem und Kitsch ein, wenn auch kurzes, eigenes Kapitel widmet, ist Kitsch in den für *cuteness* zentralen Publikationen bestenfalls nebensächlich und augenscheinlich selbsterklärend. Ngai weist zwar darauf hin, dass Niedliches eine enge Verbindung zum Kitsch unterhalte, bedienten doch beide das »kulinarische«[60] Vergnügen des leicht Konsumierbaren[61], geht aber zu keinem Zeitpunkt näher auf den von ihr verwendeten Kitschbegriff ein. In ihrer Darlegung von Walter Benjamins Gedanken zur »falschen Einfachheit«[62] moderner, industriell hergestellter Spielwaren verwendet Ngai zudem die Bezeichnung »cute kitsch«[63]. Demzufolge scheint Kitsch durch Niedliches näher bestimmbar; das eine *(cute)* kann als Variation des anderen *(kitsch)* gelten.[64] In Joel Gns Ausführungen zum Niedlichen als Designprinzip *(cute design)* findet eine Besprechung von Kitsch ebenfalls nur oberflächlich statt. Wie Ngai ordnet auch er *cuteness* als eine Erscheinungsweise von Kitsch ein, bleibt in seiner Interpretation jedoch vage: »Because it is both culturally and mechanically reproducible, *cuteness may also be a form of kitsch.*«[65] Seine Kitschauffassung entlehnt Gn Jean Baudrillards Gedanken zur Konsumgesellschaft.[66] Mit der Bezeichnung *»Pseudoobjekt«*[67] verweist Baudrillard darin auf die nachahmende Verfasstheit des Kitschs, welcher »[d]er Ästhetik der Schönheit und Originalität [...] seine *Ästhetik der Simulation* entgegen[setze] [...].«[68] »Kitschobjekt«[69] und niedliches Objekt zeichnen sich durch einen vergleichbaren Abstraktionsgrad aus, sei zweiteres doch ebenfalls nie Bestandteil jener Sache oder Erfahrung gewesen, die es zu imitieren suche:

»[...] [C]uteness becomes a technology that at once simulates the human by distorting what is regarded as the human's ideal form and exaggerates the ideal, allowing it to be emulated in a playful fashion that is defined by Jean Baudrillard as *kitsch.* It would be erroneous to make kitsch synonymous with cute, but the latter, in its visual play, or allegorical intensification of intimacy, care and affection, renders positive anthropomorphism as a form of kitsch.«[70]

Einfachheit, Gefälligkeit, Sinnlichkeit, massenhafte Reproduzierbarkeit, Simulation, Stereotypisierungen, Emotionalisierung und Affektsteuerung – gemäß der auszugsweise referierten Literatur wäre hierdurch das Gemeinsame von Kitsch und *cute* benannt. Die Schnittmenge fällt damit nicht gerade gering aus und doch gehen die Konzepte weder ineinander auf, noch lassen sie sich als bruchlose Kontinuität denken. Ebenfalls in Verneinung einer synonymen Begriffsverwendung, denn *cuteness* sei nicht notwendigerweise Bestandteil von Kitsch,[71] macht sich Simon May die Mühe, jene »benachbarten Konzepte«[72] hinsichtlich ihrer Gemeinsamkeiten und Unterschiede zu befragen. Demnach kann Niedliches als elaboriertere ästhetische Ausdrucksform gelten, deren stilistisches Repertoire eine breitere emotionale Palette bespielt – »[c]ute can [...] evoke both gentle and unsettling emotions«[73] – und, das ist ergänzend zu betonen, subtile Zwischentöne zu treffen vermag. Ein Oszillieren zwischen »Vertrautem und Fremdem, Normalität und Groteske«[74] und somit eine Infragestellung von Konventionen findet sich nach May im Kitsch vergleichsweise selten, gehe es ihm gerade nicht darum, spielerisch an bestehenden Machtverhältnissen zu rütteln.[75] Neben der Formelhaftigkeit des Niedlichen, die durch ihre Fundierung im Lorenzschen *Kindchenschema* gleichermaßen auf dessen biologistische Dimension hindeutet, ist es vor allem die dynamisch nuancierte Gemengelage aus multivalenten, widerstreitenden Empfindungen, welche die affektive Dimension von *cuteness* kennzeichnet. Der fundamentale Unterschied zwischen Niedlichem und Kitschigem besteht dementsprechend in der Erfahrung von Ambivalenz, die Kitsch gänzlich vermissen lässt bzw. aktiv zugunsten einer ausnahmslos positiven Kohärenzerfahrung ausklammert, gründet seine konservativ-bewahrende Funktion doch gerade auf einer beruhigenden Perpetuierung des bereits bekannten Status quo.[76] Demgegenüber zielt die ästhetische Matrix des Niedlichen bereits in dessen kommerzialisierter Mainstreamversion *cute design* konzeptuell auf gemischte Empfindungen. Dies geschieht jedoch in domestizierter Form, so dass die anvisierte Ambivalenzerfahrung ästhetisch anregend, aber nicht zu aufregend ausfällt. Das besondere Affizierungsvermögen jener Inkongruenzen wird anhand von Oxymora, die Mischverhältnisse sprachlich zu fassen suchen, deutlich. Gerade deswegen kennzeichnet die exemplarisch untersuchten Phänomenbereiche formalästhetisch wie inhaltlich eine ausgeprägte Hybridität.

Wenn wir davon ausgehen, dass die gesellschaftliche Realität der Spätmoderne[77] durch Entfremdung[78] und somit multivalente, widersprüchliche Empfindungen[79] charakterisiert ist, die im Bereich ästhetischer Phänomene und Praktiken kontinuierlich ausgehandelt und immer wieder neu zur Darstellung gebracht werden, dann scheint die Ambivalenz wie Schwäche des Niedlichen dieser in besonderer Weise zu entsprechen. Das bruchlose Bild einer heilen Welt, wie es der Kitsch als »emotionale Heimstatt«[80] anvisiert, ist in seiner Naivität endgültig zu weit von der gegenwärtigen Lebensrealität entfernt, als dass es sich ohne eskapistische Abkehr von selbiger verfolgen ließe – »die Hauptleistungen des Kitsches [bestehen] in der *Entdämonisierung des Lebens* […], und zwar ausgerechnet da, wo jeglicher Augenschein dagegenspricht: Tod, Sexus, Krieg, Schuld, Not, Geburt, Gott usw.«[81]

»Life was, is, and never can be that simplistic.«[82] Dass mitnichten alles ›gut‹ ist bzw. wird, ist angesichts globaler Krisen und düsterer Zukunftsprognosen eine desillusionierende Erkenntnis des 21. Jahrhunderts. Die ästhetisch-affektiven Konstellationen des Niedlichen resonieren in der Verfasstheit der Gegenwart, weswegen jene ›kleinere‹ ästhetische Kategorie über eine besondere Passung verfügt und als »Zeitgeist-Chiffre«[83] lesbar wird. »Kitsch«, so resümiert denn auch May, »portrays a fake world and Cute a truer one.«[84]

Neben den gemischten Empfindungen, die zumindest eine leise Ahnung von jenem »numinosen Schauer« vermitteln, welchen der Kitsch nach Ludwig Giesz vollends »in rührende Idylle«[85] transformiert, mag auch die vermeintlich klare Rollenverteilung zwischen Subjekt und niedlichem Objekt ihren Teil zu einer – fraglos gebrochenen – Souveränitätserfahrung beitragen. An dieses symbolisch hergestellte Dominanzgefühl knüpft beispielsweise die nachfolgend skizzierte Sichtweise von Leslie Bow an. Die US-amerikanische Kultur fokussierend, stellt die Autorin *cute* in eine Traditionslinie mit Kitsch. Sie weist jedoch darauf hin, dass sich der für beide Kategorien kennzeichnende rassistische Blick mit *kawaii,* das Bow uneigentlich mit »›cute-style‹«[86] übersetzt, von afrikanischen Stereotypen auf asiatische verlagert habe: »new iterations of kitsch at the millennium are […] Asian and they are cute.«[87] Abgeleitet von *kawaii* sei niedliche Gestalt/ung fest im US-amerikanischen rassistischen Imaginativ verankert.[88] Die diskriminierenden Anteile ›verniedlichter‹ Karikaturen werden Bow zufolge jedoch durch die positive affektive Ansprache der Ästhetik überlagert und ließen sich daher leichter verdrängen: »[…] the anthropomorphic form complicates the association between racial caricature and harm through the affective responses evoked by the cute.«[89] Im Sinne einer weltumspannenden Konsumästhetik sind niedliche Objekte nach Maßgabe des japanischen Exportschlagers *kawaii* bzw. dem daraus abgeleiteten Schema *cute design* gestaltet. Die Omnipräsenz des Niedlichen, so eine mögliche Lesart, trägt dem asiatischen Raum als Wirtschaftsmacht Rechnung. Mit Bow ist eine Begründung für die Allgegenwart des Niedlichen daher in machtpolitischen Konstellationen zu suchen. Das Bedrohlich-Andere werde in einem Akt der Selbstvergewisserung wie -beruhigung symbolisch klein und somit unschädlich gemacht.[90] Insbesondere die »strategische Verschleierung des nationalen Ursprungs«[91] sei dafür verantwortlich, dass niedlich designte Konsumobjekte universellen Anklang fänden und sich naht- wie reibungslos in den globalen Warenkreislauf einfügten: »Japanese exporters of kawaii-style […] intentionally cultivated a deterritorialized, culturally neutral product adhering to the notion of *mukokuseki,* or the erasure of racial, ethnic, or cultural resonance.«[92] Derart ›dekulturalisiert‹ ist das niedliche Objekt eine Ware ›ohne Herkunft‹ und somit ohne produktionsbedingten, kulturspezifischen semantischen ›Ballast‹. Irritiert wird diese universelle Passung nach Meinung der Autorin just zu dem Zeitpunkt, an dem sich das ›staatenlose‹ Objekt relokalisiere, wodurch der latent mitschwingende Rassismus deutlich hervortrete. Allgemeiner formuliert: Niedliches wird immer dann zu einem solch »›haarige[n]‹ Objekt[]«[93], wenn seine ethisch-moralischen Kontexte reflexiv werden.[94] »At one level, the anthropomorphic object is appalling […]. But […] I also thought it was *adorable.*«[95]

Abbildungen

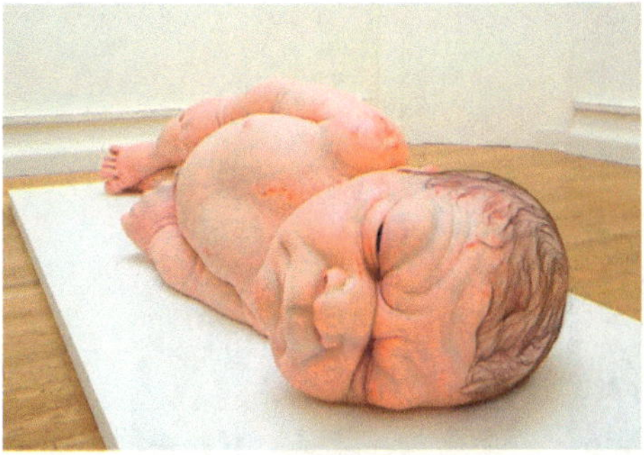
1

2

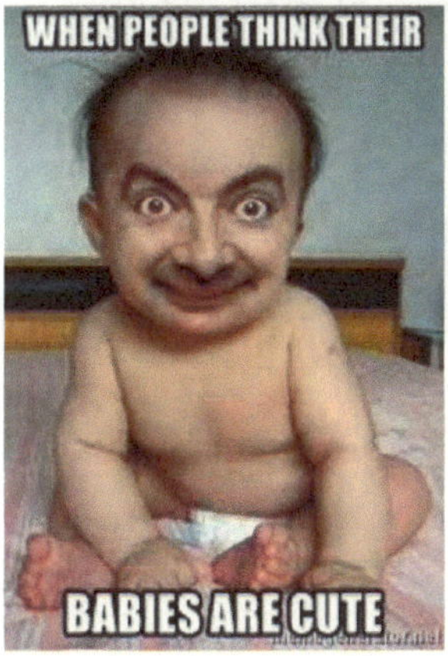

3

4

Abb. 1: Ron Mueck, *A Girl*, 2006
Abb. 2: Anne Geddes, o. T. aus der Serie *Heartfelt*, 2014
Abb. 3: *Mr. Bean* | *Babies are cute* (memegenerator.net)
Abb. 4: Qixuan Lim, *Gumball* aus der Serie *Sweettooth*, 2017

Tab. A: Einleitung – Kuriositätenquartett der Niedlichkeiten

1

2a

2b

3

5

4

Abb. 1: *Being cute is my job …* (me.me)
Abb. 2: *›Petfluencer‹ Tuna,* @tunameltsmyheart (Instagram)
Abb. 3: *Uhhhhh FISH please,* @AnimalsInPredicaments (Facebook)
Abb. 4: *Headless Cat,* @AnimalsInPredicaments (Facebook)
Abb. 5: *FAIL / Epic Fail – Squirrel Stuck in Bird House* (KnowYourMeme)

Tab. B: *The Cute Show* – ›Das Tier‹ als Werkstoff des Niedlichen

1

2

3

4

5 a–e

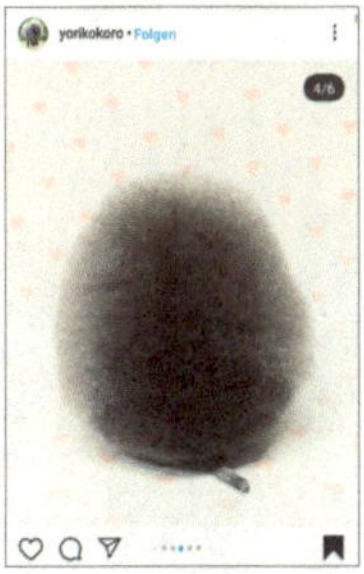

6

7

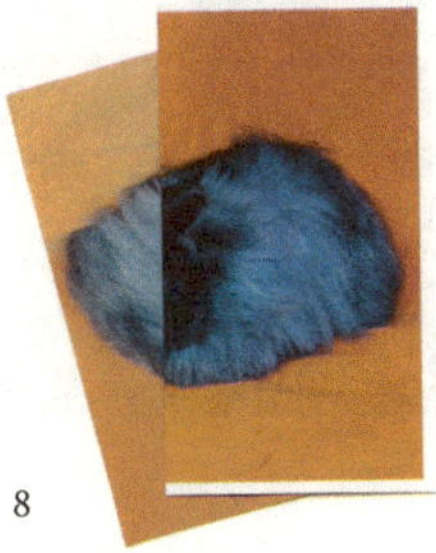
8

9

Abb. 1: *Fellbommel Pink Mini* (kostidesign.com)
Abb. 2: *Unicorn Pom Pom Keyring* von Primark
Abb. 3: Fendi *Bag Bug* aus Fuchs- und Kaninchenpelz
Abb. 4: Schlafendes Baby in Kunstpelzkugel
Abb. 5: *Teacup-pomeranian*-Mem (Bestandteil des Memkomplexes #fluffy #furball #cute)
Abb. 6: *RoundFluff*, @yorikokoro (Instagram)
Abb. 7: Yukai Qoobo, Modell *Husky Gray*
Abb. 8: Ruth van Beek, *Untitled (Silvergrey)* aus der Serie *The Hibernators*, 2011
Abb. 9: NEOZOON, *PELLICIUSIA URBANA*, 2011

Tab. C: #fluffy #cute – Flauschigkeit

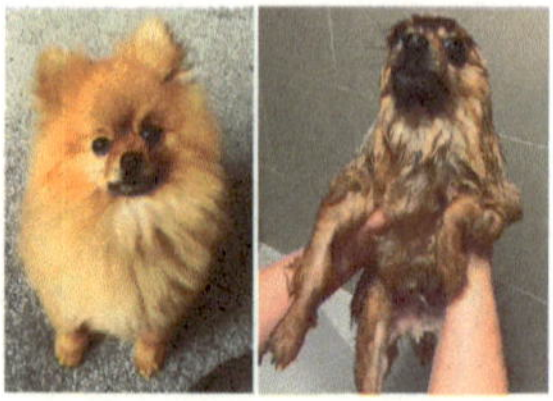

1

2 a+b

3

4

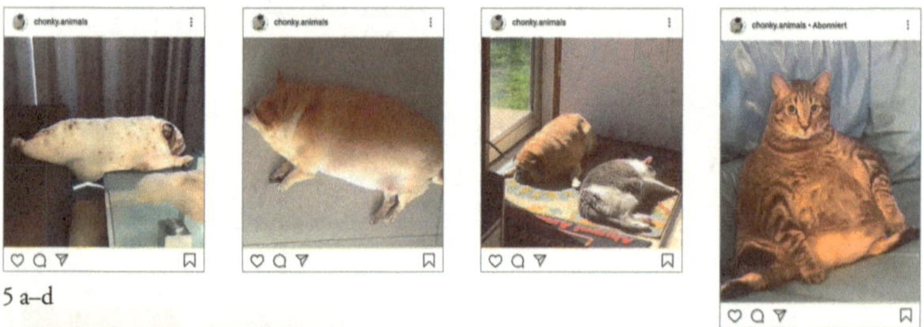

5 a–d

6

7 a+b

8

Abb. 1: *Before and after bath* (blaze-press.com)

Abb. 2: *I'm not fat, I'm fluffy*-Mem

Abb. 3: *CHONK Chart – OH LAWD HE COMIN* (Imgur), Detail

Abb. 4: *The Famous Lincolnshire Ox*, 1823

Abb. 5: @chonky.animals (Instagram)

Abb. 6: *How to welcome the Fat Cat* (YouTube)

Abb. 7: @wow_absolute_units (Instagram)

Abb. 8: 3D-Animation, @jelly-gummies (Giphy)

Tab. D: #chunky #cute – Massigkeit

1 a+b

2

4 a+b

3

5 a–c

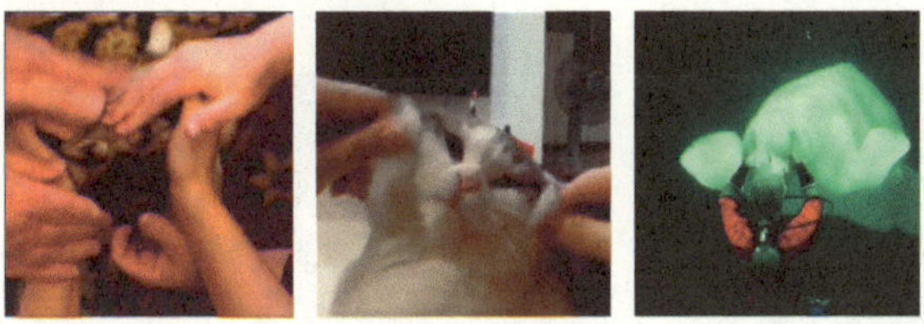

6 a–c

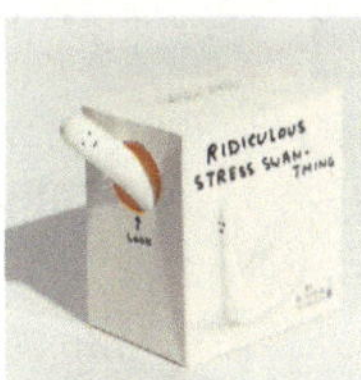

7

8

Abb. 1: *Kawaii Squishy Spielzeug* (amazon.de)

Abb. 2: *Elmyra hugs squirrel*, GIF-Animation (Giphy)

Abb. 3: *I want to…*, @TheGoodAdviceCupcake (Instagram)

Abb. 4: *Squishy*-Zerstörungsvideos | ASMR (YouTube)

Abb. 5: Tieredrücken am Beispiel Shiba Inu

Abb. 6: *#squish #squishy*, GIF-Animationen (Giphy)

Abb. 7: David Shrigley, *Ridiculous Stress Swan-Thing*

Abb. 8: Koji Ryui, *HAVE A NICE DAY*, 2014

Tab. E: #squishy #cute – Quetschbarkeit

1

2

3

4

5

6

7

8

9

Tab. F: Black Metal

10

11

12

13

VIA 9GAG.COM

14

15

16

Abb. 1: *Find the Panda*, @EspenWestum (Facebook)
Abb. 2: *Rabbit | Abbath* (wattpad.com)
Abb. 3: *Black metal evolution* (uncyclopedia.org)
Abb. 4: *Abbath Cat* (Pinterest)
Abb. 5: *Day 28 – They still don't know I'm a dog* (humoar.com)
Abb. 6: *Marduck, Duck Endless*, @BlackMetal-Memes (Facebook)
Abb. 7: Alexandra Crockett, *DJ Blackhawk mit Kater Fred* aus der Serie *Metal Cats*, 2014
Abb. 8: *Abbath Toddler in Sled*, @BlackMetal-Memes (Facebook)
Abb. 9: *Varg Vicatness* (Reddit)
Abb. 10: *Rasenmähen ist Krieg!* (majaktuell.wordpress.com)
Abb. 11: *Mit Black Metal ist alles Krieg!* (majaktuell.wordpress.com)
Abb. 12: JP Ahonen, o.T. aus der Comicreihe *Belzebubs – Trve kvlt documentary*, 2016
Abb. 13: *Norwegian Black Metal Crochet* (karabouts.typepad.com)
Abb. 14: *Black Metal Cereal…* (9GAG)
Abb. 15: *Meanwhile in Norway* (9GAG)
Abb. 16: *Abba + Abbath* (hugelol.com)

1

2

3

4

5

6

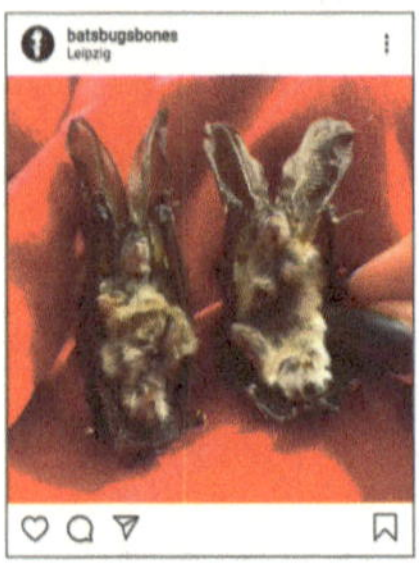

7

8

9

Abb. 1: *Beautiful day for Heidnisches Dorf*, @gruftifrango (Instagram)
Abb. 2: *Cthulu is watching you*, @lars.meissner (Instagram)
Abb. 3: *Victorian Childrens Outfit*, @henry_von_pechblende (Instagram)
Abb. 4: *Totenkopftorte*, @hassonimann (Instagram)
Abb. 5: *Schwarzes Bobby Car*, @bellina_rossellina (Instagram)
Abb. 6: *Vogelfrau*, @wgt_impressions.by.maria.held (Instagram)
Abb. 7: *Dried Brown long-eared bats*, @batsbugsbones (Instagram)
Abb. 8: *Cuteness for the day*, @seanryanmetalhead (Instagram)
Abb. 9: *Freiheit das zu sein was man braucht*, @kunstgenug (Instagram)

Tab. G: Gothic

10

11

12

13

14

15

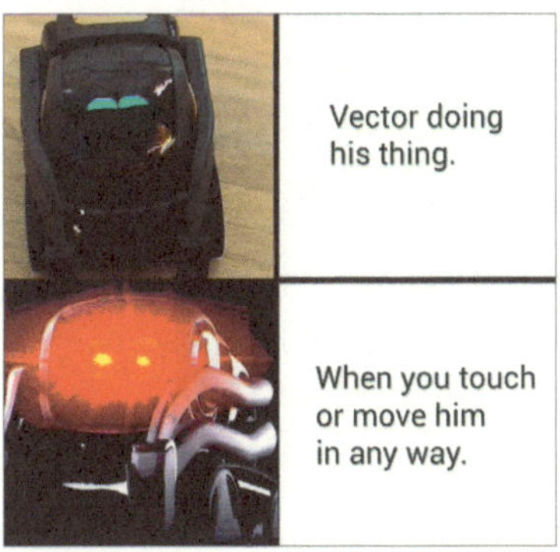

1

Abb. 10: *First picture of my Steampunk-Outfit*, @darksoul1506 (Instagram)

Abb. 11: *First #wgt2018 photo edited*, @pixray (Instagram)

Abb. 12: *Pulguinha, the Steampunk Guinea Pig*, @SkyPirateCouture (Facebook)

Abb. 13: *Aqua Robot Munny – 04*, @Harris-Built (DeviantArt)

Abb. 14: *Robot Trikkys*, @Harris-Built (DeviantArt)

Abb. 15: Vladimir Gvozdev, *Canis machina*, o. D.

Abb. 1: *TRIGGERED* (Reddit)

Tab. H: Steampunk & *robo cute*

1

2

3

4a

5

4b

Abb. 1: Furby-Evolution 1998–2016

Abb. 2: *Furby is tired of life* (Imgur)

Abb. 3: *Starter-pack-Mem Furby* (screeneggs.com)

Abb. 4: Furby-Bildmakros

Abb. 5: *Creepy Japanese Furby Commercial* (YouTube)

Tab. I: Furby & Dingbiografie

1

2a

2b

2c

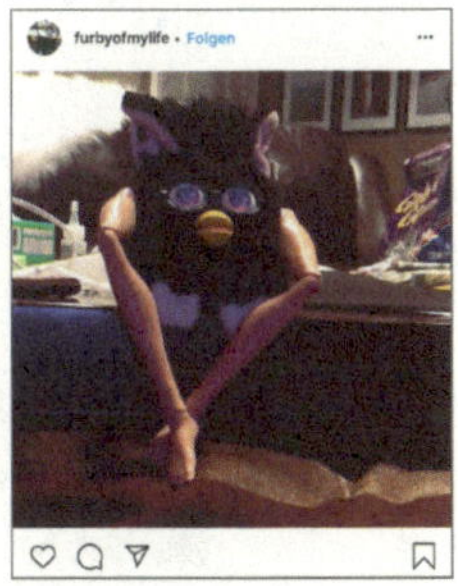

2d

3a

3b

3c

3d

Abb. 1:	Maskerade
Abb. 2a–d:	Hybrid
Abb. 3a–d:	*Long furby*

Tab. J: #oddbodyfurby

1

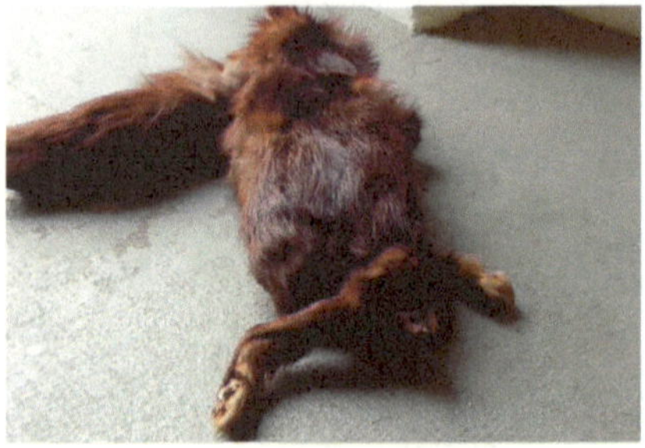

2

3

4

5

6

7

8

9

Abb. 1: Katharina Moessinger, *Hase*, 2007
Abb. 2: NEOZOON, *VULPES LAETUS*, 2012
Abb. 3: *PLEASE KILL ME AGAIN* (memesmonkey.com)
Abb. 4: Les Deux Garçons, *Dans le lit de l'ennemi*, 2013
Abb. 5: Patricia Piccinini, *The Naturalist*, 2017
Abb. 6: *Zoë Williams – Hasentrophäe* (Pinterest)
Abb. 7: *OOAK*, @lilliput.step (Instagram)
Abb. 8: *Furby-Fell*, @thelastkiwi (Instagram)
Abb. 9: *Furby-Necronomicon* (Imgur)

Tab. K: Hybride – Plüsch – Taxidermie

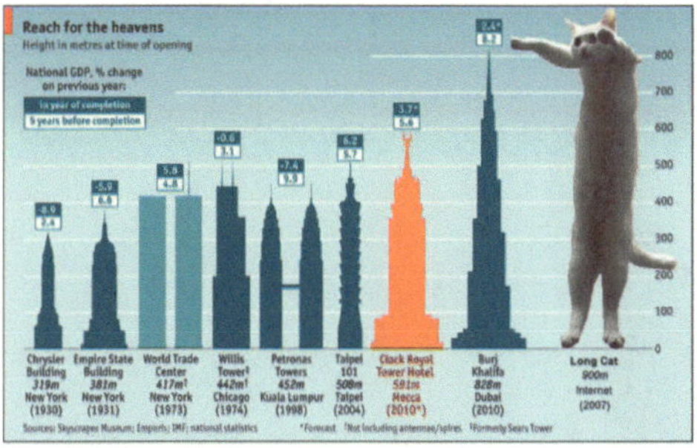

1

2

3

4

7

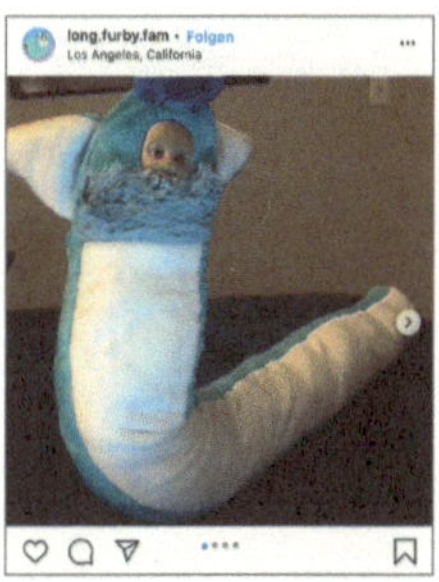

5

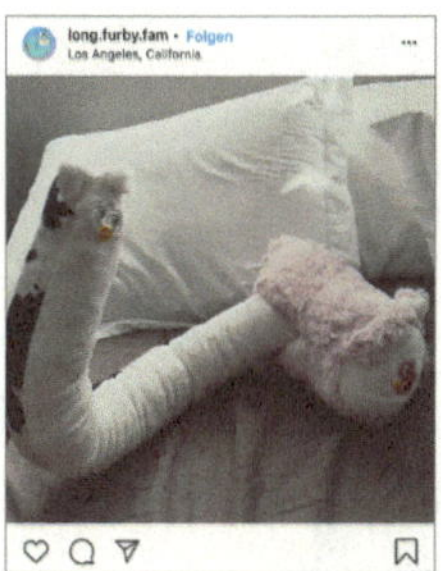

6

Abb. 1: *Long Cat – Buildings* (KnowYourMeme)
Abb. 2: *Animals in Predicaments – haha, long boy* (me.me)
Abb. 3: *Step aside, long furbies, @furbinormal* (Instagram)
Abb. 4: *Long horse* (me.me)
Abb. 5: *Teletubbies, say hello*, @long.furby.fam (Instagram)
Abb. 6: *MOTHER?* @long.furby.fam (Instagram)
Abb. 7: *Legged furby – cursed* (me.me)

Tab. L: #cursed #weird

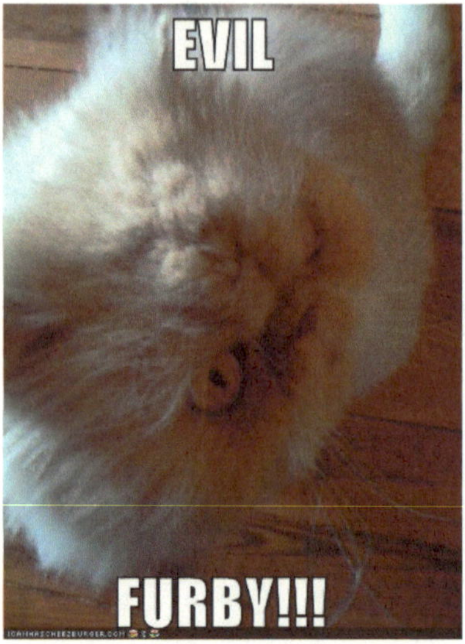

1

2

3

Abb. 1: *EVIL FURBY!!!* (cheezburger.com)
Abb. 2: *Steampunk Furby* (blog.halen.co)
Abb. 3: *Black Metal Penguin* (memecenter.com)

Tab. M: Fazit – Niedliches quergedacht

Anhang

Online-Offline-Feldforschung – Datenkorpus Gothic, Wave-Gotik-Treffen 2018/19

Der zuvor anhand von Black Metal entwickelten Hypothese *unfreiwilliger Niedlichkeit* wurde im Kontext der Gothic-Szene mithilfe einer Online-Offline-Feldforschung nachgegangen. Demzufolge beinhaltet der erhobene Bildkorpus zum einen Fotografien, welche die Autorin als teilnehmende Beobachterin vor Ort auf dem WGT 2018 in Leipzig selbst aufgenommen hat. Ergänzt werden diese um eine Onlineerhebung jenes Bildmaterials, das auf Instagra[1] mit den Hashtags[2] – #wgt2018 und #wavegotiktreffen2018 – verschlagwortet ist. Die Datenerhebung erfolgt dabei bereits unter einer inhaltlichen Fokussierung: Es gilt die forschungsleitende Frage zu klären, ob in einer ›schwarzen‹ Subkultur wie Gothic überhaupt ästhetische Phänomene von *cuteness* existieren und wenn ja, in welchen Spielarten diese auftreten. Bereits während der Sichtung wird der Datenpool demnach nochmals hinsichtlich des Forschungsinteresses gefiltert. Jene thematische Selektion ist Voraussetzung für die intendierte Typologie von ›schwarzer‹ Niedlichkeit. Mithilfe von Screenshots bzw. Scrollshots[3] werden die entsprechenden Postings vollständig – Bilddatei inklusive Hashtags, Profilname, Veröffentlichungsdatum, Untertitel und Likes – archiviert. Derart gesichert, bildet das Material die Grundlage für anschließende Einzelfallanalysen.

Der Online-Erhebungszeitraum beginnt am 23. Mai 2018, zwei Tage nach dem Ende des WTG 2018 (18.–21.05.2018). Die hashtagbasierte Sucheingabe nach öffentlich zugänglichen Bilddateien erfolgt über die Webversion von Instagram.[4] Auf die Verwendung der App wurde aus pragmatischen Gründen verzichtet, gewährleistet ein stationäres Monitordisplay aufgrund seiner deutlich größeren Bilddiagonale einen besseren Überblick über die kachelartige Ergebnisdarstellung und vereinfacht die Erkennbarkeit der Bildmotive und -details. Zudem stellt das bessere Handling, d. h. die barrierefreie Daten-Usability der Webversion auf diesem Weg bereinigte Forschungsdaten zur Verfügung.

#wavegotiktreffen2018 führt am 23. Mai 2018 zu 18 045 Treffern. Unter dem entsprechenden Akronym #wgt2018 finden sich am selben Tag 9498 Beiträge; tags darauf sind es mit 9856 bereits knapp 400 Stück mehr. In den Folgetagen steigt die Zahl zwar langsamer, aber dennoch kontinuierlich (10 355 am 25.05.2018; 10 891 am 27.05.2018) um durchschnittlich 200 Uploads pro Tag an. #wavegotiktreffen2018 weist am 27. Mai 2018 18 574 verschlagwortete Bilddateien auf, wobei hier wie auch bei #wgt2018 einzelne Postings doppelt gelistet sind. Der offiziell von der Stadt Leipzig zur medialen Dokumentation der Veranstaltung eingeführte Hashtag – #wgtleipzig – wird im auffindbaren Datenmaterial weitaus seltener verwendet (5576 Beiträge am 24.05.2018) und daher nicht weiter berücksichtigt.

Weitere Entwicklung der Ergebnistreffer: #wgt2018 verzeichnet am 28.05.2018 11138 Beiträge, 11551 am 31. Mai, 11648 am 1., 11797 am 3. und 11981 am 7. Juni. An den gleichen Abfragedaten beziffert die Instagram-Suche die Ergebnisse zu #wavegotiktreffen2018 wie folgt: 18687 (28.05.), 18877 (31.05.), 18924 (01.06.) sowie 19136 Beiträge am 7. Juni. Insgesamt kann beobachtet werden, dass bis Anfang Juni immer noch täglich circa 100 Postings auf Instagram veröffentlicht werden. Einen weiteren Monat später, am 12. Juli 2018, sind die Veröffentlichungen zu #wgt2018 um circa 1000 Beiträge auf 12847, jene unter #wavegotiktreffen um 451 Beiträge auf insgesamt 19587 angewachsen.

Eine gute Woche nach Ende des WTG 2018 stellen die Uploads inhaltlich vorrangig auf eine persönliche Zusammenschau des Events ab. Kennzeichnend für jene stilisierenden Synopsen ist die augenfällige Nachbearbeitung der fotografischen Aufnahmen; zumeist Szeneportraits, bei welchen die Selbstinszenierung, insbesondere Kleidung, Makeup und Posen in besonderen Lokalitäten, im Mittelpunkt steht.[5] Die mobil aufgenommenen Bilder wurden mithilfe von Grafikfiltern modifiziert. Lieblingskonzert und -ort sind weitere relevante Sujets, die zu besagtem Zeitpunkt der Datenerhebung gehäuft auftauchen. Die geposteten Beiträge stehen augenscheinlich in den Diensten einer individuellen Retrospektive und dienen dazu, einen eigenen ›offiziellen‹ Abschluss für die zurückliegende Veranstaltung zu finden. Es handelt sich demnach um eine ästhetisierte Nachlese, welche die persönlichen Highlights kommuniziert. Unter jene kuratorischen Aufarbeitungen, die für die eigene Person als gotisches Gesamtkunstwerk werben, mischen sich vereinzelt auch Werbeanzeigen für Szeneprodukte.[6]

Bei Sichtung der hashtagbasierten Bildkorpusse auf Instagram waren Verlinkungen zu YouTube-Kanälen aufgrund ihrer Häufung besonders auffällig. Von Gothics für Gothics setzen diese bei gängigen YouTube-Kategorien wie *Haul*[7], *What's in my bag*[8] usw. einen ›schwarzen‹ Akzent.[9]

Von Mai bis Juli 2018 sind in beiden Bildpools immer noch Zuwächse zu verzeichnen. Neben circa 56 Prozent (2018) bzw. 33,5 Prozent (2019) an Einzel- wie Gruppenportraits, tauchen jedoch nur noch vereinzelt Location- und Konzertfotos auf. Das WGT als Ereignis steht nicht mehr im Mittelpunkt, weswegen die Erhebung nach drei Monaten abgeschlossen wird.

Anmerkungen

»Felt Cute, Might Delete Later« – Zur polyvalenten Ästhetik des Niedlichen

1 *Feeling Cute, Might Delete Later* (KnowYourMeme), o. S.

2 Von dem sozialverträglichen Babyimage der Gegenwart zeugen beispielsweise Stockfotos oder auch TV-Werbung. Die Eingabe des Schlagwortes »Baby« auf gettyimages, Shutterstock oder Adobe Stock führt zu ähnlichen Bildergebnissen, die von pastellig-warmen, hellen Farbtönen dominiert werden. Die Fotografien zeigen die Babys überwiegend fröhlich lachend, spielend oder schlafend. Ein vergleichbares Bild zeichnen Werbekampagnen von Pampers oder HiPP. Vgl. z. B. *Premium Protection, Pampers weichster Komfort und bester Schutz für Babys Haut* (YouTube); *Pampers Pure Protection: Mit Premium-Baumwolle und 100 % Pampers Trockenheit* (YouTube); *HiPP COMBIOTIK® Folgemilch Mama* (YouTube); *HiPP Babysanft – Hautpflege für Babys* (YouTube).

3 »Mueck is a keen observer who scrutinizes humankind with uncompromising honesty which, at times, could be off putting. His newborn babies are not cute – they have wrinkled old faces and bodies smeared with blood and secretions.« Ivanova o. D., o. S. Am Beispiel eines hyperrealistischen Gemäldes von Charlie Brown *(Peanuts)* argumentiert Andrew Grossman, dass das Niedliche im Moment der Übereignung an den Realismus in Ablehnung kippt. Vgl. Grossman 2010, o. S.

4 Anne Cranny-Francis, Professorin für Cultural Studies und Leiterin des Transforming Cultures Research Centre an der University of Technology Sydney, beschreibt ihre Erlebnisse als Ausstellungsbesucherin wie folgt: »Negotiating the spatial relationship to Mueck's sculptures as they invite or evoke a tactile response requires from viewers an enhanced bodily self-awareness – not only to resist the urge to touch, but also to maintain a safe distance from the works (because of their material fragility) and to recalibrate spatial awareness by reference to the contradictory information given by the (size of the) works.« Cranny-Francis 2013, S. 9. »During my visit a number of visitors touched the large baby sculpture, *A girl* (2006) while viewers of *Youth* repeatedly encroached the edge of the plinth on which the sculpture stands, leaning up at an awkward and unstable angle to peer into the young man's face.« Ebd., S. 9 und 13; Herv. i. O.

5 O'Hagan 2006, o. S.

6 Sowohl das Glatte als auch das Cleane sind wichtige ästhetische Kategorien der

Gegenwart, die Daniel Harris und Byung-Chul Han zufolge besonders affizieren und Entlastung von (ästhetischer) Überfüllung, Komplexität und Negativität offerieren. Die gegenwärtige, vorrangig medial vermittelte Babyästhetik des Glatten und Cleanen zeichnet sich u. a. durch eine fragmentarische, stilisierte Darstellung im Sinne einer Aussparung biologischer Tatsachen wie Fäkalien oder auch Tabuisierung postnataler Depressionen usw. aus, wie sie auch dem strategisch eingesetzten Niedlichen attestiert werden kann. Vgl. dazu Gn 2017, S. 182. Sie zeigt sich u. a. an gewähltem Farbschema, Material oder am Säugling selbst. Zu *cleanness* vgl. Harris 2001, S. 233–261. Zu Glätte als »Signatur der Gegenwart« vgl. Han 2015, S. 9.

7 Vgl. *@qimmyshimmy* (Instagram) sowie *Qixuan Lim* (Homepage).

8 Gegenstände können in der Funktion »symbolischer Objekte« (Habermas 1996) als Träger mitunter idealisierter Erinnerung fungieren. Die sich möglicherweise einstellende Sehnsucht nach Vergangenem ist im Wissen um die Unerreichbarkeit des Ersehnten bei gleichzeitigem Wohlgefallen an der Fantasie ein gemischtes Gefühl. Vgl. Weber 2010. Nostalgie wird sowohl ökonomisch als auch politisch instrumentalisiert. Zu Nostalgie im Allgemeinen und deren strategischer Indienstnahme vgl. z. B. Boym 2001; Elliott 2009; Cross 2015; Lizardi 2015; Bauman 2017; Schrey 2017; Vries/Hoffmann 2018 u. Jensen/Ohlwein 2020. Nostalgie bzw. Retroästhetik kann mit Niedlichkeit in ein machtvolles, insbesondere konsumästhetisches Bündnis treten, dem das affektive Potenzial des Niedlichen zuträglich ist. In seiner Harmlosigkeit, vermeintlichen Inkomplexität, Kleinheit und damit Beherrschbarkeit sowie Koinzidenz mit dem Infantilen bietet das stilisierte Niedliche eine Spielwiese nostalgisch-sentimentaler Gefühle und affektiver Behaglichkeit fern von Alltagszwängen und Verunsicherungen: »Cuteness, in tandem with nostalgia, is one of the primary aesthetics that can establish the intimate, mediated publics in which texts can circulate and form sites of connection that bolster a twenty-first-century retreatism through which to evade the vicissitudes of the present.« Dale u. a. 2017, S. 10 f. Zum Zusammenhang von Niedlichkeit und Nostalgie vgl. auch Dale u. a. 2017, insb. S. 8–11; Goggin 2017 u. Albarrán-Torres 2017.

9 *Qixuan Lim* (Homepage), o. S.

10 Rothhaas 2018, o. S.

11 Vgl. Marks 2018.

12 Vgl. *Skurril: Mexikanerin stellt Pudding mit Babys darin her* (missmum.at, o. D.).

13 Bezeichnung in Anlehnung an die eindeutige Kennzeichnungspraxis von Hasbros My Little Pony™, namentlich *cutie marks* – »unique picture-like symbols located on ponies' and zebras' flanks or haunches. The term is a play on ›beauty mark‹, and it is also reminiscent of ›quarter mark‹. The mark itself is positioned where livestock branding is usually performed. Cutie marks are often related to the personality, proclivity, or talent of their owners.« *Cutie marks* (mlp.fandom.com), o. S.; Herv. i. O.

14 Zum Zusammenhang von Niedlichkeit und Essen vgl. Vries 2017.

15 »Highly sentimentalized and ›cute‹, they [Geddes' baby photographies; d. A.] evoke the old Romantic formula of pure infancy, located in some idealized and unsullied natural space outside human society. Not only are adults largely absent

from the photographs, but the babies are frequently seen to be nurtured by nature. For instance, they are commonly naked and embedded in fields of flowers, nestled inside orchids and rosebuds, encased by pumpkin shells and cradled by gnarled old tree trunks.« Taylor 2011, S. 424; Herv. i. O.

16 Faulkner 2010, S. 112; Übers. d. A.

17 Die Verwendung des Begriffs in dieser Publikation stützt sich vorrangig auf die Ausführungen von Limor Shifman und Ryan M. Milner. Vgl. Shifman 2014 u. Milner 2016.

18 »Image macros are a staple memetic image subgenre, mostly crafting their point by overlaying a quip on a single still image. They take their name form *macroinstructions,* computer science terminology for a pattern or rule that easily connects a predetermined input to a desired output.« Milner 2016, S. 21; Herv. i. O.

19 Eube 2017, o. S.

20 Versteegen 2009, S. 104. »Die Komik des Kleinen entsteht nicht nur, wo Kleine agieren wie Große. Genauso komisch ist das Kleine, wenn es von Großen dargestellt wird.« Ebd., S. 107.

21 Das zuweilen asoziale Verhalten des Mr. Bean beschreibt Versteegen wie folgt: »[E]igentlich ist das Kind im Manne Bean nur dann lieb, wenn es schläft, und zwar ganz kindgemäß mit Kuscheltier und unter einer Bettdecke mit bunten Comic-Motiven. Kindlich-niedlich geht es auch noch zu, wenn es Mr. Bean im Schwimmbad zu den bunten Spielzeugrutschen zieht oder wenn er zu seiner Freundin Irma ein rein asexuelles Verhältnis pflegt. Weniger niedlich, aber immer noch kindlich, ist es, wenn er aus einer Wärmflasche Wasser verspritzt oder auch mit Exkrementen aus seiner Nase spielt, letzteres pikanterweise auch noch im Gottesdienst. Dies sind kindliche Formen von Komik, mit denen er bereits ›gesellschaftlich eingespielte Ekelgrenzen‹ überschreitet. Doch vieles an der Bean'schen Komik ist nicht einfach bloß geschmacklich grenzwertig, sondern schlichtweg grausam: Um sich z. B. in der Sprechstunde beim Arzt vorzudrängen, schreckt Bean vor nichts zurück; er stiehlt einem Kind die Puppe, provoziert zwischen zwei jungen Männern einen Streit, schnappt einem gebrechlichem Greis einen Sitzplatz vor der Nase weg und entwendet schließlich einer wehrlosen Patientin, die von Kopf bis Fuß im Gipsverband steckt, das Ticket mit ihrer Nummer in der Warteschlange. Außerdem starrt er die Ärmste ungehemmt an (ein weiterer Tabubruch) und führt ihr schließlich hämisch grinsend die Beweglichkeit seines eigenen Körpers vor Augen.« Ebd., S. 107 f. mit Zitat von Helga Kotthoff 2005.

22 Ebd., S. 108.

23 Vgl. z. B. *Not all Babies are cute* (someecards.com); *Deal with it* (funnycaptions.com); *20 Funny Ugly Baby Memes to Laugh* (childinsider.com, o. D.). Hier wird das niedliche Baby einerseits als gesellschaftliche Konvention herausgestellt, als Norm jedoch gleichzeitig dem ›hässlichen‹ – *ugly* – Baby gegenübergestellt. Dies zeigt sich auch am Redditthread r/uglybabies, der unter dem Deckmantel des Humors normative Körperbilder reproduziert. Vgl. *r/uglybabies* (Reddit).

24 Kao/Boyle 2017, S. 13 f.; Herv. i. O. Vgl. hierzu auch May 2019, S. 2.

25 »Many image macros facilitate expression by reappropriating a collectively ›predetermined‹ visual subject. Participants annotate this predetermined subject with a

new joke insight, tying their creative expression to a socially understood premise.« Milner 2016, S. 21; Herv. i. O.

26 Essen spielt in der Ökonomie des Niedlichen eine große Rolle. Getragen von dem Wunsch nach Einswerdung bzw. einer dauerhaften Symbiose mit dem niedlichen Objekt, realisiert dessen Einverleiben eine ultimative Form der Intimität und Identifikation – »the ultimate index of an object's cuteness may be its edibility«. Ngai 2012, S. 79. Anhand diverser niedlich gestalteter Verbrauchsgüter – »cute *object*«, »›cute-ified‹ *food object*«, »*food character*« – geht Nadia de Vries dem komplexen Verhältnis zwischen Essbarem und Liebenswertem nach. Vries 2017, S. 255; Herv. i. O.

27 Dies war eine Schlüsselfrage des Medienkunstfestivals transmediale im Jahr 2019, das auf Emotionen und Empathie im Kontext digitaler Kultur und die Instrumentalisierung von Affekt fokussierte. Vgl. *transmediale 2019* (Homepage).

28 In der einschlägigen englischsprachigen Forschungsliteratur wird *cute* synonym mit *kawaii* verwendet, das wiederum als kulturspezifische, d. h. japanische Variante des Niedlichen gilt – »a specific ›Japanese‹ kind of cute style«. Borggreen 2011, S. 41; Herv. i. O. Vgl. auch May 2019; Gn 2018a u. 2018b; Dale u. a. 2017; Botz-Bornstein 2012 u. Ngai 2012. Sharon Kinsella, deren 1995 publizierter Artikel *Cuties in Japan* zur Charakterisierung von *kawaii* häufig konsultiert wird, definiert diesen Stil wie folgt: »Kawaii or ›cute‹ essentially means childlike; it celebrates sweet, adorable, innocent, pure, simple, genuine, gentle, vulnerable, weak, and inexperienced social behaviour and physical appearances. It has been well described as a style which is ›infantile and delicate at the same time as being pretty‹.« Kinsella 1995, S. 220; Herv. i. O. Anfang der 1970er Jahre entwickelte sich *kawaii* in Japan als gegenkulturelle Lingua franca, die weitgehend exklusiv innerhalb einer weiblich dominierten Jugendkultur, der sogenannten *shōjo,* zum Ausdruck kam. Die Bezugnahme auf westliche, insbesondere US-amerikanische Referenzen wie horizontale Schreibweise, Cartoon-Charaktere usw. bedingt die kulturübergreifende Passung des Stils. Obgleich keine Erfindung der japanischen Industrie, habe speziell Sanrio diese Trendentwicklung sehr früh kapitalisiert und sich bereits 1971 das Monopol auf »*offanshi guzzu* (fancy goods)« (ebd., S. 225; Herv. i. O.) gesichert: »The crucial ingredients of a fancy good are that it is small, pastel, round, soft, loveable, *not* traditional Japanese style but a foreign – in particular European or American – style, dreamy, frilly and fluffy.« Ebd., S. 226; Herv. i. O. Während der ökonomischen Krise in den 1990er Jahren fand eine ideologische Vereinnahmung vonseiten der japanischen Regierung statt, die *kawaii* seither in Form innen- wie außenpolitischer *Soft-power-* und Selbstvermarktungsstrategien einsetzt. Vgl. z. B. Granot/Brashear Alejandro/Russell 2014; Borggreen 2011. Innerhalb von Repräsentations- und Identitätsdiskursen spielt *kawaii* auch im 21. Jahrhundert eine bedeutende Rolle. Vorwiegend in den Social Media geführt, speisen sich die Verhandlungen jener ästhetischen Kategorie nach Meinung von Seline Westerhof mehrheitlich aus kulturellen, vor allem US-amerikanischen Aneignungsprozessen. Als zentraler Baustein des japanspezifischen Orientalismus stehe *kawaii* demzufolge synonym für ein klischeehaft-romantisiertes Bild vom ›Exotisch-

Anderen‹ – »Japan as overly cute, crazy and wacky.« Westerhof 2019, o. S. Bzgl. »wacky orientalism« siehe Wagenaar 2016, S. 50.

29 Ngai 2012, S. 14 u. vgl. ebd., S. 54 u. 59.

30 *Minor* (leo.org), o. S.

31 Ngai 2005a, S. 811; Übers. d. A. Diese Bezeichnung wählt Ngai für das Schöne, Erhabene und Hässliche.

32 Ebd.; Übers. d. A. u. vgl. Ngai 2012, S. 1.

33 Ngai 2012, S. 20; Übers. d. A. u. vgl. ebd., S. 19 ff.

34 »Aesthetic categories are not for all this exotic philosophical abstractions but rather part of the texture of everyday social life, central at once to our vocabulary for sharing and confirming our aesthetic experience with others [...] and to postmodern material culture (where cuteness and zaniness surround us).« Ngai 2012, S. 29. Vgl. auch ebd., S. 58 sowie Kap. X, S. Y (Internet als Inkubator).

35 Ullrich 2019, o. S.

36 Vgl. ebd.

37 Ngai 2005a, S. 811 u. Ngai 2012, S. 59. Durch diesen Neologismus behält Ngai die relationale Komponente des Adjektivs *minor* bei.

38 Vgl. Ngai 2005a, S. 811 u. Ngai 2012, S. 58.

39 Vgl. Ngai 2012, S. 21.

40 Nach Andreas Reckwitz ein »Verlegenheitsbegriff« (Reckwitz 2019, 7:19 Min.) für die Unterscheidung zwischen der industriellen Moderne und der sich davon strukturell unterscheidenden Form moderner Gesellschaften seit den 1970er Jahren, die als Spätmoderne, aber z. B. auch als Post- oder Hochmoderne bezeichnet würde. Vgl. ebd.

41 Reckwitz 2018, S. 17.

42 Vgl. Reckwitz 2012, S. 36 f. u. 39.

43 »Gerade im medientechnologischen Kontext erweist sich dieser Theoriebegriff als produktiv, legt er doch anders als das subjektive ›Gefühl‹ oder der psychologische Begriff der ›Emotion‹ eine besondere Betonung auf zwischenkörperliche Dynamiken, Intensitäten und Bewegtheiten im sozialen Zusammenspiel von Individuen, Kollektiven und Umgebungen.« Breljak/Mühlhoff 2019, S. 12; Herv. i. O. Auch Reckwitz zieht den Begriff Affekt jenem der Emotion vor, da dieser die interaktiven Affizierungsdynamiken umfasse, während die Kategorie Emotion eher ein »tief empfundene[s] Gefühl implizier[e].« Reckwitz 2012, S. 36. Joel Gn hebt in Rückgriff auf Benedict Spinoza ebenfalls die wechselseitige Beeinflussung als Stärke des Affektbegriffs hervor. Vgl. Gn 2016, S. 50. Ngai hingegen benutze beide Begriffe »mehr oder weniger« (Ngai 2005b, S. 27; Übers. d. A.) austauschbar: »[...] the difference between affect and emotion is taken as a modal difference of intensity or degree, rather than a formal difference of quality or kind« (ebd.). Affekte seien weniger soziokulturell überformt als Emotionen. Vgl. ebd. Auch Anja Breljak und Rainer Mühlhoff unterstreichen, dass Affizierung »partiell außerhalb der Bahnen symbolisch, sprachlich oder konventionalistisch verfasster Interaktionsformen verlaufen kann.« Breljak/Mühlhoff 2019, S. 13. Die nachfolgenden Ausführungen bevorzugen den Begriff Affekt aus den hier angeführten Gründen, gehen aber mit Sara Ahmed davon aus, dass Affekte insbesondere in

Bezug auf das Niedliche kulturell überformt sind, strategisch in Dienst genommen und Objekten wie Praktiken oder Orten diskursiv angeheftet werden können. Vgl. Ahmed 2010a.

44 Vgl. z. B. Angerer 2007, 2014, 2017; Benthien/Fleig/Kasten 2000; Clough 2007 sowie Gregg/Seigworth 2010.

45 Slaby/Scheve 2019, S. 1; Herv. i. O.; Übers. d. A.

46 Vgl. z. B. Mühlhoff/Breljak/Slaby 2019 u. Döveling/Harju/Sommer 2018.

47 »Affekt und Affizierungsrelationen in sozialen Gefügen bilden ein zentrales Register von *Macht* und *Subjektivierung* in den westlichen Gesellschaften des beginnenden 21. Jahrhunderts.« Mühlhoff 2018, S. 14; Herv. i. O.

48 Stark/Crawford 2015, S. 1; Übers. d. A.

49 Beyer 2013, S. 179.

50 Vgl. ebd., S. 176.

51 Reckwitz 2018. Die »extreme[] Relevanz der Affekte« beschreibt Reckwitz als »zentrale[s] Merkmal der Gesellschaft der Singularitäten«: »Die industrielle Moderne mit ihrer Logik des Allgemeinen […] brachte eine systematische Affektreduktion mit sich. Wenn jedoch Menschen, Dinge, Ereignisse, Orte oder Kollektive singularisiert und kulturalisiert werden, dann wirken sie *anziehend* (oder auch abstoßend).« Ebd., S. 17; Herv. i. O.

52 Vgl. ebd., S. 71.

53 Reckwitz 2012, S. 35.

54 Drügh 2017, S. 148. Vgl. auch Eckert 2013, S. 370.

55 Drügh 2017, S. 148.

56 Reckwitz 2018, S. 71. Eine Aussage über die Reizintensität ästhetischer Kategorien lässt sich jedoch kaum pauschal treffen.

57 Drügh 2017, S. 148.

58 Ngai 2012, S. 19; Übers. d. A.

59 Reckwitz 2018, S. 270; Herv. i. O.

60 Gn 2016, S. 50; Herv. d. A.

61 Bzgl. des Begriffs vgl. Ahmed 2010a. Alle folgenden Nennungen des Begriffs beziehen sich auf ebd.

62 Vgl. ebd., S. 29 u. 35.

63 Vgl. ebd., S. 33 u. 41.

64 Vgl. ebd., S. 37–39. »So when happy objects are passed around, it is not necessarily the feeling that passes.« Ebd.

65 Dale u. a. 2017, S. 1.

66 Ngai 2012, S. 3; Übers. d. A. mit Bezug auf Hannah Arendt 1958.

67 Beide Reckwitz 2018, S. 140. Einen »Verstörungscharakter« spricht Reckwitz zunächst Kunstwerken zu, weitet ein derartiges Potenzial jedoch auch auf »andere Güter im Kulturkapitalismus« aus. Ebd., FN 69.

68 Ngai 2011, o. S.; Übers. d. A.

69 Liessmann 2009, S. 63.

70 Döveling/Harju/Sommer 2018, S. 1.

71 Bzgl. des Konzepts vgl. Gn 2016 u. 2017. Alle folgenden Nennungen des Begriffs beziehen sich auf ebd.

72 Dale u. a. 2017, S. 29; Übers. d. A.
73 Rachel B. 2013, o. S.
74 Gn 2016, siehe insb. S. 50, 51 u. 53. Eine derartige Offenheit bzw. variierende Charakteristika benennt Jordan Schonig als Grundbedingung ästhetischer Konzepte. Vgl. Schonig 2020, S. 33.
75 Venus 2013.
76 Vgl. Gn 2016, S. 51 u. 54.
77 Gn 2017, S. 176; Übers. d. A.
78 Vgl. ebd., S. 185 f.
79 Vgl. Dale u. a. 2017, S. 12. Das Konzept »memetischer Niedlichkeit« (ebd.; Übers. d. A.) bezieht sich auf eine Definition von Shifman. Ihr zufolge sind Meme kulturelle Informationen – konkreter: dynamische, intertextuelle Konstellationen –, die zwischen Menschen ausgetauscht werden und in Folge einer exponentiell ansteigenden Verbreitung zu einem sozialen Phänomen heranwachsen. Vgl. Shifman 2014.
80 Hartmann 2017, S. 7.
81 Vgl. Lorenz 1965, S. 156 f. Das Kindchenschema zieht Jay Gould 1979 zur Erläuterung der graduellen Persönlichkeitsveränderung des Disneycharakters Mickey Mouse heran, der sich innerhalb fünfzig Jahren von einem gerissenen Halunken zu einem anständigen, gesetzestreuen Konformisten entwickelt habe. Vgl. Gould 1979, S. 30. Die phänotypische Weichzeichnung (softening) der Figur gehe mit Neotenie – einer fortschreitenden kindlichen Verjüngung der Gestalt bei gleichbleibendem Alter – einher. Vgl. ebd., S. 32. Im Vergleich zur Ursprungsfigur: »shorter and pudgier legs of youth«; »floppier appearance«; »head grew relatively larger and its features more youthful«; »thickening«; »eyes has grown«; »rounded […] forehead«. Alle ebd.
82 Vgl. Gn 2016, S. 50.
83 Vgl. Ngai 2012, S. 64.
84 Vgl. Gn 2016, S. 50 u. Ngai 2012, S. 65.
85 Richard 2001, o. S.
86 Gn 2016, S. 50; Übers. d. A. »Considered together, these characteristics describe a non-threatening object that is in need of the subject's care and attention. […] [C]ute objects involve a stylization denoting a lovable personality.« Ebd.
87 Vgl. ebd., S. 59; Übers. d. A. »The adjective ›cute‹, which refers to a thing that is attractive or endearing […].« Gn 2017, S. 177; Herv. i. O.
88 »[…] [W]hether our response to cuteness is innate or learned, cuteness may be best understood as an appeal – intentional or unconscious, made by an animal- or human-like entity – that seeks to trigger a particular affective response.« Dale u. a. 2017, S. 4. Diese Aussage trifft Gould bereits 1979: »I propose to leave aside for this article the contentious issue whether or not our affectionate response to babyish features is truly innate and inherited directly from ancestral primates – as Lorenz argues – or whether it is simply learned from our immediate experience with babies and grafted upon an evolutionary predisposition for attaching ties of affection to certain learned signals. My argument works equally well in either case for I only claim that babyish features tend to elicit strong feelings of affection in adult humans.« Gould 1979, S. 34.

89 Vgl. Harris 2001 sowie Ngai 2012, S. 58.
90 Merish 1996, S. 186f.; Herv. i. O.
91 Vgl. Ngai 2012, S. 31 u. auch Merish 1996, S. 186.
92 Vgl. Grossman 2010.
93 Die orthografische Variation *in*materiell (in-material) geht auf Marianne van den Boomen u. a. zurück, die damit die materiellen Verstrickungen und realen Konsequenzen digitaler Materialität(en) auf Sprachebene markieren. Vgl. Boomen u. a. 2009, S. 9.
94 Hier kann ein Bezug zu Kathrin Passigs *Standardsituationen der Technologiekritik* hergestellt werden. Vgl. Passig 2013, S. 9–27 u. Gregor 2016, S. 281. »Was immer den Duktus über Technik historisch geprägt hat, warm ums Herz und heimelig am Herd ist uns dabei nie wirklich geworden.« Andreas/Kasprowicz/Rieger 2016, S. 10.
95 Vgl. Gn 2015 u. 2017 zum Zusammenhang von sozialer Robotik und *cute design.* »It is not surprising that product designers have regarded cuteness as an asset that fosters the nurturing consumer, insofar as the anthropomorphism in cute objects not only humanises the object, but makes it attractive in an amiable way.« Gn 2016, S. 192.
96 Kaerlein 2018a.
97 Vgl. Danesi 2017 u. Gn 2018a.
98 Vgl. dazu insb. Gn 2017. Alle folgenden Nennungen des Begriffs beziehen sich auf ebd.
99 Ebd., S. 176 u. 189; Übers. d. A.
100 Der Fiktionswert geht über den häufig ununterscheidbaren Gebrauchswert von Produkten hinaus und generiert über die Produktästhetik ein zusätzliches Kaufargument, indem Emotionen der Konsument*inn*en angesprochen und die Erfüllung geweckten Verlangens durch den Produktkonsum in Aussicht gestellt wird. Abwechslung, wenn auch geringfügig, ist für den Erhalt des Fiktionswerts obligatorisch. Vgl. Ullrich 2013, insb. S. 7–30 u. Ullrich 2012.
101 Vgl. Gn 2015, S. 173 u. 2017, S. 187 u. 191.
102 Zum Begriff *positiver Anthropomorphismus* siehe Gn 2017, S. 182; Übers. d. A. Alle folgenden Nennungen des Begriffs beziehen sich auf ebd. Gemeint ist eine fragmentarische Übernahme menschlicher Eigenschaften zur Überbrückung der Unterschiede zwischen Menschen und Maschinen mit dem Ziel, den Wunsch nach sozialer Interaktion und Nähe zu forcieren. Diese Vermenschlichung basiert jedoch auf Entmenschlichung: Eine Differenz muss beibehalten werden, um nicht auf Ablehnung aufgrund zu großer Ähnlichkeit – Stichwort: *uncanny valley* – zu stoßen: »Therefore, the cuteness of social robots is fundamentally a humanization premised on a machine-based difference.« Ebd., S. 179. Vgl. auch Richard 2019.
103 Der Produktname setzt sich aus *love* und *robot* zusammen.
104 *LOVOT* (Produkthomepage), o. S.; Herv. i. O.
105 Vgl. Gn 2017, insb. S. 179–182. Die Konzeption eines Humanoiden setzt eine konkrete Definition und ideologisch wirkmächtige Schematisierung des Menschlichen voraus, deren Normierungsparameter nicht nur computerbasierte Artefakte und technologische Apparate ›entmenschlichen‹, sondern alles ausschließen, was

ungewohnt, anders und somit nicht schemakonform ist. Damit bleiben sie mitnichten auf die Robotik beschränkt. Wie Menschsein definiert wird, hat – darauf verweist Jennifer Rhee nachdrücklich – demzufolge sehr reale Konsequenzen, insbesondere für jene, die von der konkreten menschlichen Gemeinschaft, deren Rechten, Schutzmaßnahmen und Privilegien ausgeschlossen sind. Vgl. Rhee 2018, S. 2. Ausschluss und Unterdrückung sind daher konstitutiver Bestandteil der Menschheitsgeschichte: »›*The human is not, and has never been, an all inclusive category.*‹« Diana Fuss zit. n. Rhee 2018, S. 3; Herv. i. O.

106 Zum Begriff ***kommunikative Transparenz*** siehe Gn 2017, S. 179; Übers. d. A. Alle folgenden Nennungen des Begriffs beziehen sich auf ebd.

107 Ebd.

108 Blawat 2010, o. S.

109 Das erstmals von Masahiro Mori formulierte Konzept (jap. *bukimi no tani genshō*) führt den Ratschlag an, bei der Gestaltung von Robotern auf eine zu große Menschenähnlichkeit zu verzichten, da dieser den infolgedessen angelegten Maßstäben bspw. hinsichtlich menschlichen Verhaltens und zwischenmenschlicher Kommunikation nicht gerecht werden könne. Um Affinität zu erlangen, empfiehlt Mori einen »moderate degree of human likeness« (Mori 2012 [1970], S. 100) oder ein »nonhuman design« (ebd.). Da dem Konzept der ›gesunde Mensch‹ als Maßstab und Affinitätsgarant gilt, steht dieses in der Kritik. Vgl. z. B. Rhee 2018, S. 4.

Neben den problematischen normativen Implikationen weist Rhee ebenfalls auf die Instabilität der zugrunde gelegten Vorstellungen vom Menschlichen hin. Wie auch im Fall des Turing-Tests seien diese darauf angewiesen, sich inhaltlich mit den Konzeptionen der jeweiligen Testperson zu decken. Vgl. ebd. Karl F. MacDorman bezeichnet den insbesondere im Bereich der realistischen Computeranimation inflationär angeführten Begriff als »Zirkelschluss«: »Eine nicht-zirkuläre Erklärung würde das Phänomen bezüglich der Beziehungen zwischen Reiz-, Affektivitäts- und Verhaltensvariablen analysieren und daraufhin nach zugrunde liegenden psychologischen und neurokognitiven Mechanismen und deren Entwicklung suchen.« MacDorman 2019, S. 228. Eine aktuelle künstlerische Verhandlung der Thematik bietet das Theaterstück *Unheimliches Tal/Uncanny Valley* von Stefan Kaegi (Rimini Protokoll). Bei der Aufführung wird das Publikum nicht mit Schauspieler*inne*n, sondern einem Humanoiden in der Gestalt des Schriftstellers Thomas Melle konfrontiert. Vgl. *Rimini Protokoll – Unheimliches Tal* (Homepage).

110 Vgl. Gn 2017, insb. S. 182–185 u. Ngai 2012, S. 91 f. »Cute design works to ameliorate such negative sentiments by enhancing the object's difference rather than its sameness. Furthermore, social robots tend to be better received if they are modelled after other mammals, or assume a humanoid form that differs significantly from a biological human.« Gn 2017, S. 184.

111 Gn 2017, S. 184.

112 Harris 2001, S. 3; Übers. d. A. »The aesthetic of cuteness creates a class of outcasts and mutations, a ready-made race of lovable inferiors whom both children and adults collect, patronize, and enslave in the protective concubinage of vast harems of homely dolls and snugglesome misfits.« Ebd., S. 4.

113 Getrud Koch verweist auf das emotionsbeladene, mitunter konfliktbehaftete Verhältnis zwischen Mensch und Maschine. Vgl. Koch 2019, S. 4f.

114 Vgl. Honan 2013 sowie LaFrance 2015. Urheberin der ursprünglich mit *Lifting A Dreamer* betitelten Grafik ist die australische Künstlerin Yiying Lu. Die Verwendung im Kontext der Twitter-Fehlermeldung bescherte sowohl der Arbeit als auch der Künstlerin selbst weltweite Popularität. Weitere Beispiele für verniedlichte Fehlermeldungen sind die *Dogs of Amazon* (vgl. Stone 2017) oder das ebenfalls bereits memetisch weiterverarbeitete Jump 'n' Run des Webbrowsers Google Chrome. Ein pixeliger T-Rex muss hier per Sprung Kakteen ausweichen. Gamification wird folglich eingesetzt, um die Zeit bis zur Wiederherstellung der fehlenden oder unterbrochenen Internetverbindung zu überbrücken. Vgl. *As the Chrome dino runs, we caught up with the Googlers who built it* (blog.google, 2018).

115 Die verschiedenen memetischen Adaptionen hat die Künstlerin auf ihrer Homepage gesammelt. Vgl. *Yiying Lu – Fail Whale* (Homepage).

116 Page 2017, S. 83.

117 Vgl. ebd., S. 91.

118 Vgl. ebd. z. B. S. 76. »[...] I conceive of cruel relief as a form of relief that is cruel in its evanescence. Cute animal videos help us to exist by providing a momentary form of connection, a tug, a charge, a moment of respite. The relief is cruel because it is so fleeting and because it normalizes neoliberal capital and work, thus intensifying the subjection of the relieved subject.« Ebd., S. 80. Die Autorin bezieht sich auf Lauren Berlants Konzept *cruel optimism*. Vgl. Berlant 2011.

119 Merish 1996, S. 200f.

120 *Advent Calendar 7 – »Cugly and Lazy«* (yourdailygerman.com, o. D.), o. S.

121 Ngai 2012, S. 19; Übers. d. A. u. vgl. ebd., S. 57 u. 236.

122 Jene Zwiespältigkeit leitet Ngai auch etymologisch über den Wortursprung *acute* her. Vgl. ebd., S. 87 sowie Dale 2017, S. 37.

123 Vgl. Ngai 2012, S. 9, 54 u. 87.

124 Beide ebd., S. 60.

125 »There is no judgment or experience of a object [sic!] as cute that does not call up one's sense of power over it as something less powerful.« Ebd., S. 11.

126 Vgl. ebd., S. 60, 87 u. 98.

127 Vgl. ebd., S. 98.

128 *Diminutiv* (Wikipedia), o. S.

129 Arkenberg 2017, S. 60; Übers. d. A.

130 »[T]he cute object seems to insist on *getting something* from us (care, affection, intimacy) that we in turn feel compelled to give.« Ngai 2012, S. 98; Herv. i. O.

131 Vgl. Dale 2017, S. 39.

132 Ebd., S. 42.

133 Ebd., S. 40.

134 »The process of conveying cuteness to the viewer disempowers its objects, forcing them into ridiculous situations and making them appear more ignorant and vulnerable than they really are.« Harris 2001, S. 6.

135 Vgl. Ngai 2012; Gn 2017; Chesher 2019 sowie Marsh 2019.

136 Vgl. Brzozowska-Brywczyńska 2007.

137 Vgl. Harris 2001.
138 Dale u.a. 2017, S. 29; Übers. d.A.
139 Ebd., S. 4; Herv. d.A.
140 Liessmann 2009, S. 31.
141 Moses Mendelssohn zit. n. ebd.
142 Vgl. Liessmann 2009, S. 32.
143 Ebd., S. 34.
144 Ebd. Wie Liessmann ausführt, bewertet Mendelssohn vermischte Empfindungen in gleicher Weise. Vgl. ebd., S. 32 sowie Mendelssohn 1974 [1761], S. 139f.
145 Titel eines Artikels von Ludger Heidbrink über Winfried Menninghaus' *Geschichte des Ekels* (1999). Vgl. Heidbrink 1999.
146 Beide Koch 2019, S. 16; Übers. d.A.
147 Ebd.; Übers. d.A.
148 Vgl. Desmet 2002, S. 191. Mit Verweis auf Damien Hirsts *Mother and Child (Divided)* (1995): »In fact, these works of art may be considered the perfect example of elicitors of ›mixed emotions‹. Emotions may be stirred by the peaceful serenity of floating animals, the beauty and perfections of these creations of nature, the frightening and revolting look inside an animal, and also by the guts it took for Hirst to create the works, the scandal that they are considered art, and so on.« Ebd.; Herv. i.O. »Hirst's ›*Mother and Child Divided*‹ [...] evokes negative emotions of disgust and eeriness, and at the same time positive emotions of fascination and amazement.« Fokkinga/Desmet 2012, S. 2; Herv. i.O.
149 Liessmann 2009, S. 31.
150 Vgl. Fokkinga/Desmet 2012, S. 3.
151 Vgl. ebd., S. 2. »[...] [M]ixed emotions do not always contribute to richer experiences. The negative part of the mixed emotion can be just plain unpleasant, and harm rather than contribute to the overall experience.« Ebd.
152 Titel des Internetartikels von Tara Bellucci über den Instagramaccount @uglydesign. Bellucci 2017, o.S.; Übers. d.A. Zu *online weirdness* und Ambivalenz im Internet vgl. Phillips/Milner 2017. Zu *internet ugly* als Schlüsselästhetik memetischer Onlineinhalte vgl. Douglas 2014.
153 Hügel 1993, S. 128; Herv. i.O.
154 Vgl. Phillips/Milner 2017, S. 51f.
155 *Rettung für die Aller-Hässlichsten* (bz-berlin.de, 2013), o.S.
156 Als prominenteste Vertreterin kann die mittlerweile verstorbene, an felinem Kleinwuchs erkrankte Katze Grumpy Cat gelten.
157 Z.B. *Verlierer der Evolution: Die hässlichsten Tiere der Welt* (weltderwunder.de, 2019); Gaede 2019.
158 *r/uglycute* (Reddit), o.S. Vgl. hierzu auch Phildesignart 2016.
159 *Ugly cute* (Urban Dictionary), o.S.
160 Harris zufolge handelt es sich grundsätzlich nicht um klar voneinander zu trennende oder gar widersprüchliche ästhetische Termini. So sei *cuteness* weniger in Kategorien des Attraktiven bzw. Körperlich-Anziehenden zu beschreiben, sondern weise im Gegenteil eine Nähe zum Grotesken wie Missgebilden auf, das Karl Rosenkranz wiederum als integrales Merkmal des Hässlichen gilt. Vgl. Harris 2001,

S. 3 sowie Rosenkranz 1996 [1853]. »[...] [D]as Hässliche [umfasst] Konstanten, wie formal das Deformierte und inhaltlich das Nichtseinsollende [...].« Engelmann 2003, S. 9. »Cuteness is neither the sublime nor the well proportioned. It is a bastard child of the dainty and the dumpy; what's beautiful may not be cute, but what's ugly and monstrous may be.« Kao/Boyle 2017, S. 17.

161 Sontag 2018 [1964], S. 33.

162 Eine *So-bad-it's-good*-Ästhetik in Bezug auf *ugly cute* nehme auch die Psychologin Oriana Aragón an, heißt es in einem Artikel auf nationalgeographic.com. Vgl. Langley 2017.

163 Moritz Baßler und Heinz Drügh skizzieren eine derartige »Abweichungsästhetik« mit Blick auf den Song *Give Him A Great Big Kiss* (The Shangri-Las, 1965). Ein Mädchen besingt hier das Aussehen seines Schwarms als stilistische Abweichung von einem Idealbild: Sein Haar sei »ein bisschen zu lang« und er habe »schmutzige Fingernägel«. Der Junge verkörpere ein positiv besetztes »bad« – ein »good bad«. Vgl. Baßler/Drügh 2019, S. 16f.

164 Brzozowska-Brywczyńska 2007, S. 216 sowie Richard 2001, auf deren These von der Zirkularität des Niedlichen sich die Autorin bezieht – »cute is inherently circular«. Richard 2001, o. S.

165 Vgl. hierzu bspw. den Titel der Pinterestsammlung von Pamela Jenkins, *»Cugly = Cute + Ugly«. Cugly – Pamela Jenkins* (Pinterest) oder die Top-Definition zu *cugly* auf Urban Dictionary: »Cute and ugly at the same time, for instance, bats, mice, rats, some kinds of owls, and of course human beings.« *Cugly* (Urban Dictionary), o. S.

166 Selbiges stellt auch Schonig für *aesthetic category memes* am Beispiel von *mildly interesting, oddly satisfying* und *mildly infuriating* fest. Die genannten Kategorien seien Indikatoren einer »reflexive exercise in the human capacity to attend to the formal and sensuous aspects of objects, to discern sensible properties in images of those objects, and to exclaim a feeling regarding the pleasure or displeasure those images produce.« Schonig 2020, S. 27.

167 Donalies 1996, S. 282.

168 *Cuteness* kann u. a. über das Groteske eine enge Verbindung zu *funny* attestiert werden, das mit Blick auf Videos von Katzen, die ihr Sprungziel verfehlen oder erschreckt werden, eine Ratte, die im Kanaldeckel feststeckt, oder sich gegenseitig ›prankende‹ Babys und Tiere zuweilen als Niedlichkeitsverstärker auf Basis des Dilemmas bzw. *fail* des Beobachteten fungiert. Vgl. z. B. *The Fat German Rat – Tierrettung Rhein-Neckar kriegt BBC-Preis | maintower* (YouTube); *Funniest Baby and Baby Animals Fails – Fun and Fails Baby Video* (YouTube).

169 Vgl. hierzu auch Donalies 1996, S. 282–285. Wird *cute* ein Adjektiv attributiv vorangestellt (Determinativkomposita), dient das konventionelle Niedliche der auf diese Weise formulierten Abweichung als Bezugspunkt.

170 Brzozowska-Brywczyńska 2007, S. 218.

171 Harris 2001, S. 4.

172 Prüfer 2019, o. S.

173 Gn 2016, S. 54.

174 Ebd., S. 55f. u. 59f. Alle folgenden Nennungen des Begriffs beziehen sich auf ebd. Auch Brzozowska-Brywczyńska benennt *monstrous* und *cute* als »[...] concepts sus-

ceptible to change. This change may be understood twofold. It can be seen as the possibility to add unsusual/unexpected/controversial meanings to both of them.« Brzozowska-Brywczyńska 2007, S. 218.

175 Das Buchcover ziert eine Collage von @betrayal_junkie. Vgl. auch *@betrayal_junkie* (Instagram).

176 Vgl. dazu auch Gn 2016, S. 51 u. 58.

177 Burke 2016, o.S; Herv. i. O.

178 Ahmed 2010a, S. 37; Übers. d. A.

179 Nach Meinung von Jonathan Crary sind jene vorgetäuschten – medial bzw. algorithmisch konstruierten – Mikromilieus oder Filterblasen eine Konsequenz der sozioökonomischen Reorganisation, die mit moderner Technologie einhergeht. Als Emblem jener paradoxen Entwicklung von maximierter Konnektivität einerseits und zunehmender »Parzellierung und Fragmentierung gemeinsamer Erfahrungsbereiche« andererseits könne das Smartphone gelten. Beide Crary 2014, S. 49.

180 Marotzki 2003.

181 Vgl. Dale u. a. 2017, S. 7.

182 Vgl. Ahmed 2010a, S. 41.

183 Zu Niedlichkeit als Konsumästhetik *Cute design: Die Konfektionierung des Liebenswerten*.

184 Vgl. Meese 2014, o. S. Bezüglich der Begriffsprägung Prosument*in *(prosumer)* vgl. Toffler 1980.

185 Unter der Bezeichnung *prosumer capitalism* diskutieren George Ritzer und Nathan Jurgenson die veränderten Parameter der kapitalistischen Wirtschaftsform. Vgl. Ritzer/Jurgenson 2010.

186 Cecire 2015, o. S.; Herv. i. O.

187 Vgl. hierzu bspw. Jenkins u. a. 2009. Ungeachtet einer zunehmenden Demokratisierung der Produktionsmittel durch Web 2.0 und Social Media ist Teilhabe weiterhin nicht für alle Menschen in gleicher Weise möglich. Mit der Digitalisierung ergeben sich über Wissen und Werkzeuge zudem neue partizipative Hürden – sogenannte »participation gap[s]«. Ebd., S. 16–20. Des Weiteren stehe das politische Konzept gesellschaftlicher Teilhabe, die Möglichkeit zur Mitbestimmung und -gestaltung, in einem »unbehaglichen Verhältnis« zum Kapitalismus (z. B. herstellerseitige partizipative Strategien). Jenkins/Ford/Green 2013, S. 155; Übers. d. A.

188 »It can be argued that Web 2.0 should be seen as crucial in the development of the ›means of prosumption‹ [...].« Ritzer/Jurgenson 2010, S. 19; Herv. i. O.

189 Vgl. Zuckerman 2015, S. 134.

190 Shafer 2016, S. 1.

191 Vgl. ebd., S. 4 f. Das Aufkommen jenes kulturellen Phänomens, dessen Hochzeit Shafer auf den Zeitraum zwischen 2006 und 2014 datiert, ist eng an das 2005 lancierte Onlinevideoportal YouTube gebunden, das seit dem Verkauf an Google im darauffolgenden Jahr eine zunehmend kommerzielle Ausrichtung erfahren hat.

192 Vgl. ebd., S. 2. Der Begriff *superflatness* geht auf den japanischen Künstler Takashi Murakami zurück, der damit eine nationalspezifische künstlerische Bildtradition – »a nonperspective mode of visualization« (Li 2012, S. 205) – bezeichnet, wie

sie unter anderem für Mangas und Animes kennzeichnend ist. Shafer parallelisiert jenes visuelle Konzept mit den Prinzipien des *cinema of attractions*. Tom Gunning wählt diesen Begriff zur Bezeichnung der konzeptuellen Ausrichtung des frühen Kinos vor 1906. Seine mediale Verfasstheit selbst zur Schau stellend, die filmische Fiktion zugunsten einer direkten Interaktion mit dem Publikum durchbrechend, kennzeichne das Kino der Attraktionen eine ›exhibitionistische‹ Ausrichtung – »its ability to *show* something.« Gunning 2006, 382; Herv. i. O. Die grafische Benutzeroberfläche von YouTube sowie die ästhetische Formel viraler Katzenvideos rekurrieren Shafer zufolge sowohl auf den visuellen Stil des Superflachen als auch auf die spektakuläre Selbstreferenz und Zeigefunktion des frühen Films – »[...] cheap, fast, rudimentary art objects which embrace both depthless spectacle and the sleek commercial imperatives of consumer electronics and their interfaces.« Shafer 2016, S. 2.

193 Ebd., S. 3; Herv. i. O. Aus der Sicht von Henry Jenkins ist jene »Logik emotionaler Intensivierung« (Jenkins 2006a, S. 3; Übers. d. A.) für populärkulturelle Hervorbringungen in Gänze kennzeichnend – »popular culture, at its best, makes us think by making us feel.« Ebd.

194 Shafer 2016, S. 7; Übers. d. A.

195 Vgl. den Leitspruch besagter Printreklame: »Cat food from Rutan. Irresistible.« Burke 2016, o. S.

196 Vgl. den Slogan des beworbenen Sondermodells Fiat 500 Black Jack (2010): »Reveal your dark side.« Ebd., o. S.

197 Ebd.

198 Beide ebd.; Herv. i. O. Entgegen allgemein verbreiteten Einschätzungen sei *cuteness* als Marketingstrategie mitnichten ein Selbstläufer; die Verbindung zwischen tierlichem Niedlichkeitsmarker und Produkt dürfe keinesfalls plump, d. h. kalkuliert-konstruiert wirken. Vgl. ebd.

199 Dementsprechend bestehe der »bedeutendste Effekt« (Shafer 2016, S. 7; Übers. d. A.) von Katzenvideos auch in dem Vermögen, so Shafer, das Publikum verlässlich zum Lachen zu bringen. Vgl. ebd.

200 Shifman zufolge kann Humor als ein Schlüsselelement von Internetmemen gelten, das verschiedenste psychosoziale Funktionen erfüllt. Vgl. Shifman 2011 u. 2014. Neben »Einfachheit« und geeigneten »Partizipationswerkzeugen« sei speziell Humor einer viralen und memetischen Verbreitung zuträglich: »Humor fördert einerseits ebenfalls das Teilen, da Menschen ihre Freunde unterhalten und selbst als witzig angesehen werden möchten, aber auch die Neigung, Inhalte zu imitieren und neu zu bearbeiten, da Humor mit Verspieltheit, Inkongruenz und dem Gefühl der Überlegenheit verbunden wird.« Shifman 2014, S. 92.

201 Berland 2019, S. 1. Die Autorin befragt das Verhältnis zwischen Tieren und Technologie aus einer mediologischen Perspektive. Demzufolge sind Tiere nicht auf den Inhalt einer medial vermittelten Botschaft beschränkt, sondern vielmehr zentrale Figuren in der Begegnung mit digitaler Technologie. Tierliche Agenten fungierten als gleichwertige Mediatoren in performativen Mensch-Maschine-Interaktionen, die verschiedene Parameter eines veränderten affektiven Regimes – »affect

and monetization, personal and ›public‹ (virtual) space, ardor and diffidence, reference and meaninglessness« – miteinander verbänden. Ebd., S. 150; Herv. i. O.

202 Ebd., S. 149.

203 Vgl. ebd., S. 151.

204 Ebd., S. 153.

205 Ebd., S. 207.

206 Dale u. a. 2017, S. 17; Übers. d. A.

207 Vgl. Danesi 2017 bzgl. der phatisch-emotiven Dimensionen und Gn 2018a hinsichtlich der inhaltlichen Engführung auf *cuteness*. Emojis sind ein prominentes Beispiel für *cute design* im Kontext technischer Strukturen. Die digitale Sozialität, welche Emojis und vergleichbarer *cute content* ermöglichen, ist allerdings nicht losgelöst von einem wirtschaftlichen Mehrwert zu denken. Indem sie die Mittel für affektive Interaktionen bieten, erhöhen sie die Attraktivität von Social Media und ziehen in der Folge mehr Nutzer*innen an, deren Daten sich konzernseitig akkumulieren und gewinnbringend verwerten lassen. »Emoji offer us more than just a cute way of ›humanizing‹ the platforms we inhabit: they also remind us of how informational capital continually seeks to instrumentalize, analyze, monetize, and standardize affect.« Stark/Crawford 2015, S. 8; Herv. i. O.

208 Gn 2018a, o. S.; Übers. d. A. Vgl. hierzu auch Dale u. a. 2017, S. 17.

209 Gn 2018a, o. S. Hier greift erneut das ebenfalls von Gn formulierte Prinzip der *kommunikativen Transparenz.*

210 Beide Wittkower 2012, S. 216; Übers. d. A. Jene Designtrends, z. B. *blobject* und *squircle,* rückten von kantigen Formen ab und verpassten harten Materialien softe, abgerundete, kurvige Konturen (z. B. Apple iMac G3, VW New Beetle). Vgl. hierzu auch Skov Holt/Holt Skov 2005.

211 Vgl. Wittkower 2012, S. 216.

212 Ebd., S. 218; Übers. d. A.

213 Ebd.; Übers. d. A.

214 Ebd., S. 219; Übers. d. A.

215 Reckwitz 2018, S. 270; Herv. i. O. »Der Positivkultur des Attraktiven steht die digitale Eruption dezidiert negativer Affekte gegenüber.« »Es gilt: In einer Positivkultur der Affekte berührt nichts so stark wie übermäßige Negativität […].« Beide ebd.

216 Wittkower 2012, S. 218. Die Expressivität bzw. Drastik online zirkulierender Medieninhalte bringt Wittkower neben Pull-Medien und Anonymität insbesondere mit dem schnelltaktigen Informationsdurchlauf und der Überbietungslogik innerhalb digitaler Bildkulturen in Verbindung. Vgl. ebd.

217 Die metaphorische Bezugnahme auf erstarrende Flüssigkeiten, die dickflüssig und stockig werden, scheint mit Blick auf die affektiven Qualitäten jener kommunikativen Kleinsteinheiten plausibel und zwar insofern, als dass Affekten laut Ahmed eine besondere Klebrigkeit eignet: »Affect is what sticks, or what sustains or preserves the connection between ideas, values, and objects.« Ahmed 2010b, S. 230, Kap. 1, EN 1.

218 Miltner/Highfield 2017, S. 4.

219 Vgl. Autsch/Öhlschläger 2014. Während Form philosophisch geprägt ist, handelt

es sich bei Format um einen Terminus technicus, der auf eine wiederholbare Standardisierung hinweist. Vgl. Niehaus o. D., S. 8 f.

220 Rentemeister 2017, S. 389.

221 Abkürzung für engl. *graphics interchange format.* Als innovativ galt das offene, lizenzfreie Dateiformat insbesondere aufgrund eines verlustfreien Kompressionsalgorithmus (LZW). Die Farbpalette umfasst maximal 256 Farben pro RGB-Kanal. Darüber hinaus besteht die Möglichkeit zur Transparentsetzung, so dass Animationen als freistehende Objekte bzw. Clip-Art, auf Giphy Sticker genannt, anderem Bildmaterial appliziert werden können. Für einen umfassenden Abriss über die Geschichte des Dateiformats vgl. z. B. Eppink 2014; Johnson 2014a–c sowie Boissoneault 2017.

222 In seiner animierten Version entzieht sich das GIF einer widerspruchsfreien Zuordnung zu bestehenden technischen Medien. Vgl. hierzu auch Marmo 2016.

223 Ab 1994 konnten GIFs unter Verwendung des Internetbrowsers Mosaic animiert dargestellt werden. Vgl. Marmo 2016, S. 78 sowie Gamper/Mayer 2017, S. 16. Für den Eindruck von Bewegtheit sind mindestens zwei Bilddateien nötig, die im kontinuierlichen Wechsel für Sekundenbruchteile gezeigt werden. Je weniger Einzelbilder bzw. Frames ein GIF umfasst, desto geringer ist seine Dateigröße.

224 Baumgärtel 2017, o. S.

225 Die Bezeichnung *digitale Folklore* geht auf eine gleichnamige Publikation aus dem Jahre 2009 zurück: »Digital Folklore encompasses the customs, traditions and elements of visual, textual and audio culture that emerged from users' engagement with personal computer applications during the last decade of the 20th and the first decade of the 21st century.« Espenschied/Lialina 2009, S. 9 f.

226 Indem Tumblr sowohl die Interaktion zwischen Nutzer*inne*n als auch die Zirkulation von Medieninhalten durch Verlinkung *(tagging)* und Weiterverbreitung *(reblogging)* unterstützt, hat die Medienstruktur des Onlinedienstes nicht nur entscheidend zur Popularität des GIFs als einem künstlerisch-kreativen Ausdrucksmedium beigetragen, sondern auch die Formierung von GIF-Art-Kollektiven (z. B. *GIF Artists Collective)* befördert. Großen Einfluss auf die GIF-Kultur übte laut Paddy Johnson der 2008 gegründete, mittlerweile inaktive Tumblr *Three Frames* aus. Vgl. Johnson 2014c sowie Rourke 2012.

227 Instant-Messaging-Dienste wie Telegram oder WhatsApp haben zwischenzeitlich nicht nur den Chatverlauf für die Darstellung von extern eingebundenen GIFs optimiert, sondern ebenso den direkten Zugriff auf die Giphy-Datenbank konzeptuell integriert. Instagram unterhält seit Ende Januar 2018 ebenfalls eine Kooperation mit Giphy. Animierte GIF-Sticker können im Story-Modus aufgenommenen Bilddateien appliziert werden. Vgl. *Neu: GIF-Sticker* (instagram-press.com, 2018). Zur politischen Relevanz von GIF-Animationen am Beispiel des US-amerikanischen Präsidentschaftswahlkampfs im Jahr 2016 vgl. Cuppen 2017.

228 Z. B. *Thumbs Up, Facepalm, High Five, LOL.* Vgl. *@reactions* (Giphy).

229 Z. B. *Mad, Amused, Happy, Excited, Disappointed.* Vgl. ebd.

230 Z. B. *Thank You, Whatever, Hello, Yes, No.* Vgl. ebd.

231 Z. B. *Flirting, Laughing, Dancing, Crying.* Vgl. ebd.

232 Ebd., o. S. Motto des offiziellen Giphy-Profils @reactions, das sämtliche *Reaction-*

GIFs des Onlinearchivs listet. Eine Freitexteingabe über das Suchfeld ist ebenfalls möglich.

233 Vgl. Bianconi 2012.

234 Liessmann 2009, S. 63.

235 »[...] [I]t is a hope that they [frame-grab GIFs; d. A.] carry their context with them, and become badges of pop culture connoisseurship for people looking to share their tastes.« Bianconi 2012, o. S. Vgl. hierzu auch Miltner/Highfield 2017.

236 Oftmals werden ausschnitthafte Handlungen gewählt, die im Quelltext nebensächlich sind. Durch die GIF-Animation rücken jene beiläufigen Aktionen in den Fokus und werden selbst ikonisch, d. h. als bildlich dargestellte Performance memetisch.

237 Rourke 2012, S. 3. Indem es seinen ursprünglichen Entstehungskontext hinter sich lässt, entwickelt sich das *Frame-Grab*-GIF zum Bestandteil einer »idiomatischen (Internet-)Sprache«. Bianconi 2012; Übers. d. A. Unter dem Stichwort *GIFability* wird die Eignung von Medienproduktionen für die kollektive Weiterverarbeitung herstellerseitig bereits konzeptuell antizipiert, ist hiermit doch die Aussicht auf kostenloses virales Marketing verbunden. Vgl. ebd.

238 Es ist daher bereits singulär ein weitaus komplexeres, bedeutungsoffeneres und vor allem flexibleres Kommunikat als beispielsweise ein Emoji, das die gleiche Bedeutung (z. B. Daumen hoch) symbolisiert und ebenfalls phatisch-emotive Funktionen erfüllt. Eine ikonische Universalsprache anvisierend, sind Emojis Bestandteil eines »standardisierten visuellen Lexikons«. Gn 2018a, o. S.; Übers. d. A. Im Unterschied zu GIFs handelt es sich somit gerade nicht um nutzer*innengenerierte, modifizierbare und dynamische Inhalte, sondern um vom Unicode-Konsortium ausgewählte stereotypisierende Bildformeln. »As a polysemic and intertextual form, the GIF acts as quotation and reference as well as individual commentary or reaction, in a way that other common devices, such as emoji and emoticons, cannot offer.« Miltner/Highfield 2017, S. 5. Am Beispiel des *rice bunny,* der 2018 im Kontext der chinesischen *Me-too*-Bewegung als Metapher für sexuelle Belästigung aufkam, zeigen sich dennoch exemplarisch Bedeutungsflexibilität und Aneignungsmöglichkeiten von Emojis. Angesichts der Zensurpolitik nahmen Aktivist*inn*en den Umweg über niedlich codierte Symbolsprache. Der Klang des Wortes für Reis (米, mǐ) und jener des Wortes Hase (兔, tù) ergibt kombiniert ein Homophon von *me too,* das insbesondere über die Paarung der Bildformeln gekochter Reis- und Hasengesichtemoji kommuniziert wird, die als visuelles Substitut der Phrase fungiert. Die Causa ›sexuelle Belästigung‹ wird derart zunächst ›verkleinert‹ und auf ein niedliches Bild gebracht simplifiziert, um sie unauffällig verbreiten und problematisieren zu können.

239 Miltner/Highfield 2017, S. 2.

240 Eppink 2014, S. 301. Vgl. ebenso Miltner/Highfield 2017, S. 4.

241 Elke Rentemeister zufolge handelt es sich hierbei um ein gehäuft auftretendes Strukturmerkmal »kurzer und kürzester Medienformen«. Rentemeister 2017, S. 372.

242 »Durch den Loop bekommen allerkürzeste Bewegtbilder eine potenziell endlose Dauer, die das Konzept der Kürze ad absurdum und gleichzeitig in eine klarer

wahrnehmbare Ausdehnung überführt«, wodurch der fragmentarische Charakter noch deutlicher hervortritt. Ebd.

243 Dall'Asta 2016, S. 82; Übers. d. A.

244 Ebd.

245 Vgl. Rubinstein 2012.

246 Rentemeister 2017, S. 373.

247 Vgl. Bianconi 2012.

248 Katz/Shifman 2017, S. 837; Herv. d. A.

249 Baumgärtel 2017, o. S.

250 Vgl. hierzu auch Miltner/Highfield 2017, S. 5.

251 Tolins/Samermit 2016.

252 Ngai 2012, S. 1.

253 Mobilität und Fluidität sind in Bezug auf gegenwärtige, maßgeblich durch dynamisierende mobile Endgeräte geprägte Bildwahrnehmung zentral: »Everything has to move in the online environment, as if single still images were no longer able to capture our attention.« Marmo 2016, S. 80. Vor dem Hintergrund dieser Entwicklungen werde das GIF nachhaltig, so Lorenzo Marmo, als Inbegriff jenes Mobilitätsfetischs, einer »totalen Mobilisierung« lesbar. Ebd., S. 80; Übers. d. A.

254 Ngai 2012, S. 8.

255 Speziell im Fall von *Reaction*-GIFs wird die Bildsequenz sorgfältig mit Blick auf ihre emotional-expressiven Qualitäten ausgewählt.

256 Marmo 2016, S. 82; Übers. d. A.

257 Vgl. auch Weigelt 2019.

258 Vgl. Marmo 2016, S. 81 sowie Gotto 2017, 362.

259 Kaerlein 2018a.

260 Kaerlein 2018b, S. 180.

261 Gn 2017, S. 177; Übers. d. A. Vgl. auch Gn 2015, S. 3.

262 Ngai 2012, S. 53; Übers. d. A.

263 Vgl. ebd.

264 Ebd., S. 14.

265 Broeckmann 1998, o. S. Andreas Broeckmann entlehnt seine Begriffsprägung der Konzeption minoritärer Literatur *(littérature mineure)* von Gilles Deleuze und Félix Guattari. ›Kleinere‹ – sprich: randständige, marginalisierte – Medien bedienten sich Strategien des ›Minoritär-Seins‹ wie Intensivierung, Refunktionalisierung, Entfremdung und Überschreitung. ›Minoritär-Werden‹ sei demzufolge als künstlerische Strategie der (Re-)Singularisierung, Deterritorialisierung und Subjektivierung zu begreifen, die ›große‹ Technologien *(major technologies)* in ›kleine‹ Maschinen *(minor machines)* transformiere. Vgl. ebd.

266 Baumgärtel 2017, o. S.

267 Gn 2017, S. 177; Herv. i. O.

268 Phillips/Milner 2017, S. 53; Herv. i. O. Dies stellen Whitney Phillips und Ryan M. Milner mit Blick auf mangelnde Kontextualisierbarkeit angesichts intransparenter, ambivalenter und verwobener Medieninhalte fest – »truth looks the same as a lie«. Ebd., S. 51.

269 Reckwitz 2018, S. 239.

270 Venus 2013, S. 71.
271 Medienstrukturelle und -ästhetische Veränderungen, die Wahrnehmung und Kommunikation – »Alltagspraktiken, Lebenswelten und Sinnstrukturen von Menschen« – beeinflussen, sollten Horst Niesyto zufolge auch Auswirkungen auf »[...] theoretisch-konzeptionelle und methodische Überlegungen bei der Entwicklung von Forschungsdesigns [...]« haben. Beide Niesyto 2017, S. 61.
272 Vgl. Gunkel 2018, S. 54f. sowie Gunkel/Richard 2019, S. 122.
273 Vgl. Bridle 2018, S. 9.
274 Vgl. dazu Sprenger/Engemann 2015.
275 Sprenger 2014, S. 8.
276 Ebd.; Herv. i. O.
277 Ebd., S. 9.
278 Ebd.
279 Ebd., S. 10; Herv. i. O.
280 Ebd., S. 9.
281 Becker 2004, S. 121.
282 Ebd., S. 112.
283 Vgl. z. B. Benjamin 1991a u. 1991b.
284 ›Surfen‹ ist wiederum eine geläufige Metapher für die Benutzung eines Webbrowsers.
285 Vgl. z. B. Morozov 2012; Tanriverdi 2014; Wotzinger 2019; Hendel 2012; Sulzer 2017; Runzheimer 2017 u. Hildebrandt 2019.
286 Z. B. Burckhardt 2008 u. Weisshaar/Brauner 2013.
287 Z. B. Netzscan, Onlineforschung u. vertiefende Inhaltsanalysen. Zum Netzscan vgl. Richard/Zaremba 2007. Auch eine Triangulation von Netz- und Offlinespaziergang ist denkbar wie z. B. im Fall der Online-/Offline-Feldforschungen von Birgit Richard zum Wave-Gotik-Treffen. Der Begriff Onlineforschung meine, so Alexander Geimer, sowohl »Onlineethnografie bzw. qualitative Forschung zu Onlineinhalten und -kommunikationen wie medialen Infrastrukturen einerseits sowie das Internet als Erhebungsinstrument im Rahmen qualitativer Forschung andererseits.« Geimer 2018, S. 176. Gleichzeitig sei aber von Onlineforschung auch dann die Rede, »wenn sich die qualitative Forschung im Rahmen anderer Methodologien mit dem Internet auseinandersetzt (etwa Verfahren der Text-, Bild-, Filmanalyse[)].« Ebd., S. 177. Zu Online-Ethnografie vgl. Marotzki 2003; zu Netnografie als Forschungsansatz vgl. Kozinets 2010, 2015, 2019.
288 Gunkel 2018, S. 56.
289 Nicht zuletzt planen Apple, Google u. a. mit ihren virtuellen Assistenzen wie Siri und Alexa, Suchanfragen gänzlich zu übernehmen.
290 Vgl. Gunkel 2018, 55f.
291 Vgl. Burckhardt 2008 [1998], S. 329f.
292 Burckhardt 2008 [1995], S. 262.
293 Vgl. ebd., S. 259.
294 Vgl. Leipold 2015, S. 98.
295 Ebd., S. 99.
296 Ebd., S. 100 mit Zitat von Lucius Burckhardt.
297 Kelle 2018, S. 224.

298 In Bezug auf Meme stellt Schonig fest: »the remixed and recontextualized objects that tend to circulate in these spheres are rarely discussed as *aesthetic* objects because they are overwhelmingly understood in terms of information and communication.« Schonig 2020, S. 28; Herv. i. O.

299 Vgl. Wichmann 2019, S. 47 f.

300 Vgl. dazu Phillips/Milner 2017. »[…] [C]ontemporary internet is so overrun with ambivalent expression.« Ebd., S. 15.

301 »[…] [A]n image that *appears* singular, but in fact is the remix of a remix of a remix over the course of an untold number of month or years. It's simply not possible to know just by looking at the ›final‹ product.« Ebd, S. 49; Herv. i. O.

302 Martin Hand beschreibt die Forschungsproblematik der kontextuellen Intransparenz von Bildern im Internet: »The issue of context is central here. It is a common statement that, say, tweets are often ›taken out of context‹, but there is an important point here about how, methodologically, to know what the context of an image actually is. The dynamic combinations of people, devices, and platforms that form the sites of image production and consumption are not always easily identifiable simultaneously. In other words, there is a distinctive challenge in being able to identify the ›sites‹ of a social media image in relatively stable terms. For example, an object as simple as a tagged Facebook photo is being redistributed across these sites, and is subject to ongoing sociotechnical re-composition and re-audiencing.« Hand 2017, S. 222; Herv. i. O.

303 Wie die Ausführungen von Phillips und Milner vermuten lassen, ist eine an einzelnen Akteur*inn*en und Rezipient*inn*en orientierte methodische Vorgehensweise aufgrund der strukturellen Beschaffenheit des Internets sowie partizipativer Ausdrucksformen kaum fruchtbar: »And once this remixed content is itself archived and search indexed, it can be found and further remixed by others – also without attributing what was found where, or made where, by whom. As a result, even with the affordances of archivability and accessibility, it is often impossible to track with complete certainty where a piece of content originated, where it subsequently traveled, or what meanings it might have communicated to the audiences who engaged with it.« Phillips/Milner 2017, S. 49. Darüber hinaus beschreiben sie Fragen nach Motivationen von Akteur*inn*en als »nonstarters« (ebd., S. 51): »The problem is that, more often than not, observers can't know, because observers can't ask. Even when they can, it's difficult to assess the veracity of what some random stranger […] posts to the internet«. Ebd., S. 54. Die Unmöglichkeit der »[…] Bestimmung, wer, was, wie gemacht hat, […] da das Werk ständig im Fluss sein kann«, stellt Richard bereits 2008 als Strukturmerkmal künstlerischer Kollektive im Netz fest. Richard 2008, S. 101. Netzkollektive würden sich stets punktuell verdichten und wieder zerstreuen. Vgl. ebd., S. 114 u. Phillips/Milner 2017, S. 49–54.

304 Flusser 2008, S. 104.

305 Ebd., S. 17.

306 Venus 2013, S. 71.

307 Flusser 1993, S. 11.

308 Florian Rötzer in Flusser 1993, S. 147.

309 Groys 2002, o. S.

310 Vgl. hierzu auch Ahmed 2010a u. 2010b.
311 Vgl. Haraway 1988.

The Cute Show: ›Das Tier‹ als Werkstoff des Niedlichen

1 Auszüge der nachfolgenden Kapitel wurden in Vorversionen auf pop-zeitschrift.de veröffentlicht. Vgl. Gunkel 2019a, 2019b und 2019c.
2 Der anthropologischen Differenz zufolge gelten ›das Tier‹ sowie ›der Roboter‹ als Antipoden der *conditio humana*. Vorstellung vom Tierlichen basieren demzufolge stets auf einer spezifischen Definition des Menschlichen. In ihrer geteilten Rolle als Diskurskategorien des prototypisch ›Anderen‹, d. h. als Differenzfolien der menschlichen Spezies, sind kulturelle Visionen des Tierlichen, Robotischen, Weiblichen usw. geeignet, die Konzeption des Menschlichen zur Diskussion zur stellen. Vgl. Mönnig 2018, S. 48; Edwards 2018.
3 Mit Jacques Derrida kann jene sprachliche Indexierung von Tieren als anthropozentrischer Akt gelten: »Das Tier *(L'animal)*, was für ein Wort!« Derrida 2010, S. 47; Herv. i. O. Vgl. auch Mönnig 2018, S. 51 f.
4 Mönnig 2018, S. 41.
5 Angelehnt an das *robotische Imaginativ*, ein Konzept von Jennifer Rhee, verweist jene Bezeichnung auf die gesellschaftlich vorherrschenden, gleichwohl arbiträren Vorstellungen, auf denen das asymmetrische Machtverhältnis zwischen Menschen und Tieren fußt. Wie das *robotische Imaginativ* ist auch das tierliche Imaginativ gleichzeitig durch ver- wie entmenschlichende Strategien gekennzeichnet. In Vermeidung des *uncanny valley* basiert der *cute design* als Gestaltungskonzept zugrunde liegende *positive Anthropomorphismus* ebenfalls exakt auf dieser Doppelbewegung.
6 Beide Mönnig 2018, S. 13; Herv. i. O.
7 Qua Züchtung wird der Tierkörper bereits auf Genomebene zu einer modellierbaren Grundkonfiguration.
8 Von antiken Tierkämpfen und Zirkussen über Kunst- und Wunderkammern, feudalistischen Menagerien und öffentlichen zoologischen Gärten bis hin zu den Massenmedien Film und Fernsehen – in der Funktion als Demonstrations-, Schau- und Showobjekte können Tiere auf ein geschichtsträchtiges Vermächtnis zurückblicken. Der »Unterhaltung *durch* Tiere« fällt innerhalb der Menschheitsgeschichte eine große Rolle zu. Ullrich/Steinbrecher 2016, S. 7; Herv. i. O.
9 Schulze 1992.
10 Illouz 2018, S. 23.
11 Arndt 2016, S. 75; Herv. i. O.
12 Für einen motivgeschichtlichen Abriss über das fotografische Tierbild vgl. Eskildsen/Lechtreck 2005.
13 Beide Mönnig 2018, S. 31.
14 Ullrich 2015, S. 207.
15 Vgl. Eskildsen/Lechtreck 2005, S. 9.
16 So die Minimaldefinition des *pet animal* nach Margo DeMello. Vgl. DeMello

2012, S. 148. Der ontologische Status von Haustieren wird kontrovers diskutiert. Vgl. hierzu z. B. Weil 2012, S. 53–62 sowie Redmalm 2013. Gilles Deleuze und Félix Guattari sprechen ihnen den Tierstatus gleich ganz ab, seien sie doch im Zuge ihres Domestikationsprozesses um ihre Wildheit gebracht und entmachtet worden. Als artifiziell gestaltete, »ödipale« Kreaturen erschöpfe sich ihre Funktion darin, den menschlichen Narzissmus zu befriedigen. Vgl. Deleuze/Guattari 1992, S. 328. Einen ähnlichen Standpunkt vertritt John Berger, wenn er davon spricht, dass Haustiere vonseiten ihrer Halter*innen in ein soziales Setting hineingezwungen würden. Jene Adaption an die menschliche Lebensführung mache Anthropomorphisierung bzw. im Umkehrschluss ›Enttierlichung‹ erforderlich: »Das Haustier wird entweder sterilisiert oder sexuell isoliert, in seiner Bewegungsfreiheit außerordentlich eingeschränkt, fast aller Kontakte mit anderen Tieren beraubt und mit künstlicher Nahrung gefüttert. Das ist der materielle Prozeß, der sich hinter dem Gemeinplatz verbirgt, daß Haustiere ihren Herrchen oder Frauchen zu ähneln beginnen. Sie sind die Geschöpfe der Lebensweise ihres Besitzers.« Berger 2015 [1977], S. 175 f. Donna Haraways Konzeption von *companion species* steht dem entgegen: »There cannot be just one companion species [...] there have to be at least two to make one.« Haraway 2003, S. 12. Haraway denkt die Mensch-Tier-Beziehung folglich als ko-evolutionäres Bündnis von gleichberechtigen Gefährten, eine Auffassung, der sich ebenfalls Jody Berland anschließt, indem sie darauf hinweist, dass sich Domestikationsprozesse auf Basis wechselseitigen Einvernehmens vollziehen: »[...] cats helped humans to domesticate as much as the reverse.« Berland 2019, S. 164. Vgl. hierzu auch Marchesini 2015, S. 74.

17 Vgl. Petrus 2015, S. 144. Darüber hinaus erfüllen manche mitunter vorrangig bzw. gleichzeitig eine Schutzfunktion (z. B. Wachhund) oder dienen repräsentativen, prestigesteigernden Zwecken (z. B. Rassetiere, ›Exoten‹). Vgl. ebd.

18 Kathan 2005, S. 116.

19 King 2011, S. 29. Vgl. hierzu bspw. auch Berland 2019, S. 167 sowie Petrus 2015, S. 144.

20 Beide Kathan 2005, S. 114.

21 Vgl. DeMello 2012, S. 149.

22 Bzgl. der Tierzucht als ästhetische Praxis vgl. Mönnig 2018, S. 35.

23 Vgl. z. B. DeMello 2012, S. 148.

24 Dale 2017, S. 52.

25 Der von Richard u. a. geprägte Begriff des *animal ego* bezeichnet v. a. im Kontext von YouTube eine Unterkategorie des *ego clips*. Hierunter werden vornehmlich Videos rubriziert, die der Selbstinszenierung ihres*r Urhebers*in dienen: »[D]iese Clipsorte [dient] der exzessiven narzisstischen Selbstdarstellung [...]. [...] Eine Sonderform ist *animal ego:* Tiere führen als Extension des medialen ›Selbst‹ Kunststückchen vor.« Richard u. a. 2010, S. 62; Herv. i. O.

26 Während des Viktorianischen Zeitalters in Amerika weit verbreitet, bot jenes populäre Spektakel eine Wanderbühne für die Zurschaustellung der namensgebenden ›Freaks‹, deren Sensationscharakter sich aus dem Reiz des Unbekannten speiste. An menschlichen Kuriositäten gab es folglich alles zu sehen, was den bürgerlichen Rahmen sprengte. Neben unkonventionelle, als abnormal eingestufte

physische Merkmale und Körpermodifikationen, die entweder angeboren oder (z. B. im Fall von Ganzkörpertätowierungen) bewusst vorgenommen wurden, reihten sich außergewöhnliche Begabungen. Besagte Klassifikation der zur Schau gestellten Personen im Hinblick auf die Art ihrer ›freakishness‹ geht auf Robert Bogdan zurück. Vgl. Garland Thomson 1996.

27 Harris 2001, S. 3; Übers. d. A. Ein züchtungsbedingtes Beispiel sind gesundheitsschädliche genetische Veränderungen (z. B. kupierte Extremitäten, verkürzte Schnauze, zu kleiner Schädel, Glubschaugen, übermäßige Hautfalten, Stummelbeine), billigend in Kauf genommene Beiprodukte der ästhetisch optimierenden anatomischen Umformungen von überzüchteten Rasse- bzw. Designerhunden wie dem Chihuahua.

28 Ebd.

29 Die einzuhegende ›Andersartigkeit‹ untersucht die Autorin anhand der ›Abweichungsfiguren‹ Freak und Kind. Vgl. Merish 1996.

30 Ebd., S. 194. Vgl. zudem ebd., S. 188.

31 Ngai 2012, S. 60 mit Zitaten von Lori Merish.

32 May 2019, S. 129. Durch das Monströs-Niedliches kennzeichnende Mischverhältnis stellt May implizit eine Nähe zur ästhetischen Kategorie des Erhabenen her.

33 Ebd.; Übers. d. A.

34 Ebd., S. 130; Übers. d. A.

35 Donald Trump verkörpert May zufolge idealtypisch die hybride Kategorie des Monströs-Niedlichen. Die Figur Trump beziehe ihre Stärke gerade aus jenen unaufgelösten, in permanenter Spannung gehaltenen Inkonsistenzen: »He [Donald Trump; d. A.] is sustained, not undermined, by this contradictions. […] To the extent that he is, in this way, unpindownable, Trump has a touch of Cute.« Ebd., S. 133.

36 Vgl. Brzozowska-Brywczyńska 2007, S. 213.

37 Ebd., S. 216.

38 Engelmann 2013, S. 115.

39 Harris 2001, S. 4.

40 Durbach 2010; Übers. d. A.

41 Vgl. *@iamlilbub* (Instagram) sowie *Lil Bub* (Homepage). Vgl. hierzu auch Stallmach 2019.

42 Vgl. *@ruthbaderginsdog* (Instagram).

43 Vgl. *@princessmonstertruck* (Instagram) sowie *PrincessMonsterTruck* (Homepage).

44 Vgl. *Waffles the Cat* (Homepage) sowie *@waffles_the_cat* (Instagram).

45 Vgl. *@tunameltsmyheart* (Instagram).

46 Bei manch tierlicher Internetprominenz sind die ›Anomalien‹ jedoch ausschließlich optischer Natur und gehen nicht mit einer tatsächlichen körperlichen Beeinträchtigung einher. Vgl. bspw. die ungewöhnliche Fellzeichnung von *@hamilton_the_hipster_cat* (Instagram) oder den Memkomplex *Kitler* alias *Cats that look like Hitler* (Homepage).

47 Vgl. *@realgrumpycat* (Instagram).

48 Vgl. z. B. Kühl 2019.

49 Vgl. Laforteza 2014.

50 Nur wenige Wochen alt wurde Lil BUB beispielsweise aus dem Müll gerettet,

Ruth Bader Ginsdog sowie Princess Monster Truck auf der Straße gefunden und Waffles the Cat zunächst im Tierheim großgezogen.

Vgl. *Lil Bub* (Homepage), *@ruthbaderginsdog* (Instagram), *PrincessMonsterTruck* (Homepage) *und Waffles the Cat* (Homepage). Indem sie das jeweilige Tier zu einem tragischen Geschöpf hochstilisieren, zielen die anhängigen Biografien ebenfalls darauf, Betroffenheit wie Mitgefühl im menschlichen Gegenüber auszulösen. Zugleich liefern sie ein emotional entlastendes Happy End, hat sich das Schicksal in den ›richtigen‹, d. h. den liebevoll-fürsorglichen Händen ihrer jetzigen Besitzer*innen doch letztlich zum Guten gewendet. Vgl. hierzu auch Harris 2001, S. 4.

51 Garland Thomson 1996, S. 10.

52 Vgl. ebd. sowie Hevey 1992, S. 53.

53 Hutchinson 2014, o. S.

54 Vgl. hierzu Roselle/Miskimmon/O'Loughlin 2014.

55 Julia Reuter benutzt ›VerAnderung‹ als deutsche Entsprechung von *othering*. Vgl. Reuter 2011, z. B. S. 24.

56 *Tunameltsmyheart* (Homepage), o. S.; Übers. d. A.

57 Beide *Tunameltsmyheart* (Homepage), o. S.; Übers. d. A.

58 Vgl. *Rebel Without A Paws. Punny, right?* (Instagram).

59 Vgl. *@AnimalsInPredicaments* (Facebook) u. *@animals.inpredicaments* (Instagram).

60 Häufige Adjektive zur näheren Beschreibung der misslichen Umstände sind *strange, weird, awkward, tricky, sticky* oder *difficult*. Vgl. z. B. Reign o. D. u. Lunch o. D.

61 Die tierlichen *oddbodies* (vgl. Müller) sind oftmals das Resultat von fehlerhaft verrechneten Panoramaaufnahmen. Das erwähnte Bild der kopflosen Katze ist mutmaßlich ebenfalls das Artefakt eines derartigen Softwarefehlers, zumindest wird das Bild online auch im Kontext von *bad pet panoramas* bzw. *animal panorama fails* verhandelt. Vgl. *Found on a twitter thread of bad pet panoramas* (Reddit) sowie *What about cats?* (Twitter).

62 *Animals in Predicaments: Animal Fails (Mar 2018) | Fail Army* (YouTube).

63 Vgl. z. B. Brennan 2017; Lunch o. D. u. Reign o. D.

64 Baker 1993, S. 23.

65 Hierzu auch Harris: »Adorable things are often most adorable in the middle of a pratfall or a blunder […].« Harris 2001, S. 6.

66 Ngai 2012, S. 66. Ngai zitiert Edmund Burkes Ausführungen über das Schöne, das dieser mit dem ›schwachen Geschlecht‹ assoziiert, und überträgt seine Argumentationslogik auf das Niedliche. Vgl. ebd.

67 Vgl. Harris 2001, S. 6 f.

68 *I want to pet it but don't want to touch it* (Reddit), o. S.

69 Kurz gefasst bezeichnet Haptik das »aktive Begreifen oder Hineingreifen in ein textiles Produkt«, während Taktilität demgegenüber die passive Berührung durch ein Textil meint (z. B. Kleidung auf der Haut). Meyer zur Capellen 2015, S. 192. Dass die ästhetischen Qualitäten von Niedlichem über die physiognomisch-habituellen Merkmale des *Kindchenschemas* hinausgehen, davon zeugen beispielsweise designwissenschaftliche Untersuchungen, die ebenso Farbe, Materialität, Sound und Bewegung als relevante ästhetisch-affektive Trigger miteinbeziehen. Vgl. Cheok 2010, S. 223–254.

70 Harris 2001, S. 7 f.; Herv. i. O. Die Dinghaftigkeit des Niedlichen, sein Warencharakter, trete durch jene Gestaltungsmaximen überdeutlich zutage. Vgl. ebd., S. 7 f.
71 Ngai 2012, S. 59.
72 Ebd., S. 5.
73 Unter Bezug auf Walter Benjamin legt Ngai dar, dass das Verlangen nach formaler Einfachheit von Kinderspielzeug erst mit Industrialisierung der Spielwarenproduktion im 19. Jahrhundert aufkam. Benjamin zufolge sei modernes Spielzeug durch »falsche[] Einfachheit« (Benjamin 1969, S. 63) gekennzeichnet, da es als Massenware zur seriellen Herstellung auf hochkomplexe Produktionstechnologien angewiesen sei. Vgl. Ngai 2012, S. 73 ff. Die Produktgeschichte des Teddybären, insbesondere dessen Morphologie von einer naturalistischen hin zu einer abstrahiert-stilisierten Gestaltung geht mit einer Neukonzeption von Kindheit im 20. Jahrhundert einher. Jene entwicklungspsychologischen Erkenntnisse werden demzufolge auch am Redesign des Konsumobjekts ablesbar. Vgl. ebd., S. 75.
74 Gn 2016, S. 50; Herv. d. A. Vgl. auch Ngai 2012, S. 3.
75 Harris 2001, S. 8. Dem Produktdesign liegen folglich ebenso pragmatische Erwägungen hinsichtlich längerer Haltbarkeit wie geringerer Verletzungsgefahr zugrunde.
76 Helmhold 2017, S. 19; Übers. d. A.
77 Vgl. Harris 2001, S. 8.
78 Vgl. ebd.
79 Als umgangssprachliche Variation des englischen Adjektivs *chunky* gehört *chonky* zum Internetslang. Seine Bedeutung ist deutlich spezifischer als die des ursprünglichen Adjektivs, werden hiermit im Kontext digitaler Bildkulturen doch hauptsächlich übergewichtige Tiere, weniger Menschen oder unbelebte Objekte, bezeichnet.
Bezüglich der Begriffsdimensionen von *chunky* vgl. bspw. *chunky* (Cambridge Dictionary).
80 Verwendet wurde der Suchbegriff »cute«, teils in Paarung mit dem Substantiv »animal«.
81 Vgl. Stalder 2016.
82 Vgl. hierzu bspw. Gunkel 2018, S. 35 f.
83 Horst Bredekamp zit. n. Bader 2010, S. 35.
84 Bader 2010.
85 Lévi-Strauss 1981, S. 29.
86 Vgl. Gunkel 2018, S. 359.
87 Vgl. hierzu ebd., S. 54 f.
88 Vgl. Jazo 2017, S. 100 f. sowie Richard 2003.
89 Beide Jazo 2017, S. 102.
90 *@Maci* (Pinterest), o. S.
91 Zitat aus dem Trailer des US-amerikanischen Animationsfilms *Despicable Me* (2010). Die betreffende Szene spielt vor einer Schießbude auf dem Jahrmarkt, die unter anderem ein Plüscheinhorn als Gewinn in Aussicht stellt. Agnes, die jüngste der drei Adoptivtöchter von Felonius Gru, liebt Einhörner und lässt sich beim Anblick des flauschigen Exemplars zu jenem inbrünstigen Ausruf hinreißen. *Despicable Me (Agnes) – It's So Fluffy! (HD)* (YouTube), hier ab 0:04 Min.

92 Moor o. D., o. S.
93 *21 Fluffy Animals That Are Cuddlier Than a Plush Toy* (brightside.me, o. D.), o. S. Wer nun aber glaubt, Flauschiges münde zwangsläufig in Niedliches, irrt, wie die Bewertung der haarigen Albino-Spinnenart *Theraphosidae alba* belegt – »World's fluffiest NOPE.« *Still A Nope!* (de.1JUX.net), o. S.
94 Vgl. Unterkapitel *#squishy #cute – Quetschbarkeit.*
95 Vgl. *Pompon* (Duden).
96 Vgl. bspw. Power POMPOM von Boostcase in der Farbausführung *Rose Quartz* aus puderrosa gefärbtem Fuchsfell – Kostenpunkt 49,95 USD. Vgl. *Power POMPOM* (boostcase.com).
97 Die Crowdfunding-Kampagne zum Nachfolgemodell Power PomPom 2.0, das die beflauschten Besitztümer mittels zusätzlich eingebautem Bluetooth-Tracker zu lokalisieren verspricht, stieß allerdings nicht auf ausreichend großes Interesse. Vgl. *Power POMPOM 2.0* (Kickstarter).
98 Mit *Serenity* und *Rose Quartz* übernimmt der Hersteller Boostcase das Trendfarbduo des Jahres 2016. Vgl. *PANTONE Color of the Year 2016* (store.pantone.com, o. D.).
99 Werbeslogan der Kostidesign GmbH, die sich auf den Onlinehandel mit Echtfell-Accessoires spezialisiert hat. *Kostidesign* (Homepage), o. S.
100 Vgl. z. B. Zander-Seidel 2009, S. 118.
101 Aloi 2018, S. 8; Übers. d. A.
102 Vgl. z. B. Sebastian 2017.
103 Zum Paradigmenwechsel *animal turn* vgl. Ritvo 2007 u. Weil 2010. Für eine kulturwissenschaftliche Perspektive kritischer Human-Animal Studies vgl. insb. Borgards 2016.
104 Beide Ngai 2012, S. 91; Übers. d. A.
105 Ebd.; Herv. i. O.
106 Die Texteingabe »fluffy dog« in der Google-Bildersuche fördert freilich nicht ein derart homogenes Ergebnis zutage. Abgesehen von Zwergspitzen unterschiedlicher Couleur finden sich auch Chow-Chows, ungeschorene Pudel, Afghanen, Huskies, Pekinesen, Collies und dergleichen mehr.
107 Wobei die Bezeichnung Pommeraner (engl. *pomeranian*) primär auf die Provenienz der ursprünglich aus dem ehemaligen Pommern stammenden Hunderasse hinweist.
108 MrPuffin 2010, o. S.; Übers. d. A.
109 *21 Fluffy Animals That Are Cuddlier Than a Plush Toy* (brightside.me, o. D.); Übers. d. A.
110 Skirmantė 2014, o. S.
111 Hartmann 2017, S. 8.
112 Vgl. z. B. *LOLCATS.COM* (Homepage) sowie *LOLCats* (KnowYourMeme).
113 Vgl. z. B. *Advice Animals* (KnowYourMeme).
114 Brunner/Hüningen 2012, o. S.
115 Harris 2001, S. 3; Übers. d. A.
116 Vgl. hierzu auch Bühling 2018.
117 Offensichtlich werden die latent stets mitschwingenden ethischen Implikationen

jener Ästhetisierungsprozesse im Fall von vollends makabren Qualzüchtungen wie beispielsweise sogenannten *squitten* bzw. ›Kängurukatzen‹, die lediglich rudimentär ausgebildete, mitunter zudem um 180° verdrehte Vorderläufe besitzen. Auf den Hinterläufen stehend oder hopsend, legen sie zwangsweise eine katzenuntypische Körperhaltung und Fortbewegung an den Tag, welche an die namensgebenden (niedlich konnotierten) Säugetiere, Känguru und Eichhörnchen, erinnern. Vgl. z. B. Ehrenstein 1998.

118 Mönnig 2018, S. 93.

119 Vgl. Wong 2019.

120 Vgl. *@pom_and_pixel* (Instagram); *@groomer_andrea* (Instagram) sowie *Eggdog* (KnowYourMeme).

121 Vgl. *@yorikokoro* (Instagram).

122 »Feel free to share the happiness and zen.« *Tidying up* (Instagram), o. S. Sowohl der Begleittext auf Instagram als auch die mediale Rezeption des Videos stellt dabei insbesondere auf den entspannt-genießerisch gedeuteten Gesichtsausdruck des Hundes, seine »happy awwra« bzw. glückliche Ausstrahlung, ab. *Pom Pom I* (Instagram), o. S. Vgl. z. B. auch Danao 2019. Der affektive Gewinn speist sich folglich nicht nur aus dem Aussehen des Hundes, sondern mindestens im gleichen, wenn nicht gar stärkeren Maße aus dessen vermenschlichtem Verhalten.

123 Die Fotografie ist die vierte von sechs, die Hamachiyo in einem Instagrampost vom 07.03.2019 als Serie veröffentlichte. Andere Abbildungen zeigen den Minipudel von vorne, auf einem Stuhl stehend, mit Hasenohr-Facefilter im *Kawaii*-Stil sowie an einem gigantischen Plüscheis schleckend. Neben einer japanischen Bildunterschrift wird der Eintrag von folgenden Hashtags begleitet: #poodle #rounddog #cutedog #smiledog #happydog #dog #cute #smile #happy #🐑 #🐩 #🍦. ごまちゃん🐩この前の続き♡ (Instagram). Die sequentielle Abfolge der verwendeten Hashtags impliziert folgende Logik: Ein Hund (#dog) wird durch entsprechende ästhetische Umgestaltung (#rounddog) niedlich (#cute) bzw. noch niedlicher, wodurch sein Antlitz den Betrachtenden wiederum ein Lächeln (#smile) entlockt, so dass diese (zumindest für den Moment) glücklich (#happy) sind. #smiledog und #happydog deuten an, dass die emotionale Befindlichkeit des Hundes angesichts seiner Umgestaltung ebenfalls als ›happy‹ gelesen wird. Derart erfährt nicht nur der Beruf Tierhaarstylist*in eine ultimative ästhetisch-affektive Legitimation, denn wer will sich (und sein Tier) schon wissentlich dem Glück verwehren, ebenso wird das Tier bzw. seine bildliche Repräsentation zu einem prototypischen *happy object* im Sinne Sara Ahmeds. Vgl. hierzu Ahmed 2010a.

124 Castleberry 2018, o. S.

125 Wenn es nach den Wünschen der Nutzer*inne*n geht, soll es Qoobo künftig auch in einer portablen Handtaschenversion, dem Petit Qoobo, zur Marktreife bringen. Hierzu hat der Hersteller ebenfalls ein Crowdfunding geplant. Vgl. *Qoobo* (Homepage) sowie Lee 2020.

126 *Qoobo* (Homepage), o. S. »It's comforting communication that warms your heart the way animals do. Begin your ›tail therapy‹ today and wrap yourself with fuzzy love.« Ebd.; Herv. i. O.

127 Die korrekte, qua Bedienungsanleitung kommunizierte Handhabung des Pro-

dukts prägt eine konkrete kommodifizierte Vorstellung von Liebeshandlungen und trägt zu deren Einübung bei.

128 »Stroke it, and the tail waves gently«, »[r]ub it, and the tail swings playfully«. Ebd.

129 Ebd.; Herv. i. O.

130 Ebd.

131 Ebd.

132 Im technologischen Kontext, vor allem im Subsegment sozialer Robotik, dient *cute design* dazu, die Distanz zwischen Menschen und Maschinen mithilfe einer ausschließlich positiv affizierenden Produktgestaltung zu überbrücken. Vgl. dbzgl. Gn 2017.

133 »Lifelike tail movements«. *Qoobo* (Homepage), o. S.

134 Laut Herstellerangaben wurde die verbaute Technologie anhand von Naturbeobachtungen am lebenden Objekt entwickelt. Bei der Produktenwicklung seien die meisten Bemühungen in die Simulation eines möglichst realistischen Bewegungsablaufs geflossen. Vgl. ebd.

135 Ebd.

136 Vgl. *Qoobo | A Tailed Cushion That Heals Your Heart* (YouTube, 2017) sowie *Qoobo | A Tailed Cushion That Heals Your Heart* (YouTube, 2019).

137 Das niedliche Objekt gilt Ngai als Inbegriff von Donald W. Winnicotts Übergangsobjekt. Vgl. Ngai 2012, S. 89.

138 Vgl. *Qoobo | A Tailed Cushion That Heals Your Heart* (YouTube, 2019).

139 Lee 2020, o. S.; Übers. d. A.

140 Die Komplexitätsreduktion, welche die Produktgestaltung suggeriert, verunklärt sowohl die verbauten technologischen Komponenten als auch den industriellen Fertigungsprozess und ist damit ein mustergültiges Beispiel für »falsche[] Einfachheit« (Benjamin 1969, S. 63) und *kommunikative Transparenz.*

141 Ngai 2012, S. 64; Herv. d. A.

142 Vgl. Grossman 2010, o. S.

143 Vgl. DAISIE 2009.

144 Vgl. Freud 1982 [1919]. »Das Unheimliche ist also auch in diesem Falle das ehemals Heimische, Altvertraute. Die Vorsilbe *›un‹* an diesem Worte ist aber die Marke der Verdrängung.« Ebd., S. 267; Herv. i. O.

145 Die gewählte Selbstbezeichnung referenziert den zoologischen Begriff Neozoon (Plural: Neozoen). Mit diesem wird eine fremde, mitunter invasive Tierart benannt, die sich ohne menschliches Zutun in vormals nichtheimischen Gebieten angesiedelt hat. Vgl. bspw. Kowarik 2010. Jana Müller bespricht die Arbeit *VULPES LAETUS* (2012), eine Fuchspelzstola mit integrierter Mechanik und Soundelement, mit Blick auf eine Ästhetik des Seltsamen.

146 Umgearbeitete Objekte oder maschinell bewegte Skulpturen werden unauffällig in ihr vermeintlich ›natürliches Habitat‹ im öffentlichen Stadtraum integriert. Vgl. z. B. *DAS MANTELTIER; THE NON-TOED FUR-COATIE* (Vimeo), eine Installation von skulptural geformten, kreatürlich anmutenden Pelzmänteln mit integrierter Mechanik, die 2010 in einem Innengehege des Münsteraner Zoos ausgestellt wurden. Vgl. hierzu auch Plappert 2016, S. 165 f.

147 *PELLICIUSIA URBANA* (Vimeo), hier 00:15 Min.

148 Ein Beispiel für die nutzer*innenseitige Verniedlichung von smarten Haushaltshilfen, die Einhegung von Technologie, ist der Memkomplex »X riding on Roomba«. Beritten von Haustieren oder Babys wird der Staubsaugerroboter Roomba von iRobot niedlich überformt. Vgl. z. B. *Cat Riding on Roomba* (KnowYourMeme) sowie *Ridin' Dirty Roomba Cat* (YouTube).

149 Vgl. Ngai 2012, S. 65.

150 Deleuze/Guattari 1992, S. 328.

151 Vgl. *Ruth van Beek – The Hibernators* (Homepage). Van Beeks künstlerische Strategie basiert auf dem Recycling von fotografischem Bildmaterial unterschiedlichster Provenienz, das sie ohne den ursprünglichen Kontext archiviert und mithilfe von Collagen in neue Zusammenhänge stellt.

152 Beide Lechtreck 2005, S. 71. Hans-Jürgen Lechtreck bezieht in seinem Artikel Fotografie und Taxidermie aufeinander. Bei beiden handele es sich um »zoologische[] Aufzeichnungsmedien des 19. Jahrhunderts«, die über eine geteilte Geschichte wechselseitiger Ergänzung verfügten. Ebd. Aufgrund der langen Belichtungszeiten wurden Tierportraits in der frühen Fotografie beispielsweise häufig an Tierpräparaten vorgenommen.

153 Zu nennen ist in dem Zusammenhang zunächst die Züchtung von Haustierarten, deren Zurschaustellung vor der Kamera, die vermassende Darstellung durch das technische Reproduktionsmedium Fotografie und schlussendlich die Indienstnahme durch die Künstlerin. Während die gewählte Präsentationsform der Blockhängung Assoziationen zu Konfektionsware in Versandkatalogen weckt und somit den Eindruck von Verfügbarkeit wie Austauschbarkeit verstärkt, konterkariert der Unikatstatus der Collagen wiederum jenes vermassende Moment und gibt den abgebildeten Geschöpfen eine – deswegen nicht weniger beunruhigende – Individualität zurück.

154 Van Beek zit. n. Feuerhelm 2015, o. S.

155 »Tieraugen sind für viele Menschen Quelle von Identifikation, denn sie drücken aus, dass das tierische Gegenüber lebt und fühlt.« Sebastian 2017b, S. 10. Hierzu auch Ngai: »In cuteness it is crucial that the object has some sort of imposed-on-mien – that is, that is bears the look of an object *unusually responsive* to and thus easily shaped or deformed by the subject's feeling or attitude toward it.« Ngai 2012, S. 65; Herv. d. A.

156 Nicht nur die Warenform, sondern auch das Partialobjekt Haar sind mit dem Konzept des Fetischs verbunden. Haar vermag sowohl in Verbindung mit einem lebendigen Organismus als auch isoliert davon sexuell zu stimulieren, weswegen es Stefanie Adomeit zufolge als »Extremform eines Fetischs« gelten kann. Adomeit 2007, S. 57. Mithilfe ihrer ›Fellstudien‹ bzw. Tierhaartypologie demonstriert van Beek, dass die Ästhetisierung von Partialobjekten insbesondere im Fall von Tod bzw. Tötung indizierendem Echtfell durchaus mit ambivalenten Gefühlen einhergeht, die zwischen Erregung, nervenberuhigendem Wohlbehagen und Abscheu bzw. Ekel changieren.

157 Die umgangssprachliche Ersetzung des ähnlich klingenden Kraftausdrucks *fuck* mit *fluff* ist ein prominentes Beispiel für sprachbasierte Verniedlichung. Das rheto-

rische Stilmittel, Malapropismus genannt, dient häufig dazu, Ärgerliches humoristisch zu wenden und derart negative Affekte durch Parodie zu entkräften.

158 *@wow_absolute_units* (Instagram), o. S.

159 Koszary 2018, o. S. Vgl. hierzu auch *Absolute Unit* (KnowYourMeme).

160 Ngai 2012, S. 59.

161 Legge 2017, S. 140.

162 Vgl. bspw. *Hydro-thera-paws!* (dailymail.co.uk, 2017).

163 Die durch Wasser initiierte Verwandlung vom fluffigen Schoßhund zur jämmerlich begossenen Kreatur, die zudem nicht mehr als attraktiv, sondern als bemitleidenswert und abstoßend verhandelt wird (vgl. *Ever wonder what a wet Pomeranian looks like?* (Twitter)), lässt unweigerlich an die Metamorphose der flauschig-freundlichen Mogwais in haarlos-schleimige, reptilienhafte und bösartige Gremlins denken. Vgl. hierzu bspw. Harris 2001, S. 16–22 sowie Müller Kap. X, S. Y. Bzgl. der dem Niedlichen unterstellten Doppelgesichtigkeit vgl. Kap. X, S. Y.

164 Für eine designtheoretische Betrachtung des geometrischen Körpers vgl. Richard 1994.

165 Im Deutschen geläufige Synonyme für fettleibig sind folglich bspw. rundlich, kugelig oder kugelrund. Vgl. *fettleibig* (Duden).

166 *@round.animals* (Instagram), o. S. 490 000 Abonnent*inn*en am 27.09.2019.

167 *@round.boys* (Instagram), o. S. 476 000 Abonnent*inn*en am 27.09.2019.

168 Seine deutschsprachige Entsprechung findet *chonky cute* im Niedlich-Plumpen, das durch »eine dicke, massige, unförmige Gestalt« und infolgedessen »schwerfällig[e], unbeholfen[e], ungeschickt[e], ungelenk[e] [Bewegungen]« charakterisiert ist. *Plump* (Duden), o. S.

In seiner 1853 veröffentlichten Abhandlung über die Ästhetik des Hässlichen wendet sich Karl Rosenkranz unter anderem diesen beiden ästhetischen Kategorien zu. Demnach handelt es sich bei der Hybridform des Niedlich-Plumpen um ein Paradoxon, stellen nach Rosenkranz beide die Kehrseite und somit das Gegenstück der jeweils anderen dar. Niedliches verortet er im Bereich des »Gefälligschönen«: »Das gefällig Schöne ladet uns zu seinem Genuß ein, indem es uns von vorneherein entgegenkommt und alle sinnlich angenehmen Seiten, uns zu fesseln, nicht ohne Absichtlichkeit hervorkehrt. […] Der Reiz des Gefälligen lockt uns zu sich hin, es zu genießen, und schmeichelt uns in allen unseren Sinnen.« Rosenkranz 1996 [1853], S. 225. In der gewählten Textstelle klingt an, dass Rosenkranz dem Niedlichen offenbar auch eine gewisse manipulative Suggestionskraft attestiert. Den Reiz des Niedlichen bindet er an dessen Kleinheit (»das Kleine, das uns durch seine Zierlichkeit gefällt«; ebd., S. 230) und sorgfältige Ausarbeitung. Im direkten Kontrast dazu charakterisiert er das Plumpe negativ als »das, was uns durch die Ungestalt seiner Masse oder durch die Schwerfälligkeit seiner Bewegungen mißfällt. […] Das Plumpe ist […] nicht formlos; es hat Gestalt, aber eine ungeschickte, in welcher die Masse vorwaltet. Auch kann es sich bewegen, aber seine Bewegungen sind täppisch, rücksichtslos, klotzig.« Ebd., S. 230 f. Obgleich Größe und formal einfache bzw. »grobe« Gestaltung mit dem Plumpen einhergingen, lägen dessen Ursachen doch maßgeblich in den Faktoren »Proportion und […] Unform.« Ebd., S. 231.

169 Jene korpulenteren Variationen von Chinchilla, Einhorn und Huhn lassen sich online auf T-Shirts, Tassen u. Ä. drucken. »[T]his round boi is super fluffy, mega chonk, and super adorable! Chinchilla's are already pretty circular, but this fella brings it to the next level! Great for chinchilla lovers!«, so die Produktbeschreibung zum CHONKCHILLA T-SHIRT auf lookhuman.com. *CHONKCHILLA T-SHIRT* (lookhuman.com), o. S.

170 *Chonky* versteht sich als Steigerungsform von *chubby,* das wiederum eng mit der Quetschbarkeit und Resilienz des Niedlichen in Verbindung steht. Während *chubby* laut Cambridge Dictionary auf ›ansprechende‹, attraktive, Begehrlichkeiten weckende Speckpölsterchen rekurriert (»fat in a pleasant and attractive way«), die vor allem mit wulstig-prallen kleinkindlichen Extremitäten und Wangen assoziiert werden (»chubby arms«, »chubby legs«), stellt *chonky* auf kompakte Massigkeit, d. h. Größe im Verhältnis zum Gewicht ab. *Chubby* (Cambridge Dictionary), o. S.

171 Vgl. *Chonk* (Urban Dictionary).

172 Vgl. *Chonk / Oh Lawd He Comin'* (KnowYourMeme).

173 Ebd., o. S.

174 Vgl. *Hill'sTM BFI (Body Fat Index) Risk Chart* (spca.org.hk).

175 Beide ebd., o.S; Übers. d. A.

176 Ebd.

177 Rübel 2017, S. 113.

178 Vgl. hierzu bspw. Ngai 2012, S. 77.

179 Ebd., S. 64.

180 Am Beispiel CHONK Chart wird diese durch eine Deformation der naturgegebenen Anatomie erreicht.

181 Grossman 2010, o.S; Übers. d. A.

182 Ebd.

183 Grossman 2010, o. S.

184 Ebd.; Übers. d. A.

185 Vgl. Grasseni 2005, S. 99 f. Vgl. hierzu ebenfalls Ritvo 1987, S. 46.

186 Ritvo 1987, S. 58.

187 Ebd., S. 56.

188 Vgl. Ewbank 2017 sowie Hilton 2015.

189 Vgl. bspw. Ritvo 1987, S. 59.

190 Grasseni 2005, S. 101 f.; Herv. i. O.

191 Vgl. Ritvo 1987, S. 60. Die grafischen Reproduktionen jener Gemälde wurden von einer Bildunterschrift begleitet, die neben Angaben zu Züchtung, Größe und Gewicht des Tieres auch Aufschluss über die Besitzverhältnisse gab.

192 Koszary 2018, o. S.

193 Quinn 1993, Übers. d. A.

194 *@chonky.animals* (Instagram), 448 000 Abonnent*inn*en am 27.09.2019.

195 Liessmann 2009, S. 63.

196 Kreatürliche, insbesondere menschliche körperliche ›Anomalien‹ galten bereits im Mittelalter als »intellektuell anregend« und gaben mitunter »Anlass zu einer Reihe immer neuer bildlicher Darstellungen [...].« Eco 2007, S. 243.

197 Garland Thomson 1996, S. 3.
198 Ebd.
199 Zur religiösen Dimension des Niedlichen vgl. Chambers 2017.
200 Rosenkranz 1996 [1853], S. 233.
201 *@chonkyanimals* (Instagram), o. S.
202 Zum Zeitpunkt der Abfrage am 14.09.2019 waren das 441 veröffentlichte Beiträge und zwar sowohl Fotografien als auch Videos.
203 In besagtem Kontext werden hiermit korpulente Tiere, insbesondere fettleibige Katzen, bezeichnet, die der Top-Begriffsdefinition von Urban Dictionary zufolge dennoch, d. h. ungeachtet der latent mitschwingenden gesellschaftlichen Stigmatisierung von Übergewicht, fotogen seien: »A fat but photogenic cat.« *Chonker* (Urban Dictionary), o. S.
204 Jene »übertriebene Passivität« ist ein wesentliches Inszenierungsmerkmal des Niedlichen. Ngai 2012, S. 65; Übers. d. A.
205 Vor der moraltheologischen Folie der Sieben Todsünden verweist die fotografisch zur Schau gestellte Passivität der ›Lastertiere‹ auf jenen Sittenverfall, welcher mit dem maßlosen Genuss kulinarischer Freuden und sinnlicher Wonnen einhergeht. Kennzeichnend für Acedia sei so beispielsweise die physische Untätigkeit, d. h. »die äußerlich sichtbare Faulheit«, welche sich Susanne Blöcker zufolge durch ein »[ü]bersteigertes Schlafbedürfnis und schwere Gliedmaßen« bemerkbar macht und demgemäß durch »Bett oder Kissen« sowie das Motiv des Schlafes symbolisiert wird. Beide Blöcker 1993, S. 88. Vgl. auch Meyer 2010, S. 230. Im gegebenen Kontext wird Acedia als Folge von Gula, der fleischlichen Versuchung, Völlerei und Trunksucht, inszeniert. Viertes und letztes Stadium der Gula ist Fabienne Eggelhöfer zufolge die »Gleichgültigkeit (oder Trägheit)«. Eggelhöfer 2010, S. 256.
206 Vgl. *@fatcatart* (Instagram), 127 000 Abonnent*inn*en am 27.09.2019.
207 Vgl. *Fat Cat Art* (Homepage).
208 Alle *»Our life as Mews to the Great Artists We admire« by Zarathustra the Cat* (fatcatart.ru, o. D.), o. S.; Übers. d. A.
209 *Uccello, Saint George feeds the Winged Cat with organic food* (fatcatart.com).
210 *Kazimir Malevich, Red Square or Cat's Suprematism* (fatcatart.com).
211 Marcus Antonius zu Julius Caesar in *Cleopatra (1963) Elizabeth Taylor Entrance into Rome Scene (HD)* (YouTube), hier 01:22–01:26 Min.
212 *How to welcome the Fat Cat* (YouTube), Thumbnail.
213 *@wow_absolute_units* (Instagram), 22 000 Abonnent*inn*en am 27.09.2019.
214 Ebd., o. S.; Herv. i. O.
215 *@thic.bois* (Instagram), 101 000 Abonnent*inn*en am 27.09.2019.
216 Ebd., o. S.
217 Vgl. *Cursed Image* (KnowYourMeme).
218 Vgl. z. B. den Twitteraccount @cursedbixos – »only cursed animals«. *@cursedbixos* (Twitter), o. S.
219 Vgl. *@jellygummies* (Instagram) sowie *Jellygummies* (Homepage).
220 Smith 2019, o. S.
221 Vgl. hierzu auch Azzarello 2014.
222 Beide Azzarello 2014, o. S.; Übers. d. A.

223 Janssen 2015, o. S.
224 Plaugic 2015, o. S.
225 *Animation 3D Sticker by jellygummies* (Giphy), o. S.
226 Knoblauch 2015, o. S.; Übers. d. A.
227 »Given how the prototypically cute object evokes the same kind of soft squishy form associated with gelatinous matter, we can see how our desire to cuddle with the commodity might often be shadowed by a tiny feeling of repugnance.« Ngai 2012, S. 67.
228 Kobito Dukan, eine Art japanischer Waldwichtel, sind gezeichnete Fantasiewesen, deren äußere Gestaltung häufig als *kimo-kawaii* bzw. *gross cute* bezeichnet wird: »These strange creatures had the outside skins of mushrooms, peaches, and plants, but on the inside they looked like old men in a perpetual state of shock.« Rachel B 2013, o. S. Gerade wegen ihrer ›kontaminierten‹, gebrochenen Niedlichkeit erfreuen sich die Charaktere in Japan altersunabhängig großer Beliebtheit. Vgl. ebd.; St. Michel 2014; Gn 2015 und 2016.
229 »Das spielerische Naturell des Niedlichen« – »the ludic nature of cute« (Gn 2015, S. 36) – gilt sowohl Gn als auch May im Hinblick auf die subversiven Möglichkeiten als ein zentraler Aspekt. Gn 2015, S. 36; Übers. d. A. u. vgl. May 2019, S. 169 ff.
230 Gn 2016, S. 57.
231 »[…] [T]hese objects [Kobito Dukan; d. A.] – by being loved for their ugliness or lack of beauty – represent a play of features that may subvert, yet broaden the denotational semantics of cuteness.« Gn 2016, S. 57. Zum subversiven Potenzial von *kawaii* vgl. auch Gn 2016, S. 57 u. Gn 2018b.
232 *GIANT SUPER SQUISHIES! Slow Rising Giant Squishies!* (YouTube), hier 05:46–06:06 Min.
233 Zitat von Elmyra Duff beim Knuddeln ihres Katers Furball. *Elmyra Duff* (tiny toons.fandom.com), o. S.
234 Aus Sicht des Verbraucherschutzes steht jedoch nicht nur der ernährungsbildende Mehrwert von ›Quetschies‹ in Frage. Das Convenience Food ist ebenfalls unter gesundheitlichen, ökologischen sowie ökonomischen Aspekten höchst umstritten. Vgl. Verbraucherzentrale Niedersachsen 2020.
235 Vgl. bspw. den Werbetext zur 24-teiligen *Squishy*-Kollektion des Herstellers Amaza (»Stress Relief Animal«); *Amaza 24 Pcs Squishies Spielzeug* (amazon.de).
236 Ngai 2012, S. 64.
237 Mustergültig ist das Design des vorgestellten Therapieroboters Qoobo.
238 Gn 2016, S. 53. Wie Gn am Beispiel von Hello Kitty ausführt, bildet die reduzierte ikonische Gestaltung designseitig die Grundlage für das polyseme Potenzial des Charakters. Aus jener formalisierten Bildhaftigkeit speist sich zugleich sein breitenwirksamer Kultstatus. Das visuelle Vokabular des Niedlichen ist durch eine strenge Schematisierung gekennzeichnet. Diese garantiert Wiedererkennbarkeit, bietet Konsument*inn*en jedoch ebenso einen persönlichen Gestaltungsspielraum an. Jener Selbstausdruck täuscht Gn zufolge über die herstellerseitig prädeterminierte Lesart hinweg, deren Schematisierung dazu neige, andere Versionen des Liebenswerten von vorneherein auszuschließen. Es findet folglich eine Konditionierung durch die Produktsprache statt. Vgl. ebd., S. 54.

239 Harris 2001, S. 7.
240 Vgl. ebd.
241 Vgl. ebd., S. 5.
242 Ngai 2012, S. 65.
243 Vgl. ebd. S. 19.
244 *Squishy* (UrbanDictionary), o. S.
245 Vgl. hierzu bspw. Mull 2018.
246 Katz 2018, o. S.
247 Vgl. Aragón u. a. 2015. Eine umfassende Besprechung der zentralen neuropsychologischen Studien und Befunde liefern Stavropoulos/Alba 2018.
248 Die emotionale Überreizung durch positive, in dem Fall niedlich konnotierte Stimuli werde durch ihr Gegenteil ausbalanciert, um derart das Wohlergehen des Subjekts zu gewährleisten. Vgl. Aragón u. a. 2015, S. 260. Für das niedliche Objekt ist *cute aggression* insofern überlebensnotwendig, garantiert sie doch die Handlungsfähigkeit des Subjekts, dem das Fürsorgemandat zufällt. Ist dieses ob des Niedlichen paralysiert, geht das Objekt aufgrund mangelnder Pflege an seiner Unselbstständigkeit wie Hilflosigkeit zugrunde.
249 Vgl. *Elmyra Duff* (tinytoons.fandom.com).
250 Elmyra behandelt ihre Haustiere mitunter wie menschliche Babys. Sie zieht ihnen Windeln an, füttert sie mit der Flasche, trägt sie immerzu im Arm usw. Vgl. ebd.
251 Die Figur Elmyra Duff nimmt Anleihen an Little Suzie, der menschlichen Protagonistin des Zeichentrick-Kurzfilms *A Kiddie's Kitty* aus dem Jahr 1953, welcher für Warner Brothers *Merrie Melodies* (1931–1969) produziert wurde. Die animierten Kurzfilme drehen sich um die bekanntesten *Looney-Tunes*-Charaktere. Auf der Flucht vor einer Bulldogge fällt der schwarzweiße Kater Sylvester in besagter Episode der kleinen Suzanne in die Hände, die ihn direkt adoptiert und ebenso unabsichtlich wie folgenreich missbraucht, indem sie ihn beispielsweise in der Waschmaschine badet, mit Matsch füttert oder im Tiefkühlfach vor ihrer Mutter versteckt. Vgl. *Merrie Melodies* (looneytunes.fandom.com) sowie *A Kiddie's Kitty (looneytunes.fandom.com).*
252 Transkription aus der Infobox unter dem YouTube-Video *Elmyra hugs squirrel.* Mit diesem beinahe resignierten Lamento endet Elmyras Versuch, ein zuvor mit einer Haselnuss in ihren Klammergriff gelocktes Eichhörnchen als neues Haustier erfolgreich in einen ihrer zahllosen heimischen Käfige zu überführen. Vgl. ebd.

Gesteigert wird Elmyras Tragödie durch den Umstand, dass sie selbst noch ein Kind ist und somit eigentlich den Idealtypus des Liebenswert-Niedlichen verkörpern sollte. Am Bespiel ihres amoralischen Charakters zeigt sich deutlich die Ambivalenz des Kindlichen. Vgl. bspw. auch die Figur Mr. Bean.
253 *Elmyra Duff* (tinytoons.fandom.com), o. S.
254 Die ›kleine Poesie‹ des Kinderreims referenziert eine literarische Form, die Ngai der Ästhetik des Niedlichen zurechnet. Vgl. Ngai 2012, S. 3. Die inhaltliche Dramaturgie, welche in der symbolischen Tötung bzw. Verdinglichung des Lebewesens gipfelt, findet ihrer formale Entsprechung in der ansteigenden sprachlichen Verniedlichung. Durch den Deminutiv *(kitties)* werden die in der Figur des Kat-

zenbabys *(kitten)* bereits verjüngten Katzen zusätzlich verkleinert und schlussendlich in ›klitzekleinen Teilen‹ *(itty bittys)* undifferenziert vergegenständlicht.

255 Hänselmann 2016, S. 92.

256 Vgl. *@thegoodadvicecupcake* (Instagram).

257 Ebd., o. S.

258 Am Beispiel der *Jellygummies* zeigt sich, dass bereits eine an klebrige Texturen erinnernde Optik ausreicht, um eine gewisse Abscheu zu evozieren.

259 Verlängern lässt sich das Stadium der Deformation mithilfe von sogenannten *slow rising squishies.* Nunmehr aus Schaumstoff gefertigt, benötigen die Figuren deutlich länger, um geräuschvoll in ihre ursprüngliche Form zurückzufinden. Vgl. z. B. *GIANT SUPER SQUISHIES! Slow Rising Giant Squishies!* (YouTube).

260 Das Zerstören jener quetschbaren Handschmeichler ist auf YouTube jedoch bei weitem nicht die einzige Form der Thematisierung, ebenso finden sich Tutorials zur Reparatur abgenutzter *squishies* (»Fix Your Squishies«). Weitere Genre, welche die *Squishy*-Community bedient, sind: DIY, Unboxing, Review, Makeover, Haul sowie Kuriositäten wie Superlative und Deviantes (»Worlds Largest Squishy«, »Ekligste Squishy«, »Weird Stress Relievers« usw.). Insbesondere jene Exemplare, die sich explizit an Lebensmittel anlehnen, werden ihrem essbaren Pendant gegenübergestellt, nachgebacken oder -gestylt (z. B. »Squishies in Real Life«, »Squishy Food vs. Real Food Challenge«). Einen guten Überblick über die unterschiedlichen Verhandlungsformen liefert der YouTube-Kanal *@Doctor Squish.*

261 Vgl. *ANTI-STRESS SPIELZEUG ZERSCHNEIDEN COMPILATION!* (YouTube). Dabei geht PatDIY Lee stets nach dem gleichen Prinzip vor: Von einer unterhaltsamen, überdreht-anekdotenhaften Beschreibung begleitet, werden zunächst Haptik und Verformbarkeit vorgeführt. Mit der Aufforderung, Mutmaßungen über den Inhalt des weichen Handschmeichlers anzustellen, schließt eine direkte Adressierung und Aktivierung des Publikums an. Die Auflösung erfolgt unmittelbar im Anschluss durch den Einsatz der Schere, wobei sie das Innenleben schlussendlich auf seine Eignung zur Schleimherstellung überprüft.

262 Vgl. *Crushing Crunchy & Soft Things by Car Compilation! Floral Foam, Squishy, Tide Pods and More!* (YouTube).

263 Vgl. *Cutting Open Squishy Squeeze Toy Compilation | ASMR Cutting Squishy Toys* (YouTube).

264 Abkürzung für *Autonomous Sensory Meridian Response.* Jener pseudowissenschaftliche Begriff bezeichnet eine bestimmte Form physischer Reaktionen. Sein Aufkommen im Jahr 2010 im Kontext von Reddit (r/asmr) geht mit einem gleichnamigen YouTube-Genre einher. Vgl. Bjelić 2016 sowie Gallagher 2016. Laut den Soziologinnen Naomi Smith und Anne-Marie Snider kennzeichnet ASMR-Videos eine Kombination aus akustischen, visuellen und taktilen Impulsen, die dazu dient, prickelnde oder kribbelnde Körpersensationen, sogenannte »tingling sensation[s]«, bei den Betrachtenden hervorzurufen. Smith/Snider 2019, S. 41. Innerhalb der ASMR-Community würden diese vor allem für das entspannende, euphorisierende sowie stress- und angstlösende Gefühl geschätzt, welches sie bewirkten. ASMR sei daher ein »affektives Genre«, eine »technologisch-mediatisierte affektive Erfahrung«. Ebd., S. 43 f; Übers. d. A. Weiche, reaktive Materialien besitzen als

audiovisueller Trigger eine besondere Eignung. *Squishies* kommen daher verschiedentlich in ASMR-Videos zum Einsatz. Vgl. bspw. *[ASMR] Jumbo Squishies!* (YouTube). Die mit jener Stofflichkeit assoziierten Sounds – namentlich *soft, squishy, sticky, chewy* – spielen in der Unterkategorie *ASMR-Food/Eating Sounds* ebenfalls eine Rolle und werden über den Verzehr von entsprechenden Nahrungsmittel, z. B. Tapiokaperlen, Wackelpudding oder vergleichbaren gallertartigen Speisen (Coconut Jelly, Jelly Grapes usw.), gezielt zu erzeugen versucht. Vgl. bspw. *ASMR Coconut JELLY (SOFT SQUISHY EATING SOUNDS) | SAS-ASMR* (YouTube); *ASMR Tapioca Pearls / Boba (EXTREMELY SOFT SQUISHY STICKY EATING SOUNDS) NO TALKING | SAS-ASMR* (YouTube); *i Tried ASMR.. Eating Black Jelly Grapes, Slime + More! (sticky crunchy sounds)* (YouTube).

265 Vgl. z. B. *@sand.tagious* (Instagram).

266 Vgl. z. B. *@paint_mixings* (Instagram).

267 Vgl. z. B. *@slime.bun* (Instagram). Bei Einführung von Slime 1976 adressierte der Spielwarenhersteller Mattel zur Vermarktung der zähflüssigen, gallertartigen Masse noch das Ekelgefühl – »kalt und klamm, wabbelig und schlickerig, schleimig und glibberig. IGITTIGITT!!« *»Slime« für Kinder und für Kunst* (Der Spiegel, 1978), S. 232. Das Farbspektrum reichte von Neongrün bis Grünbraun, erinnerte wahlweise an Nuklearmüll oder aber Verdorbenes, Erbrochenes bzw. andere unschickliche Körpersekrete. Zwischenzeitlich hat der einstige »Horror-Gag [...] wie frisch aus der Nase« (ebd.) einen beeindruckenden Imagewandel hingelegt und seine Zielgruppe derart deutlich erweitert. Bezüglich des von Amazon angebotenen Warensortiments scheint die Beobachtung zulässig, dass der dem Schleim anhaftende Degout mittlerweile einer Hyperaffirmation des Niedlichen, einem *cuteness overload,* gewichen ist: Regenbogenschleim, Magische Superknete, DIY-Slime-Kits, von Einhörnern empfohlener Wolkenschleim, duftender Zuckerwatte-Schlamm oder *Swallowzy,* ein meist pastellfarbiger Schleim, in den sich unterschiedlichste mitgelieferte Kleinteile – bevorzugt bunte Strasssteine, Kristalle, Perlen oder Flitter – manuell einarbeiten lassen. Der Schleim von heute ist vor allem eines: clean, *cute* und klar gegendert.

268 Hierbei handelt es sich um eine Knetmasse aus Styroporkügelchen, die nicht eintrocknet und daher laut Herstellerangaben auch keinerlei Unordnung hinterlässt.

269 Diese Ähnlichkeit kommt nicht von ungefähr. Wie Nadia de Vries darlegt, hat der Unterhaltungswert von Essen in Japan seit der »kulinarischen Wende« (Vries 2017, S. 257; Übers. d. A.) während der Edo-Periode (1603–1868) an Bedeutung gewonnen. Nahrungsmittel sollten nicht nur satt machen, sondern zudem Freude bereiten: »Food, as such, began to be seen as a source of pleasure rather than a primary necessity alone.« Ebd.

270 Carlsen/Turner 2013, o. S.

271 Hooton 2014, o. S. Vgl. auch Pappas 2013.

272 Im Fall des angeblich ebenfalls in Japan entstandenen *Rice-Ball-Baby*-Mems werden die angesprochenen Bereiche des Niedlichen, das Zusammendrück- sowie Essbare, am Beispiel des menschlichen Nachwuchses kombiniert. Hierzu wird das in Großaufnahme fotografierte Babygesicht mit beiden Händen in eine dreieckige

Form gebracht, die an geformte Reisbällchen (sog. Onigiri) erinnern soll, und durch Drücken verformt. Vgl. z. B. *Japan meme takes over social media with #RiceBallBabies* (YouTube).

273 Vgl. Ngai 2012, S. 7 sowie Harris 2001, S. 107–126. Eine konzeptuelle Anbindung an das Medienformat GIF-Animation drängt sich unmittelbar auf, kann die ewige Wiederholung der tonlosen, inhaltlich zugespitzten animierten Sequenz als medienästhetische Entsprechung von *zaniness* gelten.

274 Vgl. Page 2017, S. 83. Ngai bringt *zany* ebenfalls mit der kapitalistischen Produktionssphäre in Verbindung, insbesondere mit der Situation der Arbeitnehmer*innen: »Post-Fordist zaniness in particular suggests that simply being a ›productive‹ worker under prevailing conditions […] is to put oneself into an exhausting and precarious situation.« Ngai 2012, S. 10; Herv. i. O.

275 Mixa 2016.

276 Cabanas/Illouz 2019.

277 Bzgl. ASMR als digitale Care-Arbeit vgl. Smith/Snider 2019 sowie Bjelić 2016.

278 Vgl. Page 2017, S. 87–91. Tasha Bjelić bewertet den Hype um ASMR-Videos ähnlich: »ASMR videos, and the relief they provide through digital intimacy, cannot be separated from their supporting late capitalistic techno/digital infrastructure of neoliberal state violence, spatial redistribution, sensorial, and material disconnection, and depression […]. They are, perhaps, more accurately described as ›pharmakon‹ or drug: (1) remedy to soothe anxiety; and (2) poison, part of poisonous architecture that, ultimately, produces more anxiety.« Bjelić 2016, S. 103; Herv. i. O.

279 Miltner/Highfield 2017, S. 4; Übers. d. A.

280 *Ridiculous Stress Swan-Thing* (davidshrigley.com), o. S.

281 Ngai 2012, S. 95.

282 Die Subjekt-Objekt-Konstellation wird irritiert, indem die passive Warenform des Niedlichen, seine »to-be-looked-at-ness« (Mulvey 1975, S. 17) durch direkte Thematisierung reflexiv wird.

283 Ngai 2012, S. 11.

284 Toby Fehily in einem Artikel über Ryuis künstlerische Arbeitsweise und deren Ergebnisse sowie die Haltung des Künstlers selbst: »The results could be described as ›vulnerable‹, but Ryui is happy to use the words ›shitty‹ and ›shonky‹, too. ›For me, that gives it a bit more life and a space for empathetic engagement‹, he says.« Fehily 2016, o. S.; Herv. i. O.

285 Vgl. Ngai 2015; Stark/Crawford 2015, S. 8; Berlant 2011.

286 Savage 2009, o. S.

287 Das Grafikdesign wird gemeinhin dem US-Amerikaner Harvey Ball zugeschrieben, welcher dieses jedoch zu patentieren versäumte. Im Jahr 1971 ergänzten die Brüder Bernard und Murray Spain aus Philadelphia das grinsende Gesicht um den Zusatz »Have a nice day«, meldeten ein Patent darauf an und setzten laut Jon Savage bereits im ersten Jahr 50 Millionen Smileyabzeichen um. Vgl. ebd.

288 Zur Erhaltung der permanenten Plastizität ist das Brennen von Ton nicht erforderlich. Hierdurch wird jedoch die Widerstandsfähigkeit, allerdings zugleich auch die Zerbrechlichkeit erhöht.

289 Beide Mohs 2015, S. 1. Aufgrund besagter Oberflächeneigenschaften besitzt Ton

nach Einschätzung von Johanne Mohs eine besondere Eignung zur kritischen Befragung traditioneller »skulpturaler Grundkategorien« wie beispielsweise dem »Ideal von Widerständigkeit«. Beide ebd.

290 Vgl. ebd.

291 Ebd., S. 3.

292 Han 2010.

Accidentally cute und *animal masquerade*: Aspekte ›unfreiwilliger‹ Niedlichkeit am Beispiel der ›schwarzen‹ Subkulturen Black Metal und Gothic

1 Hinsichtlich einer theoretischen Konzeption von *cuteness* als Frame vgl. Gn 2017, S. 185.

2 Zum Subkulturbegriff für die Gothic-Szene vgl. Hodkinson 2002.

3 Richard 1995a, S. 11.

4 Auf die Ikonografie des Niedlichen wird zuweilen strategisch rekurriert. Insbesondere Werbekampagnen bedienen sich der ›attraktivitätssteigernden Suggestivkraft‹, die den ästhetisch-affektiven Qualitäten von *cuteness* anzuhaften scheint. Vgl. z. B. *Nordhäuser Doppelkorn Werbung 1993* (YouTube); *Softis Toilettenpapier TV-Spot »Hund« von Scholz & Friends* (YouTube); *Netto Katzen* (YouTube) oder *Katjes TV-Spot 2019 – Jedes Leben ist wertvoll* (YouTube). Für den Bereich der Printwerbung stehen exemplarisch zwei Kampagnen aus dem Jahr 2018; einmal von der Autovermietung Sixt – »Jetzt zu Sixt dackeln!« – sowie der Piratenpartei – »Nicht nur #süss!«. *Solch süße Hündchen geben wir nicht aus der Hand* (Twitter) und Schaper-Herget 2018, o. S. Zum strategischen Einsatz von Niedlichkeitsmarkern in der Werbung, sogenanntem *cute marketing*, vgl. bspw. Ng 2017.

5 Siehe hierzu z. B. Richard 1995a; Richard 2010; Richard u. a. 2010; Richard/Grünwald 2012; Richard 2020.

6 Jugendwerk der Deutschen Shell 1981, S. 477.

7 Franck 1998.

8 Siehe z. B. die Bildbände *Selfish* (2015) und *Selfish: More Me!* (2016) oder die Apps *Kimoji* (Whalerock Digital Media, 2015) und *Hollywood* (Glu Games, 2014) von Kim Kardashian West.

9 Jene polarisierende Dynamik zwischen Fetischisierung und aggressiv-handgreiflicher Ablehnung spitzt sich weiter zu, wenn jene devianten Charaktere aus ihren Bildern heraustreten bzw. die virtuelle Bühne des Internets verlassen und den physischen Realraum zu bevölkern beginnen.

10 Abgekürzt mit WGT findet das Wave-Gotik-Treffen seit 1992 jährlich in der Leipziger Innenstadt statt. Weltweit gilt es als größtes Musik-, Kunst- und Kulturfestival der ›schwarzen‹ Szene. Mittlerweile widmet mdrKultur der WGT-Berichterstattung online alljährlich eine Sonderseite. Vgl. *WGT 2020. Alles zum Wave-Gotik-Treffen in Leipzig* (mdr.de).

11 Die zumeist aus der eigenen Stilgemeinschaft hervorgehende Fan-Art nimmt in der Regel positiv affirmierend Bezug; online via Messenger (z. B. Facebook) oder

Imageboards (z. B. 4chan) kursierende Internetmeme unklarer Autorschaft und Provenienz durchaus auch negativ. Aversive Bezugnahmen können im Extremfall in tätlichen Übergriffen gipfeln, was häufig dann vorkommt, wenn binäre Geschlechterkategorien beispielsweise aufgrund androgyner Inszenierungen verschwimmen (z. B. Emo, aber auch bei Gothic).

12 Hier lassen sich grundlegende Fragen nach der Bewertung, sozialen Funktion sowie den Auswirkungen von Memen anbringen: Handelt es sich lediglich um humoristisch-ironische Weiterverarbeitungen oder stellt der teils despektierliche Beiklang bereits eine Vorstufe der Diskriminierung dar? Wo hört die respektvolle Auseinandersetzung mit einer ›fremden‹ Kultur, die man nicht versteht, auf? Wo verläuft die Demarkationslinie zur Ausgrenzung und Stigmatisierung von Andersartigkeit? Wie Whitney Phillips und Ryan Milner anbringen, zeichnen sich Internet und Onlinepartizipation durch Ambivalenz aus. Einschätzungen, ob es sich um ›wahr‹ oder ›falsch‹, Ernst oder Ironie handelt, sind erschwert, wenn nicht gar unmöglich: »Simultaneously antagonistic and social, creative and disruptive, humorous and barbed, the satirization of products, antagonization of celebrities, and creation of questionable fan art, along with countless other examples that permeate contemporary online participation, are too unwieldy, too variable across specific cases, to be essentialized as *this* as opposed to *that.* Nor can they be pinned to one singular purpose. Because they are not singular; they inhabit, instead, a full spectrum of purposes – all depending on who is participating, who is observing, and what set of assumptions each person brings to a given interaction.« Phillips/Milner 2017, S. 10; Herv. i. O.

13 Richard/Grünwald 2012, S. 46. »Archaische Männlichkeit ist die Bildkategorie einer Männlichkeit, die sich ernsthaft zu inszenieren sucht. Gleichzeitig muss der Begriff der Ernsthaftigkeit auf eine bestimmte Form eingegrenzt werden: Bei archaischer Männlichkeit handelt es sich um eine Form bedrohlicher Ernsthaftigkeit, eines kampfbereiten, kriegerischen Subjekts [sic!].« Grünwald 2012, S. 50. »Bezogen auf die Repräsentation von Männlichkeit, wie sie für das Bildprogramm des Black Metal prototypisch ist, beschreibt die dafür entwickelte Begriffsverbindung ›archaische Männlichkeit‹ eine Form von stereotyper Idealvorstellung einer vermeintlich rückgewandten Männlichkeit, die sich auf vormoderne Werte beruft und sich bewusst unzeitgemäß gibt.« Ebd., S. 51; Herv. i. O.

14 Richard/Grünwald 2012, S. 46 f.; Herv. i. O.

15 »Die Band Immortal präsentiert in der inszenierten Ernsthaftigkeit und Dramatik einen authentischen Lebensentwurf: die Bilder sind – trotz Make-up und Grimasse – ernst gemeint im Sinne des Metals, also ›true‹. Obwohl diese dramatische Form von Außenstehenden nur bedingt ernst genommen wird, gibt es eine grundsätzliche Akzeptanz der hier dargestellten Männlichkeit. Sie ist zugleich Maskerade und visueller Ernst, keine Kostümierung, kein Spaß, nicht karnevalesk, obwohl sie so erscheint.« Ebd., S. 46; Herv. i. O. Darüber hinaus wird die Drohung des Ernstmachens zuweilen eingelöst, z. B. von Ghaal. Vgl. ebd., S. 52.

16 Chaker/Schermann/Urbanek 2018, S. 7.

17 Black Metal ist nicht als unveränderlich zu verstehen. Die Stilgemeinschaft zeigt eine Offenheit für Erweiterungen. Vgl. Richard/Grünwald 2012, S. 52 f.

18 Chaker/Schermann/Urbanek 2018, S. 11; Herv. i. O. Die Autor*inn*en ziehen das Musikvideo *Returner* der US-amerikanischen Band Liturgy heran: »Bunte Farben statt Schwarz-Weiß-Ästhetik, etwa in der Kleidung (weiße statt schwarze Kutten, herausstechendes grünes Shirt des Schlagzeugers) und im Raum (die Kirche nicht als düsterer, sondern als heller, freundlicher, bunter Ort); darüber hinaus Verwendung von Passionskreuz und Petruskreuz, androgynes Auftreten des Sängers Hunter Hunt-Hendrix, Verzicht auf Corpsepaint etc.« Ebd. Bzgl. des Musikvideos vgl. *Liturgy – Returner (Official Music Video)* (YouTube).

19 An dieser Stelle sei auf die Starter-Pack-Meme zu Black Metal verwiesen, die ebendiese ästhetischen Codes als stilprägend bzw. als gesellschaftlich dominante Vorstellung von Black Metal und dessen Anhänger*inne*n ausweisen. Vgl. z. B. *The »atmospheric black metal« starter pack* (ifunny.co); *The »black metal fan« starter pack* (amionoapps.com) oder *The »True Kvlt Black Metal fan« Starter Pack* (Reddit).

20 »*Corpse paint* ist eine Schwarz-Weiß-Bemalung des Gesichts, die dem Betreffenden zum Teil den Ausdruck und das Aussehen einer Leiche geben oder das Gesicht in einer Art bösartigen, hexenhaften Maske präsentieren.« Grünwald 2012, S. 63; Herv. i. O.

21 Vgl. *Tiere im schwarzweißen Fellkleid,* S. Y. Der Panda ist jedoch im Gegensatz zu Hund, Ratte oder Katze stets Garant der markanten schwarzweißen Fellzeichnung.

22 Vgl. Caro u. a. 2017, S. 665.

23 Vgl. ebd., S. 665 sowie Dönges 2017.

24 Vgl. Caro u. a. 2017, S. 657. Im Black Metal ist dies ebenfalls von Belang, aber in konträrer Art und Weise: Die dominanten männlichen Konnotationen überlagern die Existenz von weiblichen Formen, trotzdem sind diese möglich, *corpse paint* kann theoretisch als genderneutrale Maskerade eingesetzt werden.

25 Ebd.; Übers. d. A.

26 Dabei ist *corpse paint* keine Maske wie etwa die des ›Gymnasiasten-Rappers‹ Crow, sondern changiert zwischen Uniformität, Anonymität und Individualität. Die Gesichtsbemalung ist hier als eine Maskerade von Männlichkeit mit historischem Bezug zu verstehen. Vgl. Richard/Grünwald 2012, S. 46. Zu Spielarten und Funktionen von Uniformierung vgl. Mentges/Neuland-Kitzerow/Richard 2007.

27 Grünwald 2012, S. 74. »Archaische Männlichkeit schöpft ihre Kraft aus der Möglichkeit, in diesem Naturraum überleben zu können bzw. daraus, dass Natur den einzigen Gegner repräsentiert, sodass eine körperliche Entität (das männliche Subjekt) etwas Nicht-Körperlichem/Über-Körperlichem (Naturraum) gegenüber gestellt [sic!] wird, was zu einer Aufwertung dieser Entität führt.« Ebd., S. 89.

28 Ebd., S. 95.

29 »Die Erhabenheit und Macht der Natur überträgt sich auf den Mann. Er erlangt zudem Unsterblichkeit durch die Natur, wird unvergänglich […]«. Richard/Grünwald 2012, S. 46.

30 Vgl. z. B. das Cover von *Panzerfaust* (1995), einem Album der norwegischen Black-Metal-Band Darkthrone.

31 Blendung dient als militärische Strategie, bspw. durch den Einsatz von Lichtquellen (z. B. Flakscheinwerfer beim russischen Angriff auf Berlin im Zweiten Weltkrieg). »Blendung ist auch Tarnung! Wenn man selber zurückstrahlt, macht man

sich nicht unbedingt sichtbarer. Man irritiert auch den anderen, der einen sieht.« Kittler 1998, S. 135.

32 Vgl. *WW1: How did an artist help Britain fight the war at sea?* (bbc.co.uk, o. D.); Covert 2007 sowie White 2017.

33 Vgl. Angier 2006.

34 Dies war eine frühere Bezeichnung für den Großen Panda. Vgl. *Großer Panda (Ailuropoda melanoleuca)* (wwf.de, 2017).

35 Vgl. ebd.

36 Bzgl. der haptischen Beschaffenheit des Pelzes vgl. Mufson 2016 u. Kappeler 1985.

37 Angier 2006, o. S.

38 Prominente Symboltiere sind dementsprechend Wolf und schwarzer Rabe.

39 *A tiny angry squeaking Frog* 🐸 | *Super Cute Animals – BBC* (YouTube).

40 Vgl. z. B. *Ernie and Bert go BRUTAL* (YouTube) sowie Richard u. a. 2010, S. 65.

41 *Slayer, Testament and Carcass cuddling our puppies!* (Facebook), o. S.

42 *METAL CATS by Alexandra Crockett* (powerhousebooks.com), o. S.

43 Vgl. Crockett 2014 sowie Drögemüller 2016.

44 Welchen Einfluss eine niedliche, harmlose und verletzliche Requisite wie ein Tier oder Baby auf die Wahrnehmung von Personen haben kann – »[c]uteness's role in establishing a fantasy of accessibility« (Dale u. a. 2017, S. 14) –, zeigt auch Michael DeAngelis: »Both the furry creature and the smooth, firm, objectified male body are engaged in a synergistic process functioning as a lure, transmitting a signal that authorizes approach and that facilitates fantasies of accessibility and closer engagement with the object of desire.« DeAngelis 2017, S. 203.

45 Hebdige 1983, S. 85; Herv. i. O.

46 Beide Baecker 1997, S. 489. Baeckers »Ernst zweiter Ordnung« ist der Ernst der Kommunikation, der gleichgültig gegenüber etwaigen ernsten Inhalten der Kommunikation ist. Entscheidend ist der ernsthafte Vortrag des Stils. Vgl. ebd.

47 »Zur *corpse paint* selbst kommt der Gesichtsausdruck, der, zur Fratze verzerrt, mit nach unten gezogenen Mundwinkeln, gefletschten Zähnen und mit einer bestimmten, klauenartigen Gestik der Hände, [sic!] präsentiert wird.« Grünwald 2012, S. 63; Herv. i. O. Beschrieben wird die Inszenierung von Celtic Frost.

48 Wagenknecht 2012, S. 163.

49 Verstanden im Sinne Baeckers; vgl. Baecker 1997.

50 Vgl. Richard 2010, S. 65 u. Wagenknecht 2012. Die Ironisierung im Kontext von Fan-Art bedarf einer genauen Kenntnis der Stilmittel, erst so wird eine Parodie möglich. Vgl. dazu auch Richard/Grünwald 2012, S. 50 f. Subkulturbildende und mythologisierte Ereignisse des Ernstmachens wie Kirchenbrände und Gewaltausübung bis hin zu Mord können ebenfalls ironisiert werden, wie das Onlinevideo *Black Metal Church Burning* nahelegt. Vgl. *Black Metal Church Burning* (Vimeo). Im Video verbrennen die Fans das Modell einer Kirche in einem Lagerfeuer und kreischen dabei »Satan« und »burn«, was immer wieder durch Gelächter unterbrochen wird. Im Hintergrund läuft ein Soundtrack mit Orgel. Die Metalheads spielen damit auf die berühmten Kirchenbrände des Black Metal (u. a. von Varg Vikernes) und damit auf eine Facette der Ereignisse des ›Bösen‹ an, die zu den Szenemythen gehört. Vgl. Richard/Grünwald 2012, S. 50 f. Während satanische

Handlungen wie Kirchenbrände und äußerste, auch Mord nicht ausschließende Gewaltbereitschaft als Mythen des Black Metal gelten können, ranken sich die finsteren Sagen der Gothic-Szene um Ghouls, Totengräber und Selbsttötung/Suizid. Vgl. hierzu auch Richard 1995a, S. 129–136.

51 Siehe bspw. das Labeling als »True Norwegian Black Metal«. »*True* sind nur jene Bands und Szenegänger, die die Ernsthaftigkeit des Black Metal akzeptieren und eventuell auch leben – alle anderen sind Poser.« Wagenknecht 2012, S. 158; Herv. i. O. u. Richard 2010, S. 69 zu *true* im Black Metal und *real* im Hip-Hop: »Alle Gesten und Figuren, nicht nur die subkulturellen der Jugendlichen, sind immer extrem künstlich, aber innerhalb ihrer Kulturen glaubwürdig – und notwendig, um zum jeweiligen Style zu gehören bzw. das jeweilige Format zu bedienen.« *Trueness* ist jedoch als dehnbares Konzept anzusehen. Vgl. dazu Richard/Grünwald 2012, S. 48 u. 52 sowie Grünwald 2012, S. 189. Zur *trueness* des Black Metal vgl. Grünwald 2012, S. 188ff.; Richard 2010, S. 12 u. 111. »Ein Schlagwort, welches von anderen Metallern in einer satirischen Art und Weise missbraucht wird, ist ›True‹. Dieser ungeschriebene Kodex distanziert sich von verwässerter Musik oder gar Musik mit kommerziellen Absichten. Dadurch grenzen sich Anhänger des Black Metal bewusst von anderen Metallern und Metalgenres ab [sic!] um die eigene Authentizität und Musik vor externen Einflüssen zu schützen. Der Black Metal ist damit der einzige Subbereich im Metal, welcher nach Eigenständigkeit und Unabhängigkeit strebt – für gewöhnlich sind die anderen Metalgenres bestrebt [sic!] ein harmonisches Miteinander zu erreichen.« *Black Metal – Bands, Geschichte, Definition* (disctopia.de, o. D.), o. S.; Herv. i. O.

52 Vgl. *Hessian Hobbies* (YouTube) sowie *Hessian Hobbies. The Second Coming* (YouTube).

53 Vgl. z. B. *Vegan Black Metal Chef Episode 1 Pad Thai* (YouTube).

54 Mittlerweile hat sich das Format Kochsendung gewandelt und stark ausdifferenziert, so dass möglichst viele unterschiedliche Zielgruppen angesprochen werden: *Kitchen Impossible, Grill' den Henssler* und dergleichen mehr setzen zur Hauptsendezeit auf kompetitives Entertainment und adressieren ein breites Publikum.

55 Vgl. Richard 2010.

56 Vgl. z. B. *L'Oréal Norway. Varg Vikernes GIF* (Giphy).

57 Vgl. *The Immortal Cat* (failblog.cheezburger.com).

58 Die Meme zu Vikernes funktionieren maßgeblich über das Wissen um diese Diskrepanz. Vgl. z. B. *Catching a cute boy looking at you is the best thing in the world* (Facebook); *When it's time to go to church* (Facebook) oder *Cute Varg* (funnyjunk.com).

59 Das Originalcover zeigt eine einfach gekleidete Frau mit einer hölzernen Trompete, die leicht erhöht auf einem Hang in einer bewaldeten Landschaft steht. Die verwendete Illustration stammt von dem norwegischen Künstler Theodor Kittelsen. Es handelt sich um einen Bildausschnitt aus *Op under Fjeldet toner en Lur* von 1900. Bzgl. der erwähnten *Simpsons*-Parodie vgl. *Homer – Saxamaphone* (Facebook).

60 Vgl. *Filosofem Meme* (me.me).

61 Vgl. *Varg Vikernes – Calvin Klein* (Facebook).

62 Vgl. *Norwegian Fried Churches* (funnyjunk.com).
63 Vgl. *Varg Virkernes – Safety Matches* (Facebook).
64 Vgl. *Abbath with Abbathhorse* (me.me).
65 Gemeint sind Mensch-Tier-Hybride bzw. chimärische Gestalten im Sinne des Computerspiel-Glitches aus *Red Dead Redemption* (2010). Vgl. *Manimals Glitch in Red Dead Redemption* (YouTube).
66 Vgl. *Cat of Northern Darkness* (Reddit).
67 Vgl. *BEST BURGER IS DIMMU BURGER MEME* (me.me) oder das ›Taacos‹-Mem. Das Cover des Albums *Taake* (2008) der gleichnamigen norwegischen Black-Metal-Band wird umgestaltet. In die krallenartig gekrampften Hände des Sängers Ørjan Stedjeberg werden Tacos montiert und der Albumtitel wird entsprechend zu »Taacos« in rhizomatischer Schrift ähnlich des Ursprungscovers. Vgl. *»Please TAAKE these tacos!«* (9GAG).
68 Vgl. *What heavy metal band is this?* (Imgur).
69 Vgl. *Sweet logo! Umm... what band is that? – Huh? Oh, that's just dried vomit* (Instagram).
70 Vgl. hierzu auch Metal Hammer 2019.
71 Vgl. *BURZUM Swag* (Facebook).
72 Vgl. *That Special Moment Between Mother And Daughter* (Facebook).
73 Beide *PAMPEROR – THE WRATH OF TODDLER* (Facebook).
74 Vgl. *Immortal – Call Of The Wintermoon* (YouTube). Dazu Richard/Grünwald 2012, S. 51; Herv. i. O.: »Die Black Metal-FanArt [...] kann nur mit Wissen um die Subkultur umgesetzt werden. Die genaue Kenntnis, welche Stilmittel dazu gehören, machen die Parodie erst möglich – zum Beispiel das wirre Herumlaufen im Wald, das stehende Posieren vor einem blauweißen Hintergrund mit ›corpse paint‹ und einer Axt. All diese Elemente scheinen Videos von Immortal oder Satyricon entlehnt.« Der US-amerikanische Künstler Peter Beste zeigt im Rahmen seiner fotografischen Serie *True Norwegian Black Metal* u. a. die Band Immortal in norwegischen Wäldern. Vgl. Beste 2008.
75 Vgl. z. B. *75 % of a Finnish park ranger's job is rescuing metal bands that get lost shooting album covers* (KnowYourMeme).
76 Vgl. z. B. *Abbath surfing the mighty waves of Blashyrkh* (alekosoul.com).
77 Vgl. z. B. *Schwarz Metall Rasen Gnome* (Etsy).
78 Vgl. z. B. *The Satanic Wrath And Evil Despair Of The Infernal Yardwork* (Flickr) oder *Gartenarbeit ist Krieg* (lachschon.de).
79 Vgl. z. *B. ACCORDION. It's fucking metal* (Imgur).
80 Zur Bedeutung mittelalterlicher Waffen als Accessoire der Black-Metalheads: »Die Visualisierung kriegerischer Männlichkeit erfolgt durch das Benutzen mittelalterlicher, oft übergroßer Waffen wie Schwertern, Streitäxten, aber auch modernen Schusswaffen. Das Musikinstrument, als Zeichen musikalischer Versiertheit, wird durch Zeichen des Kriegerischen ersetzt.« Grünwald 2012, S. 63 f. Auf der Bühne werden die Musikinstrumente wiederum »waffengleich« inszeniert. Vgl. Wagenknecht 2012, S. 161.
81 Vgl. z. B. *Black metal Christmas sweaters!* (Pinterest).
82 Vgl. *Black Metal – Jehovah's Witnesses* (Facebook).

83 *Sheepworld* (Homepage), o. S.

84 Die »[…] ist Krieg«-Meme referieren auf das Album *Black Metal ist Krieg* (2001) der Band Nargaroth.

85 Tia 2010, o. S.

86 Für ein umfassendes Portrait der Gothic-Szene vgl. Richard 1995a, insb. S. 112–135.

87 Ebd., S. 7.

88 Ebd., S. 122. Die hier in den Fußnoten zusammengefassten Deutungen der verschiedenen Tiersymbole entstammen Bächthold-Stäubli/Hoffmann-Krayer 1927 und Lurker 1988. Ebd., FN 106: »Der Teufel verwandelt sich in eine Fliege und kann so in den menschlichen Körper eindringen. Der syrische Gott des Ungeziefers Baalzebub, aus dem später Beezlebub wird, ist ein Dämon in Fliegengestalt. Die Fliege gilt von jeher als Plage und taucht als dämonische Oberträgerin von Krankheiten auf. Die Pest wird im Mittelalter häufig als Fliege dargestellt. Die Fliege ist ebenfalls Botin des Todes.« Ebd., FN 107: »In christlicher Ikonographie Symbol für die avaritia oder den sündhaften Menschen. Außerdem hat der Rabe die Seelen böser Verstorbener in sich aufgenommen.« Ebd., FN 108: »Wenn Hexen sich in eine Tiergestalt verwandeln, dann oft in eine Kröte. In der Kunst des Mittelalters tritt sie vor allem in Verbindung mit Sünden wie Geiz und Wollust auf und ist mit Tod und Verfall verbunden. (Fürst der Welt- Motiv) [sic!] Im Volksglauben ist die Kröte ein giftiges Tier. Wenn eine Seele Krötengestalt annimmt, ist dies die Strafe für Gottlosigkeit«. Ebd., FN 109: »Die Eule gehört zum Reich der Finsternis und der Toten. Im deutschen Volksmund wird sie Leichenhuhn genannt. Sie ist Gespenster- und Hexenvogel (z. B. bei Goya oder auch in der romanischen Bauplastik). In Darstellungen christlichen Inhalts ist sie der Hinweis auf Unglauben und Laster, wie Wollust und Trägheit.« Ebd., S. 123, FN 110: »Die Fledermaus wird in der Bibel und im jüdischen Glauben zu den unreinen Tieren gezählt. Todbringende Gestalten und auch der Teufel selbst werden oft mit Fledermausflügeln dargestellt.«

89 Aktuelle Symboltiere finden sich auf Instagram bspw. unter den Hashtags #punkrat, #emorat, #gothicrat, #gothicowl, #gothicfrog, #gothicspider, #gothiclizard, #gothicbat, #gothicraven. Vgl. auch *† Darkness… is a state of mind. †* (Instagram); *A new original piece* (Instagram) sowie *Goth Sloth* 🖤 (Instagram).

90 Einen Überblick zur gotischen Plüschwelt verschafft eine Google-Bildersuche zur Begriffspaarung »gothic plush«. Rachel Mizsei Ward beschreibt, wie die von H. P. Lovecraft erschaffene Horrorikone Cthulhu (1926) als Merchandiseprodukt in ein niedliches Objekt transferiert wird. Der Konsum jener verniedlichten Objekte biete Projektionsfläche für Gefühle sowie Möglichkeiten zur Alltagsflucht. Dennoch bleibe Cthulhu eine Schwellenfigur: »Even when presented in the rounded, large-headed, cute form, Cthulhu still occupies a grotesque form, as it is quite possible to be grotesque-pitiable and cute at the same time. Cute Cthulhu therefore occupies a point somewhere between horror and traditional cuteness, which gives adults the chance to escape from their mundane lives.« Ward 2013, S. 106.

91 Anhänger*innen von *pastel goth* bezeichneten sich selbst als »›creepy and cute‹ (unheimlich und niedlich)«: »Das bedeutet konkret, dass Elemente des typischen

Gothic-Styles mit niedlichen Dingen wie Haaren in Pastellfarben und Schleifen-Haarspangen gemixt werden.« Tobias 2017, o.S. Den Stil kennzeichnet folglich ein Mischverhältnis.

92 Weiblichkeit ist innerhalb der Subkultur eher stereotyp und weniger niedlich, d.h. mit einem geringen stilistischen Anteil an Mädchenhaftem und *gothic lolita* konzipiert, wie das zwischen Mai bis Juli 2018 auf Instagram erhobene allgemeine Datensample zu den Hashtags #wgt2018 und #wavegotiktreffen2018 mit einem Fokus auf einem Gendering der Stilbilder vermuten lässt. Trotz vieler geschminkter Männergesichter wird der Rekurs auf stereotype Geschlechtervorstellungen in der visuellen Inszenierung von männlichen Gothics überdeutlich – von queeren Charakteren, die allerdings nur einen Bruchteil der Szene ausmachen, einmal abgesehen. Die kreative Gestaltungsfreude am Selbst verläuft bei vielen Gothics in bewährten genderstereotypen Bahnen.

93 Vgl. hierzu Richard 2020.

94 Vgl. z.B. Hirschauer/Amann 1997.

95 Bzgl. der methodischen Konzeption vgl. S.32 ff.

96 Vgl. hierzu Gunkel 2018, insb. S. 54–57 u. Rogers 2015 sowie Richard/Grünwald u.a. 2008.

97 Veranstaltungstermine des WGT 2018: 18.–21.05.2018; und 2019: 07.–10.06.2019. Auf sämtlichen Konzertveranstaltungen sowie in den Agra-Messehallen werden während des WGTs diverse Produkte für die unterschiedlichen ›schwarzen‹ Subgenres angeboten.

98 Vgl. Barthes 2009, S. 35 f.

99 Zum *Netzscan* als Forschungsmethode vgl. Richard/Zaremba 2007, S. 7f. und Gunkel/Richard 2019.

100 Der Zeitraum der Datenerhebung erstreckte sich vom 23.05. bis 31.07.2018.

101 Zur detaillierten methodischen Vorgehensweise und deren statistischer Auswertung s. Anhang.

102 Abfragedatum war der 30.07.2019.

103 Bzgl. der Ambivalenz des Niedlichen vgl. einleitende Kapitel.

104 Vgl. z.B. Instagram-Accounts von *@vell_corp* (Instagram); *@djane_dark_mistress* (Instagram); *@missmothballs* (Instagram); *@mexikuh* (Instagram); *@fraeulein.frosch* (Instagram) u. *@sheenagloomymansion* (Instagram) sowie die Postings *Plüschfledermäuse* (Instagram); *Gramol* (Instagram); *Voodoowurst* (Instagram); *#vodoowurstwillhierbleiben* (Instagram) u. *Ratte im Kettenhemd* (Instagram).

105 Vgl. z.B. *#ЗлаяСовка и веселый х$й* 😂 (Instagram).

106 Vgl. z.B. *MeEting moRe cOOl peoPle aT WGT l leiPziG!* (Instagram).

107 Vgl. z.B. *Wave-Gotik-Treffen* (Instagram).

108 Vgl. z.B. *@an_erpels_tale* (Instagram). Hieraus insb. *Erpel und Elefant* (Instagram).

109 Vgl. z.B. *Horst die Filzlaus hat Angst vor Gewitter* (Instagram).

110 Vgl. dbzgl. auch die Typologisierung von YouTube-Videos in Richard u.a. 2010, S. 59–69.

111 Vgl. *›Millennial pink‹ is the colour of now – but what exactly is it* (theguardian.com, 2017).

112 Vgl. z.B. *WGT nur mit Pummeldingsi!* (Instagram).

113 Vgl. z. B. *@the_one_and_only_monchichi* (Instagram).
114 Vgl. ebenso z. B. *Oktopus* (Instagram); *Steampunk-Oktopus Señor Krakow* (Instagram) sowie das dazugehörige Profil *@senorkrakow* (Instagram). Richard Feldforschung 2019, Agra-Messehallen. Zur Verniedlichung von Cthulhu vgl. FN X.
115 Richard Feldforschung 2019.
116 Vgl. z. B. *Baphomet* (Instagram).
117 Richard Feldforschung 2019, Mittelaltermarkt an der Moritzbastei in Leipzig.
118 Zum Zusammenhang zwischen Schlange und Teuflischem vgl. z. B. Martinek 1996.
119 Bei der visuellen Inszenierung steht häufig die Produktpräsentation im Vordergrund: Ein fliegendes Kuscheltier gesellt sich zu plüschigen Spinnentaschen, Beuteln mit Totenkopffalter-Stickereien (vgl. z. B. *@schildnaht* (Instagram)), Taschen in Fischform oder Ratten im Kettenhemd.
120 Vgl. z. B. den Instagram-Account von *@xxmilkytea,* insb. *Geweihkranz* (Instagram) u. *Plüschohren* (Instagram) oder auch Blumenkränze von *@manicmoth* (Instagram).
121 Vgl. z. B. *Flederbatty* (Instagram) oder *@nemothesushi* (Instagram).
122 Vgl. *#bluedevil* (Instagram). Sonic the Hedgehog ist seit 1991 Charakter eines Computerspiels von Sega.
123 Kurzbeschreibung des Instagram-Profils von Jakari alias @medivaldog. *@medivaldog* (Instagram), o. S.
124 *My favorite sleeping moments at #wgt2018* (Instagram) u. *Mommy & Daddy in love* (Instagram).
125 Zu ›schwarzen‹ Mehrgenerationen-Musikkulturen vgl. Richard 2020.
126 Vgl. *June 7, 2019 at Viktorianisches Picnic Clara Park!* (Instagram) sowie *Vicktorianisches Picknick 2019* (Instagram).
127 Vgl. z. B. *Gothicpuppe und schwarze Katze* (Instagram), *strangulierte Puppe* (Instagram), *Steampunk-Puppe* (Instagram) sowie *Teddybär* (Instagram).
128 Bspw. der Fetish-Pets-Store, welcher sowohl 2018 als auch 2019 unter verschiedenen Accounts auftaucht. Vgl. *Fetish-Pets-Store* (Homepage).
129 Vgl. z. B. *Gothic-Pferde* (Instagram).
130 Vgl. *Selbstanimalisierung.*
131 Vgl. bspw. den Instagram-Account von Kiara Kazumi; *@kiarakazumiofficial* (Instagram).
132 Vgl. z. B. *Furrycat* (Instagram).
133 Verweis auf Fußnote zum Begriff bei Black Metal.
134 Die Harpyie lässt sich als Mischform aus Vogel und Mensch bezeichnen. Vgl. dazu Präauer 2018.
135 Vgl. z. B. *Spitzenmaske* (Instagram).
136 Vgl. *Schamane* (Instagram) und Richard Feldforschung 2019.
137 Vgl. *@elliot.hazard* (Instagram), z. B. *Alien* (Instagram) oder aus dem Jahr 2017: *Devil* (Instagram).

Der Begriff *twink* entstammt US-amerikanischem *gay slang* und bezeichnet das Stereotyp eines knabenhaft erscheinenden homosexuellen Mannes: Schmächtige Statur, wenig Körperbehaarung sowie unreif wirkend. *Twink* versinnbildlicht männliche Adoleszenz und ästhetisiert Machtlosigkeit auf vergleichbare Weise wie das Niedliche. Vgl. z. B. Haramis 2018.

138 Vgl. z. B. *Tony and Loki* (Instagram).

139 Vgl. z. B. *Emma* (Instagram).

140 Vgl. *Skeletthund auf Rollen* (Instagram).

141 Richard Feldforschung 2019, Mittelaltermarkt an der Moritzbastei in Leipzig.

142 Vgl. *Tiertotenschädelmasken* (Instagram).

143 Bzgl. des Totenkopfs als Motiv und Form vgl. Richard/Grünwald/Recht 2010, S. 118–122, Richard 2010 und 2020.

144 Die *UNESCO* erklärte die Feierlichkeiten zum Tag der Toten (El Día de los Muertos, 31.10–02.11.) zum immateriellen Kulturerbe der Menschheit. Vgl. *El Día de Muertos: el regreso de lo querido* (es.unesco.org, 2019). Um die temporäre Rückkehr der Toten zu feiern, werden traditionell unter anderem Altäre geschmückt, Familienessen und Paraden veranstaltet. Die Mischung aus Todessymbolen wie Skelett und Totenkopf mit niedlichen und bunten Motiven wie Verzierungen, die in Kostümierungen, Süßigkeiten und Dekor aufgegriffen wird, kann als Inspirationsquelle für die Gegensatzkombination *creepy cute* angenommen werden.

145 Richard Feldforschung 2019, Mittelaltermarkt an der Moritzbastei in Leipzig.

146 Richard Feldforschung 2019 oder auch *Totenkopfkohle* (formkohlen.de).

147 Ein Sammlungsschwerpunkt des JugendKulturArchivs Frankfurt liegt auf sogenannten ›schwarzen‹ Stilen (Punk, Gothic, Emo, Black Metal) von 1970 bis heute. Vgl. *JugendKulturArchiv* (Homepage).

Ein prototypisches Objekt zum Phänomenbereich *cute skulls* aus dem Sammlungsbestand ist eine Haarspange der Marke Liquorbrand. Vgl. *Haarklammer Liquorbrand* (JugendKulturArchiv). Während ihr Accessoire-Charakter an traditionellen Haarschmuck anschließt, sind Verpackung und Branding der Marke allerdings auf ein Szenepublikum zugeschnitten. Diese subkulturelle Variation ist dem *Gothic-lolita*-Style oder der *Visual-kei*-Kultur zuzuordnen; beides zeitgenössische Spielarten gotischer Stile, die sich durch eine Kombination von *Girlie-* und Todesmotiven auszeichnen, wie sie auch für besagte Haarspange kennzeichnend ist. Das Accessoire ist mit einem samtigen Kunstpelz in Leopardenoptik überzogen, auf dem eine *girlie-eske* rosa Schleife angebracht ist, die mittig von einem Totenkopf geziert wird. Derart bricht das Design die Düsternis des ›schwarzen‹ Stils zugunsten augenzwinkernder ›teuflischer‹ Konnotationen auf, die mit Elementen aus Manga und Anime hybridisiert werden. Es findet eine Verniedlichung des Totenkopfmotivs durch die Schleife, die Farbe Rosa und das *Girlie*-Image mit japanischer Herkunft aus dem Manga und *visual kei* statt.

148 Vgl. hierzu Taddeo/Miller 2012 und Brummett 2014.

149 George Moore, *The Steam Man,* 1890. Vgl. z. B. *George Moore invents a Steam Man* (davidbuckley.net, 2015).

150 Mit *Planaxis* fiel das Motto 2018 auf einen nautischen Kontext. Der parallel zur Bekanntgabe des Themas veröffentlichte Video-Teaser erzählte die Abenteuergeschichte von der Entdeckung einer atlantischen Unterwasserwelt. Vgl. *Tomorrowland Belgium 2018| The Story of Planaxis – Trailer* (YouTube).

151 Vgl. Jenkins 2007.

152 In Referenz auf Jenkins Ausführungen zum Retrofuturismus am Beispiel von Dean Motters Comics: »›The Tomorrow That Never Was‹«. Ebd, o. S.; Herv. i. O.

153 Beispiele finden sich in der sogenannten ›Schwarzen Romantik‹ der Literatur, z. B. Mary Shelleys *Frankenstein* oder Horace Walpole. Vgl. Richard 1995a, S. 129–136.

154 Das Festhalten der Zeit, ob im Foto oder mit einem Zeitmesser, ist ein häufiges Motiv. Als Accessoire symbolisiert auch die Taschenuhr die Regulierung der Zeit. Da ihre Besitzer*innen dem Bürgertum wie der verbliebenen Aristokratie angehörten, erfolgt ihre Zeitmessung synchron mit der bürgerlichen Zeittaktung, welche die Menschen der damaligen Zeit beherrschte.

155 Vgl. Reynolds 2011 und Bauman 2017.

156 Vgl. *Brent James Harris alias Harris-Built* (Deviantart).

157 Vgl. z. B. Jobson 2014.

158 Vgl. Richard 1995a.

159 Vgl. Tanner 2016 sowie Whelan/Nowak 2018.

160 Die Schlagwortsuche zu »Steampunk« am 15.07.2019 zeitigte 144 Millionen Ergebnisse.

161 Vgl. z. B. *Shy Octopus Hides Inside Its Own Tentacles | Nautilus Live* (YouTube).

162 Das Zusammenbauen von Körperteilen und dessen Elektrifizierung zur Erschaffung bzw. zum Einhauchen von Leben findet sich z. B. im Frankenstein-Mythos.

163 Vgl. z. B. *Steampunk Fisch Uhr* (figuren-shop.de).

164 Vgl. z. B. *Ball Jointed Doll STEAMPUNK OUTFIT* (Etsy) sowie *Steampunk-Baby* (fotocommunity.de).

165 Vgl. z. B. *Steampunk Baby doll* (Flickr).

166 Vgl. z. B. *Halskette Damen Gothic Steampunk Fantasie Mädchen* (Pinterest).

167 Vgl. dazu auch Ward 2013, S. 106.

168 Vgl. z. B. *Steampunk robot* (YouTube) sowie *Custom Steampunk Digibird* (YouTube).

169 Vgl. z. B. *Steampunk Animal Masquerade Mask | Wolf* (beyondmasquerade.com) sowie *Steampunk mask* (Deviantart).

170 Vgl. Venturi/Scott Brown/Izenour 1979.

171 Rhee 2018; Übers. d. A.

Intentionally cute – Konsumästhetik des Robotisch-Niedlichen

1 *IRobot Roomba® works with Amazon Alexa® – »Alexa! ask Roomba to start cleaning«* (YouTube).

2 Als Inkubator der Roboterentwicklung kann der sogenannte ›militärisch-industrielle Komplex‹ gelten. In den 1990er Jahren wanderten die Errungenschaften und Forschungsergebnisse der damaligen Robotik in den Spielzeugsektor (z. B. Mark Tilden, WowWee – RoboSapien). »Mißbrauch von Heeresgerät« – dieser vielzitierte Ausspruch Friedrich Kittlers verweist auf jene sekundäre Verwertung militärindustriellen ›Abfalls‹, welcher in Form ziviler Güter Eingang in den Warenwirtschaftskreislauf finde. Kittler 1986, S. 149. Wissenschaftliche Forschungseinrichtungen

wie die Personal Robots Group des Massachusetts Institute of Technology (MIT) erforschen darüber hinaus essenzielle Fragen des zukünftigen Mensch-Roboter-Zusammenlebens anhand von ›intelligenten‹, ›sozialen‹ Spielzeugrobotern. Vgl. Prüfer 2019.

3 1988 bezeichnete Hans Moravec Haushalte als »komplexe Umwelten«, prognostiziert jedoch: »Doch heute glaube ich, daß in zehn Jahren ein Universalcomputer zur Verfügung stehen wird, den man im Haushalt einsetzen kann.« Moravec 1990, S. 38 f. *Smart home* meint im Allgemeinen miteinander und nach außen vernetzte (Haushalts-)Geräte wie die ›smarte‹ Türklingel von Ring. Über Internet mit dem mobilen Endgerät verbunden, schickt sie Nachrichten bei registrierter Bewegung oder Klingeln und lässt zugleich qua Kamera erkennen, wer vor der Tür steht. Dank integriertem Mikrofon kann direkt mit dem*r Klingelnden kommuniziert werden. Zu *smart home* vgl. z. B. Bendel o. D. u. bzgl. der Türklingel vgl. *Ring Video Doorbell Pro* (Produkthomepage).

4 So erinnert der anthropomorphisierte Roboterassistent Pillo an die Tabletteneinnahme. Vgl. *Pillo Ad – Your Personal Home Health Robot (Live on Indiegogo!)* (YouTube).

5 Beispiele sind die sozialen Roboter Jibo, Kuri, Buddy, Paro oder Pepper.

6 Vgl. Peter u. a. 2019, S. 29.

7 Vgl. ebd., S. 29 f. »Many of the smart toys available now have various types of sensors that enable them to ›perceive‹ things like sound, touch, or changes in position or light. Sensors can also enable them to ›recognize‹ objects – pretend food, an article of clothing, or a playpiece like a sword or magic wand. They may also have sensors that enable them to recognize and interact with fellow toys. A number of smart toys also ›talk‹; some even have voice recognition and can carry on a simple conversation. They may also have individualized emotional responses and in turn may be designed to elicit emotions from their owners. Smart toys may develop intellectually and physically over time like a real puppy or human child. Some even have built-in calendars and can wish their owners happy birthday or Merry Christmas on the appropriate days. It is not a wonder that a toy that possesses many of these traits is called smart.« Miller 2014, K. 20, o. S.; Herv. i. O. Vgl. ebenso Pritzkow o. D.

8 Der Begriff ergibt sich aus der Verbindung von *smart toys* und *connected toys.*

9 Stiftung Warentest verweist in einem 2017 veröffentlichten Testbericht auf die Manipulationsmöglichkeiten von *smart toys.* Vgl. Stiftung Warentest 2017. Das Diskussionspotenzial um Datenschutz und Privatsphäre im Kontext vernetzten Spielzeugs zeigt sich auch an einer Kleinen Anfrage der Abgeordneten Renate Künast u. a. sowie der Fraktion BÜNDNIS 90/DIE GRÜNEN, die im April 2019 an die Bundesregierung gerichtet wurde. Vgl. *Deutscher Bundestag, Drucksache 19/9456* sowie die Antwort vom 13.05.2019, *Deutscher Bundestag, Drucksache 19/10090.*

10 Gn 2017, S. 180; Herv. i. O.

11 Fong/Nourbakhsh/Dautenhahn 2003 besprechen sozial interaktive Roboter im Kontext von Künstlichem Leben.

12 Die Firma Affectiva, welche 2009 aus dem MIT Media Lab hervorgegangen ist,

hat eine *Emotion AI* entwickelt, die unter anderem bei dem sozialen Roboter Tega zur Anwendung kommt. Mit deren Hilfe soll die soziale und emotionale Intelligenz von technologischen Artefakten verbessert und diese in der Folge befähigt werden, menschliche Gefühle unmittelbar zu registrieren und ihre Reaktionen in Echtzeit daran anzupassen. Wahrnehmungsfähigkeit, Interaktivität und Empathie der Künstlichen Intelligenz dienen dem Bemühen, Technologie bzw. die Mensch-Maschine-Interaktion humaner zu gestalten: »Emotion AI brings robots to life.« McManus 2017, o. S.

13 Lazzeri u. a. 2018, S. 3.

14 Vgl. Caudwell/Lacey 2019, S. 9.

15 Vgl. dazu auch Gn 2017, S. 179 u. 189.

16 *Cozmo – Künstliche Intelligenz zum Knuddeln* (YouTube), hier 3:14 Min.

17 Das Forschungsgebiet der Bionik beschäftigt sich mit der Nutzbarmachung von Naturphänomenen für technologische Entwicklungen.

18 *Dein Leben mit Cozmo* (anki.com), o. S.

19 Vgl. ebd.

20 *Cozmo SDK* (Homepage), o. S.

21 Vgl. ebd.

22 Henderson 2017, o. S.

23 Das Bildmakro imaginiert Vector jedoch als ›unsozialen‹ Roboter, der am liebsten unbehelligt von nutzer*innenseitigem Kontakt agiert.

24 Alle *Vector – Alive and aware* (anki.com), o. S.

25 *Ways to Interact with Vector* (support.anki.com), o. S. u. vgl. *What is the difference between Vector and Cozmo?* (support.anki.com).

26 Zitat aus einem kurzen Produktvideo zu Vector: *Anki | Vector: The Good Robot | Smart Enough* (YouTube), ab 0:02 Min. u. vgl. hierzu auch *This Robot WON'T kill you – Anki Vector Showcase* (YouTube). Das Narrativ des moralischen Roboters wird in sämtlichen offiziellen Produktvideos zu Vector explizit und unter Bezugnahme auf popkulturelle Imaginationen des Robotischen facettenreich illustriert.

27 Masahiro Mori entwickelte das Konzept 1970. Für eine englische Übersetzung vgl. Mori 2012 [1970].

28 Fritz 2018, S. 72.

29 *Anki | Vector: The Good Robot | The Decision* (YouTube), ab 0:27 Min.

30 Vgl. *SPOT®* (bostondynamics.com).

31 *Anki | Vector: The Good Robot | The Decision* (YouTube), o. S. (Text unter Video)

32 Caudwell/Lacey 2019, S. 6.

33 *Anki | Vector: The Good Robot | The Decision* (YouTube).

34 Nach Caudwell und Lacey werden in der Bewerbung von Heimrobotern häufig popkulturelle Referenzen aufgerufen. Die Roboter würden inszeniert, als seien sie sich dem gesellschaftlich-ambivalenten Diskurs über ihresgleichen bewusst – »*that they know what we know* about this cultural context.« Caudwell/Lacey 2019, S. 7; Herv. i. O. u. vgl. ebd., S. 7 f.

35 Zur Figur des Roboters als Gefährte vgl. Treusch 2015.

36 Vgl. Garun 2016.

37 Garun 2016, o. S.

38 Vgl. Leyda 2017, S. 153 mit Bezug auf Despina Kakoudaki.
39 Caudwell/Lacey 2019, S. 2 mit Zitaten von Takanori Shibata.
40 Vgl. Rhee 2018, S. 6f. u. Richard 1995b.
41 *Anki Cozmo* (Produkthomepage), o. S.
42 Rieger 2020, S. 183.
43 Zur Visualisierung digitaler Denkprozesse als Indikatoren für Bewusstsein vgl. Caudwell/Lacey 2019, S. 7.
44 Siehe Richard 2019, S. 12 u. 14.
45 Zu *positivem Anthropomorphismus* vgl. Einleitung.
46 »Dürfen wir vorstellen: Cozmo, ein talentierter kleiner Kerl mit ganz eigenem Willen. Er ist ein Roboter, mitten aus dem echten Leben – ein Roboter, wie du ihn bisher nur aus den Kinofilmen kennst, mit einer einzigartigen Persönlichkeit, die sich weiterentwickelt, je mehr Zeit ihr miteinander verbringt.« *Anki Cozmo* (Produkthomepage), o. S.
47 Haptische Erfahrbarkeit über Sensoren und durch Berührung ausgelöste Reaktionen des Roboters sind für den Beziehungsaufbau zentral. Erstere umfasst sowohl ›funktionale‹ Berührungen wie – im Fall von Tamagotchi – Knopfdrücken zur Bedürfnisbefriedigung und ›emotionale‹ Berührungen wie Streicheln. Diese Gesten menschlicher Interaktion werden bei der Roboterkonzeption bereits mitgedacht und normiert implementiert wie im Fall der fellbesetzten Babysattelrobbe Paro, die für den Einsatz in der Demenztherapie entwickelt wurde und auf Berührungen und Stimmen mit fiependen Geräuschen sowie Bewegungen reagiert. Vgl. Kerruish 2017, S. 121f. u. Rößler 2019.

   Eine tierliche oder menschliche Oberflächentextur – die Simulation von Fell oder Haut – ist dabei kein obligatorisches Designkriterium, wie die sozialen Roboter Kuri, Jibo, Aibo oder Pepper zeigen. Da sich in Berührungen gesellschaftliche Normen, Erfahrungen, Gefühle wie Imaginationen einschreiben und manifestieren, erscheint das affektive Resultat haptischer Begegnung zwischen Menschen und Robotern trotz Standardisierung unvorhersehbar. Vgl. Kerruish 2017, S. 129f.
48 Vgl. Žižek 1999, S. 201ff.
49 Heinz 2017, S. 134 über das Tamagotchi.
50 Rieger 2020, S. 183.
51 Vgl. z. B. *Anki Cozmo | Robot Feeding Time!* (YouTube) oder *Cozmo in #Cozmoments – Best Friend* (YouTube). In letztgenanntem Videoclip erinnert Cozmos Verhalten an das einer spielenden Katze.
52 »Movement is fundamental to animals – including human beings – and thus to robots as well. Its presence changes the shape of the uncanny valley graph by amplifying the peaks and valleys […].« Mori 2012 [1970], S. 99.
53 Zum Tamagotchi vgl. Richard 2019, zu Care-Arbeit insb. S. 12 u. 16.
54 Vgl. z. B. *Cozmo in #Cozmoments – Sneeze* (YouTube).
55 Vgl. Ngai 2012, z. B. S. 3, 11, 24 u. 98.
56 Vgl. Drügh 2019.
57 »The cute design of social robots might be a good way to get the robot in the door, but – one might ask – how long will their design *keep* them there?« Caudwell/Lacey 2019, S. 6; Herv. i. O.

58 Vgl. z. B. Crowe 2018, Briegleb 2018 sowie Prüfer 2019.
59 Vgl. z. B. Zota 2019.
60 Vgl. Herbig 2020.
61 Caudwell/Lacey 2019, S. 9 mit Zitat von Maartje M.A. de Graaf.

Alter Pelz, neuer Stil! Hybride Plüschtaxidermie und materiell-memetische Fanpraxis am Beispiel des *Oddbody*-Fandoms

1 Kirsner 1998, o. S.
2 *fur* = engl. Fell. Im Folgenden wird für das Objekt Furby die dritte Person Singular verwendet.
3 Nach Jochen Peter u. a. 2019 zeichnen sich *smart toys* durch vier obligatorische Charakteristika aus: ein Bedarf an Energiezufuhr, Sensoren, eine softwarebasierte Grundlage und die Möglichkeit zur aktiven Interaktion. Hinzu kämen die optionalen Merkmale objektseitiger Bewegungsfähigkeit und dessen materielle Präsenz in der physischen Umwelt. Verfügen *smart toys* über Internetkonnektivität, sprechen die Autor*inn*en von *connected toys.* Diese seien Bestandteil des *Internet of Toys. Smart toys* müssten aber keine Internetverbindung aufweisen und internetverbundene Spielzeuge seien nicht zwingend ›smart‹. Vgl. Peter u. a. 2019, S. 29 f. Furby ist batteriebetrieben sowie softwarebasiert und verfügt über eine Vielzahl an Sensoren zur Interaktion, die das Objekt aktiv mitgestaltet. Furby eignet eine geringe Bewegungsmöglichkeit und stoffliches Auftreten. Mit Blick auf die Internetkonnektivität von Furby Connect kann das Spielzeug auch als *connected smart toy* begriffen werden. Dass die Schnittstelle manipulativ angeeignet werden kann, zeigen YouTube-Videos wie *Furby Connect Bluetooth Protocol Hack – he says whatever you want!* (YouTube) oder *Furby allein zu Hause – gefährliche Funktion eines Spielzeugs* (YouTube).
4 Dorothée Charles u. a. verzeichnen Furby aufgrund seiner Popularität und Erfolgsgeschichte unter den Kultspielzeugen des 20. Jahrhunderts. Vgl. Charles u. a. 2014, S. 232.
5 »The toy is programmed to encourage its user to look after it from the beginning of ownership, inciting him or her to pet it, stroke its tummy, feed it and so on.« Marsh 2019, S. 50. Vgl. Richard 2019, S. 12.
6 Fera 2012, o. S.
7 Chesher 2019, S. 153; Herv. i. O.
8 Miller 2018, S. 5; Übers. d. A. Susan Beth Miller klassifiziert vier Unterbereiche des Begriffs *»category-breaching«*: *»intercategorical«*, *»marginal«*, *»category-bursting«*, *»alien«*. Ebd.; Herv. i. O.
9 Forderung von Benjamin Woo: »[…] I think researchers should focus on observable aspects; that is, we should take a practice view of fandom and fannish consumption. […] Although it relies on knowledge, skills, beliefs, and other psychological factors, fandom is, above all, something people do.« Woo 2014, o. S.
10 Böhme 2016, S. 40.
11 Zum Beispiel die sich um Furby rankenden Geschichten und eine herstellerseitig

implementierte Möglichkeit zur Persönlichkeitsentwicklung abhängig von nutzer*innenseitiger Behandlung. Zu Unvollständigkeit als Spielanreiz vgl. auch Heljakka 2013, S. 424. Kristen Bryant, Denise Bielby und Lee Harrington zufolge entzündet sich das Interesse Erwachsener an Kinderspielzeug an dessen ästhetischen Besonderheiten wie Bauweise, Geruch oder Design. Vgl. Bryant/Bielby/Harrington 2014, S. 28.

12 Woo 2014, o. S.

13 Vgl. Hahn 2018, S. 23.

14 Weitholz 1999, o. S.

15 Marsh 2019, S. 50; Übers. d. A.

16 Charles u. a. 2014, S. 232; Übers. d. A.

17 Cotrim/Ribeiro 2016, S. 3762; Übers. d. A.

18 Charles u. a. 2014, S. 232; Übers. d. A.

19 Marsh 2019, S. 50; Übers. d. A.

20 *Furby* (tvtropes.org), o. S.; Übers. d. A.

21 Vgl. Gould 1979.

22 Chesher 2019, S. 156.

23 Kenny Davis, damaliger Marketingdirektor von Hasbro, zit. n. Goodman 2012, o. S.

24 Bezeichnung auf der englischsprachigen Produktverpackung.

25 Vgl. Royakkers/Est 2016, S. 59.

26 In der frühkindlichen Zeichnung (3.–5. Lebensjahr) auftretende Pars-pro-toto-Gestalt. Vgl. Peez 2015, S. 44 f.

27 Der memetische Beitrag ist Teil einer Bildmakroserie. Bilder von Menschen, Tieren und Objekten werden mit der Phrase »KILL ME« versehen, als wünschten sie sich den erlösenden Tod in Anbetracht ihrer leiderfüllten (durch äußeres Zutun herbeigeführten) Situation oder ihres Aussehens. Vgl. *Kill Me* (KnowYourMeme).

28 Zu den Eigenschaften von Plüsch vgl. Moor o. D. Zum Zusammenhang zwischen Textilien/Material und Affekt vgl. Helmhold 2017.

29 *Electronic Furby – Gebrauchsanweisung* (robotsandcomputers.com), S. 2.

30 Ebd., S. 5.

31 Vgl. dazu Richard 2019.

32 Chesher 2019, S. 151; Übers. d. A.

33 Während das Ur-Tamagotchi diesen ›Ausweg‹ noch eröffnete, negieren die app-basierten tamagotchiähnlichen virtuellen Haustiere den Tod durch Endlosspiel. Vgl. Richard 2019, S. 14.

34 *Furby 2012 – Gebrauchsanweisung* (furbymanual.com), o. S.; Herv. i. O.

35 Vgl. *Electronic Furby – Gebrauchsanweisung* (robotsandcomputers.com), S. 6.

36 *Emoto-Tronic Furby – Gebrauchsanweisung* (furbymanual.com), S. 6; Herv. i. O.

37 *Furby 2012 – Gebrauchsanweisung* (furbymanual.com), o. S. u. *Furby Boom! – Gebrauchsanweisung* (hasbro.com), o. S.

38 Chesher 2019, S. 153.

39 Natalie on o. D., o. S. Vgl. coolsista9 o. D.

40 Vgl. z. B. Forenbeiträge *Furby;-)* (erziehung-online.de) u. *Furby* (gutefrage.net).

41 *Furby FAQ* (hasbro.com), o. S.

42 »A Sugar Bowl is a setting in a story that is lively and happy and where bad events

rarely, if ever, happen. […] There is No Antagonist [sic!]. The villains here are harmless. Sometimes you can have a sweet setting with unexpectedly creepy and/or evil bad guys, but even in that case, the kind of permanent damage they can do is likely minor.« *Sugar Bowl* (tvtropes.com), o. S.

43 Werbeslogan auf der Produktverpackung von Furby 2012.

44 Joel Gn zufolge ist ein Merkmal von *cute design,* gezielt auszusparen, was Ablehnung bewirken könnte. Vgl. Gn 2017, S. 177. Nach Birgit Richard sind »virtuelle[] Haustiere keinerlei biologischen Tatsachen, sondern einzig soziokultureller Interaktion verpflichtet.« Richard 2019, S. 12. Eine Werbekampagne zu Furby Connect demonstriert die Vorteile des artifiziellen Haustiers gegenüber seinen lebenden Pendants. Vgl. *Hasbro Furby Connect: Furby wouldn't – Hund* (adeevee.com); *Hasbro Furby Connect: Furby wouldn't – Katze* (adeevee.com) u. *Hasbro Furby Connect: Furby wouldn't – Schuh* (adeevee.com).

45 »[L]aughter can be motivated by multiple intents, but farting lacks this motivational nuance. Flatulence is a random sound with a lack of malintent, but indicates toilet humor and embarrassment.« Yip u. a. 2019, S. 8.

46 Ebd., S. 7; Herv. i. O.; Übers. d. A.

47 Vgl. ebd., S. 7. »Ein bisschen Widerspenstigkeit muss sein«, heißt es auch in einem Artikel auf sueddeutsche.de mit Verweis auf die unliebsame Dauerfreundlichkeit automatisierter Telefonhotlines. Blawat 2010, o. S.

48 Vgl. z. B. *Gruseliges Lachen erschreckt Nutzer* (sueddeutsche.de, 2018); Chokshi 2018 u. Liao 2018.

49 Klostermeier 1999, o. S.

50 Vgl. z. B. Chip (WowWee), Cozmo (Anki).

51 Der Hersteller Sanrio verzichtet bei Hello Kitty zugunsten von Kontextflexibilität gänzlich auf eine Mundpartie und erkennt der Figur so zugleich verbale Handlungsfähigkeit ab. Vgl. Yano 2013, S. 79; McVeigh 2000, S. 234.

52 »In the case of the Furby, though, the uncanniness is deliberately minimized. It is neither humanoid nor zoomorphic: it doesn't represent any known animal. There is a high level of artifice in Furby's physical appearance, with its bright pink eyelids, synthetic fur and plastic beak.« Chesher 2019, S. 154 u. vgl. Caudwell 2014. Catherine Caudwell zufolge eine strategische Designentscheidung, um Ablehnung vorzubeugen. Vgl. Caudwell 2014.

53 Caudwell 2014, o. S.; Herv. i. O.

54 Gn 2017, S. 175.

55 Ab Furby Connect (2016) auf App und Furblinge ausgelagert.

56 Gn 2017, S. 179.

57 *Electronic Furby – Gebrauchsanweisung* (robotsandcomputers.com), S. 3; Herv. i. O. Vgl. auch *Emoto-Tronic Furby – Gebrauchsanweisung* (furbymanual.com), S. 6 u. 10.

58 *Electronic Furby – Gebrauchsanweisung* (robotsandcomputers.com), S. 5; Herv. i. O.

59 »Die Medialität einer paradoxalen Nähe – die nie unmittelbar, sondern verkleidet oder verbaut ist, aber im Design und in der Semantik eine Unmittelbarkeit suggeriert – lässt sich unter Berücksichtigung der Unschärfe des Begriffs Interface zu-

nächst heuristisch als Post-Interface bezeichnen.« Andreas/Kasprowicz/Rieger 2016, S. 12.

60 Bei den neueren Versionen z. B. unter ›Helpful Hints‹ oder ›Friendly Tips‹. Vgl. *Furby Boom! – Gebrauchsanweisung* (hasbro.com).

61 Unter dem Begriff der immersiven Macht beschäftigt sich Rainer Mühlhoff mit der strategischen affektiven Beeinflussung von Individuen im Rahmen gegenwärtiger kapitalistischer Machtverhältnisse. »Immersive Affizierungsgefüge« (Mühlhoff 2018, S. 14) kämen sowohl in der Arbeits-, Privat- und Konsumwelt als auch in der Politik zum Tragen (vgl. ebd.). Das Konzept der *affektiven Resonanz* beschreibt Mühlhoff als dynamischen Vorgang wechselseitiger, situativer Affizierungsrelationen – »Bewegen und Bewegtwerden, Affizieren und Affiziertwerden« (ebd., S. 155). *Affektive Resonanz* charakterisiere ein *»Zusammenwirken-mit«*, kein *»Einwirken-auf«* (ebd., S. 156; Herv. i. O.). Wenngleich Mühlhoff Affizierungsrelationen vorrangig als reziproken zwischenmenschlichen Prozess charakterisiert, lassen sich die Überlegungen auch für soziale Roboter oder *smart toys* fruchtbar machen, die maßgeblich auf die Etablierung von Affizierungsrelationen abzielen.

62 »The main features of machine cute are (a) overt indicators of vulnerability, such as clumsiness; (b) a lack of bodily integrity; (c) limited linguistic capacities; and (d) a naivety or cognitive neoteny. Examples of machine cute can display several of these features, but not necessarily all […].« McIntyre 2017, o. S.

63 Vgl. Gn 2017, S. 189 f.

64 Vgl. Ngai 2012, S. 24 u. 98.

65 Chesher 2019, S. 152.

66 Vgl. Gn 2017, S. 186 f.

67 Mühlhoff 2018, S. 13; Herv. i. O.

68 Ebd., S. 167.

69 Sung 2019, o. S.

70 Marsh nimmt an, dass derartiges Verhalten Fürsorgereflexe begünstigen soll: »They hope that the users will respond to the Furby's programmed demonic behaviour by engaging in the kind of nurturing practices described previously, thus ensuring continued engagement with the brand.« Marsh 2019, S. 60 f.

71 Grossman 2010, o. S.; Übers. d. A.

72 Chesher 2019, S. 154.

73 Marsh 2019, S. 54; Übers. d. A.

74 Vgl. ebd., S. 54 u. 60 f.

75 Ebd., S. 54.

76 Vgl. Prüfer 2019.

77 Reckwitz 2018, S. 131; Herv. i. O. Singularität lässt sich nach Andreas Reckwitz z. B. durch eine besondere Gestaltung und narrative Einbettung des »kulturelle[n] Ding[s]« (ebd., S. 131) erreichen. Vgl. ebd., S. 129 ff. In Bezug auf Wolfgang Ullrich könnte man hier auch vom Fiktionswert sprechen. Vgl. Ullrich 2013, insb. S. 7–30; Ullrich 2012.

78 Harris 2001, S. 20; Herv. i. O. Vgl. auch Brzozowska-Brywczyńska 2007, S. 219.

79 Harris bezeichnet die Simpsons als »anti-cute show of the 1990s« (Harris 2001, S. 18). Das Aussehen der Charaktere führt die Nähe des Niedlichen zum Grotes-

ken vor; das Kindliche als zentrale Referenz des Niedlichen wird unterlaufen. Vgl. ebd., S. 18 f.

80 Caudwell 2014, o. S.; Herv. i. O.

81 Vgl. z. B. *You said you'd always love me* (me.me); *I EAT FRAGMENTS OF YOUR SOUL* (esmemes.com); *They gave me to the dog* (esmemes.com); *Furby GIF* (Giphy); *Hail Satan GIF* (Giphy) u. *Weird Robot GIF* (Giphy).

82 Starterpaket-Bildmakros zeigen eine Bildauswahl, die Dinge oder Eigenschaften anführt, welche beispielsweise für eine Gruppe an Personen wie Frühaufsteher oder Fußballfans charakteristisch sein sollen. Es handelt sich um Stereotypisierungen. Vgl. *Starter Packs* (KnowYourMeme).

83 Vgl. Ngai 2012, S. 85 u. 98.

84 Vgl. z. B. *Crushing Furby with Hydraulic Press* (YouTube) u. *Furby vs Hydraulic Press* (YouTube).

85 Ngai 2012, S. 98.

86 Ursprünglich Bezeichnung für ein spezielles Internetmem. Mittlerweile gängige Beschreibung für ein (Internet-)Phänomen oder eine Person, das bzw. die sich zunächst positiv darstellt oder rezipiert wird, deren oder dessen Bewertung aber ins Negative umschlägt, da z. B. eine problematische biografische Vergangenheit aufgedeckt wird. Vgl. z. B. *Milkshake Duck* (KnowYourMeme).

87 Titel des Nachwortes von Florian Rötzer zu Jean Baudrillard. Vgl. Rötzer 2007. Hans Peter Hahn bemängelt die Inkorrektheit des Ausdrucks und schlägt stattdessen den Begriff des Eigensinns vor. Vgl. Hahn 2017, S. 12.

88 Hahn 2017, S. 12; Herv. i. O.

89 Caudwell 2014, o. S.; Herv. i. O.

90 Chesher 2019, S. 153.

91 Ebd.

92 *Zaniness* ist Harris zufolge elementarer Bestandteil der Popkultur und vermittelt sich vorrangig nonverbal über Mimik und Gestik, Nachäffen oder Streiche. Vgl. Harris 2001, S. 108. Nach Meinung Harris unterhält die moderne Gesellschaft ein komplexes Verhältnis zu Nonkonformität, das sich an der gesellschaftlichen Relevanz von *zaniness* ablesen lässt. Während Harris die Gesellschaft einerseits als intolerant gegenüber unkonventionellem Verhalten bezeichnet und ihr eine »rücksichtslose präskriptive Vorstellung von Normalität« (ebd., S. 110; Übers. d. A.) attestiert, praktiziere sie andererseits eine »kontrollierte Nonkonformität« (ebd., S. 109 u. 111; Übers. d. A.) in Form »harmlosen Ungehorsams« (ebd., S. 110; Übers. d. A.). Man würde sich durch Scherzartikel oder lustig bedruckte Kleidung der eigenen ›Unangepasstheit‹ überzeugen: »[…] we have devised a symbolic method of achieving the illusion of rebelliousness by practicing controlled nonconformity. Zaniness allows us to misbehave and yet minimizes our risk of being ostracized as eccentric.« Ebd., S. 109. Dies beurteilt Harris als »absurde Karikatur von Anomalien« (ebd.; Übers. d. A.). Potenziell beunruhigendes nonkonformes Verhalten werde qua Normalisierung eingeebnet und derart als weniger bedrohlich erfahren. Vgl. ebd., S. 111.

93 Chesher 2019, S. 150; Übers. d. A.

94 Vgl. ebd., S. 156 f. Ngai bezeichnet *zany* als »ludic yet *noticeably stressful* style«.

Ngai 2012, S. 8; Herv. d. A. Zu den Zerstörungsvideos vgl. z. B. *Crushing Furby with Hydraulic Press* (YouTube); *Furby Destruction (NOT FOR YOUNG CHILDREN)* (YouTube) u. *What's inside a Furby Connect?* (YouTube).

95 Vgl. Ngai 2012, S. 66.

96 Das makabre Interesse an körperlicher Leidensfähigkeit ist Harris zufolge ein Schlüsselelement der Komödie, wenngleich sich irreversibel zerstörte Furbys oder *squishies* nicht durch »wundersame Selbstheilungskräfte« regenerieren. Harris 2001, S. 117; Übers. d. A.

97 Bryant, Bielby und Harrington führen eine Sammlungstätigkeit von Spielzeugen durch Erwachsene z. B. auf deren nostalgischen Wert zurück. Erwachsene Sammler*innen setzten das Spielzeug zu Erinnerungen aus der Kindheit in Beziehung: »fans are collectors in large measures because of the strong, positive emotional attachments they have to their past experiences with toys. Theirs is a *nostalgia* – a bittersweet longing – about their previous experiences with treasured toys, and when fans spoke of these experiences they revealed nostalgia's deep significance to their fanship[]«. Bryant/Bielby/Harrington 2014, S. 29; Herv. i. O. Die wachgerufenen Kindheitserinnerungen müssten hierbei nicht real Erlebtem entsprechen. Vgl. ebd., S. 30. Die Zielgruppe des 1998 veröffentlichten Furby ist im Jahr 2020 in ihren Zwanzigern oder Dreißigern. Ein Kaufanreiz und Auslöser für Sammlungstätigkeiten Erwachsener von Objekten aus ihrer Kindheit ist Joyce Goggin zufolge u. a. eine »erinnerte Niedlichkeit« (Goggin 2017, S. 228; Übers. d. A.): »[...] the cute and the childish continue to hail us with affect and emotion as an intimate appeal to consume.« Ebd., S. 229.

98 Für eine Definition des Begriffs Fan vgl. Roose/Schäfer/Schmidt-Lux 2017, S. 4 und Winter 2017, S. 141 f. »Fansein bedeutet ein profundes Wissen über ein Filmgenre, einen Star oder eine Musikrichtung zu haben, es zu vertiefen, mit anderen zu teilen und zu kultivieren. Durch diese aktive Nutzerposition wird eine gewisse Kontrolle über das Objekt der Begierde ausgeübt, die die Voraussetzung für Vergnügung und Spaß ist. Gleichzeitig werden Werte, moralische und ästhetische Präferenzen ausgedrückt. Auch subtile und trickreiche Praktiken des Widerstandes gegen dominante Bedeutungen und Sinnstrukturen können entstehen.« Winter 2017, S. 141 f. Zum Begriff Fandom: »This concept refers to the sum total of the fan communities and individuals who are connected by their love for a particular text. Moreover, fandom refers to the interpretive and creative practices in which invested audience members engage.« Lamerichs 2018, S. 14.

99 Zum Verhältnis von Nostalgie und Fandom vgl. Geraghty 2014. Nostalgie und Erinnerungen sind Lincoln Geraghty zufolge wichtige Einflussfaktoren auf Fansein, speziell Sammlungstätigkeiten. Fansein zeichne sich durch ein Spannungsverhältnis zwischen Vergangenheits- und Gegenwartsbezug aus: »Fans are always reassessing and re-evaluating media texts from the past; they bring them into the present and reconstitute them as part of contemporary fan culture.« Ebd., S. 2 f.

100 Synonym zu Fanobjekt verwendet.

101 Fanseitige Alternativentwürfe zu existierenden Charakteren und Erzählwelten begreift Nicolle Lamerichs zunächst als persönlich und singulär, schließt jedoch

nicht aus, dass ein Konsens über die alternativen Erzählstränge gebildet werden kann. Vgl. Lamerichs 2018, S. 30.

102 Liessmann 2009, S. 63.

103 Berndt 2014, S. 283.

104 Lamerichs in Jenkins 2019, o. S.

105 Hills im Interview mit Greco 2015, S. 151.

106 Hills 2017, S. 878; Herv. i. O. Medienübergreifendes Mehrfachfandom benennt Alexander Tilgner im Kontext von Onlinerollenspielen als *Clashplay:* »Darunter wird das bewusste Nachformen und -gestalten eines nicht-gameoriginären Charakters innerhalb eines Onlinerollenspiels verstanden. Die Clashplayer sind dabei sowohl Fans des MMORPGs als auch des Ursprungs-Objekts, dem das Charaktervorbild entspringt. [...] *Clashplay* [zeigt sich] als Hybridform und fankulturelle Praxis zwischen Fanart, Fan-Fiction und virtuellem Cosplay.« Tilgner 2019, S. 244; Herv. i. O.

107 Vgl. Hills 2017, S. 875 u. 877.

108 Stein 2019, S. 82; Herv. i. O.

109 Slaby/Mühlhoff/Wüschner 2019, S. 3; Übers. d. A.

110 Ebd., S. 4.

111 Vgl. ebd., S. 6.

112 An dieser Stelle sei nochmals auf Sara Ahmed verwiesen, die Affekte als *sticky* bezeichnet. Bestimmten Objekten oder Praktiken könne diskursiv ein positiver oder negativer Wert zugeschrieben werden. Vgl. Ahmed 2010a.

113 Fans, die materielle Artefakte hervorbringen, können nach Brigid Cherry als Teil einer »maker culture« zum Fanobjekt verstanden werden. Vgl. Cherry 2016, S. 18.

114 Vgl. Godwin 2014, S. 115 u. Woo 2014, o. S.: »Yet consideration of the relationship between materiality and fandom is relatively underdeveloped, and fan studies is poorer for its neglect.«

115 Sandvoss 2005, S. 90 u. Godwin 2014, S. 115; Übers. d. A.

116 Z. B. Personen des öffentlichen Lebens.

117 Vgl. Godwin 2014, S. 114 ff.

118 Vgl. Cherry 2016, S. 7 u. 10 f.

119 Vgl. ebd. 2016, S. 14 u. 182. Cherry zufolge produzieren Kunsthandwerker*innen z. B. mimetische Fanobjekte einer Serie im Rahmen ihres kunsthandwerklichen Interesses und sind nicht zwingend Fans der Serie. Dennoch kann ggf. auch in Bezug auf Interessengemeinschaften zu textilem Gestalten von Fandom gesprochen werden.

120 Es soll nicht ausgeschlossen werden, dass eine Fanbeziehung zu Furby in einen erweiterten Fankontext wie Plüschtierfandom, Cosplay oder Sammlungstätigkeiten eingebunden ist.

121 Roose/Schäfer/Schmidt-Lux 2017, S. 4. Die Autoren verweisen selbst auf Unschärfen der Definition. Vgl. ebd., S. 4 f.

122 Akremi/Hellmann 2017, S. 274.

123 Woo 2014, o. S. Vgl. auch Cherry 2016, S. 18.

124 Woo 2014, o. S.

125 Ebd.

126 Vgl. ebd.
127 Nach Heljakka definiert als 20 aufwärts. Vgl. Heljakka 2017, S. 91.
128 Vgl. Heljakka 2017, S. 91 u. 99. »What remains unexamined in many studies on adult use on toys so far is the ways in which adult fans are being creative in their play with this cultural capital in more ways than just collecting.« Ebd., S. 99.
129 Ebd., S. 103.
130 Ebd., S. 101; Herv. i. O.
131 Als »creative play« bezeichnet Heljakka beispielsweise Customization, Kostümierung, die Erstellung von Objektarrangements und -inszenierungen. Vgl. ebd., S. 103.
132 Ebd., S. 92 f.; Herv. i. O.
133 Vgl. Einwächter 2014, S. 219 sowie Ohr 2017, S. 296 u. Lamerichs 2018, S. 14.
134 Vgl. Winter 2017, S. 151.
135 Lamerichs 2018, S. 14.
136 Bieling 2018, S. 9.
137 Kommentar von @mesleepagain zu *Furbosaur* (Instagram), o. S.; Herv. i. O.
138 Der *Netzspaziergang* dient als Ausgangspunkt für die systematische Erschließung eines Themenfeldes und erlaubt einen initialen Überblick der Verhandlung eines Forschungsgegenstandes im Internet oder ermöglicht sogar erst, diesen aufzuspüren.
139 Ausdruck und Phänomen wurden bereits in Onlineartikeln zu Furby erwähnt. Vgl. z. B. Blair 2019; Hughes 2019; Sung 2019 u. Tiffany 2018.
140 Kriterien für die Aufnahme in den Untersuchungskorpus: Das Objekt Furby ist explizit abgebildet. Es handelt sich nicht um ein offizielles Werbe- oder Produktbild. Das Objekt hat eine Veränderung im Vergleich zum werkseitigen Ursprungszustand erfahren. Eine Überblicksrecherche via Google-Bildersuche erfolgte am 25.02.2019. Anschließend u. a. ergänzende Suche über die Suchfunktion ›ähnliche Bilder‹. Eine stichprobenartige Instagramsuche zu #oddbodyfurby ergab am 25.02.2019 230 Ergebnisse; am 09.06.2019 sind unter dem Hashtag 732 Beiträge verzeichnet. Am 30.07.2019 sind 1 136 Beiträge gelistet. Am 10.02.2020 sind es 4 095, am 08.03.2020 4 634 und am 21.03.2020 4 847 Beiträge. Unter #longfurby sind es am 09.06.2019 5 424 und am 30.07.2019 7 693 Beiträge. Eine Stichprobe am 10.02.2020 ergibt 20 952 und am 08.03.2020 22 928 Treffer. Am 21.03.2020 ergibt die Suche 23 762 Treffer.
141 Vgl. Manovich 2017, S. 16, 118 u. 123.
142 Gunkel 2018, S. 37; Herv. i. O.
143 Bieling 2018, S. 9. Dies stellt Bieling für Instagram fest, während er Tumblr aufgrund der multimedialen und offeneren Struktur die Präsentation von »Fotografien als Ereignisse des relativ Neuen, als ästhetische Reize« zuschreibt: »Während Instagram ein Paradigma der Gleichheit und der Erwartungsgewissheit des Ähnlichseins offeriert, stellt Tumblr Arrangements zur Verfügung, mit denen sich die veröffentlichen Fotografien als relativ Neues im Vergleich zu anderen Fotografien und Inhalten präsentieren lassen.« Beide ebd., S. 46. In Bezug auf die Schlagwortsuche nach #oddbodyfurby bzw. #oddbody furby kann eine derartige Unterscheidung nicht getroffen werden. Sowohl auf Instagram als auch auf Tumblr finden sich heterogene Bildergebnisse, die in der Präsentation des gestaltveränderten Furby einen, jedoch stets individuell sind – handelt es sich nicht um Reposts.

144 In ihren Ausführungen zu Tumblr und Fandom konstatiert Rebecca Williams in Bezug auf Ruth Deller, dass Fans sich auf Tumblr insbesondere über Tags gegenseitig auffinden würden. Fansein gestalte sich derart flexibler. Vgl. Williams 2018, 4.3 u. Deller 2015, 3.6.
145 Hitzler/Leichner 2013, S. 265.
146 Fisher 2017, S. 74; Herv. i. O.
147 Ins Deutsche übersetzt von Robert Zwarg.
148 Vgl. Fisher 2017, S. 10 f.
149 Ebd.
150 Zu H. G. Wells' *The Door in the Wall:* »Die wichtige Rolle, die Türen, Schwellen und Pforten spielen, zeigt, dass die Idee des *Dazwischen* für das Seltsame zentral ist.« Fisher 2017, S. 32; Herv. i. O.
151 Ebd., S. 16.
152 Ebd., S. 38.
153 Kluge/Seebold 2011, S. 842 u. Pfeiffer u. a. 1989b, S. 1615; Herv. i. O.
154 Mackensen 2013, S. 365.
155 Pfeiffer u. a. 1989b, S. 1615; Herv. i. O.
156 *Seltsam* (Duden), o. S.
157 *Grotesk* (Duden), o. S.
158 Kluge/Seebold 2011, S. 377 u. vgl. auch Pfeiffer u. a. 1989a, S. 612.
159 *Hybrid,* Adj. (Duden), o. S.
160 *Hybrid* (Duden), o. S.
161 *Odd body,* Subst. (OED), o. S.; Herv. i. O.
162 *Odd bod,* Subst. (OED), o. S.; Herv. i. O. – oder auch: »an eccentric«; »an extra person in a given situation«. Dalzell/Victor 2008, S. 468.
163 Cresswell 2010, *odd,* o. S.; Herv. i. O.
164 Vgl. *odd,* Adj. (linguee.com).
165 *Weird,* Subst. (OED), o. S.
166 *Weird,* Adj. (OED), o. S.
167 Alle ebd., o. S.
168 *Grotesque,* Subst./Adj. (OED), o. S.
169 Dem adjektivischen Gebrauch sinnverwandte Wörter: »1 (a weird coincidence) strange, queer, uncanny, eerie, unnatural, supernatural, preternatural, unearthly, ghostly, spooky (*inf*), creepy (*inf*), mysterious, mystifying, unnerving. 2 (weird behavior) strange, bizarre, odd, way-out (*inf*), far-out (*inf*), queer, peculiar, freakish, eccentric, grotesque, outlandish, off the wall (*inf*). opposite: ordinary.« Fergusson/Manser/Pickering 2004, S. 642; Herv. i. O.
170 Dem adjektivischen Gebrauch sinnverwandte Wörter: »1 (he's an odd chap) unusual, uncommon, strange, peculiar, funny, curious, queer, eccentric, unconventional, outlandish, idiosyncratic, weird, bizarre, singular, rare, remarkable, extraordinary, unique. opposite: ordinary. 2 (do the odd bit of work) occasional, incidental, casual, random, irregular, temporary, various, varied, sundry, diverse. opposite: regular. 3 (odd socks) unmatched, single, sole, solitary, lone, spare, surplus, leftover, uneven.« Ebd., S. 397; Herv. i. O.
171 Vgl. z. B. ebd., S. 267, 397, 642 u. »[o]f a material thing: fantastic, grotesque; pecu-

liar or strange in appearance, etc.« *Odd,* Adj. (OED), o. S. »Of strange or unusual appearance, odd-looking«, »[o]ut of the ordinary course, strange, unusual; hence, odd, fantastic.« Beide *weird,* Adj. (OED), o. S.

172 Gegenteil zu *weird;* Fergusson/Manser/Pickering 2004, S. 642 u. *odd;* ebd., S. 397.

173 Gegenteil zu *odd;* ebd., S. 397.

174 Gegenteil zu *grotesque;* ebd., S. 267; Herv. i. O.: »bizarre, strange, weird, odd, peculiar, fantastic, whimsical, extravagant, fanciful, absurd, ludicrous, ridiculous, preposterous, freakish, monstrous, outlandish, incongruous, surreal, macabre, unnatural, deformed, malformed, misshapen, misproportioned, distorted, twisted, hideous, ugly, repugnant, unsightly. opposite: normal.«

175 Vgl. Richter-Hansen 2018, S. 94.

176 Ebd., S. 97.

177 Vgl. ebd.

178 Ebd.

179 Vgl. ebd., S. 97, 104, 106 u. Phillips/Milner 2017, S. 12.

180 Vgl. Richter-Hansen 2018, S. 94, 102 u. 106.

181 Der mit dem Seltsamen einhergehende »Eindruck, *dass etwas nicht stimmt*« (»sense of *wrongness*« im engl. Original. Fisher 2016, S. 13; Herv. i. O.), sei oftmals ein Hinweis dafür, dass bekannte Ordnungen, Systeme und Kategorien nicht greifen und entstehe häufig in Anbetracht von Neuartigem. Fisher 2017, S. 13; Herv. i. O.

Fisher begreift das Seltsame als Störung: »[…] the weird is a particular kind of perturbation. […] [A] weird entity or object is so strange that it makes us feel that it should not exist, or at least it should not exist here.« Fisher 2016, S. 15.

182 Fisher 2016, S. 17; Herv. i. O.

183 Internetbeiträge thematisieren die Nähe des Niedlichen zum Seltsamen hinsichtlich Furby. Das Objekt sei ein »cute-weird mechanical furry toy« (Gerstein 2019, o. S.): »They're furry, they don't have arms but they *do* have weird toes, beaks, and giant ears like a bat. They look like they were created in a secret lab.« Hughes 2019, o. S.; Herv. i. O.

184 Brzozowska-Brywczyńska 2007, S. 217. Nach Harris generiert niedliches Design »anatomische Desaster«. Harris 2001, S. 3; Übers. d. A.

185 Harris 2001, S. 20; Übers. d. A.

186 Heljakka 2017, S. 99 f.

187 *Hybrid* (Duden), o. S.

188 Vgl. Caudwell 2014.

189 Sung 2019, o. S.

190 Begriffsprägung Claude Lévi-Strauss vgl. z. B. Lévi-Strauss 1981, insb. S. 29–48.

191 Vgl. Hofman 2017, S. 15.

192 Ebd., S. 15 u. vgl. S. 19.

193 »Technik zur Herstellung von Wandbehängen, Decken, Taschen o. Ä., bei der Stoff- oder Lederteile von verschiedener Farbe, Form und Muster harmonisch zusammengefügt werden«. *Patchwork* (Duden), o. S.

194 Hofman 2017, S. 16.

195 Beide ebd., S. 19.

196 Ebd., S. 16; Herv. i. O.

197 Ebd.
198 Blair 2019, o. S.; Herv. i. O.
199 *@furbyfuzz* (Tumblr).
200 *The Longest FAQ about the Longest Furby* (Tumblr), o. S.; Herv. i. O.
201 Vgl. *Longcat* (KnowYourMeme). In ihrem künstlerischen Abschlussprojekt führt Helene Dams alle ›Memkatzen‹ stammbaumgeschichtlich als Derivate der sogenannten ›*Happycat*‹ auf. Vgl. *I Can Has History – Helene Dams* (nm.merz-akademie.de).
202 Vgl. *Longcat* (KnowYourMeme) u. *Cat GIF* (Giphy); *Cat Fun GIF* (Giphy); *Long Cat GIF* (tenor.com).
203 *Longcat* (KnowYourMeme), o. S.
204 Vgl. *Long Boy* (KnowYourMeme).
205 Vgl. Grayham 2017.
206 Vgl. z. B. *Hatchimals WOW – Unboxing & How To* (YouTube).
207 *Hatchimals WOW, Llalacorn* (spinmaster.com), o. S.; Herv. i. O.
208 Ebd.; Übers. d. A.
209 Ebd.
210 Im geschrumpften Zustand liegen die flügelähnlichen Armglieder des Plüschhybriden beispielsweise eng am Körper an. Wie die Werbebilder suggerieren, eignet sich diese Körperform auch besser, um das Llalacorn babygleich im Arm zu wiegen. Vgl. ebd.
211 Headline des Internetartikels von Lee 2019.
212 Vgl. *Shaggy's »Are You Challenging Me?«* (KnowYourMeme).
213 Z. B. *Persian Cat Room Guardian* (KnowYourMeme); *ONE DRINK AND WE GO HOME FOXES PARTY HARD* (starecat.com) u. vgl. Tab. K, Abb. 3.
214 Su 2014.
215 Baker 2000, S. 75. Siehe auch Baker 2008.
216 Aloi 2018.
217 Ullrich 2008, S. 20.
218 Géza Szöllősi zu seiner Serie *My Pets. Géza Szöllősi – My Pets* (Homepage), o. S.; Übers. d. A.
219 Aloi 2018, S. 13; Übers. d. A.
220 Poliquin 2012, S. 8.
221 Entmenschlichung, d. h. ein lediglich fragmentarisches Aufgreifen menschlicher (bzw. tierlicher) Gestalt und Verhaltensweisen, bilde die Basis dafür, dass das Subjekt mit dem Objekt eine Beziehung eingehen möchte und soziale Distanz reduziert wird. Vgl. Gn 2017, S. 179–182.
222 Poliquin 2012, S. 188.
223 Ebd., S. 188.
224 Ebd., S. 198.
225 Su 2014.
226 *Crappy Taxidermy* (Homepage).
227 Su 2014, S. 7.
228 Ebd.
229 Ebd., S. 6.
230 Aloi 2018, S. 22 f.; Herv. i. O. mit Bezug auf Baker 2000, S. 55 f. u. S. 56–61.

231 Brzozowska-Brywczyńska zu Hello Kitty. Brzozowska-Brywczyńska 2007, S. 217 u. 218; Übers. d. A.
232 Aloi 2018, S. 25 u. vgl. ebd., S. 18.
233 Vgl. ebd., S. 17 u. Poliquin 2012, S. 198: »Perhaps mythic in significance, perhaps ethically reprehensible, such animal art can leave no viewer unchallenged. They purposely make us uncomfortable. They exude a sense of uneasiness, a queasiness, a sense of wrongness, of rightness.«
234 Vgl. *Stoned Fox* (KnowYourMeme).
235 Vgl. z. B. *When you wake up early in the morning and sit on your bed like..* (Reddit); Stoned Fox (Упоротая лиса) – *Beep Beep Beep* (KnowYourMeme) u. GIF-Animationen wie *Fox GIF* (Giphy); *dis gon b gud popcorn GIF* (Giphy).
236 Ullrich 2008, S. 19; Übers. d. A.
237 Ebd.; Übers. d. A.
238 Poliquin beschreibt den Zwischenzustand als ein maßgebendes Kennzeichen von Taxidermie: »This is the strange, unsettling power of taxidermy: it offers – or forces – intimacies between you and an animal-thing that is no longer quite an animal but could not be mistaken for anything other than an animal.« Poliquin 2012, S. 39.
239 Z. B. *The Kittens' Tea & Croquet Party* (spätes 19. Jhd.) u. *The Kittens' Wedding* (1890). Vgl. Carter 2013.
240 Zu den Arbeiten des Künstlerduos siehe *Les Deux Garçons – Work* (Homepage).
241 Vgl. *Les Deux Garçons – Pietà* (Homepage).
242 Vgl. *Katharina Moessinger – Projekt »Kuscheltiere«* (Homepage).
243 Vgl. *Katharina Moessinger – Projekt »Kuscheltiere«* (Homepage).
244 Vgl. Grossman 2010, o. S.
245 Der Lachsack wurde 1968 von Walter Thiele erfunden.
246 Eine explizit im Kontext von *cute design* befragbare Produktgruppe stellt z. B. das Modeaccessoire Pompon dar.
247 *Plush taxidermy* oder *faux taxidermy* ist in kommerziellen Kontexten zumeist niedlich designt.
248 Vgl. z. B. *Furbinomicon* (Imgur).
249 Piccinini 2020, o. S.; Übers. d. A.
250 Vgl. ebd.
251 Ebd., o. S.
252 Popsurrealismus findet meist in Verbindung mit Lowbrow Verwendung und wird in der Literatur uneinheitlich damit gleichgesetzt oder als Derivat verstanden. Eine eindeutige Aufzählung von Vertreter*inne*n sei schwierig, weil diese lediglich der »figurative Stil« (Derwanz 2013, S. 233) eine. Vgl. ebd., S. 226–233.
253 Byrne 2005, o. S.
254 *Mark Ryden – Pinxit* (taschen.com), o. S.
255 Ebd.
256 Akronym für *one of a kind*. Vgl. z. B. *@AlvamadeToys* (Etsy); *@lilliput.step* (Instagram) oder *Zoë Williams* (Homepage) u. Zandbergen 2015.
257 *@qimmyshimmy* (Instagram) oder *Qixuan Lim* (Homepage).
258 Kohout 2017b, o. S.

259 Kohout 2017a, S. 12.

260 Kohout 2017c. Als Beispiele nennt Kohout Brexit, Donald Trump und Filterblasen.

261 Kohout 2017b, o. S.

262 Ebd.

263 Sung 2019, o. S.

264 Godwin 2015, S. 126; Herv. i. O.

265 Cotrim/Ribeiro 2016, S. 3770; Übers. d. A.

266 Die Konzeption einer dynamischen Identität nach ›Frankenstein-Prinzip‹ erläutern die Autorinnen am Beispiel der Marvel Super Hero Mashers von Hasbro. Diese ermöglichen eine Kombination von als Helden wie Schurken konnotierten Figuren mit dem Ziel, einen unbesiegbaren Superhelden zu erschaffen. Der konzipierte Hybrid verweise schließlich auf eine dynamische, stets reformierbare Identität, die im Handlungsvollzug, hier dem Spiel, gebildet und nachvollziehbar wird – aber dennoch auf Herstellervorgaben basiert. Vgl. ebd., S. 3766 f.

267 Ein *de-sign* des Niedlichen meint Gn zufolge, etablierte Referenzen des Niedlichen mit alternativen Ausdrücken zu vermischen. Vgl. Gn 2016, S. 55.

268 Vgl. Hahn 2018, S. 14.

269 Hahn 2017, S. 11.

270 Vgl. Hahn 2018, S. 9–32. Hahn benutzt jedoch den Begriff Ding.

271 Keller/Dillschnitter 2016a, S. 18.

272 Vgl. Ebeling 2016.

273 Hadler 2016, S. 44.

274 Vgl. dazu Einleitung.

275 »Normativ aufgeladen, transportiert die ›Zweckentfremdung‹ somit Vorstellungen richtiger und falscher, sachgemäßer und unsachgemäßer, adäquater und inadäquater Verwendung.« Keller/Dillschnitter 2016b, S. 276; Herv. i. O.

276 »Aneignung meint hier zunächst, dass sich Menschen – heutzutage typischerweise Konsumenten – Objekte aneignen, die nicht von ihnen hergestellt wurden, also von Produzenten bereitgestellt werden. Was dabei von Konsumenten getan, probiert und gewollt wird, hat mitunter wenig mit intendierten Verwendungsweisen seitens der Produzenten zu tun.« Eisewicht/Pfadenhauer 2016, S. 157.

277 Zum graduellen Customizing von Actionfiguren: »For some, redressing an action figure in a different outfit qualifies, even if both are mass-produced items unaltered in any way. For others, there has to be some sort of modification, such as repainting, altering the shape of a prop or weathering an item to make it look old, battered, ›lived in‹ or used. For others, only entirely original work such as sculpting, sewing, or constructing props or dioramas entirely from scratch would count.« Godwin 2014, S. 112; Herv. i. O.

278 Godwin 2018, o. S.

279 Vgl. Heljakka 2017 und 2013.

280 Nach Ronald Hitzler und Annika Leichner ist das Selbstbild des Fans geprägt durch Teilhabe an Sonderwissensbeständen und externer Aufmerksamkeit. Vgl. Hitzler/Leichner 2013, S. 265.

281 Soeffner 1988, S. 9.

282 Ebd.
283 Beide Ebd.
284 Keller/Dillschnitter 2016b, S. 275.
285 Hadler 2016, S. 59.
286 Ebd., S. 59f. Exemplarisch wäre auf Spin Masters Llalacorn zu verweisen, wenngleich eine Verknüpfung zu *long furby* und angrenzenden Memkontexten nicht als gesichert angenommen werden kann.
287 Ebd., S. 59.
288 Godwin in Bezug auf Erica Rand, die am Beispiel der Barbiepuppe zeigt, wie Mattel trotz lediglich marginaler Abänderung, z. B. des Outfits, ein neues Kaufargument bzw. -verlangen generiert. Godwin 2018, o.S; Rand 1995, S. 184ff.; Übers. d. A.
289 Strategische herstellerseitige Sammlungsangebote sind z. B. *designer toys* oder *collector's editions*. Vgl. Heljakka 2017, S. 97.
290 Eisewicht/Pfadenhauer 2016, S. 170 in Bezug auf *circuit bending*.
291 Ebd., S. 172; Herv. i. O.
292 Keller/Dillschnitter 2016b, S. 279.
293 »Thus, mass-produced merchandise becomes raw material for individual meaning and expression. Mass-produced merchandise, whether items are collected or customized, is thus another means for fans to express individuality via commodity culture.« Godwin 2018, o. S.
294 Godwin 2018, o. S.
295 *Guide to Furby Fandom Tags* (Tumblr), o. S.
296 DDLG (*daddy dom* u. *little girl*) oder allgemeiner CGL steht in der BDSM-Szene als Abkürzung für eine Fetischbeziehung zwischen einem *caregiver* und einem fürsorgebedürftigen *little*.
297 »It was simultaneously a stand against DDLG members in the furby community and a place where no inappropriate furby references could be made.« *Guide to Furby Fandom Tags* (Tumblr) u. vgl. ebd.; @depressed-furby: »From my understanding […] there has been some not-so-innocent things in the furby tag before, so ›safe furby‹ is for people to search to find wholesome or funny furby content while avoiding the not-so-pleasant stuff.«; @lulu-toybox: »Its less nsfw/unsafe stuff and more being able to enjoy the tag without all the tiresome ›furbies are evil‹ crap that gets posted a lot.« Beide: *Safe furby* (Tumblr), o. S.; Herv. i. O. »[M]y furbies are not cursed«, verspricht beispielsweise Nutzer*in *@furbyhaven* (Instagram).
298 *Odd Bodies & Kind Souls* (discordapp.com), o. S.; Regel 4A; Herv. i. O.
299 Lamerichs 2018, S. 16; Herv. i. O.; Übers. d. A. in Bezug auf Gee 2003 und Knobel/Lankshear 2007.
300 #cursed, #cursedfurby oder #cursedfurbyimage wird jedoch zuweilen auch zusammen mit #allfurby und #safefurby in den Hashtagverbund aufgenommen. Vgl. z. B. Instagramprofil von *@kawaiigoregutz* (Instagram).
301 »If curative fandom […] puts value in preservation and perfection, the oddbody enthusiasts do the complete opposite. There's no value in ›mint condition‹ items or certified original pieces.« Sung 2019, o. S.; Herv. i. O.
302 Gn 2016, S. 58.

303 Hahn 2018, S. 23.
304 Gn spricht von der »Fluidität des Niedlichen«. Gn 2016, S. 58; Übers. d. A.
305 Vgl. Klappert 2009, S. 162 zu Monstern als wissengenerierende Störfiguren.
306 Beschreibung der *Oddbody*-Fanpraxis von Sung 2019, o. S.
307 Jenkins 2018, S. 24; Herv. i. O.
308 Jenkins 2006b, o. S.
309 Vgl. Missomelius 2015, S. 230.
310 Bezeichnet die Fanpraxis des Neuarrangements von Filmmaterial und Musik zu Musikvideos. Vgl. Coppa 2008 u. Cuntz-Leng 2015, S. 79.
311 Vgl. Milner 2016, S. 1.
312 Hills 2017, S. 872; Übers. d. A.
313 Ebd., S. 874; Übers. d. A.
314 »Rather than selecting out one possible world of fandom (which may also happen to be the branch of fandom occupied by that particular acafan), analyzing the fan world means considering how self-identified fans (and those who do not use the label) can be located among the series of possibilities, platforms and practices that go to make up fandom's relational array.« Vgl. ebd. u. S. 877 f.
315 Ebd., S. 878.
316 Vgl. ebd., S. 868.
317 Vgl. ebd., S. 877 f.
318 Ebd., S. 878; Herv. i. O.
319 Vgl. ebd., S. 877.
320 Zaremba 2014, S. 322.
321 Vgl. Hills 2017, S. 878.
322 Vgl. Milner 2016, S. 3 sowie Shifman 2014, S. 44 u. 56 f.
323 Ebd., S. 53 f.
324 Vgl. ebd., S. 23 u. 39.
325 Ebd., S. 84.
326 Ebd., S. 48.
327 Vgl. ebd., S. 29 f.
328 Lamerichs 2018, S. 17; Brilli/Gregor/Weingart 2017, S. 23 u. Shifman 2014, S. 84 f.
329 Neben Fotos und GIFs materieller Objekte finden sich zahlreiche Fan-Art-Beiträge wie Zeichnungen.
330 Die *Long-furby*-Produzentin Bobby Diddle beschreibt ihre Kreationen auf der Crowdfunding-Plattform Patreon als ambivalent: »›What is it called when something makes you very uneasy but ecstatic at the same time?‹ – Valerie M. Long Furbs are the cause of that exact feeling. You feel enticed by their colorful noodle bodies, yet terrified when your see their Furby faces, which causes flashbacks to your childhood trauma of hearing them talk in your closet at 2 in the morning in Second Grade.« *Bobby Diddle – Longfurbs* (patreon.com), o. S.
331 Z. B. *@longfurbs* (Instagram); *@longboyefurb* (Instagram); *@furbybones* (Instagram); *@the_love_noodle* (Instagram) u. *@plushiecouture* (Instagram). Siehe auch Sung 2019.
332 Bobby Diddle zit. n. Blair 2019, o. S.
333 Vgl. ebd.

334 Z. B. »Please don't repost without credit«. *@longfurbs* (Instagram), o. S.

335 Vgl. *@cursed.furby.images* (Instagram), 25 000 Abonnent*inn*en am 26.03.2020. Der*Die Seitenbetreibende gibt zumeist an, von wem das Bild eingesendet wurde bzw. wer Urheber*in der Fotografie ist.

336 Vgl. *r/cursedimages – cursed furby* (Reddit). Der auf Tab. L, Abb. 7 abgebildete Furby stammt ursprünglich von @sandhadfield. Vgl. *@sandhadfield* (Instagram).

337 Im Gegensatz zur *Reblog*-Struktur von Tumblr ist die Herkunft eines Beitrags auf Reddit, Instagram oder Seiten wie me.me ohne Angabe nicht nachvollziehbar.

338 Vgl. Milner 2016, S. 32 u. Shifman 2014, S. 76 ff.

339 Meyer 2015, S. 17.

340 Ebd.

341 Der Plüschtierhai Blåhaj von Ikea wurde unter dem Hashtag #ikeashark zum Mem. Die Bildbeiträge zeigen diesen personifiziert in unterschiedlichsten Szenarien und Settings.

342 Douglas 2014, S. 314; Übers. d. A. »In general, Internet Ugly is an amateur-driven aesthetic.« Ebd., S. 316.

343 »Internet Ugly is nearly the opposite, an imposition of messy humanity upon an online world of smooth gradients, blemish-correcting Photoshop, and AutoCorrect. It exploits tools meant to smooth and beautify, using them to muss and distort.« Ebd., S. 315; »It's the aesthetic of the mundane conversation and idle doodlings that have always existed, but which the internet makes shareable by default.« Ebd., S. 337.

344 Vgl. ebd., S. 315 u. 336.

345 Baßler/Drügh 2019, S. 17.

346 Sung 2019, o. S.

347 Vgl. Liessmann 2009, S. 101–113.

348 Ebd., S. 107.

349 Fisher sieht die Montage als Inbegriff des Seltsamen. Diese ist auch ein zentrales Gestaltungselement von Memen. Vgl. Fisher 2017, S. 10 f.

350 *Cursed Image* (KnowYourMeme).

351 Hudson Hongo 2016, o. S.

352 Ellis 2019, o. S.

353 Ebd.

354 Fornieles, Edward im Interview mit Leonie Huber 2019, o. S.; Herv. i. O.

355 Ebd.

356 Beide ebd.

357 Alle unter der Topdefinition *cursed image* (Urban Dictionary), o. S.

358 *@imagesgodabandoned* (Tumblr), o. S.; Herv. i. O.

359 Der Künstler Jochen Raiß verdichtet mit einer Sammlung von Amateurfotografien, auf denen Personen Anfang des 20. Jahrhunderts gemeinsam mit einem naturalistisch gestalteten Eisbärenkostüm posieren, ein Phänomen, das heute kurios erscheint, den Zeitgenossen jedoch – so ist anzunehmen – als erstrebenswert galt. Vgl. *Jochen Raiß – Eisbären* (Homepage).

360 Morgan Sung interviewte David Gardner (@long.furby.fam) zu seinem Instagramprofil. Vgl. Sung 2019.

361 Vgl. z. B. *The Horde arrives* (Instagram).

362 Der Beitrag ist mit folgendem Hashtagverbund untertitelt: #furby #longfurby #pic #pics #photo #photography #art #meme #memes #memesdaily #cursedimage #trending #fun #funny #funnymemes #mood #aesthetic #craft #handmade #etsy #artist #photooftheday #vines #losangeles #weird #alternative #vintage #retro #nostalgia #90s. Vgl. *MOTHER?* (Instagram).

363 Nutzer*innenkommentar @ieatorangepeelswithwhiterice zu ebd.

364 Nutzer*innenkommentar @venice.with_ zu ebd.

365 Nutzer*innenkommentar @yaz_has_pizzazz zu ebd.

366 Nutzer*innenkommentar @kikin_kafi zu ebd.; Herv. i. O.

367 Nutzer*innenkommentar @laurafinkla zu ebd.; Herv. i. O.

368 Nutzer*innenkommentar @notlonelylettuce zu ebd.

369 Nutzer*innenkommentar @redlinewarrior zu ebd.

370 Nutzer*innenkommentar @bee_crossing zu ebd.

371 *Cursed image* (Urban Dictionary), o. S.

372 *Kill it with fire* (Reddit), o. S.; Herv. i. O.

Fazit

1 Werbeslogan auf der englischsprachigen Produktverpackung der ersten Generation Furby (1998, Tiger Electronics). Herv. i. O.

2 Klostermeier 1999, o. S.

3 Illouz 2018, S. 23.

4 Su 2014.

5 Ellis 2019, o. S.

6 *Black metal evolution* (mirror.uncyc.org), o. S.

7 Hügel 1993.

8 *Cat Heavy Breathing GIF* (Giphy); Herv. i. O.

9 Bzgl.subkultureller Stilgemeinschaften als gesellschaftlicher Gegenentwurf vgl. z. B. Richard/Krüger 2010.

10 »[...] [S]chlecht gelaunter Gesichtsausdruck.« *Perserkatze Steckbrief* (mein-haustier.de, o. D.), o. S.

11 »Peke-Face-Perser« ist die umgangssprachliche Bezeichnung für eine spezielle Züchtung jener Katzenrasse, die als brachycephaler Typus dem namensgebenden Pekinesen ähnelt. Vgl. *Brachycephalie Perser* (uni-giessen.de, o. D.).

12 Vgl. hierzu z. B. *Plattnasen-Perser leiden an Brachycephalie* (katzengenetik.com, o. D.).

13 *Brachycephalie Perser* (uni-giessen.de, o. D.), o. S.

14 Vgl. z. B. *#Katzen haben Personal* (Twitter).

15 Vgl. z. B. *Drolliger Imperator Notizbuch* (amazon.com).

16 Merish 1996, S. 196.

17 Vgl. ebd., S. 200.

18 Sowohl Versalien als auch multiple Ausrufezeichen symbolisieren einen lautstarken Ausruf und deuten auf die Dringlichkeit der gemachten Entdeckung – »EVIL FURBY!!!« – hin.

19 Stillich 2010, o. S.
20 Ebd.
21 Sandry 2018, S. 57; Übers. d. A.
22 Bezeichnung auf der englischsprachigen Produktverpackung.
23 Benjamin 1969, S. 63.
24 Vgl. Goodman 2012.
25 Liessmann 2009, S. 85.
26 Das schwarzweiße Fellkleid gilt dem Pinguin als Tarnung vor Fressfeinden im Wasser. Während ihn die dunkle Seite in Aufsicht farblich dem dunklen Meeresgrund angleicht, lässt ihn die weiße Bauchseite aus Untersicht gen Wasseroberfläche dem hellen Himmel ähneln.
27 Liessmann 2009, S. 86.
28 Der springende Punkt sei, dass es »beim Lächerlichen um die Erfahrung einer ganz spezifischen Differenz [geht], durch die etwas Ernstes und Großes klein und damit lächerlich gemacht wird […].« Liessmann 2009, S. 89.
29 »Beauty attracts admiration and demands a pedestal; cuteness attracts affection and demands a lap.« Angier 2006, o. S.
30 Liessmann 2009, S. 98; Herv. i. O.
31 Ebd., S. 91.
32 Vgl. ebd., S. 86 zum Lächerlichen als Antipode des Erhabenen u. Ngai 2012, S. 18 zum Erhabenen als Kontrapunkt des Niedlichen.
33 Connelly 2003.
34 Ebd., S. 287.
35 May 2019, S. 169.
36 Angier 2006, o. S.
37 Vgl. Liessmann 2009, S. 89 u. Baecker 1997, S. 489 zum »Ernst zweiter Ordnung«.
38 *Marie Kondo explains Spark Joy* (YouTube).
39 Hornuff 2020, S. 108.
40 Ullrich 2015, o. S.
41 Dale u. a. 2017, S. 25.
42 Bruhn 2013, S. 134.
43 Jean Baudrillard spricht vom Kitsch als *»kulturelle Kategorie«* (Baudrillard 2015, S. 160; Herv. i. O.), die auf »der *soziologischen* Realität der Konsumgesellschaft [basiert].« Ebd., S. 161; Herv. i. O.
44 Vgl. Dale 2017; Dale u. a. 2017, insb. S. 2 f.; Gn 2018a u. 2018b, 2016, insb. S. 56 ff.; May 2019, S. 59–91 sowie Ngai 2012, insb. S. 78–86.
45 Kliche 2001, S. 273.
46 Karpfen 2007 [1925], S. 175 sowie Broch 2007 [1955], S. 222.
47 Broch 2007 [1955], S. 223.
48 Dettmar/Küpper 2007, S. 10.
49 Kliche 2001, S. 273.
50 Vgl. *Kitsch* (Duden).
51 Leinen/Schafroth 2015, S. 10.
52 Zur Trivialität des Niedlichen vgl. Ngai 2012, S. 18–28.
53 Bzgl. »political cuteness« siehe Dale u. a. 2017, S. 23–29.

54 *Bin nur ein Fröschlein wo winkt* (Imgur).
55 Vgl. Stich 2018 sowie Nagle 2017.
56 Sick 2006, o. S.
57 Reischach 2020, S. 77.
58 Brzozowska-Brywczyńska 2007, S. 213.
59 Kittler 1998, S. 135.
60 Mit dem gewählten Adjektiv *(culinary)* rekurriert Ngai auf die Wortverwendung bei Adorno. Vgl. Ngai 2012, S. 59. Zum »kulinarische[n] Kunstwerk« siehe Adorno 1981 [1965], S. 428.
61 Vgl. Ngai 2012, S. 59.
62 Benjamin 1969, S. 63 u. vgl. Ngai 2012, S. 73 ff.
63 Ngai 2012, S. 74.
64 An anderer Stelle nennt sie *cuteness* sogar explizit »kitsch aesthetic«. Ebd., S. 105.
65 Gn 2016, S. 55; Herv. d. A.
66 Baudrillard zufolge kann Kitsch am ehesten als »als Simulation, Kopie, imitiertes Objekt oder Stereotyp, als reale Bedeutungsarmut bei einem Überschuss an Zeichen, allegorischen Bezügen, disparaten Konnotationen, als Verherrlichung des Details und Überlastung durch Details« (Baudrillard 2015, S. 160) beschrieben werden.
67 Baudrillard 2015, S. 160; Herv. i. O.
68 Ebd., S. 162; Herv. i. O.
69 Ebd., S. 160.
70 Gn 2019, S. 196; Herv. i. O. Gestützt wird diese Argumentation durch Yushin Ras Lesart von Kitsch als Pseudos im Deleuzschen Sinne. Während die Kopie bestrebt sei, »zum Original zu werden« und scheitere, besitze das Pseudos derlei Ehrgeiz nicht: »Es hat keine Ambition zum Original zu werden, sondern ist schon zufrieden, wenn die Ähnlichkeit nur einen Effekt erzeugt.« Beide Ra 2016, S. 203.
71 Vgl. May 2019, S. 158.
72 Ebd., S. 159; Übers. d. A.
73 Ebd., S. 163.
74 Ebd.; Übers. d. A.
75 Vgl. ebd.
76 Sozialpsychologie und empirische Ästhetik miteinander verschränkend, betonen Stefan A. Ortlieb und Claus-Christian Carbon die Dynamik des ästhetischen Urteils, das sich abhängig von der jeweiligen Stimmungslage verändere. Den Autoren zufolge besteht demnach eine Korrelation zwischen ästhetischen Vorlieben und psychischer Verfassung. In Momenten von Verunsicherung oder gar existentiell erlebter Bedrohung sei eine aktive Hinwendung zum Kitsch im Sinne einer Copyingstrategie demnach besonders wahrscheinlich, bediene dieser doch das situative Bedürfnis nach Sicherheit und Verbundenheit: »[…] [W]hen we feel vulnerable and dependent, a longing for safety and relatedness (nostalgia) attracts us not only to familiar and trustworthy individuals but also to conventional aesthetic stimuli charged with positive emotions (kitsch).« Ortlieb/Carbon 2019, S. 8.
77 Vgl. Reckwitz 2018.
78 Vgl. z. B. Zima 2014 u. Boltanski/Chiapello 2003.
79 Vgl. z. B. Drügh 2017; Baßler/Drügh 2019.

80 Leinen/Schafroth 2015, S. 10.
81 Giesz 1971, S. 39; Herv. i. O.
82 Lugg 1999, S. 109.
83 Kliche 2001, S. 274.
84 May 2019, S. 164. Die Unbestimmtheit *(indeterminacy)* des Niedlichen verbinde die ästhetische Kategorie mit dem Leben in der Gegenwart und ermögliche dieser, bestehende Dichotomien zu umgehen. »Cute compels because – when it isn't purely sweet – it playfully expresses the interdeterminacy that our age sees as characterizing all existence.« May 2019, S. 169.
85 Beide Giesz 1971, S. 39.
86 Bow 2019, S. 38; Herv. i. O.
87 Ebd., S. 33 f.
88 Vgl. Ebd., S. 32.
89 Ebd.
90 Vgl. ebd., S. 43 u. 46.
91 Ebd., S. 45; Übers. d. A. Dass *kawaii* als ästhetisches Konzept und visueller Stil wenig ›Lokalkolorit‹ besitzt, geht auf seine ursprüngliche Funktion als gegenkulturelle Ausdrucksform zurück, diente der Bezug auf Elemente der US-amerikanischen Populärkultur doch zur Formulierung eines gesellschaftskritischen Statements. In jener konzeptuellen ›Verwestlichung‹ mag ein Grund für die kulturübergreifende Passung von *kawaii* zu suchen sein. Derartig entkontextualisiert verliert *kawaii* allerdings nicht nur seine spezifische soziopolitische Bedeutung als gesellschaftskritisches Instrument (»social rebellion with childishness«; Kinsella 1995, S. 250); laut Seline Westerhof wird das Konzept in der westlichen Rezeption zudem auf (Mode-)Stil und »oberflächliche Identitätsdiskurse« (Westerhoff 2019, o. S.) reduziert.
92 Ebd.; Herv. i. O. In Anlehnung an Bruno Latour prägt Bow für die objektseitige Offenlegung jener diskriminierenden Handlungen den Begriff *risky kawaii*. Vgl. ebd., S. 47.
93 Latour 2001, S. 37.
94 Derartiges *cute shaming* wäre auch mit Blick auf die materielle Grundlage billigproduzierter niedlicher Konsumobjekte denkbar, die häufig aus Kunststoffen bestehen und alles andere als nachhaltig sind.
95 Bow 2019, S. 29; Herv. i. O.

Anhang

1 Für die Gothic-Kulturen hat sich der Social-Media-Dienst Instagram als idealer Erhebungskontext herausgestellt. Das dortige Bildreservoir beherbergt den mit Abstand größten Datensatz zu den untersuchungsleitenden Hashtags. Auch die szeneinterne Rezeption des WGT 2018 sowie die öffentliche Selbstdarstellung der Gothics werden anhand dieses repräsentativen Datensamples von circa 19 000 öffentlich einsehbaren Posts ablesbar. Am 24. Mai 2018 erfolgten ebenfalls stichprobenartige Datenerhebungen auf Twitter und tumblr, deren Ergebnisse jedoch

deutlich weniger signifikant ausfielen, so dass die gefundenen Inhalte aufgrund fehlender Aussagekraft nicht weiterverfolgt wurden.

2 Die gewählten Hashtags dienen als wahrscheinlichste Eingangschiffre. Als Bestandteil eines Konglomerats an Schlagwörtern lassen sich mit ihrer Hilfe weitere, angrenzende Bedeutungsebenen erschließen.

3 Ein langer Screenshot, ähnlich einem – nunmehr senkrechten – Panoramafoto, der die dynamische Konzeption des Interfacedesigns, entsprechend der vertikalen Wischgeste, imitiert.

4 Bzgl. der Suchmaske vgl. *Instagram-Webversion, Suchfunktion.* Um den Bildbestand zu einem konkreten Hashtag komplett durchscrollen zu können, ist mittlerweile auch in der Webversion ein Instagram-Account erforderlich.

5 Von den 684 unter dem Hashtag #wgt2018 erhobenen Fotografien waren mehr als die Hälfte Portraits (384 Abbildungen, 56 Prozent). 325 Bildnisse und somit 33,5 Prozent finden sich im Korpus zu #wavegotiktreffen2018 (969 Bilddateien). Im Folgejahr führt die Suchabfrage mit den entsprechend modifizierten Hashtags – #wgt2019 und #wavegotiktreffen2019 – zu 57 (1334 Bilder insgesamt, davon 767 Portraits) und 41 Prozent (1519 Bilder insgesamt, davon 623 Portraits).

6 Vgl. z. B. *@velvet.universe.fashion* (Instagram).

7 Vgl. z. B. *Affordable GOTH Clothing Haul ♡ Hello Batty ♡* (YouTube).

8 Vgl. z. B. *What's In My Bag?! Goth edition | lilachris* (YouTube).

9 Ab dem 27. Mai 2018 wurden auf YouTube vermehrt Videotagebücher, sogenannte Vlogs, hochgeladen. Vgl. z. B. *WGT 2018 VLOG | lilachris* (YouTube). Die filmisch von lilachris festgehaltenen Großraumpartys der schwarzen Szene sind – abgesehen von dem düsteren Kleidungsstil – nahezu mit jenen der EDM-Szene identisch. Im vierteiligen WGT-Vlog von Lisa VanDark werden neben Anreise und Tageskommentaren ebenfalls unterschiedliche Partys gezeigt. Vgl. *Wave-Gotik-Treffen Teil 1 | WGT | Leipzig | Lisa VanDark* (YouTube).

Aufgrund der zeitaufwändigeren Aufbereitung des gefilmten Videomaterials finden die Clips zeitverzögert ihren Weg auf den jeweiligen YouTube-Kanal. Vgl. z. B. *WGT 2018 VLOG | Manic Moth* (YouTube).

10 Sämtliche Internetquellen wurden letztmalig am 03.04.2020 geprüft.

Verzeichnisse[10]

Literatur

Adomeit, Stefanie, *Aspekte einer literarischen Obsession. Das Haar als Fetisch-Motiv des 19. Jahrhunderts,* Freiburg i. Br. 2007.

Adorno, Theodor W., »Engagement (1965)«, in: Ders., *Noten zur Literatur,* hg. von Rolf Tiedemannn, Frankfurt a. M. 1981, S. 409–430.

Ahmed, Sara, »Happy Objects«, in: Melissa Gregg/Gregory J. Seigworth (Hg.), *The Affect Theory Reader,* Durham/London 2010a, S. 29–51.

Ahmed, Sara, *The Promise of Happiness,* Durham 2010b.

Akremi, Leila/Hellmann, Kai-Uwe, »Fans und Konsum«, in: Jochen Roose/Mike S. Schäfer/Thomas Schmidt-Lux (Hg.), *Fans. Soziologische Perspektiven,* 2. Aufl., Wiesbaden 2017 [2010], S. 273–292.

Albarrán-Torres, César, »Kittens, Farms, and Wild Pandas: The Impact of Cuteness in Adult Gamble-Play Media«, in: Joshua Paul Dale u. a. (Hg.), *The Aesthetics and Affects of Cuteness,* New York/Abingdon 2017, S. 235–252.

Aloi, Giovanni, *Speculative Taxidermy. Natural History, Animal Surfaces, and Art in the Anthropocene,* New York 2018.

Andreas, Michael/Kasprowicz, Dawid/Rieger, Stefan, »Technik | Intimität. Einleitung in den Schwerpunkt«, in: *Zeitschrift für Medienwissenschaft,* Jg. 8, Nr. 15, 2016, S. 10–17. DOI: 10.25969/mediarep/1870

Angerer, Marie-Luise, *Vom Begehren nach dem Affekt,* Zürich/Berlin 2007.

Angerer, Marie-Luise/Bösel, Bernd/Ott, Michaela (Hg.), *Timing of Affect. Epistemologies of Affection,* Zürich u. a. 2014.

Angerer, Marie-Luise, *Affektökologie. Intensive Milieus und zufällige Begegnungen,* Lüneburg 2017.

Aragón, Oriana R. u. a., »Dimorphous Expressions of Positive Emotion: Displays of Both Care and Aggression in Response to Cute Stimuli«, in: *Psychological Science,* Jg. 26, Nr. 3, 2015, S. 259–273. DOI: 10.1177/0956797614561044

Arkenberg, Megan, »Cuteness and Control in *Portal*«, in: Joshua Paul Dale u. a. (Hg.), *The Aesthetics and Affects of Cuteness,* New York/Abingdon 2017, S. 56–74.

Arndt, David, »Erleben Sie Tiere! Ein Essay zum Mensch-Tier-Verhältnis in der Erlebnisgesellschaft«, in: Jessica Ullrich/Aline Steinbrecher (Hg.), *Tierstudien 09/2016. Tiere und Unterhaltung,* Berlin 2016, S. 72–81.

Autsch, Sabiene/Öhlschläger, Claudia, »Das Kleine denken, schreiben, zeigen. Interdisziplinäre Perspektiven«, in: Sabiene Autsch/Claudia Öhlschläger/Leonie Süwolto (Hg.):

Kulturen des Kleinen. Mikroformate in Literatur, Kunst und Medien, Paderborn 2014, S. 9–17.

Bader, Lena, »Bricolage mit Bildern. Motive und Motivationen vergleichenden Sehens«, in: Lena Bader/Martin Gaier/Falk Wolf (Hg.), *Vergleichendes Sehen,* Paderborn 2010, S. 19–42.

Bächtold-Stäubli, Hanns/Hoffmann-Krayer, Eduard (Hg.), *Handwörterbuch des deutschen Aberglaubens,* Bd. 1 Aal – Butzemann, Berlin/Leipzig 1927.

Baecker, Dirk, »Ernste Kommunikation«, in: *Merkur,* Jg. 51, Nr. 6, 1997, S. 486–495.

Baker, Steve, *Picturing the Beast. Animals, Identity and Representation,* Manchester/New York 1993.

Baker, Steve, *The Postmodern Animal,* London 2000.

Baker, Steve, »Something's Gone Wrong Again«, in: *Antennae,* Nr. 7, 2008, S. 4–9, http://johnisaacs.net/press_files/ANTENNAE_7_2008.pdf

Barthes, Roland, *Die helle Kammer. Bemerkungen zur Photographie,* Frankfurt a. M. 2009. (frz. 1980)

Baßler, Moritz/Drügh, Heinz, »Einleitung: Konsumästhetik«, in: Dies. (Hg.), *Konsumästhetik. Umgang mit käuflichen Gegenständen,* Bielefeld 2019, S. 7–26.

Baudrillard, Jean, *Die Konsumgesellschaft. Ihre Mythen, ihre Strukturen,* hg. von Kai-Uwe Hellmann und Dominik Schrage, Wiesbaden 2015. (frz. 1970)

Bauman, Zygmunt, *Retrotopia,* Berlin 2017. (engl. 2017)

Becker, Cornelia, »Raum-Metaphern als Brücke zwischen Internetwahrnehmung und Internetkommunikation«, in: Alexandra Budke/Detlef Kanwischer/Andreas Pott (Hg.), *Internetgeographien. Beobachtungen zum Verhältnis von Internet, Raum und Gesellschaft,* Stuttgart 2004, S. 109–122.

Benjamin, Walter, *Über Kindheit, Jugend und Erziehung. Mit Abbildungen von Kinderbüchern und Spielzeug aus der Sammlung Benjamin,* Frankfurt a. M. 1969.

Benjamin, Walter, *Das Passagen-Werk. Gesammelte Schriften,* Bd. V, 1, hg. von Rolf Tiedemann u. Hermann Schweppenhäuser, Frankfurt a. M. 1991a.

Benjamin, Walter, *Das Passagen-Werk. Gesammelte Schriften,* Bd. V, 2, hg. von Rolf Tiedemann u. Hermann Schweppenhäuser, Frankfurt a. M. 1991b.

Benthien, Claudia/Fleig, Anne/Kasten, Ingrid (Hg.), *Emotionalität. Zur Geschichte der Gefühle,* Köln/Weimar/Wien 2000.

Berger, John, »Warum sehen wir Tiere an? (1977)«, in: Roland Borgards/Esther Köhring/Alexander Kling (Hg.), *Texte zur Tiertheorie,* Stuttgart 2015, S. 163–188. (engl. 1980)

Berland, Jody, *Virtual Menageries. Animals as Mediators in Network Cultures,* Cambridge, MA/London 2019.

Berlant, Lauren, *Cruel Optimism,* Durham/London 2011.

Berndt, Thorsten, »Fans und Vergemeinschaftungsprozesse«, in: *Soziologische Revue,* Jg. 37, Nr. 3, 2014, S. 283–296. DOI: 10.1515/srsr-2014-0048

Beste, Peter, *True Norwegian Black Metal,* hg. von Johan Kugelberg, New York 2008.

Beyer, Jürgen, »Eva Illouz: Gefühle in Zeiten des Kapitalismus«, in: Konstanze Senge/Rainer Schützeichel (Hg.), *Hauptwerke der Emotionssoziologie,* Wiesbaden 2013, S. 176–180.

Bieling, Simon, *Konsum zeigen. Die neue Öffentlichkeit von Konsumprodukten auf Flickr, Instagram und Tumblr,* Bielefeld 2018.

Bjelić, Tasha, »Digital Care«, in: *Women & Performance,* Jg. 26, Nr. 1, 2016, S. 101–104. DOI: 10.1080/0740770X.2016.1194008

Blöcker, Susanne, *Studien zur Ikonographie der sieben Todsünden in der niederländischen und deutschen Malerei und Graphik von 1450–1560,* Münster/Hamburg 1993.

Böhme, Hartmut, »Agency, Performativität und Magie der Dinge«, in: Judith Dörrenbächer/Kerstin Plüm (Hg.), *Beseelte Dinge. Design aus Perspektive des Animismus,* Bielefeld 2016, S. 25–49.

Bogdan, Robert, »The Social Construction of Freaks«, in: Rosemarie Garland Thomson (Hg.), *Freakery. Cultural Spectacles of the Extraordinary Body,* New York/London 1996, S. 23–37.

Boltanski, Luc/Chiapello, Ève, *Der neue Geist des Kapitalismus,* Konstanz 2003. (frz. 1999)

Boomen, Marianne van den u. a., »Introduction. From the virtual to matters of fact and concern«, in: Dies. (Hg.), *Digital Material. Tracing New Media in Everyday Life and Technology,* Amsterdam 2009.

Borgards, Roland (Hg.), *Tiere. Kulturwissenschaftliches Handbuch,* Stuttgart 2016.

Borggreen, Gunhild, »Cute and Cool in Contemporary Japanese Visual Arts«, in: *The Copenhagen Journal of Asian Studies,* Jg. 29, Nr. 1, 2011, S. 39–60. DOI: 10.22439/cjas.v29i1.4020

Botz-Bornstein, Thorsten, *The Cool-Kawaii. Afro-Japanese Aesthetics and New World Modernity,* Lanham 2012.

Bow, Leslie, »Racist Cute: Caricature, *Kawaii*-Style, and the Asian Thing«, in: *American Quarterly,* Jg. 71, Nr. 1, 2019, S. 29–58. DOI: 10.1353/aq.2019.0002

Boym, Svetlana, *The Future of Nostalgia,* New York 2001.

Breljak, Anja/Mühlhoff, Rainer, »Was ist Sozialtheorie der Digitalen Gesellschaft?«, in: Rainer Mühlhoff/Anja Breljak/Jan Slaby (Hg.), *Affekt Macht Netz. Auf dem Weg zu einer Sozialtheorie der Digitalen Gesellschaft,* Bielefeld 2019, S. 7–34.

Bridle, James, *New Dark Age. Technology and the End of the Future,* London 2018.

Brilli, Stefano/Gregor, Felix T./Weingart, Brigitte, »Zwischen Trash und Transzendenz. Zur kollektiven Produktion von lächerlichen Stars auf YouTube«, in: *Zeitschrift für Medienwissenschaft,* Jg. 9, Nr. 16, 2017, S. 21–36. DOI: 10.25969/mediarep/2020

Broch, Hermann, »Einige Bemerkungen zum Problem des Kitsches (1955)«, in: Ute Dettmar/Thomas Küpper (Hg.), *Kitsch. Texte und Theorien,* Stuttgart 2007, S. 214–226.

Brummett, Barry, *Clockwork Rhetoric. The Language and Style of Steampunk,* Jackson 2014.

Bryant, Kristen N./Bielby, Denise D./Harrington, C. Lee, »Populating the Universe: Toy Collecting and Adult Lives«, in: Linda Duits/Koos Zwaan/Stijn Reijnders (Hg.), *The Ashgate Research Companion to Fan Cultures,* Farnham/Burlington 2014, S. 23–34.

Brzozowska-Brywczyńska, Maja, »Monstrous/Cute. Notes on the ambivalent nature of Cuteness«, in: Niall Scott (Hg.), *Monsters and the Monstrous. Myths and Metaphors of Enduring Evil,* Amsterdam/New York 2007, S. 213–228.

Burckhardt, Lucius, *Warum ist Landschaft schön? Die Spaziergangswissenschaft,* hg. von Markus Ritter/Martin Schmitz, 2. Aufl., Berlin 2008 [2006].

Burckhardt, Lucius, »Spaziergangswissenschaft (1995)«, in: Ders., *Warum ist Landschaft schön? Die Spaziergangswissenschaft,* hg. v. Markus Ritter/Martin Schmitz, 2. Aufl., Berlin 2008 [2006], S. 257–300.

Burckhardt, Lucius, »Promenadologie. Eine neue Wissenschaft (1998)«, in: Ders., *Warum ist Landschaft schön? Die Spaziergangswissenschaft*, hg. v. Markus Ritter/Martin Schmitz, 2. Aufl., Berlin 2008 [2006], S. 327–335.

Cabanas, Edgar/Illouz, Eva, *Das Glücksdiktat. Und wie es unser Leben beherrscht*, Berlin 2019. (frz. 2018)

Caro, Tim u. a., »Why is the giant panda black and white?«, in: *Behavorial Ecology*, Jg. 28, Nr. 3, 2017, S. 657–667. DOI: 10.1093/beheco/arx008

Caudwell, Catherine Barbara, »Cute and Monstrous Furbys in Online Fan Production«, in: *M/C Journal*, Jg. 17, Nr. 2, 2014, http://journal.media-culture.org.au/index.php/mcjournal/article/view/787

Caudwell, Catherine/Lacey, Cherie, »What do home robots want? The ambivalent power of cuteness in robotic relationships«, in: *Convergence. The International Journal of Research into New Media Technologies*, 2019, S. 1–13. DOI: 10.1177/1354856519837792

Chaker, Sarah/Schermann, Jakob/Urbanek, Nikolaus, »Analyzing Black Metal – Transdisziplinäre Annäherungen an ein düsteres Phänomen der Musikkultur«, in: Dies. (Hg.), *Analyzing Black Metal – Transdisziplinäre Annäherungen an ein düsteres Phänomen der Musikkultur*, Bielefeld 2018, S. 7–19.

Chambers, Claire Maria, »From ›Awe‹ to ›Awww‹. Cuteness and the Idea of the Holy in Christian Commodity Culture«, in: Jen Boyle/Wan-Chuan Kao (Hg.), *The Retro-Futurism of Cuteness*, London u. a. 2017, S. 67–86.

Charles, Dorothée u. a., *Jouets cultes du XXe siècle*, Paris 2014.

Cheok, Adrian David, *Art and Technology of Entertainment Computing and Communication. Advances in Interactive New Media for Entertainment Computing*, London u. a. 2010.

Cherry, Brigid, *Cult Media, Fandom, and Textiles: Handicrafting as Fan Art*, London 2016.

Chesher, Chris, »Toy robots on YouTube: Consumption and peer production at the robotic moment«, in: *Convergence*, Jg. 25, Nr. 1, 2019 [2017], S. 148–160. DOI: 10.1177/1354856517706492

Clough, Patricia Ticineto (Hg.), *The affective turn. Theorizing the social*, Durham/London 2007.

Connelly, Frances S., »Tiefsinnige Spielerei: Die Bildtradition des Grotesk-Komischen«, in: Pamela Kort (Hg.), *Grotesk! 130 Jahre Kunst der Frechheit*, München u. a. 2003, S. 276–287.

Coppa, Francesca, »Women, Star Trek, and the early development of fannish vidding«, in: *Transformative Works and Cultures*, Jg. 1, 2008. DOI: 10.3983/twc.2008.044

Cotrim, Michelle/Ribeiro, Rita, »MONSTROS DE BRINQUEDO: O DESIGN E A INFÂNCIA CONTEMPORÂNEA«, Anais do 12º Congresso Brasileiro de Pesquisa e Desenvolvimento em Design, in: *Blucher Design Proceedings*, Jg. 2, Nr. 9, São Paulo 2016, S. 3760–3772. DOI: 10.5151/despro-ped2016-0322

Covert, Claudia T., »Art at War: Dazzle Camouflage«, in: *Art Documentation: Journal of the Art Libraries Society of North America*, Jg. 26, Nr. 2, 2007, S. 50–56. DOI: 10.1086/adx.26.2.27949469

Cranny-Francis, Anne, »Sculpture as deconstruction: the aesthetic practice of Ron Mueck«, in: *Visual Communication*, Jg. 12, Nr. 1, 2013, S. 3–25. DOI: 10.1177/1470357212462672

Crary, Jonathan, *24/7. Schlaflos im Spätkapitalismus*, Berlin 2014. (engl. 2013)

Cresswell, Julia, *The Oxford Dictionary of Word Origins,* Oxford 2010. DOI: 10.1093/acref/9780199547920.001.0001 (Onlineversion)

Crockett, Alexandra, *Metal Cats,* New York 2014.

Cross, Gary, *Consumed Nostalgia. Memory in the Age of Fast Capitalism,* New York 2015.

Cuntz-Leng, Vera, *Harry Potter que(e)r. Eine Filmsaga im Spannungsfeld von Queer Reading, Slash-Fandom und Fantasyfilmgenre,* Bielefeld 2015.

DAISIE (Hg.), *Handbook of Alien Species in Europe,* Dordrecht 2009.

Dale, Joshua Paul, »The Appeal of the Cute Object: Desire, Domestication, and Agency«, in: Joshua Paul Dale u. a. (Hg.), *The Aesthetics and Affects of Cuteness,* New York/Abingdon 2017, S. 35–55.

Dale, Joshua Paul u. a., »The Aesthetics and Affects of Cuteness«, in: Dies. (Hg.), *The Aesthetics and Affects of Cuteness,* New York/Abingdon 2017, S. 1–34.

Dall'Asta, Monica, »GIF Art in the Metamodern Era«, in: *Cinéma & Cie,* Jg. 16, Nr. 26/27, 2016, S. 77–88.

Dalzell, Tom/Victor, Terry (Hg.), *The Concise New Partridge Dictionary of SLANG and Unconventional English,* Abingdon/New York 2008.

Danesi, Marcel, *The Semiotics of Emoji. The Rise of Visual Language in the Age of the Internet,* London u. a. 2017.

DeAngelis, Michael, »Soft And Hard: Accessible Masculinity, Celebrity, and Post-Millennial Cuteness«, in: Joshua Paul Dale u. a. (Hg.), *The Aesthetics and Affects of Cuteness,* New York/Abingdon 2017, S. 194–215.

DeMello, Margo, *Animals and Society. An Introduction to Human-Animal Studies,* New York 2012.

Deleuze, Gilles/Guattari, Félix, *Tausend Plateaus,* Berlin 1992. (frz. 1980)

Deller, Ruth A., »Simblr famous and SimSecret infamous: Performance, community norms, and shaming among fans of *The Sims*«, in: *Transformative Works and Cultures,* Jg. 18, 2015. DOI: 10.3983/twc.2015.0615

Derrida, Jacques, *Das Tier, das ich also bin,* hg. von Peter Engelmann, Wien 2010. (frz. 2006)

Derwanz, Heike, *Street Art-Karrieren. Neue Wege in den Kunst- und Designmarkt,* Bielefeld 2013.

Desmet, Pieter, *Designing Emotions,* Delft 2002.

Dettmar, Ute/Küpper, Thomas, »Einleitung«, in: Dies. (Hg.), *Kitsch. Texte und Theorien,* Stuttgart 2007, S. 9–16.

Döveling, Katrin/Harju, Anu A./Sommer, Denise, »From Mediatized Emotion to Digital Affect Cultures: New Technologies and Global Flows of Emotion«, in: *Social Media + Society,* Jg. 4, Nr. 1, 2018, S. 1–11. DOI: 10.1177/2056305117743141

Donalies, Elke, »*Da keuchgrinste sie süßsäuerlich.* Über kopulative Verb- und Adjektivkomposita«, in: *Zeitschrift für germanistische Linguistik,* Jg. 24, Nr. 3, 1996, S. 273–286. DOI: 10.1515/zfgl.1996.24.3.273

Douglas, Nick, »It's Supposed to Look Like Shit: The Internet Ugly Aesthetic«, in: *Journal of Visual Culture,* Jg. 13, Nr. 3, 2014, S. 314–339. DOI: 10.1177/1470412914544516

DAISIE (Hg.), *Handbook of Alien Species in Europe,* Dordrecht 2009.

Drügh, Heinz, »Toni Erdmann. Versuch über Gegenwartsästhetik«, in: *Pop. Kultur und Kritik,* Nr. 10, 1/2017, S. 132–153.

Durbach, Nadja, *The Spectacle of Deformity. Freak Shows and Modern British Culture,* Berkeley u. a. 2010.
Ebeling, Knut, »Dinge ohne Zweck: Steinbeile, Spielzeuge, Scrapes«, in: David Keller/Maria Dillschnitter (Hg.), *Zweckentfremdung. ›Unsachgemäßer‹ Gebrauch als kulturelle Praxis,* Paderborn 2016, S. 29–42.
Eckert, Falk, »Andrew J. Weigert: Mixed Emotions«, in: Konstanze Senge/Rainer Schützeichel (Hg.), *Hauptwerke der Emotionssoziologie,* Wiesbaden 2013, S. 370–374.
Eco, Umberto, *Die Geschichte der Hässlichkeit,* München 2007. (ital. 2007)
Edwards, Autumn P., »Animals, Humans, and Machines: Interactive Implications of Ontological Classification«, in: Andrea L. Guzman (Hg.), *Human-Machine Communication. Rethinking Communication, Technology, and Ourselves,* New York 2018, S. 29–49.
Eggelhöfer, Fabienne, »Gula/Völlerei«, in: Dies. (Hg.), *Lust und Laster. Die 7 Todsünden von Dürer bis Nauman,* Ostfildern 2010, S. 256–261.
Einwächter, Sophie Gwendolyn, *Transformationen von Fankultur. Organisatorische und ökonomische Konsequenzen globaler Vernetzung,* Frankfurt a. M. 2014.
Eisewicht, Paul/Pfadenhauer, Michaela, »Zweckentfremdung als Movens von Aneignungskulturen. Circuit Bending oder: Der gemeinschaftsstiftende inkompetente Gebrauch von Spielzeug«, in: David Keller/Maria Dillschnitter (Hg.), *Zweckentfremdung. ›Unsachgemäßer‹ Gebrauch als kulturelle Praxis,* Paderborn 2016, S. 155–174.
Engelmann, Ines Janet, *Hässlich!? Eine Diskussion über bildende Kunst und Literatur vom Anfang des 19. bis zum Beginn des 20. Jahrhunderts,* Weimar 2003.
Eppink, Jason, »A Brief History of the GIF (so far)«, in: *Journal of Visual Culture,* Jg. 13, Nr. 3, 2014, S. 298–306. DOI: 10.1177/1470412914553365
Eskildsen, Ute/Lechtreck, Hans-Jürgen, »Vorwort«, in: Dies. (Hg.), *Nützlich, süß und museal. Das fotografierte Tier. Essays,* Essen 2005.
Espenschied, Dragan/Lialina, Olia, »Do you believe in users?«, in: Dies. (Hg.), *Digital Folklore,* Stuttgart 2009, S. 9–12.
Faulkner, Joanne, »The Innocence Fetish: The Commodification and Sexualisation of Children in the Media and Popular Culture«, in: *Media International Australia,* Jg. 135, Nr. 1, 2010, S. 106–117. DOI: 10.1177/1329878X1013500113
Fergusson, Rosalind/Manser, Martin/Pickering, David (Hg.), *The Penguin Thesaurus,* London 2004.
Fisher, Mark, *Das Seltsame und das Gespenstische,* Berlin 2017. (engl. 2016)
Fisher, Mark, *The Weird and the Eerie,* London 2016.
Flusser, Vilém, *Medienkultur,* hg. v. Stefan Bollmann, 5. Aufl., Frankfurt a. M. 2008 [1997].
Flusser, Vilém, *Dinge und Undinge. Phänomenologische Skizzen. Mit einem Nachwort von Florian Rötzer,* München/Wien 1993.
Fokkinga, Steven/Desmet, Pieter, »Meaningful mix or tricky conflict? A categorization of mixed emotional experiences and their usefulness for design«, Proceedings of the 8th International Design and Emotion Conference, Central Saint Martin College of Art & Design, London, 11–14 September 2012. (Conference Paper)
Fong, Terrence/Nourbakhsh, Illah/Dautenhahn, Kerstin, »A survey of socially interactive robots«, in: *Robotics and Autonomous Systems,* Jg. 42, Nr. 3–4, 2003, S. 143–166. DOI: 10.1016/S0921-8890(02)00372-X
Franck, Georg, *Ökonomie der Aufmerksamkeit. Ein Entwurf,* München/Wien 1998.

Freud, Sigmund, »Das Unheimliche (1919)«, in: Alexander Mitscherlich u. a. (Hg.), *Sigmund Freud. Studienausgabe. Band IV – Psychologische Schriften,* ungek. Ausg., Frankfurt a. M. 1982, S. 241–274.

Gallagher, Rob, »Eliciting Euphoria Online. The Aesthetics of ›ASMR‹ Video Culture«, in: *Film Criticism,* Jg. 40, Nr. 2, 2016. DOI: 10.3998/fc.13761232.0040.202

Gamper, Michael/Mayer, Ruth, »Erzählen, Wissen und kleine Formen. Eine Einleitung«, in: Dies. (Hg.), *Kurz & Knapp. Zur Mediengeschichte kleiner Formen vom 17. Jahrhundert bis zur Gegenwart,* Bielefeld 2017, S. 7–22.

Garland Thomson, Rosemarie, »Introduction: From Wonder to Error – A Genealogy of Freak Discourse in Modernity«, in: Dies. (Hg.), *Freakery. Cultural Spectacles of the Extraordinary Body,* New York/London 1996, S. 1–19.

Gee, James Paul, *What Video Games Have to Teach Us about Learning and Literacy,* Basingstoke/New York 2003.

Geimer, Alexander, »Onlineforschung«, in: Ralf Bohnsack/Alexander Geimer/Michael Meuser (Hg.), *Hauptbegriffe Qualitativer Sozialforschung,* 4., vollst. überarb. u. erw. Aufl., Opladen/Toronto 2018 [2003], S. 175–179.

Geraghty, Lincoln, *Cult Collectors. Nostalgia, Fandom and Collecting Popular Culture,* Abingdon/New York 2014.

Giesz, Ludwig, *Phänomenologie des Kitsches,* 2., verm. u. verb. Aufl., München 1971 [1960].

Gn, Joel, *›Be With Me‹: Cute Technology & the Simulation of Affect,* Singapur 2015.

Gn, Joel, »A lovable metaphor: On the affect, language and design of ›cute‹«, in: *East Asian Journal of Popular Culture,* Jg. 2, Nr. 1, 2016, S. 49–61. DOI: 10.1386/eapc.2.1.49_1

Gn, Joel, »Designing Affection: On the Curious Case of Machine Cuteness«, in: Joshua Paul Dale u. a. (Hg.), *The Aesthetics and Affects of Cuteness,* New York/Abingdon 2017, S. 175–193.

Gn, Joel, »Emoji as a ›language‹ of cuteness«, in: *First Monday,* Jg. 23, Nr. 9, 2018a. DOI: 10.5210/fm.v23i9.9396

Gn, Joel, »The Technology of the Cute Body«, in: *Eidos – A Journal for Philosophy of Culture,* Jg. 4, Nr. 6, 2018b, S. 14–26. DOI: 10.26319/6913

Gn, Joel, »Functional/Dysfunctional Beauty. On the Creation and Commodification of Cuteness«, in: Alberto Ferreira/Lucy Moyse (Hg.), *Cosmetic, Aesthetic, Prophetic: Beyond the Boundaries of Beauty,* Leiden 2019, S. 191–200. DOI: 10.1163/9781848885455_017

Godwin, Victoria, »Customizations, Collections, and Corporations: Mass-Production and Self-Expression«, 2018. DOI: 10.13140/RG.2.2.33731.30240 (Vordruck)

Godwin, Victoria, »Customized action figures: Multi-dimensional fandom and fannish fiction«, in: *Journal of Fandom Studies,* Jg, 2, Nr. 2, 2014, S. 111–125. DOI: 10.1386/jfs.2.2.111_1

Godwin, Victoria, »G. I. Joe vs. Barbie: Anti-fandom, fashion, dolls, and one-sixth scale action figures«, in: *Journal of Fandom Studies,* Jg. 3, Nr. 2, 2015, S. 119–133. DOI: 10.1386/jfs.3.2.119_1

Goggin, Joyce, »Affective Marketing and the Kuteness of Kiddles«, in: Joshua Paul Dale u. a. (Hg.), *The Aesthetics and Affects of Cuteness,* New York/Abingdon 2017, S. 216–234.

Gotto, Lisa, »Micro Movies. Zur medialen Miniatur des Smartphone-Films«, in: Michael Gamper/Ruth Mayer (Hg.), *Kurz & Knapp. Zur Mediengeschichte kleiner Formen vom 17. Jahrhundert bis zur Gegenwart,* Bielefeld 2017, S. 349–366.

Gould, Stephen Jay, »Mickey Mouse Meets Konrad Lorenz«, in: *Natural History,* Jg. 88, 1979, S. 30–36.

Granot, Elad/Brashear Alejandro, Thomas/Russell, La Toya M., »A socio-marketing analysis of the concept of cute and its consumer culture implications«, in: *Journal of Consumer Culture,* Jg. 14, Nr. 1, 2014, S. 66–87. DOI: 10.1177/1469540513485274

Grasseni, Christina, »Tierdarstellung, agrarischer Fortschritt und die Ökologie des Blicks für die agrarische Landschaft«, in: Ute Eskildsen/Hans-Jürgen Lechtreck (Hg.), *Nützlich, süß und museal. Das fotografierte Tier. Essays,* Essen 2005, S. 96–102.

Gregg, Melissa/Seigworth, Gregory J. (Hg.), *The Affect Theory Reader,* Durham/London 2010.

Gregor, Felix T., »Das technologische Unheimliche. Fernsehen, Video und Virus in Nakata Hideos Film RINGU«, in: Florian Lehmann (Hg.), *Ordnungen des Unheimlichen. Kultur – Literatur – Medien,* Würzburg 2016, S. 279–294.

Grünwald, Jan, *Male Spaces. Bildinszenierungen archaischer Männlichkeiten im Black Metal,* Frankfurt a. M./New York 2012.

Gunkel, Katja, *Der Instagram-Effekt. Wie ikonische Kommunikation in den Social Media unsere visuelle Kultur prägt,* Bielefeld 2018.

Gunkel, Katja/Richard, Birgit, »›Feiern bis das Bild kommt‹ – Methodische Ansätze zur Erforschung jugendkultureller Konsumästhetiken am Beispiel der Technoevents Mayday 2014 und 2015«, in: Heinz Drügh/Moritz Baßler (Hg.), *Konsumästhetik,* Bielefeld 2019, S. 115–133.

Gunning, Tom, »The Cinema of Attraction[s]: Early Film, Its Spectator and the Avant-Garde«, in: Wanda Strauven (Hg.), *The Cinema of Attractions Reloaded,* Amsterdam 2006, S. 381–388.

Habermas, Tilman, *Geliebte Objekte. Symbole und Instrumente der Identitätsbildung,* Berlin/New York 1996.

Hadler, Florian, »Von der Subversion zur Strategie. Anmerkungen zur diskursiven Karriere des Narrativs der Zweckentfremdung«, in: David Keller/Maria Dillschnitter (Hg.), *Zweckentfremdung. ›Unsachgemäßer‹ Gebrauch als kulturelle Praxis,* Paderborn 2016, S. 43–61.

Hänselmann, Matthias C., »Menschen wie du und ich? Tiere im Zeichentrickfilm«, in: Jessica Ullrich/Aline Steinbrecher (Hg.), *Tierstudien 09/2016: Tiere und Unterhaltung,* Berlin 2016, S. 85–96.

Hahn, Hans Peter, »Der Eigensinn der Dinge. Warum sich Objekte in bestimmten Momenten anders verhalten, als sie es sollten«, in: *helden. heroes. héros,* Jg. 1, Nr. 1, 2017, S. 9–15. DOI: 10.6094/helden.heroes.heros./2016/01/02

Hahn, Hans Peter, »Dinge als Herausforderung – Einführung«, in: Hans Peter Hahn/Friedemann Neumann (Hg.), *Dinge als Herausforderung. Kontexte, Umgangsweisen und Umwertungen von Objekten,* Bielefeld 2018, S. 9–32.

Han, Byung-Chul, *Müdigkeitsgesellschaft,* Berlin 2010.

Han, Byung-Chul, *Die Errettung des Schönen,* Frankfurt a. M. 2015.

Hand, Martin, »Visuality in Social Media: Researching Images, Circulations and Practices«, in: Luke Sloan/Anabel Quan-Haase (Hg.), *The SAGE Handbook of Social Media Research Methods,* London 2017, S. 215–231.

Haraway, Donna, »Situated Knowledges: The Science Question in Feminism and the Privilege of Partial Perspective«, in: *Feminist Studies,* Jg. 14, Nr. 3, 1988, S. 575–599. DOI: 10.2307/3178066

Haraway, Donna, *The Companion Species Manifesto. Dogs, People, and Significant Otherness,* Chicago 2003.

Harris, Daniel, *Cute, Quaint, Hungry and Romantic. The Aesthetics of Consumerism,* Boston/MA 2001.

Hartmann, Flora, *Meme: Die Kunst des Remix. Bildsprache politischer Netzkultur,* hg. von der Amadeu Antonio Stiftung, Berlin 2017, https://www.amadeu-antonio-stiftung.de/w/files/pdfs/meme-internet.pdf

Hebdige, Dick, »Subculture – Die Bedeutung von Stil«, in: Diedrich Diederichsen/Dick Hebdige/Olaph-Dante Marx, *Schocker. Stile und Moden der Subkultur,* Reinbek bei Hamburg 1983, S. 8–120.

Heljakka, Katriina, »Toy Fandom, Adulthood, and the Ludic Age. *Creative Material Culture as Play*«, in: Jonathan Gray/Cornel Sandvoss/C. Lee Harrington (Hg.), *Fandom. Identities and Communities in a Mediated World,* 2. Aufl., New York 2017 [2007], S. 91–105.

Heljakka, Katriina, *Principles of Adult Play(fulness) in Contemporary Toy Cultures. From Wow to Flow to Glow,* Helsinki 2013.

Heinz, Jutta, »Tamagotchi«, in: Dr. B. Reiter (Hg.), *Dr. B. Reiters Lexikon des philosophischen Alltags. Wesen von Alien bis Winnetou,* Stuttgart 2017, S. 132–137.

Helmhold, Heidi, »Affect«, in: Anika Reineke u. a. (Hg.), *Textile Terms. A Glossary,* Emsdetten/Berlin 2017, S. 19–22.

Hevey, David, *The Creatures Time Forgot. Photography and Disability Imagery,* New York 1992.

Hills, Matt im Interview mit Claire Greco, »Fandom as an object and the objects of fandom«, in: *MATRIZes,* Jg. 9, Nr. 1, 2015, S. 147–162. DOI: 10.11606/issn.1982-8160.v9i1p147-163

Hills, Matt, »From Fan Culture/Community to the Fan World: Possible Pathways and Ways of Having Done Fandom«, in: *Palabra Clave,* Jg. 20, Nr. 4, 2017, S. 856–883. DOI: 10.5294/pacla.2017.20.4.2

Hirschauer, Stefan/Amann, Klaus (Hg.), *Die Befremdung der eigenen Kultur. Zur ethnographischen Herausforderung soziologischer Empirie,* Frankfurt a. M. 1997.

Hitzler, Ronald/Leichner, Annika, »Fandom«, in: Hans Richard Brittnacher/Markus May (Hg.), *Phantastik. Ein interdisziplinäres Handbuch,* Stuttgart 2013, S. 263–267.

Hodkinson, Paul, *Goth. Identity, Style and Subculture,* Oxford/New York 2002.

Hofman, Viola, »Patchwork«, in: *Pop. Kultur und Kritik,* Nr. 11, 2/2017, S. 15–19.

Hügel, Hans-Otto, »Ästhetische Zweideutigkeit der Unterhaltung. Eine Skizze ihrer Theorie«, in: *montage/av –Zeitschrift für Theorie & Geschichte audiovisueller Kommunikation,* Jg. 2, Nr. 1, 1993, S. 119–141, https://www.montage-av.de/pdf/1993_2_1_MontageAV/montage_AV_2_1_1993_119-141_Huegel_Zweideutigkeit.pdf

Hutchinson, Jonathon, »I Can Haz Likes: Cultural Intermediation to Facilitate ›Petworking‹«, in: *M/C Journal,* Jg. 17, Nr. 2, 2014, http://journal.media-culture.org.au/index.php/mcjournal/article/view/792/

Illouz, Eva, »Einleitung – Gefühle als Waren«, in: Dies. (Hg.), *Wa(h)re Gefühle. Authentizität im Konsumkapitalismus,* Berlin 2018, S. 13–48.

Jazo, Jelena, *Postnazismus und Populärkultur. Das Nachleben faschistoider Ästhetik in Bildern der Gegenwart,* Bielefeld 2017.

Jenkins, Henry, *The Wow Climax. Tracing the Emotional Impact of Popular Culture,* New York 2006a.

Jenkins, Henry, »Fandom, Negotiation, and Participatory Culture«, in: Paul Booth (Hg.), *A Companion to Media Fandom and Fan Studies,* Hoboken/New Jersey 2018, S. 13–26.

Jenkins, Henry u. a., *Confronting the Challenges of Participatory Culture. Media Education for the 21st Century,* Cambridge, MA 2009.

Jenkins, Henry/Ford, Sam/Green, Joshua, *Spreadable Media. Creating Value and Meaning in a Networked Culture,* New York/London 2013.

Jensen, Stefanie/Ohlwein, Martin, *Nostalgie als Chance für die Markenpositionierung. Wie positive Erinnerungen Marken differenzieren können,* Wiesbaden 2020.

Jugendwerk der Deutschen Shell (Hg.), *Jugend '81. Lebensentwürfe, Alltagskulturen, Zukunftsbilder,* Bd. 1, Opladen 1981.

Kaerlein, Timo, *Smartphones als digitale Nahkörpertechnologien. Zur Kybernetisierung des Alltags,* Bielefeld 2018a.

Kaerlein, Timo, »›I can't remember ever being so in love with a color.‹ Smartphones und die Rhetorik des Intimate Computing«, in: Oliver Ruf (Hg.), *Smartphone-Ästhetik. Zur Philosophie und Gestaltung mobiler Medien,* Bielefeld 2018b, S. 179–203.

Kao, Wan-Chuan/Boyle, Jen, »Introduction: The Time of the Child«, in: Dies. (Hg.), *The Retro-Futurism of Cuteness,* London u. a. 2017, S. 13–28.

Karpfen, Fritz, »Der Kitsch als Faktor (1925)«, in: Ute Dettmar/Thomas Küpper (Hg.), *Kitsch. Texte und Theorien,* Stuttgart 2007, S. 174–181.

Kathan, Bernhard, »›Creda‹ – Meine kleine Seele! Das Tierbild in der Amateurfotografie«, in: Ute Esklidsen/Hans-Jürgen Lechtreck (Hg.), *Nützlich, süß und museal. Das fotografierte Tier,* Essen 2005, S. 111–117.

Katz, Yuval/Shifman, Limor, »Making sense? The structure and meanings of digital memetic nonsense«, in: *Information, Communication & Society,* Jg. 20, Nr. 6, 2017, S. 825–842. DOI: 10.1080/1369118X.2017.1291702

Kelle, Helga, »Teilnehmende Beobachtung«, in: Ralf Bohnsack/Alexander Geimer/Michael Meuser (Hg.), *Hauptbegriffe Qualitativer Sozialforschung,* 4., vollst. überarb. u. erw. Aufl., Opladen/Toronto 2018 [2003], S. 224–227.

Keller, David/Dillschnitter, Maria, »›Zweckentfremdung‹ als kulturelles Konzept und soziale Praxis: Eine Einführung«, in: Dies. (Hg.), *Zweckentfremdung. ›Unsachgemäßer‹ Gebrauch als kulturelle Praxis,* Paderborn 2016a, S. 7–25.

Keller, David/Dillschnitter, Maria, »Praktiken des ›unsachgemäßen‹ Gebrauchs: Exploration und Ausblick«, in: Dies. (Hg.), *Zweckentfremdung. ›Unsachgemäßer‹ Gebrauch als kulturelle Praxis,* Paderborn 2016b, S. 275–284.

Kerruish, Erika, »Affective Touch in Social Robots«, in: *Transformations,* Nr. 29, 2017, S. 116–135, http://www.transformationsjournal.org/wp-content/uploads/2017/02/Transformations29_Kerruish.pdf

King, Bart, *Cute! A guide to all things adorable,* Layton, UT 2011.

Kinsella, Sharon, »Cuties in Japan«, in: Lise Skov/Brian Moeran (Hg.), *Women, Media and Consumption in Japan,* Richmond 1995, S. 220–254.

Kittler, Friedrich, *Grammophon, Film, Typewriter,* Berlin 1986.

Kittler, Friedrich: »Aufgehen in der Pseudonatur. Interview, geführt von Birgit Richard am 14.07.1997 in Berlin«, in: *Kunstforum International,* Bd. 141, 1998, S. 130–137.

Klappert, Annina, »Monster machen«, in: Achim Geisenhanslüke/Georg Mein (Hg.), *Monströse Ordnungen. Zur Typologie und Ästhetik des Anormalen,* Bielefeld 2009, S. 125–164.

Kliche, Dieter, »Kitsch«, in: Karlheinz Barck u. a. (Hg.), *Ästhetische Grundbegriffe. Historisches Wörterbuch in sieben Bänden, Bd. 3 (Harmonie – Material),* Stuttgart/Weimar 2001, S. 272–288.

Kluge, Friedrich/Seebold, Elmar, *Etymologisches Wörterbuch der deutschen Sprache,* 25. durchges. u. erw. Aufl., Berlin u. a. 2011.

Koch, Gertrud, »Animation of the Technical and the Quest for Beauty«, in: Thomas Pringle/Gertrud Koch/Bernard Stiegler, *Machine,* Minneapolis/Lüneburg 2019, S. 1–23.

Kohout, Annekathrin, »Clean-Pop als ›Safe Space‹ der Mode«, in: *Pop. Kultur und Kritik,* Nr. 11, 2/2017a, S. 10–14.

Kowarik, Ingo, *Biologische Invasionen. Neophyten und Neozoen in Mitteleuropa,* 2., wesentl. erw. Aufl., Stuttgart 2010 [2003].

Kozinets, Robert V., *Netnography. Doing Ethnographic Research Online,* London u. a. 2010.

Kozinets, Robert V., *Netnography: Redefined,* 2. Aufl., London u. a. 2015 [2010].

Kozinets, Robert V., *Netnography. The Essential Guide to Qualitative Social Media Research,* London u. a. 2019.

Laforteza, Elaine M., »Cute-ifying Disability: Lil Bub, the Celebrity Cat«, in: *M/C Journal,* Jg. 17, Nr. 2, 2014, http://journal.media-culture.org.au/index.php/mcjournal/article/view/784/

Lamerichs, Nicolle, *Productive Fandom. Intermediality and Affective Reception in Fan Cultures,* Amsterdam 2018.

Latour, Bruno, *Das Parlament der Dinge. Für eine politische Ökologie,* Frankfurt a. M. 2001. (frz. 1999)

Lazzeri, Nicole u. a., »Designing the Mind of a Social Robot«, in: *applied sciences,* Jg. 8, Nr. 2, 2018, S. 1–18. DOI: 10.3390/app8020302

Lechtreck, Hans-Jürgen, »Fotografie und Tierpräparation komplementär. Anmerkungen zur gemeinsamen Geschichte zweier zoologischer Aufzeichnungsmedien des 19. Jahrhunderts«, in: Ute Eskildsen/Hans-Jürgen Lechtreck (Hg.), *Nützlich, süß und museal. Das fotografierte Tier. Essays,* Essen 2005, S. 70–95.

Legge, Elizabeth, »When Awe Turns to Awww…: Jeff Koons's *Balloon Dog* and the Cute Sublime«, in: Joshua Paul Dale u. a. (Hg.), *The Aesthetics and Affects of Cuteness,* New York/Abingdon 2017, S. 130–150.

Leinen, Frank/Schafroth, Elmar, »Einleitung«, in: Dies. (Hg.), *Kitsch?! Interdisziplinäre Annäherungen an ein unterschätztes Phänomen,* Düsseldorf 2015, S. 9–18.

Leipold, Kathrin, »Spazieren gehen. Zur Verschränkung von Landschaft, Kunst und Emotionen als möglicher Erweiterung kulturanthropologischer Forschung«, in: *Berliner Blätter. Ethnographische und ethnologische Beiträge,* Nr. 68, 2015, S. 92–103.

Lévi-Strauss, Claude, *Das wilde Denken,* 4. Aufl., Frankfurt a. M. 1981 [1968]. (frz. 1962)

Leyda, Julia, »Cute Twenty-Fist-Century Post-Fembots«, in: Joshua P. Dale u. a. (Hg.), *The Aesthetics and Affects of Cuteness,* New York/Abingdon 2017, S. 151–174.

Li, Jinying, »From Superflat Windows to Facebook Walls: Mobility and Multiplicity of an Animated Shopping Gaze«, in: *Mechademia,* Jg. 7, 2012, S. 203–221. DOI: 10.5749/minnesota/9780816680498.003.0011

Liessmann, Konrad Paul, *Ästhetische Empfindungen. Eine Einführung,* Wien 2009.

Lizardi, Ryan, *Mediated nostalgia. Individual memory and contemporary mass media,* Lanham 2015.

Lorenz, Konrad, *Über tierisches und menschliches Verhalten. Aus dem Werdegang der Verhaltenslehre. Gesammelte Abhandlungen aus den Jahren 1931–1963,* Bd. 2, München 1965.

Lugg, Catherine A., *Kitsch. From Education to Public Policy,* Abingdon/New York 1999.

Lurker, Manfred (Hg.), *Wörterbuch der Symbolik,* 4., durchges. u. erw. Aufl., Stuttgart 1988 [1979].

MacDorman, Karl F., »Masahiro Mori und das unheimliche Tal: Eine Retrospektive«, in: Konstantin Daniel Haensch/Lara Nelke/Matthias Planitzer (Hg.), *Uncanny Interfaces,* Hamburg 2019, S. 220–234.

Mackensen, Lutz, *Ursprung der Wörter. Etymologisches Wörterbuch der deutschen Sprache,* erw. Ausg., München 2013 [1985].

Manovich, Lev, *Instagram and Contemporary Image,* 2017, http://manovich.net/content/04-projects/152-instagram-and-contemporary-image/instagram_book_manovich_2017.pdf

Marchesini, Roberto, »Domestikation«, in: Arianna Ferrari/Klaus Petrus (Hg.), *Lexikon der Mensch-Tier-Beziehungen,* Bielefeld 2015, S. 73–76.

Marmo, Lorenzo, »Looping, laughing and longing: The animated GIF in the contemporary online environment«, in: *Comunicazioni sociali,* Nr. 1, 2016, S. 78–86.

Marotzki, Winfried, »Online-Ethnographie – Wege und Ergebnisse zur Forschung im Kulturraum Internet«, in: Ben Bachmair/Peter Diepold/Claudia de Witt (Hg.), *Jahrbuch Medienpädagogik 3,* Opladen 2003, S. 149–166.

Marsh, Jackie, »The Uncanny Valley Revisited: Play with the Internet of Toys«, in: Giovanna Mascheroni/Donell Holloway (Hg.), *Internet of Toys. Practices, Affordances and the Political Economy of Children's Smart Play,* Cham 2019, S. 47–65.

Martinek, Manuela, *Wie die Schlange zum Teufel wurde. Die Symbolik in der Paradiesgeschichte von der hebräischen Bibel bis zum Koran,* Wiesbaden 1996.

May, Simon, *The Power of Cute,* Princeton/Oxford 2019.

McVeigh, Brian J., »How Hello Kitty Commodifies the Cute, Cool and Camp. ›Consumtopia‹ versus ›Control‹ in Japan«, in: *Journal of Material Culture,* Jg. 5, Nr. 2, 2000, S. 225–245.

Meese, James, »›It belongs to the Internet‹: Animal Images, Attribution Norms and the Politics of Amateur Media Production«, in: *M/C Journal,* Jg. 17, Nr. 2, 2014, http://journal.media-culture.org.au/index.php/mcjournal/article/view/782Not/0/

Mendelssohn, Moses, »Rhapsodie oder Zusätze zu den Briefen über die Empfindungen (1761)«, in: Ders., *Ästhetische Schriften in Auswahl,* hg. v. Otto F. Best, Darmstadt 1974, S. 127–165.

Mentges, Gabriele/Neuland-Kitzerow, Dagmar/Richard, Birgit (Hg.), *Uniformierungen in Bewegung. Vestimentäre Praktiken zwischen Vereinheitlichung, Kostümierung und Maskerade,* Münster 2007.

Merish, Lori, »Cuteness and Commodity Aesthetics: Tom Thumb and Shirley Temple«, in: Rosemarie Garland Thomson (Hg.), *Freakery. Cultural Spectacles of the Extraordinary Body*, New York/London 1996, S. 185–203.

Meyer, John C., *Understanding Humor Through Communication. Why Be Funny, Anyway?* London 2015.

Meyer, Monique, »Acedia/Trägheit«, in: Fabienne Eggelhöfer (Hg.), *Lust und Laster. Die 7 Todsünden von Dürer bis Nauman*, Ostfildern 2010, S. 228–232.

Meyer zur Capellen, Thomas, *Lexikon der Gewebe. Technik – Bindungen – Handelsnamen*, 5., grundl. überarb. u. erw. Aufl., Frankfurt a. M. 2015 [1996].

Miller, Carolyn Handler, *Digital Storytelling. A Creator's Guide to Interactive Entertainment*, 3. Aufl., Burlington/Abingdon 2014 [2004].

Miller, Susan Beth, *Emotions of Menace and Enchantment. Disgust, Horror, Awe, and Fascination*, Abingdon/New York 2018.

Milner, Ryan M., *The World Made Meme. Public Conversations and Participatory Media*, Cambridge, MA. 2016.

Miltner, Kate M./Highfield, Tim, »Never Gonna GIF You Up: Analyzing the Cultural Significance of the Animated GIF«, in: *Social Media + Society*, Juli–September 2017, S. 1–11. DOI: 10.1177/2056305117725223

Missomelius, Petra, »Bewegtbildpraktiken zwischen traditionellen und digitalen Medien: Das Mashup als paradigmatische Form digitaler Medienkulturen«, in: Florian Mundhenke/Fernando Ramos Arenas/Thomas Wilke (Hg.), *Mashups. Neue Praktiken und Ästhetiken in populären Medienkulturen*, Wiesbaden 2015, S. 227–243.

Mixa, Elisabeth, »I feel good! Über Paradoxien des Wohlfühl-Imperativs im Wellness-Diskurs«, in: Dies. u. a. (Hg.), *Un-Wohl-Gefühle. Eine Kulturanalyse gegenwärtiger Befindlichkeiten*, Bielefeld 2016, S. 95–132.

Mönnig, Mona, *Das übersehene Tier. Eine kunstwissenschaftliche Betrachtung*, Bielefeld 2018.

Mohs, Johanne, »Härteprüfung. Materialität und Körperlichkeit in zeitgenössischen Skulpturen aus ungebranntem Ton«, in: *Kunsttexte*, Nr. 1, 2015, S. 1–16, https://edoc.hu-berlin.de/bitstream/handle/18452/8001/mohs.pdf

Moravec, Hans, *Mind Children. Der Wettlauf zwischen menschlicher und künstlicher Intelligenz*, Hamburg 1990. (engl. 1988)

Mori, Masahiro, »The Uncanny Valley (1970)«, in: *IEEE Robotics & Automation Magazine*, Jg. 19, Nr. 2, 2012, S. 98–100. DOI: 10.1109/MRA.2012.2192811 (jap. 1970)

Mühlhoff, Rainer, *Immersive Macht. Affekttheorie nach Spinoza und Foucault*, Frankfurt/New York 2018.

Mühlhoff, Rainer/Breljak, Anja/Slaby, Jan (Hg.), *Affekt Macht Netz. Auf dem Weg zu einer Sozialtheorie der Digitalen Gesellschaft*, Bielefeld 2019. DOI: 10.14361/9783839444399

Mulvey, Laura, »Visual Pleasure and Narrative Cinema«, in: *Screen*, Jg. 16, Nr. 3, 1975, S. 6–18. DOI: 10.1093/screen/16.3.6

Nagle, Angela, *Kill all normies. Online culture wars from 4chan and Tumblr to Trump and the alt-right*, Winchester/Washington 2017.

Ngai, Sianne, »The Cuteness of the Avant-Garde«, in: *Critical Inquiry*, Jg. 31, Nr. 4, 2005a, S. 811–847. DOI: 10.1086/444516

Ngai, Sianne, *Ugly Feelings*, Cambridge, MA/London 2005b.

Ngai, Sianne, *Our Aesthetic Categories. Zany, Cute, Interesting*, Cambridge, MA/London 2012.

Ngai, Sianne, »Visceral Abstractions«, in: *GLQ – A Journal of Lesbian and Gay Studies,* Jg. 21, Nr. 1, 2015, S. 33–63. DOI: 10.1215/10642684-2818648

Niesyto, Horst, »Visuelle Methoden in der medienpädagogischen Forschung: Ansätze, Potentiale und Herausforderungen«, in: Thomas Knaus (Hg.), *Forschungswerkstatt Medienpädagogik. Projekt – Theorie – Methode,* München 2017, S. 59–95.

Ohr, Dieter, »Fans und Medien«, in: Jochen Roose/Mike S. Schäfer/Thomas Schmidt-Lux (Hg.), *Fans. Soziologische Perspektiven,* 2. Aufl., Wiesbaden 2017 [2010], S. 293–318.

Ortlieb, Stefan A./Carbon, Claus-Christian, »A Functional Model of Kitsch and Art. Linking Aesthetic Appreciation to the Dynamics of Social Motivation«, in: *Frontiers in Psychology,* Jg. 9, Art. 2437, 2019, S. 1–17. DOI: 10.3389/fpsyg.2018.02437

Page, Allison, »›This Baby Sloth Will Inspire You To Keep Going‹: Capital, Labor, and the Affective Power of Cute Animal Videos«, in: Joshua Paul Dale u. a. (Hg.), *The Aesthetics and Affects of Cuteness,* New York/Abingdon 2017, S. 75–94.

Passig, Kathrin, *Standardsituationen der Technologiekritik,* Berlin 2013.

Peez, Georg, *Kinder zeichnen, malen und gestalten. Kunst und bildnerisch-ästhetische Praxis in der KiTa,* Stuttgart 2015.

Peter, Jochen u. a., »Asking Today the Crucial Questions of Tomorrow: Social Robots and the Internet of Toys«, in: Giovanna Mascheroni/Donell Holloway (Hg.), *The Internet of Toys. Practices, Affordances and the Political Economy of Children's Smart Play,* Cham 2019, S. 25–46.

Petrus, Klaus, »Heimtier«, in: Arianna Ferrari/Klaus Petrus (Hg.), *Lexikon der Mensch-Tier-Beziehungen,* Bielefeld 2015, S. 144–146.

Pfeiffer, Wolfgang u. a., *Etymologisches Wörterbuch des Deutschen A–G,* Berlin 1989a.

Pfeiffer, Wolfgang u. a., *Etymologisches Wörterbuch des Deutschen Q–Z,* Berlin 1989b.

Phillips, Whitney/Milner, Ryan M., *The Ambivalent Internet. Mischief, Oddity, and Antagonism Online,* Cambridge/Malden 2017.

Plappert, Stefanie, »Look into the Camera! Die Videoarbeiten von Neozoon«, in: Jessica Ullrich/Aline Steinbrecher (Hg.), *Tierstudien 09/2016: Tiere und Unterhaltung,* Berlin 2016, S. 158–169.

Poliquin, Rachel, *The Breathless Zoo. Taxidermy and the cultures of longing,* Pennsylvania 2012.

Präauer, Teresa, *Tier werden,* Göttingen 2018.

Quinn, Michael S., »Corpulent Cattle and Milk Machines. Nature, Art and the Ideal Type«, in: *Society and Animals,* Jg. 1, Nr. 2, 1993, S. 145–157, https://www.animalsandsociety.org/wp-content/uploads/2015/10/quinn.pdf

Ra, Yushin, *Der Unernst des Kitsches. Die Ästhetik des laxen Blicks auf die Welt,* Bielefeld 2016.

Rand, Erica, *Barbie's Queer Accessories,* Durham/London 1995.

Reckwitz, Andreas, »Affektive Räume: Eine praxeologische Perspektive«, in: Elisabeth Mixa/Patrick Vogl (Hg.), *E-Motions. Transformationsprozesse in der Gegenwartskultur,* Wien/Berlin 2012, S. 23–44.

Reckwitz, Andreas, *Die Gesellschaft der Singularitäten. Zum Strukturwandel der Moderne,* 5. Aufl., Berlin 2018 [2017].

Redmalm, David, *An Animal Without an Animal Within. The Powers of Pet Keeping,* Örebro 2013.

Reischach, Niklas von, »Das Putzige ist politisch. Niedliche Ästhetik als manipulative Strategie in den digitalen Bildern der Neuen Rechten«, in: Birgit Richard/Niklas von Reischach/Hannah Zipfel (Hg.), *#cute. Inseln der Glückseligkeit?* Bielefeld/New York 2020, S. 76–79.

Rentemeister, Elke, »Snap!« in: Michael Gamper/Ruth Mayer (Hg.), *Kurz & Knapp. Zur Mediengeschichte kleiner Formen vom 17. Jahrhundert bis zur Gegenwart,* Bielefeld 2017, S. 367–389.

Reuter, Julia, *Geschlecht und Körper. Studien zur Materialität und Inszenierung gesellschaftlicher Wirklichkeit,* Bielefeld 2011.

Reynolds, Simon, *Retromania. Pop Culture's Addicition to Its Own Past,* London 2011.

Rhee, Jennifer, *The Robotic Imaginary. The Human and the Price of Dehumanized Labor,* Minneapolis/London 2018.

Richard, Birgit, »Eine runde Sache: Wenn Designer sich die Kugel nehmen. Streifzüge durch die hermetische Welt einer allseitig geschlossenen Fläche mit konstanter Krümmung«, in: Hermann Sturm (Hg.), *Gestalten – Gebrauchen – Erinnern. Zur Gestalt des gewöhnlichen Gegenstandes,* Essen 1994, S. 102–120.

Richard, Birgit, *Todesbilder. Kunst, Subkultur, Medien,* München 1995a.

Richard, Birgit, »Robot Wars. Robotergestaltungen und -phantasmen zwischen ›Artificial Intelligence‹ und ›Artificial Life‹«, in: *Kunstforum International,* Bd. 130, 1995b, S. 190–211.

Richard, Birgit, »9–11. World Trade Center Image Complex + ›shifting image‹«, in: *Kunstforum International,* Bd. 164, 2003, S. 36–73.

Richard, Birgit, »Swarms und Task Force Communities: Zur Re-Formulierung des Kollektiven im Netz«, in: Friederike von Gross/Winfried Marotzki/Uwe Sander (Hg.), *Internet – Bildung – Gemeinschaft,* Wiesbaden 2008, S. 95–118.

Richard, Birgit, »Das jugendliche Bild-Ego bei YouTube und flickr. True (Black Metal) und Real als Figuren mimetischer Selbstdarstellung«, in: Kai-Uwe Hugger (Hg.), *Digitale Jugendkulturen,* Wiesbaden 2010, S. 55–72.

Richard, Birgit, »Tamagotchi für immer?«, in: *Pop. Kultur und Kritik,* Nr. 14, 1/2019, S. 10–17.

Richard, Birgit, »Grufties, TradGoth und Black Metal: Ein Streifzug durch die ›Symbolik des Todes und des Bösen‹ in gegenwärtigen, schwarzen Mehrgenerationen-Musikkulturen«, in: Anja Gibson/Merle Hummrich/Rolf-Torsten Kramer (Hg.), *Rekonstruktive Jugendkulturforschung. Flashback – Flashforward,* Wiesbaden 2020 (im Erscheinen).

Richard, Birgit/Zaremba, Jutta, *Hülle und Container. Medizinische Weiblichkeitsbilder im Internet,* München 2007.

Richard, Birgit/Grünwald, Jan G./Ruhl, Alexander, »Me, Myself, I: Eine Studie zu den fluiden ikonischen Kommunikationswelten bei flickr.com«, in: Kaspar Maase (Hg.), *Die Schönheit des Populären. Ästhetische Erfahrung der Gegenwart,* Frankfurt a. M./New York 2008, S. 114–132.

Richard, Birgit/Grünwald, Jan/Recht, Marcus, »Schwarze Stile und Netz-Bilder. Zu Ästhetik und Webcommunities der Gothic und Black Metal Subkulturen«, in: Birgit Richard/Heinz-Hermann Krüger (Hg.), *Inter-cool 3.0. Jugend Bild Medien. Ein Kompendium zur aktuellen Jugendkulturforschung,* München 2010, S. 117–132.

Richard, Birgit/Heinz-Hermann, Krüger (Hg.), *Inter-cool 3.0. Jugend Bild Medien. Ein Kompendium zur aktuellen Jugendkulturforschung,* München 2010.

Richard, Birgit u. a., *Flickernde Jugend – rauschende Bilder. Netzkulturen im Web 2.0,* Frankfurt a. M. 2010.

Richard, Birgit/Grünwald, Jan, »Wilde Männer, frostige Räume und asoziale FanArt des Black Metals bei flickr, YouTube und Vimeo«, in: Rolf F. Nohr/Herbert Schwaab (Hg.), *Metal Matters. Heavy Metal als Kultur und Welt,* 2. Aufl., Münster 2012 [2011], S. 43–53. DOI: 10.25969/mediarep/3754

Richter-Hansen, Tullio, »Queerness & Weirdness. Posthumane Tendenzen in der Ästhetik des europäischen Kinos zur Krise«, in: *ffk Journal,* Nr. 3, 2018, S. 94–108, http://www.ffk-journal.de/?journal=ffk-journal&page=article&op=view&path%5B%5D=49

Rieger, Stefan, »Virtuelles Wohnen«, in: Dawid Kasprowicz/Stefan Rieger (Hg.), *Handbuch Virtualität,* Wiesbaden 2020, S. 167–190.

Ritvo, Harriet, *The Animal Estate. The English and Other Creatures in the Victorian Age,* Cambridge, MA/London 1987.

Ritvo, Harriet, »On the animal turn«, in: *Dædalus,* Jg. 136, Nr. 4, 2007, S. 118–122.

Ritzer, George/Jurgenson, Nathan, »Production, Consumption, Prosumption. The nature of capitalism in the age of the digital ›prosumer‹«, in: *Journal of Consumer Culture,* Jg. 10, Nr. 1, 2010, S. 13–36. DOI: 10.1177/1469540509354673

Rötzer, Florian, »Die Rache der Dinge und der Terror des Systems«, in: Jean Baudrillard, *Das System der Dinge. Über unser Verhältnis zu den alltäglichen Gegenständen,* 3. Aufl., Frankfurt a. M./New York 2007 [1991], S. 250–264. (frz. 1968)

Rogers, Richard, »Digitale Methoden für die Forschung im Netz«, in: Malte Hagener/Vinzenz Hediger (Hg.), *Medienkultur und Bildung. Ästhetische Erziehung im Zeitalter digitaler Netzwerke,* Frankfurt a. M. 2015, S. 111–132.

Roose, Jochen/Schäfer, Mike S./Schmidt-Lux, Thomas, »Einleitung. Fans als Gegenstand soziologischer Forschung«, in: Dies. (Hg.), *Fans. Soziologische Perspektiven,* 2. Aufl., Wiesbaden 2017 [2010], S. 1–18.

Roselle, Laura/Miskimmon, Alister/O'Loughlin, Ben, »Strategic narrative: A new means to understand soft power«, in: *Media, War & Conflict,* Jg. 7, Nr. 1, 2014, S. 70–84. DOI: 10.1177/1750635213516696

Rosenkranz, Karl, *Ästhetik des Hässlichen* (1853), hg. von Dieter Kliche, 2. überarb. Aufl., Leipzig 1996 [1990].

Rourke, Daniel, »The Doctrine of the Similar (GIF GIF GIF)«, in: *Dandelion – postgraduate arts & research network,* Jg. 3, Nr. 1, 2012, S. 1–5. DOI: 10.16995/ddl.259

Royakkers, Lambèr/Est, Rinie van, *Just Ordinary Robots. Automation from Love to War,* Boca Raton 2016.

Rübel, Dietmar, »Formlessness«, in: Anika Reineke u. a. (Hg.), *Textile Terms. A Glossary,* Emsdetten/Berlin 2017, S. 113–117.

Runzheimer, Bernhard, »Die digitale Flanerie als reflexive Raumexploration im Computerspiel«, in: *ffk Journal,* Nr. 2, 2017, S. 288–304. DOI: 10.25969/mediarep/2924

Sandry, Eleanor, »Aliveness and the Off-Switch in Human-Robot Relations«, in: Andrea L. Guzman (Hg.), *Human-Machine Communication. Rethinking Communication, Technology, and Ourselves,* New York 2018, S. 51–66.

Sandvoss, Cornel, *Fans. The Mirror of Consumption,* Cambridge/Malden 2005.

Schonig, Jordan, »›Liking‹ as creating: On aesthetic category memes«, in: *New Media & Society,* Jg. 22, Nr. 1, 2020 [2019], S. 26–48. DOI: 10.1177/1461444819855727

Schrey, Dominik, *Analoge Nostalgie in der digitalen Medienkultur,* Berlin 2017.

Schulze, Gerhard, *Die Erlebnis-Gesellschaft. Kultursoziologie der Gegenwart,* Frankfurt a. M. 1992.

Sebastian, Marcel, »Jemand oder etwas? Unser ambivalentes Verhältnis zu Tieren« in: Nicole Fritz (Hg.), *We Love Animals. 400 Jahre Tier und Mensch in der Kunst,* Bielefeld 2017, S. 40–47.

Sebastian, Marcel, »Am Scheideweg. Kultureller Wandel und die Transformation des Mensch-Tier-Verhältnisses«, in: Sabine Schulze/Dennis Conrad (Hg.), *Tiere. Respekt – Harmonie – Unterwerfung,* München 2017b, S. 127–143.

Shafer, Leah, »Cat Videos and the Superflat Cinema of Attractions«, in: *Film Criticism,* Jg. 40, Nr. 2, 2016. DOI: 10.3998/fc.13761232.0040.208

Shifman, Limor, »An anatomy of a YouTube meme«, in: *New Media & Society,* Jg. 14, Nr. 2, 2011, S. 187–203. DOI: 10.1177/1461444811412160

Shifman, Limor, *Meme. Kunst, Kultur und Politik im digitalen Zeitalter,* Berlin 2014. (engl. 2014)

Skov Holt, Steven/Holt Skov, Mara (Hg.), *Blobjects & Beyond. The New Fluidity in Design,* San Francisco 2005.

Slaby, Jan/Scheve, Christian von, »Introduction: Affective Societies – key concepts«, in: Dies. (Hg.), *Affective Societies. Key Concepts,* London/New York 2019, S. 1–24.

Slaby, Jan/Mühlhoff, Rainer/Wüschner, Philipp, »Affective Arrangements«, in: *Emotion Review,* Jg. 11, Nr. 1, 2019 [2017], S. 3–12. DOI: 10.1177/1754073917722214

Smith, Naomi/Snider, Anne-Marie, »ASMR, affect and digitally-mediated intimacy«, in: *Emotion, Space and Society,* Jg. 30, 2019, S. 41–48. DOI: 10.1016/j.emospa.2018.11.002

Soeffner, Hans Georg, »Kulturmythos und kulturelle Realität(en)«, in: Ders. (Hg.), *Kultur und Alltag,* Göttingen 1988, S. 3–20.

Sontag, Susan, *Notes on ›Camp‹* (1964), London u. a. 2018.

Sprenger, Florian, »Zwischen *Umwelt* und *milieu* – Zur Begriffsgeschichte von *environment* in der Evolutionstheorie«, in: *Forum Interdisziplinäre Begriffsgeschichte,* Jg. 3, Nr. 2, 2014, S. 7–18, https://www.zfl-berlin.org/tl_files/zfl/downloads/publikationen/forum_begriffsgeschichte/ZfL_FIB_3_2014_2_Sprenger.pdf

Sprenger, Florian/Engemann, Christoph (Hg.), *Internet der Dinge. Über smarte Objekte, intelligente Umgebungen und die technische Durchdringung der Welt,* Bielefeld 2015.

Stalder, Felix, *Kultur der Digitalität,* Berlin 2016.

Stark, Luke/Crawford, Kate: »The Conservatism of Emoji: Work, Affect, and Communication«, in: *Social Media + Society,* Juli–Dezember 2015, S. 1–11. DOI: 10.1177/2056305115604853

Stavropoulos, Katherine K. M./Alba, Laura A., »›It's so Cute I Could Crush It!‹: Understanding Neural Mechanisms of Cute Aggression«, in: *Frontiers in Behavioral Neuroscience,* Jg. 12, 2018, S. 1–15. DOI: 10.3389/fnbeh.2018.00300

Stein, Louisa, »Dissatisfaction and *Glee.* On Emotional Range in Fandom and Feels Culture«, in: Melissa A. Click (Hg.), *Anti-Fandom. Dislike and Hate in the Digital Age,* New York 2019, S. 81–101.

Su, Kat, *Crap Taxidermy,* London 2014.

Taddeo, Julie Anne/Miller, Cynthia J. (Hg.), *Steaming into a Victorian Future. A Steampunk Anthology,* Lanham 2012.

Tanner, Grafton, *Babbling Corpse. Vaporwave and the Commodification of Ghosts,* Alresford 2016.

Taylor, Affrica, »Reconceptualizing the ›nature‹ of childhood«, in: *Childhood,* Jg. 18, Nr. 4, 2011, S. 420–433. DOI: 10.1177/0907568211404951

Tilgner, Alexander, *Indivisualisierung & Clashplay. Die Funktion des Avatars in neuartigen fankulturellen Praxen,* Bielefeld 2019.

Toffler, Alvin, *The Third Wave,* London u. a. 1980.

Tolins, Jackson/Samermit, Patrawat, »GIFs as Embodied Enactments in Text-Mediated Conversation«, in: *Research on Language and Social Interaction,* Jg. 49, Nr. 2, 2016, S. 75–91. DOI: 10.1080/08351813.2016.1164391

Treusch, Pat, *Robotic Companionship. The Making of Anthropomatic Kitchen Robots in Queer Feminist Technoscience Perspective,* Linköping 2015.

Ullrich, Jessica, »The Taxidermic Hybrid«, in: *Antennae,* Nr. 7, 2008, S. 18–21, http://john isaacs.net/press_files/ANTENNAE_7_2008.pdf

Ullrich, Jessica, »Kunst«, in: Arianna Ferrari/Klaus Petrus (Hg.), *Lexikon der Mensch-Tier-Beziehungen,* Bielefeld 2015, S. 206–211.

Ullrich, Jessica/Steinbrecher, Aline, »Editorial«, in: Dies. (Hg.), *Tierstudien 09/2016. Tiere und Unterhaltung,* Berlin 2016, S. 7–12.

Ullrich, Wolfgang, *Haben wollen. Wie funktioniert die Konsumkultur?* 3. Aufl., Frankfurt a. M. 2012 [2006].

Ullrich, Wolfgang, *Alles nur Konsum. Kritik der warenästhetischen Erziehung,* Berlin 2013.

Venturi, Robert/Scott Brown, Denise/Izenour, Steven, *Lernen von Las Vegas. Zur Ikonographie und Architektursymbolik der Geschäftsstadt,* Braunschweig u. a. 1979.

Venus, Jochen, »Die Erfahrung des Populären«, in: Marcus S. Kleiner/Thomas Wilke (Hg.), *Performativität und Medialität Populärer Kulturen: Theorien, Ästhetiken, Praktiken,* Wiesbaden 2013, S. 50–73.

Versteegen, Heinrich, »Mr. Bean und sein Auto. *British humour* im Mini-Format«, in: Jürgen Kramer/Anette Pankratz/Claus-Ulrich Viol (Hg.), *Mini & Mini. Ikonen der Popkultur zwischen Dekonstruktion und Rekonstruktion,* Bielefeld 2009, S. 103–114.

Vries, Nadia de, »Under the Yolk of Consumption: Re-Envisioning the Cute as Consumable«, in: Joshua Paul Dale u. a. (Hg.), *The Aesthetics and Affects of Cuteness,* New York/ Abingdon 2017, S. 253–273.

Vries, Catherine E. de/Hoffmann, Isabell, »Die Macht der Vergangenheit. Wie Nostalgie die öffentliche Meinung in Europa beeinflusst«, in: *eupinions,* Nr. 2, 2018, https:// www.bertelsmann-stiftung.de/fileadmin/files/BSt/Publikationen/GrauePublikatio nen/eupinions_Nostalgie.pdf

Wagenaar, Wester, »Wacky Japan: A new face of orientalism«, in: *Asia in Focus,* Nr. 3, 2016, S. 46–54, http://asiainfocus.dk/wp-content/uploads/2017/07/wacky-japan.pdf

Wagenknecht, Andreas, »Das Böse mit Humor nehmen. Die Ernsthaftigkeit des Black Metal und deren ironisierende Aneignung am Beispiel von Fanclips auf YouTube«, in: Rolf F. Nohr/Herbert Schwaab (Hg.), *Metal Matters. Heavy Metal als Kultur und Welt,* 2. Aufl., Münster 2012 [2011], S. 153–164. DOI: 10.25969/mediarep/3761

Ward, Rachel Mizsei, »Plushies, My Little Cthulhu and Chibithulhu: The Transformation of Cthulhu from Horrific Body to Cute Body«, in: *The Irish Journal of Gothic and Horror Studies,* Nr. 12, 2013, S. 87–106, https://irishgothichorror.files.wordpress.com/2018/03/plushies-my-little-cthulhu.pdf

Weigelt, Shirin, »Tasten. Taktilität als Paradigma des Digitalen«, in: Rainer Mühlhoff/Anja Breljak/Jan Slaby (Hg.), *Affekt Macht Netz. Auf dem Weg zu einer Sozialtheorie der Digitalen Gesellschaft,* Bielefeld 2019, S. 107–128.

Weil, Kari, »A Report on the Animal Turn«, in: *Differences,* Jg. 21, Nr. 2, 2010, S. 1–23. DOI: 10.1215/10407391-2010-001

Weil, Kari, *Thinking Animals. Why Animal Studies Now?* New York 2012.

Weisshaar, Bertram/Brauner, Maren (Hg.), *Spaziergangswissenschaft in Praxis. Formate in Bewegung,* Berlin 2013.

Whelan, Andrew/Nowak, Raphaël, »›Vaporwave Is (Not) a Critique of Capitalism‹: Genre Work in An Online Music Scene«, in: *Open Cultural Studies,* Jg. 2, Nr. 1, 2018, S. 451–462. DOI: 10.1515/culture-2018-0041

White, Eric, »Technicities of Deception: Dazzle Camouflage, Avant-Gardes and Sensory Augmentation in the First World War«, in: *Modernist Cultures,* Jg. 12, Nr. 1, 2017, S. 36–58. DOI: 10.3366/mod.2017.0155

Wichmann, Angela, *Quantitative und Qualitative Forschung im Vergleich. Denkweisen, Zielsetzungen, Arbeitsprozesse,* Berlin 2019.

Williams, Rebecca, »Tumblr's GIF culture and the infinite image: Lone fandom, ruptures, and working through on a microblogging platform«, in: *Transformative Works and Cultures,* Jg. 27, 2018. DOI: 10.3983/twc.2018.1153

Winter, Rainer, »Fans und kulturelle Praxis«, in: Jochen Roose/Mike S. Schäfer/Thomas Schmidt-Lux (Hg.), *Fans. Soziologische Perspektiven,* 2. Aufl., Wiesbaden 2017 [2010], S. 141–160.

Wittkower, Dylan E., »On the Origins of the Cute as a Dominant Aesthetic Category in Digital Culture«, in: Timothy W. Luke/Jeremy Hunsinger (Hg.), *Putting Knowledge to Work and Letting Information Play,* 2. Aufl., Rotterdam 2012 [2009], S. 167–176.

Woo, Benjamin, »A pragmatics of things: Materiality and constraint in fan practices«, in: *Transformative Works and Cultures,* Jg. 16, 2014. DOI: 10.3983/twc.2014.0495

Wotzinger, Franziska, »Smombies, Datendandys und digitale Flaneure. Soziale Medien und die digitale Bildkultur«, in: Jörn Glasenapp (Hg.), *Porträtkulturen,* Paderborn 2019, S. 179–199.

Yano, Christine R., *Pink Globalization. Hello Kitty's Trek across the Pacific,* Durham/London 2013.

Yip, Jason C. u. a., »Laughing is Scary, but Farting is Cute. A Conceptual Model of Children's Perspectives of Creepy Technologies«, Proceedings of the CHI Conference on Human Factors in Computing Systems (CHI 2019), Mai 2019, Glasgow, Scotland UK. ACM, New York, NY, USA, S. 1–15. DOI: 10.1145/3290605.3300303

Zander-Seidel, Jutta, »Nicht nur tierisch warm. Pelz in Kleidung und Mode«, in: Germanisches Nationalmuseum (Hg.), *Vom Ansehen der Tiere,* Nürnberg 2009, S. 118–131.

Zaremba, Jutta, »Konsumkreativitäten der FanArt-Szene«, in: Vera Cuntz-Leng (Hg.), *Creative Crowds. Perspektiven der Fanforschung im deutschsprachigen Raum,* Darmstadt 2014, S. 305–323.

Zima, Peter V., *Entfremdung. Pathologien der postmodernen Gesellschaft,* Tübingen 2014.

Žižek, Slavoj, *Liebe deinen Nächsten? Nein, danke! Die Sackgasse des Sozialen in der Postmoderne,* Berlin 1999.

Zuckerman, Ethan, »Cute Cats to the Rescue? Participatory Media and Political Expression«, in: Danielle Allen/Jennifer S. Light (Hg.), *From Voice to Influence. Understanding Citizenship in a Digital Age,* Chicago/London 2015, S. 131–154.

Internetverweise

#bluedevil (Instagram), @shadow_wolfie, 28.05.2018, https://www.instagram.com/p/BjUmRnUlCt0/

#Katzen haben Personal (Twitter), @mdrde, 08.08.2019, https://twitter.com/mdrde/status/1159343532706017280?s=20/

#vodoowurstwillhierbleiben (Instagram), @traumfalter, 22.05.2018, https://www.instagram.com/p/BjFThoUnXSW/

#ЗлаяСовка и веселый х$й 😂 (Instagram), @zlaya_sovka, 09.06.2019, https://www.instagram.com/p/BygUIbKpNCm/

@AlvamadeToys (Etsy), https://www.etsy.com/de/shop/AlvamadeToys?ref=simple-shop-header-name&listing_id=690361405

@an_erpels_tale (Instagram), https://www.instagram.com/an_erpels_tale/

@animals.inpredicaments (Instagram), https://www.instagram.com/animals.inpredicaments/

@AnimalsInPredicaments (Facebook), https://www.facebook.com/AnimalsInPredicaments/

@betrayal_junkie (Instagram), https://www.instagram.com/betrayal_junkie/

@chonky.animals (Instagram), https://www.instagram.com/chonkyanimals/ [Inhalt nicht mehr verfügbar; letzter Zugriff: 14.09.2019]

@cursed.furby.images (Instagram), https://www.instagram.com/cursed.furby.images/

@cursedbixos (Twitter), https://twitter.com/cursedbixos/

@djane_dark_mistress (Instagram), https://www.instagram.com/djane_dark_mistress/

@Doctor Squish (YouTube), https://www.youtube.com/channel/UC9rGkf9kmCDi4kAmbd1Csyw/videos/

@elliot.hazard (Instagram), https://www.instagram.com/elliot.hazard/

@fatcatart (Instagram), https://www.instagram.com/fatcatart/

@fraeulein.frosch (Instagram), https://www.instagram.com/fraeulein.frosch/

@furbybones (Instagram), https://www.instagram.com/furbybones/

@furbyfuzz (Tumblr), https://furbyfuzz.tumblr.com/

@furbyhaven (Instagram), https://www.instagram.com/furbyhaven/

@groomer_andrea (Instagram), https://www.instagram.com/groomer_andrea/

@hamilton_the_hipster_cat (Instagram), https://www.instagram.com/hamilton_the_hipster_cat/

@iamlilbub (Instagram), https://www.instagram.com/iamlilbub/

@imagesgodabandoned (Tumblr), https://imagesgodabandoned.tumblr.com/

@jellygummies (Instagram), https://www.instagram.com/jellygummies/

@kawaiigoregutz (Instagram), https://www.instagram.com/kawaiigoregutz/

@kiarakazumiofficial (Instagram), https://www.instagram.com/kiarakazumiofficial/

@lilliput.step (Instagram), https://www.instagram.com/lilliput.step/
@longboyefurb (Instagram), https://www.instagram.com/longboyefurb/
@longfurbs (Instagram), https://www.instagram.com/longfurbs/
@Maci (Pinterest), https://www.pinterest.de/pin/429601251952036893/
@manicmoth (Instagram), https://www.instagram.com/manicmoth/
@medivaldog (Instagram), https://www.instagram.com/medivaldog/
@mexikuh (Instagram), https://www.instagram.com/mexikuh/
@missmothballs (Instagram), https://www.instagram.com/missmothballs/
@nemothesushi (Instagram), https://www.instagram.com/nemothesushi/
@paint_mixings (Instagram), https://www.instagram.com/paint_mixings/
@plushiecouture (Instagram), https://www.instagram.com/plushiecouture/
@pom_and_pixel (Instagram), https://www.instagram.com/pom_and_pixel/
@princessmonstertruck (Instagram), https://www.instagram.com/princessmonstertruck/
@qimmyshimmy (Instagram), https://www.instagram.com/qimmyshimmy/
@reactions (Giphy), https://giphy.com/reactions/
@realgrumpycat (Instagram), https://www.instagram.com/realgrumpycat/
@round.animals (Instagram), https://www.instagram.com/round.animals/
@round.boys (Instagram), https://www.instagram.com/round.boys/
@ruthbaderginsdog (Instagram), https://www.instagram.com/ruthbaderginsdog/
@sand.tagious (Instagram), https://www.instagram.com/sand.tagious/
@sandhadfield (Instagram), https://www.instagram.com/sandhadfield/
@schildnaht (Instagram), https://www.instagram.com/schildnaht/
@senorkrakow (Instagram), https://www.instagram.com/senorkrakow/
@sheenagloomymansion (Instagram), https://www.instagram.com/sheenasgloomymansion/
@slime.bun (Instagram), https://www.instagram.com/slime.bun/
@the_love_noodle (Instagram), https://www.instagram.com/the_love_noodle/
@the_one_and_only_monchichi (Instagram), https://www.instagram.com/the_one_and_only_monchichi/
@thegoodadvicecupcake (Instagram), https://www.instagram.com/thegoodadvicecupcake/
@thic.bois (Instagram), https://www.instagram.com/thic.bois/
@tunameltsmyheart (Instagram), https://www.instagram.com/tunameltsmyheart/
@uglydesign (Instagram), https://www.instagram.com/uglydesign/?hl=de
@vell_corp (Instagram), https://www.instagram.com/vell_corp/
@velvet.universe.fashion (Instagram), https://www.instagram.com/velvet.universe.fashion/
@waffles_the_cat (Instagram), https://www.instagram.com/waffles_the_cat/
@wow_absolute_units (Instagram), https://www.instagram.com/wow_absolute_units/
@xxmilkytea (Instagram), https://www.instagram.com/xxmilkytea/
@yorikokoro (Instagram), https://www.instagram.com/yorikokoro/
† Darkness… is a state of mind. † (Instagram), @strigescrowen, 07.04.2019, https://www.instagram.com/p/Bv9zAafAqKL/
20 Funny Ugly Baby Memes to Laugh, childinsider.com, o. D., https://childinsider.com/ugly-baby-memes/
21 Fluffy Animals That Are Cuddlier Than a Plush Toy, brightside.me, o. D., https://brightside.me/wonder-animals/21-fluffy-animals-that-are-cuddlier-than-a-plush-toy-675610/

75 % of a Finnish park ranger's job is rescuing metal bands that get lost shooting album covers (KnowYourMeme), @Jill, 2017, https://knowyourmeme.com/photos/1284808-heavy-metal/

ごまちゃん🐩この前の続き♡ (Instagram), @yorikokoro, 07.03.2019, https://www.instagram.com/p/BusBEGJFkdr/?igshid=bm21i3gy89zu/

🖤 *Goth Sloth* 🖤 (Instagram), @grindstore_official, 03.09.2018, https://www.instagram.com/p/BnQnqaBgYsD/

Abbath surfing the mighty waves of Blashyrkh (alekosoul.com), 13.02.2015, https://alekosoul.files.wordpress.com/2015/01/846r9.jpg

Abbath with Abbathhorse (me.me), 28.12.2016, https://me.me/i/and-here-we-have-abbath-with-abbathorse-doing-a-synchronized-6353033

Absolute Unit (KnowYourMeme), https://knowyourmeme.com/memes/absolute-unit/

ACCORDION. It's fucking metal (Imgur), 03.11.2011, https://imgur.com/UsGn6/

Advent Calendar 7 – »Cugly and Lazy«, yourdailygerman.com, o. D., https://yourdailygerman.com/schweinehund-meaning/

Advice Animals (KnowYourMeme), https://knowyourmeme.com/memes/advice-animals/

Affordable GOTH Clothing Haul ♡ Hello Batty ♡ (YouTube), 14:25 Min., hochgeladen von Hello Batty am 08.08.2017, https://www.youtube.com/watch?v=rCsNZVjf2no/

A Kiddie's Kitty (looneytunes.fandom.com), https://looneytunes.fandom.com/wiki/A_Kiddies_Kitty

Alien (Instagram), @elliot.hazard, 24.06.2018, https://www.instagram.com/p/Bka6b3wlZUL/

Amaza 24 Pcs Squishies Spielzeug (amazon.de), https://www.amazon.de/Amaza-Squishies-Spielzeug-Niedlich-Mehrfarbig/dp/B075QH9SN7

A new original piece (Instagram), @artistheath13, 14.03.2018, https://www.instagram.com/p/BgSOiX6HOm8/

Angier, Natalie, *The Cute Factor,* nytimes.com vom 03.01.2006, https://www.nytimes.com/2006/01/03/science/the-cute-factor.html/

Animals in Predicaments: Animal Fails (Mar 2018) | Fail Army (YouTube), 6:32 Min., hochgeladen von FailArmy am 13.03.2018, https://www.youtube.com/watch?v=iMDQT7KqIhM/

Animation 3D Sticker by jellygummies (Giphy), @jellygummies, 04.05.2015, https://gph.is/1Jl4F4G

Anki Cozmo (Produkthomepage), https://anki.com/de-de/cozmo.html

Anki Cozmo | Robot Feeding Time! (YouTube), 0:30 Min., hochgeladen von Anki by Digital Dream Labs am 05.10.2017, https://www.youtube.com/watch?v=W4o7xQKXUwM

Anki | Vector: The Good Robot | Smart Enough (YouTube), 0:15 Min., hochgeladen von Anki by Digital Dream Labs am 02.10.2018, https://www.youtube.com/watch?v=5rme7dtOiy4

Anki | Vector: The Good Robot | The Decision (YouTube), 1:00 Min., hochgeladen von Anki by Digital Dream Labs am 24.09.2018, https://www.youtube.com/watch?v=TqA_yt_OAIY

ANTI-STRESS SPIELZEUG ZERSCHNEIDEN COMPILATION! (YouTube), 27:10 Min., hochgeladen von PatDIY Lee am 29.03.2019, https://www.youtube.com/watch?v=H4Ol-8BYWtU

ASMR Coconut JELLY (SOFT SQUISHY EATING SOUNDS) | SAS-ASMR (YouTube), 6:43 Min., hochgeladen von SAS-ASMR am 30.11.2018, https://www.youtube.com/watch?v=UEWFnKBbI7Q

[ASMR] Jumbo Squishies! (YouTube), 27:47 Min., hochgeladen von Gibi ASMR am 11.11.2017, https://www.youtube.com/watch?v=g_xiYfH8sxA

ASMR Tapioca Pearls / Boba (EXTREMELY SOFT SQUISHY STICKY EATING SOUNDS) NO TALKING | SAS-ASMR (YouTube), 12:57 Min., hochgeladen von SAS-ASMR am 03.07.2018, https://www.youtube.com/watch?v=VzrG84udZiw

As the Chrome dino runs, we caught up with the Googlers who built it, blog.google vom 06.09.2018, https://www.blog.google/products/chrome/chrome-dino/

A tiny angry squeaking Frog 🐸 | Super Cute Animals – BBC (YouTube), 0:45 Min., hochgeladen von BBC am 10.02.2015, https://www.youtube.com/watch?v=HBxn56l9WcU

Azzarello, Nina, *Sam lyon makes mushy motion graphics for jelly gummies gifs,* designboom.com vom 07.07.2014, https://www.designboom.com/art/sam-lyon-makes-mushy-motion-graphics-for-jelly-gummies-gifs/

Ball Jointed Doll STEAMPUNK OUTFIT (Etsy), @BJDboutiqueShop, https://www.etsy.com/de/listing/691996667/14-bjd-steampunk-outfit-msd/

Baphomet (Instagram), @alice.scarling, 10.06.2019, https://www.instagram.com/p/Byikx_GCSzB/

Baumgärtel, Tilman, *30 Jahre Gif-Animationen. Die Höhlenzeichnungen des Internets,* taz.de vom 15.06.2017, https://taz.de/30-Jahre-Gif-Animationen/!5418276/

Bellucci, Tara, *Ugly Design, The Instagram Account That Makes Us Both Laugh and Cringe,* apartmenttherapy.com vom 14.10.2017, https://www.apartmenttherapy.com/ugly-design-the-instagram-account-that-makes-us-both-laugh-and-cringe-251371

Bendel, Oliver, *Smart Home,* wirtschaftslexikon.gabler.de, o. D., https://wirtschaftslexikon.gabler.de/definition/smart-home-54137

BEST BURGER IS DIMMU BURGER Meme (me.me), 01.01.2019, https://me.me/i/best-burger-is-dimmu-burger-439a78a2e4654d7d831e0680f0d0c5d9

Bianconi, Giampaolo, *GIFABILITY,* rhizome.org vom 20.11.2012, https://rhizome.org/editorial/2012/nov/20/gifability/

Bin nur ein Fröschlein wo winkt (Imgur), 22.01.2020, https://imgur.com/v8GDiVU

Black Metal – Bands, Geschichte, Definition, disctopia.de, o. D., http://disctopia.de/metalstile/black-metal/

Black metal Christmas sweaters! (Pinterest), https://www.pinterest.de/pin/49187820901738753/

Black Metal Church Burning (Vimeo), 1:33 Min., hochgeladen von Dan Watson, 2010, https://vimeo.com/5690174

Black metal evolution (mirror.uncyc.org), @PuppyOnTheRadio, 10.11.2012, https://mirror.uncyc.org/wiki/Black_Metal#/media/File:Black_metal_evolution.jpg

Black Metal – Jehovah's Witnesses (Facebook), @BlackMetalMemes, 13.07.2015, https://www.facebook.com/I.Stabbed.Euronymous.23/photos/a.287193921437501/513984432091781/

Blair, Josh, *Meet Cincinnati's Long Furb Family,* citybeat.com vom 03.06.2019, https://www.citybeat.com/arts-culture/culture/blog/21071408/meet-cincinnatis-long-furb-family

Blawat, Katrin, *Ich weiß, es ist schwierig mit mir zu arbeiten,* sueddeutsche.de vom 18.08.2010, https://www.sueddeutsche.de/wissen/soziale-roboter-ich-weiss-es-ist-schwierig-mit-mir-zu-arbeiten-1.989482-0#seite-3

Bobby Diddle – Longfurbs (patreon.com), https://www.patreon.com/longfurbs [Inhalt nicht mehr verfügbar; letzter Zugriff: 05.06.2019]

Boissoneault, Lorraine, *A Brief History of the GIF, From Early Internet Innovation to Ubiquitous Relic,* smithsonianmag.com vom 02.06.2017, https://www.smithsonianmag.com/history/brief-history-gif-early-internet-innovation-ubiquitous-relic-180963543/

Brachycephalie Perser, uni-giessen.de, o. D., https://www.uni-giessen.de/fbz/fb10/institute_klinikum/klinikum/kleintierklinik/Chirurgie/neurologie/Forschung/brachycephalie/

Brennan, Siofra, *Here comes trouble! Hilarious photos of animals in tricky situations prove that you've always got to stay on your paws,* dailymail.co.uk, 29.06.2017, https://www.dailymail.co.uk/femail/article-4647810/Hilarious-photos-animals-predicaments.html

Brent James Harris alias Harris-Built (DeviantArt), https://www.deviantart.com/harris-built/

Brieglеb, Volker, *Tschüss, Kuri: Bosch-Startup Mayfield Robotics stellt Betrieb ein,* heise.de vom 25.07.2018, https://www.heise.de/newsticker/meldung/Tschuess-Kuri-Bosch-Startup-Mayfield-Robotics-stellt-Betrieb-ein-4120567.html/

Broeckmann, Andreas, *Minor Media – Heterogenic Machines,* nettime.org vom 13.11.1998, https://nettime.org/Lists-Archives/nettime-l-9811/msg00029.html

Brunner, Philipp/Hüningen, James zu, *Verwechslungskomödie,* filmlexikon.uni-kiel.de vom 12.10.2012, http://filmlexikon.uni-kiel.de/index.php?action=lexikon&tag=det&id=2491/

Bühling, Anja, *Mode-Mini-Hunde. Grausames Geschäft mit den niedlichen Teacup-Hunden,* br.de vom 15.01.2018, https://www.br.de/themen/wissen/teacup-dogs-teetassenhunde-mini-hunde-rassen-hundezucht-qualzucht-100.html

Burke, Sarah, *Puppy Power: The Power of Cuteness in Marketing,* getspokal.com vom 01.11.2016, https://www.getspokal.com/puppy-power-the-power-of-cuteness-in-marketing/

BURZUM Swag (Facebook), @BlackMetalMemes, 27.12.2016, https://www.facebook.com/I.Stabbed.Euronymous.23/photos/a.102463559910539/741008962722659/

Byrne, Debra J., *›In the Pink of the Carnivalesque‹,* markryden.com von 2005, https://www.markryden.com/biography/essays/carnivalesque.html

Carlsen, Audrey/Turner, Daniel M. N., *In Japan, Food Can Be Almost Too Cute To Eat,* npr.org vom 29.01.2013, https://www.npr.org/sections/thesalt/2013/02/04/170583365/in-japan-food-can-be-almost-too-cute-to-eat?t=1582568162703

Carter, Kate, *The curious world of Walter Potter – in pictures,* theguardian.com vom 13.09.2013, https://www.theguardian.com/lifeandstyle/gallery/2013/sep/13/curious-world-walter-potter-pictures-taxidermist-victorian

Castleberry, Chloe, *A real ball of fluff! Social media goes wild over an adorable dog after its fur was groomed into a perfect CIRCLE, leaving the pooch looking just like a sheep,* dailymail.co.uk vom 19.06.2018, https://www.dailymail.co.uk/femail/article-5858151/Japanese-groomer-posts-picture-dog-grooming-appointment-goes-viral.html

Catching a cute boy looking at you is the best thing in the world (Facebook), @BlackMetalMemes, 07.02.2017, https://www.facebook.com/I.Stabbed.Euronymous.23/photos/a.102463559910539/763338460489709/

Cat Fun GIF (Giphy), @mekamee, 04.09.2018, https://media.giphy.com/media/cJoPWYzzff2NsKFO2P/giphy.gif

Cat GIF (Giphy), 20.07.2015, https://media.giphy.com/media/aYZIeUDU3qvPa/giphy.gif

Cat Heavy Breathing GIF (Giphy), 13.08.2015, https://media.giphy.com/media/ncsQI9sF3pa8w/giphy.gif

Cat of Northern Darkness (Reddit), u/Bodombluemoon, 09.03.2014, https://www.reddit.com/r/MetalMemes/comments/1zzdqe/cat_of_northern_darkness/

Cat Riding on Roomba (KnowYourMeme), https://knowyourmeme.com/memes/cat-riding-on-roomba/

Cats that look like Hitler (Homepage), www.catsthatlooklikehitler.com

Cecire, Natalia, *Cats, Babies, and Other Hurtable Creatures,* newcriticals.com vom 10.12.2015, http://www.newcriticals.com/cats-babies-and-other-hurtable-creatures/

Chokshi, Niraj, *Amazon Knows Why Alexa Was Laughing at Its Customers,* nytimes.com vom 08.03.2018, https://www.nytimes.com/2018/03/08/business/alexa-laugh-amazon-echo.html

Chonk (Urban Dictionary), https://www.urbandictionary.com/define.php?term=chonk

CHONKCHILLA T-SHIRT (lookhuman.com), http://www.lookhuman.com/design/370485-chonkchilla/tshirt

Chonk / Oh Lawd He Comin' (KnowYourMeme), https://knowyourmeme.com/memes/chonk-oh-lawd-he-comin/

Chonker (Urban Dictionary), https://www.urbandictionary.com/define.php?term=Chonker

Chubby (Cambridge Dictionary), https://dictionary.cambridge.org/de/worterbuch/englisch/chubby

Chunky (Cambridge Dictionary), https://dictionary.cambridge.org/de/worterbuch/englisch/chunky

Cleopatra (1963) Elizabeth Taylor Entrance into Rome Scene (HD) (YouTube), 4:52 Min., hochgeladen von Astrotema am 03.06.2018, https://www.youtube.com/watch?v=vB-5Wv8IHVf0

Coolsista9, *How to Make Your Furby Nice Again,* instructables.com, o. D., https://www.instructables.com/id/How-To-Make-Your-Furby-Nice-Again/

Cozmo in #Cozmoments – Best Friend (YouTube), 0:50 Min., hochgeladen von Anki by Digital Dream Labs am 16.08.2016, https://www.youtube.com/watch?v=cuuKB4tHRFI

Cozmo in #Cozmoments – Sneeze (YouTube), 0:47 Min., hochgeladen von Anki by Digital Dream Labs am 11.05.2017, https://www.youtube.com/watch?v=pBOM-U43kt0

Cozmo – Künstliche Intelligenz zum Knuddeln (YouTube), 5:24 Min., hochgeladen von GAMEZ.de am 06.06.2017, https://www.youtube.com/watch?v=u0Y_yN8_iKE

Cozmo SDK (Homepage), https://developer.anki.com

Crappy Taxidermy (Homepage), http://crappytaxidermy.com/

Crowe, Steve, *Kuri robot canceled and operations halted at Mayfield Robotics,* therobotreport.com vom 25.07.2018, https://www.therobotreport.com/kuri-robot-cancelled-mayfield-pauses/

Crushing Crunchy & Soft Things by Car Compilation! Floral Foam, Squishy, Tide Pods and More! (YouTube), 11:12 Min., hochgeladen von HelloMaphie am 30.12.2018, https://www.youtube.com/watch?v=nhDAmqYHxdA

Crushing Furby with Hydraulic Press (YouTube), 0:15 Min., hochgeladen von Trending Videos am 15.04.2017, https://www.youtube.com/watch?v=C_HYwCwtxGc
Cugly – Pamela Jenkins (Pinterest), https://www.pinterest.de/siamesepeony/cugly-cute-ugly/
Cugly (Urban Dictionary), https://www.urbandictionary.com/define.php?term=cugly
Cuppen, Iris, *The political GIF: the never-ending loop in presidential races,* diggitmagazine.com vom 24.11.2017, https://www.diggitmagazine.com/papers/political-gif-never-ending-loop-presidential-races
Cursed Image (KnowYourMeme), https://knowyourmeme.com/memes/cursed-image
Cursed image (Urban Dictionary), https://www.urbandictionary.com/define.php?term=cursed%20image
Custom Steampunk Digibird (YouTube), 0:28 Min., hochgeladen von Lence Karasu am 31.05.2016, https://www.youtube.com/watch?v=qgmfGyO4V18
Cute Varg (funnyjunk.com), @ragenFOX, https://funnyjunk.com/channel/metal-time/Cute+varg/jYibGwL/
Cutie marks (mlp.fandom.com), https://mlp.fandom.com/wiki/Cutie_marks
Cutting Open Squishy Squeeze Toy Compilation | ASMR Cutting Squishy Toys (YouTube), 11:50 Min., hochgeladen von SuesKawaiiCollection am 18.06.2017, https://www.youtube.com/watch?v=Uq_aixHZsy8
Danao, Monique, *Singapore Has Her Own Egg Boy & This Fluffy Pomeranian Is Taking Over The Internet,* mustsharenews.com vom 30.03.2019, https://mustsharenews.com/egg-boy-pomeranian/
DAS MANTELTIER; THE NON-TOED FUR-COATIE (Vimeo), 3:14 Min., hochgeladen von Neozoon Collective am 30.06.2010, https://vimeo.com/12987937/
Deal with it (funnycaptions.com), http://www.funnycaptions.com/img/189228/not-all-babies-are-cute-we-need-to-stop-lying-to-people-sometimes-you-have-an-ugly-baby-deal-wit/
Dein Leben mit Cozmo (anki.com), https://anki.com/de-de/cozmo/life-with-cozmo/gameplay.html
Despicable Me (Agnes) – It's So Fluffy! (HD) (YouTube), 0:13 Min., hochgeladen von kiddkaos1 am 16.06.2010, https://www.youtube.com/watch?v=-KgjbTwfVak/
Deutscher Bundestag, Drucksache 19/9456, Kleine Anfrage vom 16.04.2019, http://dip21.bundestag.de/dip21/btd/19/094/1909456.pdf
Deutscher Bundestag, Drucksache 19/10090, Antwort vom 13.05.2019, https://dipbt.bundestag.de/dip21/btd/19/100/1910090.pdf
Devil (Instagram), @elliot.hazard, 14.06.2017, https://www.instagram.com/p/BVU_vt-AZE-/
Diminutiv (Wikipedia), https://de.wikipedia.org/wiki/Diminutiv
Dis gon b gud popcorn GIF (Giphy), 24.09.2013, https://media.giphy.com/media/aFEMFqZpDrkRy/giphy.gif
Dönges, Jan, *Warum sind Pandas eigentlich schwarz-weiß?* spektrum.de vom 02.03.2017, https://www.spektrum.de/news/warum-sind-pandas-eigentlich-schwarz-weiss/1440139/
Drögemüller, Dennis, *Slayer zeigen sich für Tierschutzorganisation mit Hundewelpen,* visions.de vom 22.03.2016, https://www.visions.de/news/24687/Slayer-zeigen-sich-fuer-Tierschutzorganisation-mit-Hundewelpen

Drolliger Imperator Notizbuch (amazon.com), https://www.amazon.com/Drolliger-Imperator-Notizbuch-Seiten-Punkterater/dp/1670038785/

Drügh, Heinz, *Banalität unseres Alltags. Convenience ist ein Gefühl,* deutschlandfunknova.de vom 16.03.2019 https://www.deutschlandfunknova.de/beitrag/konsumverhalten-convenience-ist-ein-gefuehl/

Eggdog (KnowYourMeme), https://knowyourmeme.com/memes/eggdog

Ehrenstein, Claudia, *Menschen spielen Gott,* welt.de vom 02.12.1998, https://www.welt.de/print-welt/article629098/Menschen-spielen-Gott.html

El Día de Muertos: el regreso de lo querido, es.unesco.org vom 29.10.2019, https://es.unesco.org/news/dia-muertos-regreso-lo-querido-0/

Electronic Furby – Gebrauchsanweisung (robotsandcomputers.com), http://www.robotsandcomputers.com/robots/manuals/Furby.pdf

Elliott, Stuart, *Warm and Fuzzy Makes a Comeback,* nytimes.com vom 06.04.2009, https://www.nytimes.com/2009/04/07/business/media/07adco.html

Ellis, Emma Grey, *Why You Can't Look Away From #CursedImages,* wired.com vom 14.06.2019, https://www.wired.com/story/appeal-cursed-images-meme/

Elmyra Duff (tinytoons.fandom.com), https://tinytoons.fandom.com/wiki/Elmyra_Duff/

Elmyra hugs squirrel (YouTube), 0:44 Min., hochgeladen von Bruno Loff am 07.09.2013, https://www.youtube.com/watch?v=pxvzEfI0BFU

Emma (Instagram), @suse_obscure, 19.05.2018, https://www.instagram.com/p/Bi9UXSPFpF1/

Emoto-Tronic Furby – Gebrauchsanweisung (furbymanual.com), http://www.furbymanual.com/manuals/Emoto-Tronic%20Furbies-Manual.pdf

Ernie and Bert go BRUTAL (YouTube), 2:30 Min., hochgeladen von Vlad Anikanov am 22.12.2012, https://www.youtube.com/watch?v=txjQHeQH5eY

Erpel und Elefant (Instagram), @an_erpels_tale, 10.06.2019, https://www.instagram.com/p/BygVrmvinsV/

Eube, Anna, *»Das Baby ist anstrengend – aber ...« – Nichts aber!,* welt.de vom 03.12.2017, https://www.welt.de/icon/partnerschaft/article171127651/Das-Baby-ist-anstrengend-aber-Nichts-aber.html

Ever wonder what a wet Pomeranian looks like? (Twitter), @FridayCakeNight, 30.12.2017, https://twitter.com/fridaycakenight/status/946953030695399424/

Ewbank, Anne, *In 19th-Century Britain, The Hottest Status Symbol Was a Painting of Your Cow. The livestock looked surprisingly geometric,* atlasobscura.com vom 13.12.2017, https://www.atlasobscura.com/articles/britain-cows-pig-sheep-paintings-livestock/

Fat Cat Art (Homepage), https://fatcatart.com/

Feeling Cute, Might Delete Later (KnowYourMeme), https://knowyourmeme.com/memes/feeling-cute-might-delete-later/

Fehily, Toby, *Koji Ryui. Feature,* artguide.com.au vom 17.11.2016, https://artguide.com.au/koji-ryui/

Fera, Rae Ann, *How Furby Became A Hot Toy Again,* fastcompany.com vom 12.10.2012, https://www.fastcompany.com/2682073/how-furby-became-a-hot-toy-again

Fetish-Pets-Store (Homepage), https://www.fetish-pets-store.com/

Fettleibig (Duden), https://www.duden.de/rechtschreibung/fettleibig

Feuerhelm, Brad, *Interview Ruth Van Beek: Folded Dramas @ Unseen,* americansuburbx.com vom 15.09.2015, https://americansuburbx.com/2015/09/interview-ruth-van-beek-folded-dramas-unseen.html

Filosofem Meme (me.me), 15.12.2018, https://me.me/i/filosofem-20b09fa53d1e44c68c38d07db0e0dc95

Flederbatty (Instagram), @0bettyblue0, 20.05.2018, https://www.instagram.com/p/Bi_Y4N0llBO/

Found on a twitter thread of bad pet panoramas (Reddit), u/julietathena17, 28.03.2019, https://www.reddit.com/r/dontputyourdickinthat/comments/b6dtoi/found_on_a_twitter_thread_of_bad_pet_panoramas/

Fox GIF (Giphy), 19.09.2013, https://media.giphy.com/media/XijnjGLwbq5u8/giphy.gif

Funniest Baby and Baby Animals Fails – Fun and Fails Baby Video (YouTube), 10:24 Min., hochgeladen von Fun and Fails am 28.02.2019, https://www.youtube.com/watch?v=25bLmh2LNuA [Inhalt nicht mehr verfügbar; letzter Zugriff: 05.06.2019]

Furbinomicon (Imgur), @chessai, 28.08.2016, https://imgur.com/gallery/YOCQz

Furbosaur (Instagram), @beaujesters, 14.02.2019, https://www.instagram.com/p/Bt4SFQmgOm_/

Furby (gutefrage.net), https://www.gutefrage.net/frage/furby-will-nicht-mehr-lieb-werden [Inhalt nicht mehr verfügbar; letzter Zugriff: 05.06.2019]

Furby (tvtropes.org), https://tvtropes.org/pmwiki/pmwiki.php/Toys/Furby

Furby;-) (erziehung-online.de), https://www.erziehung-online.de/forum/allgemein/furby-)/25/

Furby 2012 – Gebrauchsanweisung (furbymanual.com), http://www.furbymanual.com/manuals/2012-Furby-Instructions.pdf

Furby allein zu Hause – gefährliche Funktion eines Spielzeugs (YouTube), 0:57 Min., hochgeladen von FZIchannel am 01.08.2018, https://www.youtube.com/watch?v=_M0iMg52XwU

Furby Boom! – Gebrauchsanweisung (hasbro.com), https://www.hasbro.com/common/documents/48b6f7255056900b10435c83cc620c4b/F5A90EA950569047F5D042DE565F7BED.pdf

Furby Connect Bluetooth Protocol Hack – he says whatever you want! (YouTube), 3:50 Min., hochgeladen von Jeija am 08.01.2017, https://www.youtube.com/watch?v=FkblA_CxHgU

Furby Destruction (NOT FOR YOUNG CHILDREN) (YouTube), 13:38 Min., hochgeladen von Jaxen Ross is b-a-c-k! am 08.08.2018, https://www.youtube.com/watch?v=sofFyDL4fx0

Furby FAQ (hasbro.com), https://www.hasbro.com/common/documents/48b6f7255056900b10435c83cc620c4b/C33D14AC50569047F53CA576D63B3890.pdf

Furby GIF (Giphy), 18.10.2016, https://media.giphy.com/media/3vm1QM95VnBks/giphy.gif

Furby vs Hydraulic Press (YouTube), 1:51 Min., hochgeladen von next EXPERIMENT am 19.04.2016, https://www.youtube.com/watch?v=Kik6hkaazqY

Furrycat (Instagram), @annatinklerbell, 08.06.2019, https://www.instagram.com/p/BydUSEIiXFY/

Gaede, Isabell, *Hässliche Tiere dieser Welt: Werwolfkatze, Blobfisch, Nacktmull,* praxistipps.focus.de vom 25.04.2019, https://praxistipps.focus.de/haessliche-tiere-dieser-welt-werwolfkatze-blobfisch-nacktmull_110206

Gartenarbeit ist Krieg (lachschon.de), @MetalScheddl, 08.12.2007, https://www.lachschon.de/item/38290-GartenarbeitistKrieg/

Garun, Natt, *Anki just built Wall-E and Eve's love child into a robot named Cozmo, and it's incredible,* thenextweb.com vom 27.06.2016, https://thenextweb.com/plugged/2016/06/27/anki-2/

George Moore invents a Steam Man, davidbuckley.net, 11.03.2015, http://www.davidbuckley.net/DB/HistoryMakers/1893MooreSteamMan.htm

Gerstein, Julie, *A small corner of the internet is obsessed with ›Long Furbies‹ and the creations are both disturbing and hilarious,* insider.com vom 24.10.2019, https://www.insider.com/long-furbies-are-furbies-but-long-reddit-etsy

Geweihkranz (Instagram), @xxmilkytea, 12.06.2019, https://www.instagram.com/p/BynsOBMIm-I/

Géza Szöllősi – My Pets (Homepage), https://www.gezaszollosi.com/my-pets/

GIANT SUPER SQUISHIES! Slow Rising Giant Squishies! (YouTube), 8:16 Min., hochgeladen von Karina Garcia am 16.10.2016, https://www.youtube.com/watch?v=4ex0AhL599I/

Goodman, Jillian, *Furby 3.0: The Evolution of Creepy,* fastcompany.com vom 26.11.2012, https://www.fastcompany.com/3002978/furby-30-evolution-creepy/

Gothicpuppe und schwarze Katze (Instagram), @helenavont, 02.06.2019, https://www.instagram.com/p/ByN7f2eIPx-/

Gothic-Pferde (Instagram), @losttapes007, 13.06.2018, https://www.instagram.com/p/Bj9NaQqFUO-/

Gramol (Instagram), @elfentroll_books, 11.06.2019, https://www.instagram.com/p/BylFUW5icPv/

Grayham, Elyse, *The weird underside of DoggoLingo,* blog.oxforddictionaries.com vom 01.08.2017, https://blog.oxforddictionaries.com/2017/08/01/doggolingo/ [Inhalt nicht mehr verfügbar; letzter Zugriff: 06.05.2019]

Großer Panda (Ailuropoda melanoleuca), wwf.de vom 23.06.2017, https://www.wwf.de/themen-projekte/artenlexikon/grosser-panda/

Grossman, Andrew, *Freedom from the Pedomorphic Ideal: A Speculation on the Tragically Cute,* brightlightsfilm.com vom 31.10.2010, https://brightlightsfilm.com/freedom-from-the-pedomorphic-ideal-a-speculation-on-the-tragically-cute/

Grotesk (Duden), https://www.duden.de/rechtschreibung/grotesk

Grotesque, Subst./Adj. (OED), https://www.oed.com/

Groys, Boris, *The Aura of Profane Enlightenment,* fischerelsani.net von 2002, http://www.fischerelsani.net/texts/aura-research/ (ursprünglich in: (*The World May be) Fantastic,* Ausstellungskatalog, Sydney Biennale, 2002)

Gruseliges Lachen erschreckt Nutzer, sueddeutsche.de vom 08.03.2018, https://www.sueddeutsche.de/digital/amazon-alexa-lachen-1.3897561

Guide to Furby Fandom Tags (Tumblr), @tarotfurbyandchill, 02.05.2018, https://tarotfurbyandchill.tumblr.com/post/173519577839/guide-to-furby-fandom-tags

Gunkel, Katja, *Squeezing Animals: Über die Verformbarkeit des Niedlichen (Konsumrezension Winter),* pop-zeitschrift.de vom 28.01.2019a, http://www.pop-zeitschrift.de/2019/01/28/konsumrezension-wintervon-katja-gunkel28-1-2019/

Gunkel, Katja, *Pelzige Posamente. Pompon trifft Pommeraner (Niedliches – Teil 2: Das Flau schige),* pop-zeitschrift.de vom 13.05.2019b, http://www.pop-zeitschrift.de/2019/05/13/pelzige-posamente/

Gunkel, Katja, *Gewichtige Niedlichkeiten, in Form gebrachte Tiere (Niedliches – Teil 3: Das Rundliche),* pop-zeitschrift.de vom 18.11.2019c, http://www.pop-zeitschrift.de/2019/11/18/niedliches-teil-3-das-rundlichevon-katja-gunkel18-11-2019/

Haarklammer Liquorbrand (JugendKulturArchiv), http://www.jugendkulturarchiv.de/index.php?/albums/haarklammern-und-haarreife/content/liquorbrand/

Hail Satan GIF (Giphy), 26.11.2013, https://media.giphy.com/media/ZkRNElLP1I4P6/giphy.gif

Halskette Damen Gothic Steampunk Fantasie Mädchen (Pinterest), https://www.pinterest.de/pin/537617274267099666/

Haramis, Nick, Welcome to the Age of the Twink, nytimes.com vom 14.05.2018, https://www.nytimes.com/2018/05/14/t-magazine/age-of-the-twink.html/

Hasbro Furby Connect: Furby wouldn't – Hund (adeevee.com), 21.01.2017, https://www.adeevee.com/aimages/201701/20/hasbro-furby-connect-furby-wouldnt-print-391406-adeevee.jpg

Hasbro Furby Connect: Furby wouldn't – Katze (adeevee.com), 21.01.2017, https://www.adeevee.com/aimages/201701/20/hasbro-furby-connect-furby-wouldnt-print-391407-adeevee.jpg

Hasbro Furby Connect: Furby wouldn't – Schuh (adeevee.com), 21.01.2017, https://www.adeevee.com/aimages/201701/20/hasbro-furby-connect-furby-wouldnt-print-391408-adeevee.jpg

Hatchimals WOW – Unboxing & How To (YouTube), 9:05 Min., hochgeladen von Hatchimals am 18.09.2019, https://www.youtube.com/watch?v=IlRc214oVmc

Hatchimals WOW, Llalacorn (spinmaster.com), https://www.spinmaster.com/product_detail.php?pid=p30836&bid=

Heidbrink, Ludger, *Die Attraktion des Widerwärtigen. Winfried Menninghaus über die Geschichte des Ekels,* zeit.de vom 02.09.1999, https://www.zeit.de/1999/36/Die_Attraktion_des_Widerwaertigen

Hendel, John, *The Life of the Cyberflâneur,* theatlantic.com vom 08.02.2012, https://www.theatlantic.com/technology/archive/2012/02/the-life-of-the-cyberfl-neur/252687/

Henderson, Bill, *Cozmo is a robot with a big brain and an even bigger personality,* the-gadgeteer.com vom 07.08.2017, https://the-gadgeteer.com/2017/08/07/cozmo-is-a-robot-with-a-big-brain-and-an-even-bigger-personality/

Herbig, Daniel, *Anki Vector: Digital Dream Labs hält den Mini-Roboter am Leben,* heise.de vom 06.01.2020, https://www.heise.de/newsticker/meldung/Anki-Vector-Digital-Dream-Labs-haelt-den-Mini-Roboter-am-Leben-4628498.html/

Hessian Hobbies (YouTube), 2:01 Min., hochgeladen von Augustine Arredondo am 30.05.2010, https://www.youtube.com/watch?v=BZGa40Hl4zI/

Hessian Hobbies. The Second Coming (YouTube), 2:36 Min., hochgeladen von Augustine Arredondo am 20.04.2011, https://www.youtube.com/watch?v=VK5v03HpKQA/

Hildebrandt, Alexandra, *Nie war Flanieren so vielversprechend wie heute,* xing.com vom 19.04.2019, https://www.xing.com/news/insiders/articles/nie-war-flanieren-so-viel versprechend-wie-heute-2234482/

Hill'sTM BFI (Body Fat Index) Risk Chart (spca.org.hk), https://www.spca.org.hk/images/PDF/HillsBFIChartFeline.pdf

Hilton, Alison, *Consuming the fat cows,* merl.reading.ac.uk vom 25.10.2015, https://merl.reading.ac.uk/news-and-views/2015/10/consuming-the-fat-cows/

HiPP Babysanft – Hautpflege für Babys (YouTube), 0:20 Min., hochgeladen von HiPP am 03.07.2019, https://www.youtube.com/watch?v=aS7la0b-hoI

HiPP COMBIOTIK® Folgemilch Mama (YouTube), 0:25 Min., hochgeladen von HiPP am 31.10.2019, https://www.youtube.com/watch?v=BJ-Y0DQ3Ebk

Homer – Saxamaphone (Facebook), @BlackMetalMemes, 13.10.2016, https://www.face book.com/I.Stabbed.Euronymous.23/photos/a.102463559910539/6973929704 17592/

Honan, Mat, *Killing the fail whale with Twitter's Christopher Fry,* wired.com vom 25.11.2013, https://www.wired.com/2013/11/qa-with-chris-fry/

Hooton, Christopher, *So cute I could eat it: The science behind ›cute aggression‹,* indepen dent.co.uk vom 14.11.2014, https://www.independent.co.uk/news/science/so-cute-i-could-eat-it-the-science-behind-cute-aggression-9860440.html/

Horst die Filzlaus hat Angst vor Gewitter (Instagram), @a_nameless_dragon, 10.06.2019, https://www.instagram.com/p/ByimGV_Cg6P/

How to welcome the Fat Cat (YouTube), 0:34 Min., hochgeladen von FatCartArt.com am 17.08.2019, https://www.youtube.com/watch?v=eefqRcBRHOg&feature=player_em bedded

Huber, Leonie, *Die verfluchte Realität. Ed Fornieles über Cursed Images,* gallerytalk.net vom 19.09.2019, https://www.gallery talk.net/die-verfluchte-realitaet/

Hudson Hongo, *Cursed Images Is the Last Twitter Account You See Before You Die,* gizmo do.com vom 29.08.2016, https://gizmodo.com/cursed-images-is-the-last-twitter-ac count-you-see-befor-1785925077

Hughes, Sloane, *›Oddbody Furbies‹ Are The Most Terrifying Things I've Ever Seen In My Life,* funnyordie.com vom 03.04.2019, https://www.funnyordie.com/2019/4/3/18292473/oddbody-furbies-most-terrifying-things-ive-ever-seen-in-my-life

Hybrid (Duden), https://www.duden.de/rechtschreibung/Hybrid

Hybrid, Adj. (Duden), https://www.duden.de/rechtschreibung/hybrid_gemischt

Hydro-thera-paws! Bizarre bath time video of submerged Pomeranian is so soothing… even she falls asleep, dailymail.co.uk vom 29.06.2017, https://www.dailymail.co.uk/news/article-4652222/Bath-time-video-submerged-Pomeranian-soothing.html/

I Can Has History – Helene Dams (nm.merz-akademie.de), http://nm.merz-akademie.de/~helene.dams/icanhashistory/

I EAT FRAGMENTS OF YOUR SOUL (esmemes.com), 10.05.2019, https://esmemes.com/i/fd23deb871ca4a5b8819c0fe2bde231b

Immortal – Call Of The Wintermoon (YouTube), 3:00 Min., hochgeladen von PyiToditt am 09.06.2006, https://www.youtube.com/watch?v=-VBdAY8eA9w

Instagram-Webversion, Suchfunktion, https://www.instagram.com/directory/hashtags/

IRobot Roomba® works with Amazon Alexa® – »Alexa! ask Roomba to start cleaning« (YouTube), 1:30 Min., hochgeladen von iRobot India am 07.10.2018, https://www.youtube.com/watch?v=mhsQOJpZhOA

I Tried ASMR.. Eating Black Jelly Grapes, Slime + More! (sticky crunchy sounds) (YouTube), 11:16 Min., YouTube, hochgeladen von Karina Garcia am 10.07.2019, https://www.youtube.com/watch?v=-XPZWuHP8MY

Ivanova, Elena, *More real than real,* artstudio.org, o. D., http://www.artstudio.org/more-real-than-real/

I want to pet it but don't want to touch it (Reddit), u/quadrant6, 2014, https://www.reddit.com/r/uglycute/

Janssen, Michelle, *Blog Of The Week: Jelly Gummies,* kaltblut-magazine.com vom 20.06.2015, https://www.kaltblut-magazine.com/blog-of-the-week-jelly-gummies/

Japan meme takes over social media with #RiceBallBabies (YouTube), 1:40 Min., hochgeladen von TomoNews US am 09.12.2015, https://www.youtube.com/watch?v=jZRl-rEGATAk/

Jellygummies (Homepage), http://www.jellygummies.com/

Jenkins, Henry, *When Fandom Goes Mainstream…,* henryjenkins.org vom 29.11.2006b, http://henryjenkins.org/blog/2006/11/when_fandom_goes_mainstream.html

Jenkins, Henry, *»The Tomorrow That Never Was«: Retrofuturism in the Comics of Dean Motter (Part One),* henryjenkins.org vom 17.06.2007, http://henryjenkins.org/2007/06/the_tomorrow_that_never_was_re.html/

Jenkins, Henry, *Fan Materiality and Affect: Interview with Nicolle Lamerichs (Part 2),* henryjenkins.org vom 11.09.2019, http://henryjenkins.org/blog/2019/9/8/interview-with-nicholle-lamerichs-part-2-erjjs

Jobson, Christopher, *Steampunk Animal and Insect Sculptures by Igor Verniy,* thisiscolossal.com vom 03.12.2014, https://www.thisiscolossal.com/2014/12/steampunk-animal-and-insect-sculptures-by-igor-verniy/

Jochen Raiß – Eisbären (Homepage), http://imperfekt.photography/eisbaeren

Johnson, Paddy, *A Brief History of Animated GIF Art, Part One,* news.artnet.com vom 02.08.2014a, https://news.artnet.com/art-world/a-brief-history-of-animated-gif-art-part-one-69060

Johnson, Paddy, *A Brief History of Animated GIF Art, Part Two,* news.artnet.com vom 15.08.2014b, https://news.artnet.com/art-world/a-brief-history-of-animated-gif-art-part-two-78532

Johnson, Paddy, *A Brief History of Animated GIF Art, Part Three,* news.artnet.com vom 02.09.2014c, https://news.artnet.com/art-world/a-brief-history-of-animated-gif-art-part-three-88928

JugendKulturArchiv (Homepage), http://www.jugendkulturarchiv.de/

June 7, 2019 at Viktorianisches Picnic Clara Park! (Instagram), @missy_lynn79, 12.06.2019, https://www.instagram.com/p/Bym8lGYIyZe/

Kappeler, Markus, *Großer Panda (Ailuropoda melanoleuca),* markuskappeler.ch von 1985, https://www.markuskappeler.ch/tex/texs/grosserpanda2.html

Katharina Moessinger – Projekt »Kuscheltiere« (Homepage), http://www.katharina-moessinger.de/html/information/text/02_projekt_kuscheltiere.html

Katjes TV-Spot 2019 – Jedes Leben ist wertvoll (YouTube), 0:20 Min., hochgeladen von Katjes am 05.01.2019, https://www.youtube.com/watch?v=pp5mH_DzUVU

Katz, Brigit, *Why We Want to Squeeze Cute, Little Things,* smithsonianmag.com vom 31.12.2018, https://www.smithsonianmag.com/smart-news/why-we-want-squeeze-cute-little-things-180971143/

Kazimir Malevich, Red Square or Cat's Suprematism (fatcatart.com), https://fatcatart.com/wp-content/uploads/2011/02/Malevich_Red_Square-cat-sm.jpg

Kill it with fire (Reddit), u/PolyPanda353, 20.09.2018, https://www.reddit.com/r/DiWHY/comments/9hcgbb/kill_it_with_fire/

Kill Me (KnowYourMeme), https://knowyourmeme.com/memes/kill-me

Kirsner, Scott, *Moody Furballs And The Developers Who Love Them,* wired.com vom 09.01.1998, https://www.wired.com/1998/09/furby/

Kitsch (Duden), https://www.duden.de/rechtschreibung/Kitsch_geschmackloser_Gegenstand

Klostermeier, Johannes, *Furby in Deutschland. Bestellungen über neue Internet-Site,* zdnet.de vom 08.04.1999, https://www.zdnet.de/2047015/furby-in-deutschland/

Knoblauch, Max, *Jelly Gummies are the most disturbingly mesmerizing GIFs you'll see,* mashable.com vom 25.06.2015, https://mashable.com/2015/06/24/jelly-gummies/?europe=true/

Kohout, Annekathrin, *Frequently Asked Questions to Clean-Pop,* sofrischsogut.com vom 08.05.2017b, https://sofrischsogut.com/2017/05/08/frequently-asked-questions-to-clean-pop/

Kohout, Annekathrin im Corsogespräch mit Juliane Reil, *Zeitphänomen Clean Pop. »Miley Cyrus hat eine Rückverwandlung vorgenommen«,* deutschlandfunk.de vom 17.10.2017c, https://www.deutschlandfunk.de/zeitphaenomen-clean-pop-miley-cyrus-hat-eine.807.de.html?dram:article_id=398427

Koszary, Adam, *look at this absolute unit,* medium.com vom 10.04.2018, https://medium.com/@adamkoszary/look-at-this-absolute-unit-763207207917/

Kostidesign (Homepage), https://www.kostidesign.com/

Kühl, Eike, *Grumpy Cat. Wir hatten Spaß, es war furchtbar,* zeit.de vom 17.05.2019, https://www.zeit.de/digital/internet/2019-05/grumpy-cat-internet-meme-star-nachruf/komplettansicht/

LaFrance, Adrienne, *The Story of Twitter's Fail Whale,* theatlantic.com vom 08.01.2015, https://www.theatlantic.com/technology/archive/2015/01/the-story-behind-twitters-fail-whale/384313/

Langley, Liz, *This Is Why We Find ›Ugly‹ Animals Cute,* nationalgeographic.com vom 17.03.2017, https://news.nationalgeographic.com/2017/03/animals-ugly-cute-psychology/

Lee, Dami, *Step aside, long Furbies – long Hatchimals have arrived,* theverge.com vom 18.09.2019, https://www.theverge.com/tldr/2019/9/18/20857732/hatchimals-wow-spin-master-long-furby

Lee, Dami, *The headless robot cat company has made a headless robot kitten,* theverge.com vom 06.01.2020, https://www.theverge.com/2020/1/6/21051662/robot-cat-headless-yukai-engineering-petit-qoobo-ces-2020/

Les Deux Garçons – Pietà (Homepage), http://www.lesdeuxgarcons.nl/work/pieta-jesus/

Les Deux Garçons – Work (Homepage), http://www.lesdeuxgarcons.nl/work/

Liao, Shannon, *Amazon has a fix for Alexa's creepy laughs,* theverge.com vom 07.03.2018, https://www.theverge.com/circuitbreaker/2018/3/7/17092334/amazon-alexa-devices-strange-laughter

Lil Bub (Homepage), http://lilbub.com/

Liturgy – Returner (Official Music Video) (YouTube), 3:53 Min., hochgeladen von Thrill Jockey Records am 29.04.2011, https://www.youtube.com/watch?v=HV00_B3ZirQ/

LOLcats (KnowYourMeme), https://knowyourmeme.com/memes/lolcats/

LOLCATS.COM, http://www.lolcats.com/

Long Boy (KnowYourMeme), https://knowyourmeme.com/memes/long-boy

Long Cat GIF (tenor.com), 22.02.2019, https://tenor.com/view/4d3d3d3engaged-long-cat-cat-cat-dancing-white-cat-gif-13574423

Longcat (KnowYourMeme), https://knowyourmeme.com/memes/longcat

L'Oréal Norway. Varg Vikernes GIF (Giphy), 28.05.2015, https://media.giphy.com/media/IMwfpJR5okbAs/giphy.gif

LOVOT (Produkthomepage), https://lovot.life/en/

Lunch, Clayton, *20 Animals That Have Gotten Themselves Into A Real Predicament,* honest topaws.com, o. D., https://honesttopaws.com/animals-in-sticky-situations/

Manimals Glitch in Red Dead Redemption (YouTube), 1:43 Min., hochgeladen von Sons of Glitches am 14.07.2014, https://www.youtube.com/watch?v=ip0a-kNJGtc/

Marie Kondo explains Spark Joy (YouTube), 1:43 Min., hochgeladen von Ebury Reads am 19.02.2016, https://www.youtube.com/watch?v=9AvWs2X-bEA

Mark Ryden – Pinxit (taschen.com), https://www.taschen.com/pages/de/catalogue/art/all/43424/facts.mark_ryden_pinxit.htm

Marks, Anna, *Diese essbaren Gelatine-Babys sind faszinierend und gruselig zugleich,* vice.com vom 09.04.2018, https://www.vice.com/de/article/wj7gnq/essbare-gelatine-babys-sind-faszinierend-und-gruselig-zugleich

McIntyre, Anthony P., *Robots in Popular Culture: Labor Precarity and Machine Cute,* flow journal.org vom 27.02.2017, https://www.flowjournal.org/2017/02/robots-popular-culture/

McManus, Ashley, *Humanizing Robots with Emotion AI,* blog.affectiva.com vom 02.08.2017, https://blog.affectiva.com/humanizing-robots-with-emotion-ai

MeEting moRe cOOl peoPle aTWGT l leiPziG! (Instagram), @squishynobones, 10.06.2019, https://www.instagram.com/p/Byh56M2oExx/

Merrie Melodies (looneytunes.fandom.com), https://looneytunes.fandom.com/wiki/Merrie_Melodies/

METAL CATS by Alexandra Crockett (powerhousebooks.com), http://www.powerhousebooks.com/newsletters/140203/

Metal Hammer, *The 10 Most Malevolent Black Metal Logo Memes,* loudersound.com vom 10.06.2019, https://www.loudersound.com/features/the-10-most-malevolent-black-metal-logo-memes/

Milkshake Duck (KnowYourMeme), https://knowyourmeme.com/memes/milkshake-duck

›Millennial pink‹ is the colour of now – but what exactly is it? theguardian.com vom 22.03.2017, https://www.theguardian.com/artanddesign/shortcuts/2017/mar/22/millennial-pink-is-the-colour-of-now-but-what-exactly-is-it

Minor (leo.org), https://dict.leo.org/englisch-deutsch/minor

Mommy & Daddy in love (Instagram), @medivaldog, 25.06.2018, https://www.instagram.com/p/Bkc0BN8gpeu/

Moor, Tina, *RL-Plüsch,* materialarchiv.ch., o. D., http://www.materialarchiv.ch/app-tablet/#detail/1543/rl-pluesch/

Morozov, Evgeny, *Der Tod des Cyberflaneurs,* spiegel.de vom 09.02.2012, https://www.spiegel.de/netzwelt/web/netzkultur-der-tod-des-cyberflaneurs-a-814236.html/

MOTHER? (Instagram), @long.furby.fam, 24.06.2019, https://www.instagram.com/p/BzGhXdEplzq/

MrPuffin, *The Tiniest and Fluffiest of all Tiny Fluffy Dogs,* thatcutesite.com vom 07.12.2010, http://www.thatcutesite.com/the-tiniest-and-fluffiest-of-all-tiny-fluffy-dogs/

Mufson, Beckett, *Diese Fotografin verkleidete sich als Panda, um beeindruckende Pandabären-Fotos zu machen,* vice.com vom 22.07.2016, https://www.vice.com/de/article/ezm4nw/diese-fotografin-verkleidete-sich-als-panda-um-beeindruckende-pandabaeren-fotos-zu-machen

Mull, Amanda, *This Is Your Brain on Puppies. There's a scientific reason you want to squeeze a cute animal's little face,* theatlantic.com vom 11.12.2018, https://www.theatlantic.com/health/archive/2018/12/cute-aggression-its-so-fluffy/577801/

My favorite sleeping moments at #wgt2018 (Instagram), @medivaldog, 23.06.2018, https://www.instagram.com/p/BkXds2IAt22/

Natalie on, *Please… Turn Furby Nice Again,* furbycrazy.com, o. D., https://furbycrazy.com/turn-furby-nice-again

NEOZOON (Homepage), http://www.neozoon.org/

Netto Katzen (YouTube), 1:15 Min., hochgeladen von artin111111 am 16.06.2016, https://www.youtube.com/watch?v=qNUBwsHa0AU

Neu: GIF-Sticker, instagram-press.com vom 23.01.2018, https://instagram-press.com/de/blog/2018/01/23/neu-gif-sticker/

Ng, Sofianna, *The Science Behind »Cute« in Marketing,* medium.com vom 27.03.2017, https://medium.com/@sofianna/the-science-behind-cute-in-marketing-3b7b2babe5d5

Ngai, Sianne im Interview mit Adam Jasper, *Our Aesthetic Categories: An Interview with Sianne Ngai. The cute, the interesting, and the zany,* cabinetmagazine.com von 2011, http://www.cabinetmagazine.org/issues/43/jasper_ngai.php

Niehaus, Michael, *»Kleine Formate«. Vorüberlegungen,* kw.uni-paderborn.de, o. D., S. 1–21, https://kw.uni-paderborn.de/fileadmin/fakultaet/Institute/kunst/Forschung/Kulturen_des_Kleinen/Paper_Niehaus_Kleine_Form.pdf

Nordhäuser Doppelkorn Werbung 1993 (YouTube), 0:20 Min., hochgeladen von AlteTV-Spots am 31.12.2011, https://www.youtube.com/watch?v=9oHlcOvVLys

Norwegian Fried Churches (funnyjunk.com), @ironangelofdeath, https://funnyjunk.com/Norwegian+fried+churches/funny-pictures/4948633/

Not all Babies are cute (someecards.com), @Michelle1987305, https://www.someecards.com/usercards/viewcard/MjAxMi02OGZkYTVmYmE4YTQ4MTJh/?tagSlug=baby

Odd bod, Subst. (OED), https://www.oed.com/

Odd Bodies & Kind Souls (discordapp.com), https://discordapp.com/channels/480491540104609792/480497580678316049

Odd body, Subst. (OED), https://www.oed.com/

Odd, Adj. (linguee.com), https://www.linguee.com/english-german/search?source=auto&query=odd

Odd, Adj. (OED), https://www.oed.com/

O'Hagan, Sean, *Ron Mueck: From Muppets to motherhood,* theguardian.com vom 06.08.2006, https://www.theguardian.com/artanddesign/2006/aug/06/art2

Oktopus (Instagram), @gerosagiacomo, 30.05.2018, https://www.instagram.com/p/BjZ9p3YHr0W/

ONE DRINK AND WE GO HOME FOXES PARTY HARD (starecat.com), https://starecat.com/one-drink-and-we-go-home-foxes-party-hard/

»Our life as Mews to the Great Artists We admire« by Zarathustra the Cat, fatcatart.ru, o. D., http://fatcatart.ru/2011/02/koty-i-yskusstvo/?lang=en/

PAMPEROR – THE WRATH OF TODDLER (Facebook), @BlackMetalMemes, 09.10.2016, https://www.facebook.com/I.Stabbed.Euronymous.23/photos/you-shall-literally-shit-your/695587617264794/

Pampers Pure Protection: Mit Premium-Baumwolle und 100 % Pampers Trockenheit (YouTube), 0:31 Min., hochgeladen von Pampers Deutschland am 07.02.2019, https://www.youtube.com/watch?v=f5iiHgoPHdQ

PANTONE Color of the Year 2016 – Rose Quartz & Serenity, store.pantone.com, o. D., https://store.pantone.com/de/de/rose-quartz-serenity-2016-color-of-the-year/

Pappas, Stephanie, *›I Wanna Eat You Up!‹ Why We Go Crazy for Cute,* livescience.com vom 21.01.2013, https://www.livescience.com/26452-why-we-go-crazy-for-cuteness.html

Patchwork (Duden), https://www.duden.de/rechtschreibung/Patchwork

PELLICIUSIA URBANA (Vimeo), 1:11 Min., hochgeladen von Neozoon Collective am 17.01.2012, https://vimeo.com/35200311

Perserkatze Steckbrief, mein-haustier.de, o. D., https://www.mein-haustier.de/katzenrassen/perserkatze/

Persian Cat Room Guardian (KnowYourMeme), https://knowyourmeme.com/memes/persian-cat-room-guardian

Phildesignart, *25 Hunde mit Unterbiss. Diese Hunde sind so hässlich, dass sie schon wieder niedlich sind,* buzzfeed.com vom 07.04.2016, https://www.buzzfeed.com/de/phildesignart/hunde-mit-unterbiss/

Piccinini, Patricia, *Some thoughts about my practice,* patriciapiccinini.net von 2020, https://www.patriciapiccinini.net/writing/0/445/99

Pillo Ad – Your Personal Home Health Robot (Live on Indiegogo!) (YouTube), 0:27 Min., hochgeladen von Pillo Health am 13.06.2016, https://www.youtube.com/watch?v=DAubLlvNiP0

Plattnasen-Perser leiden an Brachycephalie, katzengenetik.com, o. D., https://www.katzengenetik.com/plattnasen-perser-mit-brachyzephalie/

Plaugic, Lizzie, *You'll either want to squeeze or eat these squishy ›Jelly Gummies‹ GIFs,* theverge.com vom 13.06.2015, https://www.theverge.com/2015/6/13/8775959/jelly-gummies-gifs-sam-lyon/

»Please TAAKE these tacos!« (9GAG), 10.11.2018, https://9gag.com/gag/aWY6Wr6/please-taake-these-tacos

Plüschfledermäuse (Instagram), @haba.gugg, 19.06.2019, https://www.instagram.com/p/By5f9J_Cauy/

Plüschohren (Instagram), @xxmilkytea, 25.06.2019, https://www.instagram.com/p/BzI60 ISoC6R/
Plump (Duden), https://www.duden.de/rechtschreibung/plump
Pom Pom I (Instagram), @groomer_andrea, 29.01.2019, https://www.instagram.com/p/ BtNjrK3B-5P/
Pompon (Duden), https://www.duden.de/rechtschreibung/Pompon
Power POMPOM (boostcase.com), https://boostcase.com/shop/pompom-furball-batte ry-blush/
Power POMPOM 2.0 (Kickstarter), https://www.kickstarter.com/projects/1022278839/ power-pompom-charger-battery-bluetoothtracker-and?utm_source=kickbooster-di rect&utm_medium=kickbooster&utm_content=link&utm_campaign=eflsnyuj/
Premium Protection, Pampers weichster Komfort und bester Schutz für Babys Haut (YouTube), 0:20 Min., hochgeladen von Pampers Deutschland am 07.05.2019, https:// www.youtube.com/watch?v=HgsnuF5g5wY
PrincessMonsterTruck (Homepage), http://www.princessmonstertruck.com/
Pritzkow, Katharina, *Smart Toys – das Internet der Spielzeuge,* mdr.de, o. D., https://www. mdr.de/medien360 g/medienwissen/digital-immigrants-internet-der-spielzeuge-102. html
Prüfer, Tillmann, *Roboter. Sie kommen,* zeit.de vom 15.05.2019, https://www.zeit.de/zeit-magazin/2019/21/roboter-mensch-technologie-robotik-privatleben
Qoobo (Homepage), https://qoobo.info/index-en/
Qoobo | A Tailed Cushion That Heals Your Heart (YouTube), 1:00 Min., hochgeladen von Yukai Engineering am 20.10.2017, https://www.youtube.com/watch?v=f2heW910o7c
Qoobo | A Tailed Cushion That Heals Your Heart (YouTube), 2:57 Min., hochgeladen von Yukai Engineering am 11.12.2019, https://www.youtube.com/watch?v=8oWoKux AIQE&feature=emb_logo
Qixuan Lim (Homepage), http://www.qimmyshimmy.com/
r/cursedimages – cursed furby (Reddit), https://www.reddit.com/r/cursedimages/search?q= cursed+furby
r/uglybabies (Reddit), https://www.reddit.com/r/uglybabies/
r/uglycute (Reddit), https://www.reddit.com/r/uglycute/
Rachel B., *Kimokawaii: Both cute and gross at the same time. Get ready to cringe at some cute things,* tofugu.com vom 18.06.2013, https://www.tofugu.com/japan/kimokawaii/
Ratte im Kettenhemd (Instagram), @der_apok, 20.05.2018, https://www.instagram.com/ p/BjAVf-0niUb/
Rebel Without A Paws. Punny, right? (Instagram), @tunameltsmyheart, 21.02.2020, https:// www.instagram.com/p/B81kmXjB6VF/
Reckwitz, Andreas, *Individualität: Ich bin besonders,* 49:48 Min., Vortrag vom 11.12.2018, gehalten am Alexander von Humboldt Institut für Internet und Gesellschaft, Berlin, deutschlandfunknova.de am 17.02.2019, https://www.deutschlandfunknova.de/bei trag/soziologie-ich-bin-besonders
Reign, Ashley, *Animals Who Have Really Gotten Themselves in a Predicament,* ranker.com, o. D., https://www.ranker.com/list/animals-in-predicaments/ashley-reign/
Rettung für die Aller-Hässlichsten, bz-berlin.de, 08.09.2013, https://www.bz-berlin.de/arti kel-archiv/rettung-fuer-die-aller-haesslichsten

Richard, Frances, *Fifteen Theses on the Cute,* cabinetmagazine.org von 2001, http://www.cabinetmagazine.org/issues/4/cute.php/

Ridiculous Stress Swan-Thing (davidshrigley.com), http://davidshrigley.com/product/ridiculous-stress-swan-thing/

Ridin' Dirty Roomba Cat (YouTube), 0:46 Min., hochgeladen von Jack Moore am 13.12.2011, https://www.youtube.com/watch?v=ZH7Gw5whYew

Rimini Protokoll – Unheimliches Tal (Homepage), https://www.rimini-protokoll.de/website/de/project/unheimliches-tal-uncanny-valley

Ring Video Doorbell Pro (Produkthomepage), https://de-de.ring.com/products/video-doorbell-pro/

Rößler, Nele, *Soziale Pflege-Roboter setzen sich nur langsam durch,* deutschlandfunk.decom 18.02.2019, https://www.deutschlandfunk.de/zukunft-der-pflege-soziale-pflege-roboter-setzen-sich-nur.724.de.html?dram:article_id=441372

Rothhaas, Julia, *Babys in Gelee,* sueddeutsche.de vom 13.04.2018, https://www.sueddeutsche.de/stil/geschmackssache-babys-in-gelee-1.3940300

Rubinstein, Daniel, *GIF today,* 2012, http://ualresearchonline.arts.ac.uk/6241/

Ruth van Beek – The Hibernators (Homepage), http://www.ruthvanbeek.com/list_category.php?cat=The%20Hibernators

Safe furby (Tumblr), @depressed-furby, 03.12.2018, https://depressed-furby.tumblr.com/post/180775615448/hello-i-just-recently-discovered-the-furby#notes

Savage, Jon, *A design for life,* theguardian.com vom 21.02.2009, https://www.theguardian.com/artanddesign/2009/feb/21/smiley-face-design-history/

Schaper-Herget, Annette, *Plakatkampagne der Piratenpartei Hessen. Nicht nur #süss!* piratenpartei-hessen.de vom 04.10.2018, https://www.piratenpartei-hessen.de/blog/2018/10/04/nicht-nur-suess/

Schamane (Instagram), @katty_holovina, 09.06.2019, https://www.instagram.com/p/ByewsdaiTK1/

Schwarz Metall Rasen Gnome (Etsy), @blooddawn, https://www.etsy.com/de/listing/102057709/schwarz-metall-rasen-gnome/

Seltsam (Duden), https://www.duden.de/rechtschreibung/seltsam

Shaggy's »Are You Challenging Me?« (KnowYourMeme), https://knowyourmeme.com/memes/shaggys-are-you-challenging-me

Sheepworld (Homepage), https://www.sheepworld.de/

Shy Octopus Hides Inside Its Own Tentacles | Nautilus Live (YouTube), 2:32 Min., hochgeladen von EVNautilus am 23.08.2015, https://www.youtube.com/watch?v=pxuBwfNp2wk

Sick, Bastian, *Das Schönste, wo gibt,* spiegel.de vom 28.06.2006, https://www.spiegel.de/kultur/zwiebelfisch/zwiebelfisch-das-schoenste-wo-gibt-a-421249.html

Skeletthund auf Rollen (Instagram), @t.g.lpz, 21.05.2018, https://www.instagram.com/p/BjDX-7LF3gl/

Skirmantė, *These 16 Fluffy Animals Will Make You Say Awww,* boredpanda.com von 2014, https://www.boredpanda.com/cute-fluffy-animals/?utm_source=google&utm_medium=organic&utm_campaign=organic/

Skurril: Mexikanerin stellt Pudding mit Babys darin her, missmum.at, o. D., https://www.missmum.at/skurril-mexikanerin-stellt-pudding-mit-babys-darin-her/

Slayer, Testament and Carcass cuddling our puppies! (Facebook), @MotleyZooAnimal-Rescue, 21.03.2016, https://www.facebook.com/MotleyZooAnimalRescue/posts/1015 3325311386510/

»Slime« für Kinder und für Kunst, in: *Der Spiegel,* Nr. 24, 1978, S. 232, http://www.spiegel.de/spiegel/print/d-40615622.html/

Smith, Andy, *The Recent ›Jelly Gummies‹ of Sam Lyon,* hifructose.com vom 20.04.2019, https://hifructose.com/2019/04/20/the-recent-jelly-gummies-of-sam-lyon/

Softis Toilettenpapier TV-Spot »Hund« von Scholz & Friends (YouTube), 0:15 Min., hochgeladen von Scholz & Friends am 05.10.2009, https://www.youtube.com/watch?v=_2jLuGsVxqk

Solch süße Hündchen geben wir nicht aus der Hand (Twitter), @SixtDE, 08.10.2018, https://twitter.com/sixtde/status/1049557491913289728/

Spitzenmaske (Instagram), @schwarzes_erbe.pixx, 18.06.2019, https://www.instagram.com/p/By3bT_co-zT/

SPOT® (bostondynamics.com), https://www.bostondynamics.com/spot

Squishy (Urban Dictionary), https://www.urbandictionary.com/define.php?term=squishy

Stallmach, Lena, *Berühmt wegen ihrer Defekte,* nzz.ch vom 05.03.2019, https://www.nzz.ch/wissenschaft/lil-bub-niedliche-katze-ist-beruehmt-wegen-gen-defekt-ld.1464681

Starter Packs (KnowYourMeme), https://knowyourmeme.com/memes/starter-packs

Steampunk Animal Masquerade Mask | Wolf (beyondmasquerade.com), https://beyond masquerade.com/steampunk-animal-masquerade-mask-wolf-animal-masquerade-mask-copper-m39346/

Steampunk-Baby (fotocommunity.de), @Hepeju, 23.02.2019, https://www.fotocommuni ty.de/photo/steampunk-baby-hepeju/42141303

Steampunk Baby doll (Flickr), @ModernScribePhotography™, 09.04.2011, https://www.flickr.com/photos/earthansoul/5605885093/

Steampunk Fisch Uhr (figuren-shop.de), https://www.figuren-shop.de/de/steampunk-fisch-uhr-by-veronese

Steampunk mask (DeviantArt), @steamworker, 06.05.2012, https://www.deviantart.com/steamworker/art/Steampunk-mask-300349088/

Steampunk-Oktopus Señor Krakow (Instagram), @pixray, 22.05.2018, https://www.insta gram.com/p/BjFe8cWnNdv/

Steampunk-Puppe (Instagram), @do_pictures, 10.06.2019, https://www.instagram.com/p/ByidadeiOlM/

Steampunk robot (YouTube), 1:31 Min., hochgeladen von Colin Neu am 14.05.2013, https://www.youtube.com/watch?v=dp62j6hsm3E

Stich, Jan, *Wie populistisch sind Memes? Pepes Gefühlsschwankungen,* jungle.world vom 12.07.2018, https://jungle.world/artikel/2018/28/pepes-gefuehlsschwankungen/

Stiftung Warentest, *Smart Toys. Wie vernetzte Spielkameraden Kinder aushorchen,* test.de vom 28.08.2017, https://www.test.de/Smart-Toys-Wie-vernetzte-Spielkameraden-Kin der-aushorchen-5221688-0/

Still A Nope! (de.1JUX.net), @DENNISH, 29.07.2015, https://de.1jux.net/364826

Stillich, Sven, *Steampunk. Computer unter Dampf,* fr.de vom 01.06.2010, https://www.fr.de/panorama/computer-unter-dampf-11662309.html

St. Michel, Patrick, *The Rise of Japan's Creepy-Cute Craze,* theatlantic.com vom 14.04.2014, https://www.theatlantic.com/entertainment/archive/2014/04/the-rise-of-japans-creepy-cute-craze/360479/

Stone, Zara, *The Clever Reason Behind Amazon's Puppy Filled Error 404 Pages*, forbes.com vom 02.05.2017, https://www.forbes.com/sites/zarastone/2017/05/02/amazons-404-error-pages-are-pup-licious/#45924a131829/

Stoned Fox (KnowYourMeme), https://knowyourmeme.com/memes/stoned-fox-упоротая-лиса

Stoned Fox (Упоротая лиса) – Beep Beep Beep (KnowYourMeme), @Mimikyu, 2017, https://knowyourmeme.com/photos/1143098-stoned-fox-упоротая-лиса

Strangulierte Puppe (Instagram), @do_pictures, 11.06.2019, https://www.instagram.com/p/BylD0s-ozOI/

Sugar Bowl (tvtropes.com), https://tvtropes.org/pmwiki/pmwiki.php/Main/SugarBowl

Sulzer, Alain Claude, *Der Flaneur vergnügt sich im Elektrobecken,* nzz.ch vom 19.10.2017, https://www.nzz.ch/feuilleton/der-flaneur-vergnuegt-sich-im-elektrobecken-ld.1320748/

Sung, Morgan, *The oddbody Furby community turns ›90s kids‹ toys into lovely nightmares,* mashable.com vom 10.07.2019, https://mashable.com/article/oddbody-furbies-long-instagram-tumblr-cursed/?europe=true

Sweet logo! Umm… what band is that? – Huh? Oh, that's just dried vomit (Instagram), @jpahonen, 03.03.2017, https://www.instagram.com/p/BRKkZYgg_ko/?utm_source=ig_embed/

Tanriverdi, Hakan, *Digitale Flaneure,* sueddeutsche.de vom 07.03.2014, https://www.sueddeutsche.de/digital/jugendliche-in-sozialen-netzwerken-digitale-flaneure-1.1906984

Teddybär (Instagram), @antjeschade, 10.06.2019, https://www.instagram.com/p/Byh6v0HCCFU/

That Special Moment Between Mother And Daughter (Facebook), @BlackMetalMemes, 03.07.2016, https://www.facebook.com/I.Stabbed.Euronymous.23/photos/a.102463559910539/649319905224899/

The »atmospheric black metal« starter pack (ifunny.co), @Forebears_2015, 15.10.2016, https://ifunny.co/picture/the-atmospheric-black-metal-starter-pack-MDvNbVvG4

The »black metal fan« starter pack (amionoapps.com), @Liam Lynskey, 29.12.2016, https://aminoapps.com/c/metal/page/blog/favorite-black-metal-band/o36T_dungWv5YzJ1jPdBBgYJp468Mo/

The Fat German Rat – Tierrettung Rhein-Neckar kriegt BBC-Preis | maintower (YouTube), 1:18 Min., hochgeladen von hrfernsehen am 17.01.2020, https://www.youtube.com/watch?v=kIkFDPhWxek

The Horde arrives (Instagram), @long.furby.fam, 25.02.2020, https://www.instagram.com/p/B9ANVBfH7s3/

The Immortal Cat (failblog.cheezburger.com), https://failblog.cheezburger.com/music/tag/immortal-cat/

The Longest FAQ about the Longest Furby (Tumblr), @furbyfuzz, https://furbyfuzz.tumblr.com/faqfurby/

The »True Kvlt Black Metal fan« Starter Pack (Reddit), 28.03.2016, https://www.reddit.com/r/starterpacks/comments/4c802f/the_trve_kvlt_black_metal_fan_starter_pack/

The Satanic Wrath And Evil Despair Of The Infernal Yardwork (Flickr), @libby bulloff, 11.09.2010, https://www.flickr.com/photos/exoskeletoncabaret/4993820064

They gave me to the dog (esmemes.com), 10.05.2019, https://esmemes.com/i/2cda15fe516f4fea985981a6ed8f4ff4

This Robot WON'T kill you – Anki Vector Showcase (YouTube), 5:40 Min., hochgeladen von Linus Tech Tips am 12.10.2018, https://www.youtube.com/watch?v=KZ91rOrpFV4/

Tia, *Norwegian Black Metal Crochet. Cute enough to make a church burst into flames,* buzzfeed.com vom 24.11.2010, https://www.buzzfeed.com/tiad/norwegian-black-metal-crochet-t6 m/

Tidying up (Instagram), @groomer_andrea, 28.03.2019, https://www.instagram.com/p/BvjbaXXhE92/

Tiertotenschädelmasken (Instagram), @olgamorgan54, 15.06.2019, https://www.instagram.com/p/ByuPRrbCA7E/

Tiffany, Kaitlyn, *Every Furby gets a home,* vox.com vom 21.12.2018, https://www.vox.com/the-goods/2018/12/21/18149004/furby-collectors-tumblr-vintage-robots-fandom

Tobias, Christina, *Das neue Emo? Pastel Goth: Was soll das denn sein?* desired.de vom 04.09.2017, https://www.desired.de/lifestyle/pastel-goth/

Tomorrowland Belgium 2018 | The Story of Planaxis – Trailer (YouTube), 2:33 Min., hochgeladen von Tomorrowland am 11.06.2018, https://www.youtube.com/watch?v=sKooka6Q4Ts

Tony and Loki (Instagram), @schuper_muffin, 09.06.2019, https://www.instagram.com/p/Bye2gyUoFHV/

Totenkopfkohle (formkohlen.de), https://www.formkohlen.de/products/formkohlen-totenkopf-kohle-15er-tute?_pos=3&_sid=2de2e847c&_ss=r/

Transmediale 2019 (Homepage), https://transmediale.de/archive/history/festival/2019

Tunameltsmyheart (Homepage), http://www.tunameltsmyheart.com/

Uccello, Saint George feeds the Winged Cat with organic food (fatcatart.com), https://fatcatart.com/wp-content/uploads/2012/01/Uccello__Saint_George_and_the_Cat_w.jpg

Ugly cute (Urban Dictionary), https://www.urbandictionary.com/define.php?term=ugly%20cute

Ullrich, Wolfgang, *Vom Ethos des Kopierens,* pop-zeitschrift.de vom 05.11.2015, https://pop-zeitschrift.de/2015/11/05/vom-ethos-des-kopierensvon-wolfgang-ullrich5-11-2015/

Ullrich, Wolfgang, *Der westliche Kunstbegriff,* pop-zeitschrift.de vom 24.06.2019, http://www.pop-zeitschrift.de/2019/06/24/der-westliche-kunstbegriffvon-wolfgang-ullrich24-6-2019/

Varg Vikernes – Calvin Klein (Facebook), @BlackMetalMemes. 17.11.2016, https://www.facebook.com/I.Stabbed.Euronymous.23/photos/a.102463559910539/716517855171770/

Varg Virkernes – Safety Matches (Facebook), @BlackMetalMemes, 09.04.2016, https://www.facebook.com/I.Stabbed.Euronymous.23/photos/a.102463559910539/614557148701175/

Vector – Alive and aware (anki.com), https://anki.com/en-us/vector/vector-aware

Vegan Black Metal Chef Episode 1 Pad Thai (YouTube), 14:40 Min., hochgeladen von VeganBlackMetalChef am 09.05.2011, https://www.youtube.com/watch?v=CeZlih4 DDNg

Verbraucherzentrale Niedersachsen, *Kinderlebensmittel – Der Quatsch mit den Quetschies nimmt kein Ende,* verbraucherzentrale-niedersachsen.de vom 05.03.2020, https:// www.verbraucherzentrale-niedersachsen.de/themen/ernaehrung-lebensmittel/kinder lebensmittel-der-quatsch-den-quetschies

Verlierer der Evolution: Die hässlichsten Tiere der Welt, weltderwunder.de vom 28.12.2019, http://www.weltderwunder.de/photo_stories/verlierer-der-evolution-die-haesslichs ten-tiere-der-welt

Vicktorianisches Picknick 2019 (Instagram), @geflatter_photografie, 17.06.2019, https:// www.instagram.com/p/ByzseXci7RM/

Voodoowurst (Instagram), @traumfalter, 19.05.2018, https://www.instagram.com/p/Bi9gF Y2nORz/

Waffles the Cat (Homepage), http://wafflescat.com/

Wave-Gotik-Treffen (Instagram), @rupertgilmore, 09.06.2019, https://www.instagram.com/ p/ByfbtshI1D0/

Wave-Gotik-Treffen Teil 1 | WGT | Leipzig | Lisa VanDark (YouTube), 8:33 Min., hochgeladen von Lisa VanDark am 19.05.2018, https://www.youtube.com/watch?v=_3rdSUi3 mYM [Inhalt nicht mehr verfügbar; letzter Zugriff: 05.06.2019]

Ways to interact with Vector (support.anki.com), https://support.anki.com/hc/en-us/ar ticles/360011545254-Ways-to-Interact-with-Vector/

Weber, Christian, *Gemischte Gefühle: Die Sehnsucht – Emotionale Zwischenstation,* sued deutsche.de vom 28.06.2010, https://www.sueddeutsche.de/wissen/gemischte-gefue hle-die-sehnsucht-emotionale-zwischenstation-1.965618

Weird Robot GIF (Giphy), 09.12.2013, https://media.giphy.com/media/wsrEMkfDsma oo/giphy.gif

Weird, Adj. (OED), https://www.oed.com/

Weird, Subst. (OED), https://www.oed.com/

Weitholz, Arezu, *Garantiert stubenrein,* spiegel.de vom 13.09.1999, http://www.spiegel.de/ spiegel/print/d-14763859.html

Westerhof, Seline, *How to be Kawaii in the 21st century,* diggitmagazine.com vom 28.10.2019, https://www.diggitmagazine.com/articles/kawaii

WGT 2018 VLOG | lilachris (YouTube), 9:42 Min., hochgeladen von lilachris vom 27.05.2018, https://www.youtube.com/watch?v=Cwf3bVB9REc

WGT 2018 VLOG | Manic Moth (YouTube), 12:48 Min., hochgeladen von Manic Moth am 07.06.2018, https://www.youtube.com/watch?v=aT7Cc-md4Eg

WGT 2020. Alles zum Wave-Gotik-Treffen in Leipzig (mdr.de), https://www.mdr.de/kul tur/wgt/index.html

WGT nur mit Pummeldingsi! (Instagram), @sulphergirl, 21.05.2018, https://www.insta gram.com/p/BjC34q-FVAy/

What about cats? (Twitter), @NessiFur, 27.03.2019, https://twitter.com/NessiFur/sta tus/1110913183437504512

What heavy metal band is this? (Imgur), @MintSM, 09.07.2016, https://imgur.com/galle ry/NBF4paF/comment/681225938/

What's In My Bag?! Goth edition | lilachris (YouTube), 9:40 Min., hochgeladen von lilachris am 14.07.2016, https://www.youtube.com/watch?v=-BNJSpxQhdE

What's inside a Furby Connect? 6:03 Min., YouTube, hochgeladen von What's Inside? am 26.11.2016, https://www.youtube.com/watch?v=pA106XCO8hQ

What is the difference between Vector and Cozmo? (support.anki.com), https://support.anki.com/hc/en-gb/articles/360012267493-What-is-the-difference-between-Vector-and-Cozmo-

When it's time to go to church (Facebook), @BlackMetalMemes, 02.02.2017, https://www.facebook.com/I.Stabbed.Euronymous.23/photos/a.102463559910539/760611944095694/

When you wake up early in the morning and sit on your bed like.. (Reddit), u/beanie_infants, 11.08.2014, https://i.redd.it/1cvx4t5w4yo21.jpg

Wong, Hubert, *This Cute Pomeranian Is Now a Viral Sensation After He Was Groomed to Look Like an Egg,* worldofbuzz.com, 02.04.2019, https://www.worldofbuzz.com/this-cute-pomeranian-is-now-a-viral-sensation-after-he-was-groomed-to-look-like-an-egg/

WW1: How did an artist help Britain fight the war at sea? bbc.co.uk, o. D., https://www.bbc.co.uk/teach/how-did-an-artist-help-britain-fight-the-war-at-sea/zmkx8xs/

Yiying Lu – Fail Whale (Homepage), http://www.yiyinglu.com/?portfolio=lifting-a-dreamer-aka-twitter-fail-whale

You said you'd always love me (me.me), 28.06.2019, https://me.me/i/you-said-youd-always-love-me-you-lied-sh-t-i-f30f4617644048e88dde29f54949e34c

Zandbergen, Jantine, *Felt Spirit Animals by Zoë Williams,* beautifulbizarre.net vom 18.02.2015, https://beautifulbizarre.net/2015/02/18/felt-spirit-animals-zoe-williams/

Zoë Williams (Homepage), http://zoewilliams.com/

Zota, Volker, *Shutdown: Robotik-Startup Anki ist pleite,* heise.de vom 30.04.2019, https://www.heise.de/newsticker/meldung/Shutdown-Robotik-Startup-Anki-ist-pleite-4409986.html/

Abbildungen

Tableau A: Einleitung – Kuriositätenquartett der Niedlichkeiten

Abbildung 1: Ron Mueck, *A Girl,* 2006, 110,50 × 501 × 134,50 cm, Polyesterharz, Glasfaser, Silikon, Kunsthaar, synthetische Polymerfarbe, Scottish National Gallery of Modern Art, Edinburgh © Ron Mueck | courtesy: Anthony d'Offay, London | Foto: Antonia Reeve, Quelle: https://christchurchartgallery.org.nz/exhibitions/ron-mueck/

Abbildung 2: Anne Geddes, *o. T.* aus der Serie *Heartfelt,* 2014 © 2014 Anne Geddes | courtesy: Anne Geddes

Abbildung 3: *Mr. Bean* | *Babies are cute-Meme* (memegenerator.net), https://i.pinimg.com/originals/af/30/52/af30525d13a664223deb869deef46225.jpg

Abbildung 4: Qixuan Lim, *Gumball* (sold) aus der Serie *Sweettooth,* 2017, Mixed Media, courtesy: Qixuan Lim/QimmyShimmy, www.qimmyshimmy.com, @qimmyshimmy (Instagram)

Tableau B: *The Cute Show* – ›Das Tier‹ als Werkstoff des Niedlichen

Abbildung 1: *Being cute is my job …* (me.me), 01.11.2016, https://me.me/i/being-cute-is-my-job-andits-been-along-day-im-3475994
Abbildung 2a: *Cleopatra* (Instagram), @tunameltsmyheart, 08.02.2020, https://www.instagram.com/p/B8UdyUrhMgB/
Abbildung 2b*: I wonder, can every day be Valentines Day?* (Instagram), @tunameltsmyheart, 15.02.2020, https://www.instagram.com/p/B8mqTLAB2qT/
Abbildung 3: *Uhhhhh FISH please* (Facebook), @animalsinpredicaments, 09.12.2017, https://www.facebook.com/AnimalsInPredicaments/photos/a.677382572401256/1018671908272319/
Abbildung 4: *Headless Cat* (Facebook), @animalsinpredicaments, 30.06.2017, https://de-de.facebook.com/AnimalsInPredicaments/photos/a.660303887442458/917327248406786/
Abbildung 5: *FAIL / Epic Fail – Squirrel Stuck in Bird House* (KnowYourMeme), https://knowyourmeme.com/photos/525034-fail-epic-fail/

Tableau C: #fluffy #cute – Flauschigkeit

Abbildung 1: *Fellbommel Pink Mini* (kostidesign.com), https://www.kostidesign.com/WebRoot/Store9/Shops/61238976/540F/346C/C2FB/AD86/2C86/C0A8/2BB8/4298/Fellbommel_pink_mini.jpg
Abbildung 2: *PRIMARK – Unicorn Pom Pom Keyring* (lovethebrands.com), https://images.primark.com/productsimages/N35397147799573-large.jpg
Abbildung 3: *FENDI BAG BUGS CHARM* (fendi.com), https://www.fendi.com/us/woman/bag-accessories/bag-charms/p-7AR688A4CQF0K0F/
Abbildung 4: *Cacys-Store – Plüsch Kunstfell Bommel Bommel süß schlafend Baby Handtasche Charm Auto Schlüsselanhänger* (amazon.com), https://images-na.ssl-images-amazon.com/images/I/51A6FRe-K9L._AC_SL1001_.jpg
Abbildung 5a: *It's A Cloud With Legs* (doghumor.net), 29.06.2015, https://doghumor.net/its-a-cloud-with-legs/
Abbildung 5b: *Fluffy Dog or Snowball with Face* (thepaws.net), https://www.thepaws.net/the-19-funniest-pomeranian-memes-of-all-time/
Abbildung 5c: *This Vape Cloud Just Barked At Me* (ifunny.com), http://www.ifunny.com/pictures/vape-cloud-just-barked-me/
Abbildung 5d: *When you're cooking and drop a meatball on the floor* (Pinterest), https://i.pinimg.com/originals/2c/77/b5/2c77b552a2dd2c0dc472119ef4be6782.png
Abbildung 5e: *Scuse me ma'am Ur cotton ball mutataed* (cheezburger.com), https://i.chzbgr.com/full/6241356032/hC7A3823A/scuse-me-maam-ur-cotton-ball-mutataed/
Abbildung 6: *RoundFluff* (Instagram), @yorikokoro, 07.03.2019, https://www.instagram.com/p/BusBEGJFkdr/?igshid=bm21i3gy89zu/
Abbildung 7: Yukai Qooboo – Modell *Husky Gray* (qoobo.info), https://qoobo.info/wp-content/themes/qoobo2018/resources/assets/images/colors1.png
Abbildung 8: Ruth van Beek, *Untitled (Silvergrey)* aus der Serie *The Hibernators,* 2011, Collage © Ruth van Beek | courtesy: The Ravestijn Gallery

Abbildung 9: *PELLICIUSIA URBANA* (Vimeo), 1:11 Min., hochgeladen von Neozoon Collective am 17.01.2012, https://vimeo.com/35200311 (Screenshot, 0:29 Min.) © VG Bild-Kunst, Bonn 2020

Tableau D: #chonky #cute – Massigkeit

Abbildung 1: *Before and after bath* (blazepress.com), 09.08.2016, https://blazepress.com/2016/08/20-brilliant-photos-of-dogs-before-and-after-bath-time/

Abbildung 2a: *IM NOT FAT IM FLUFFY* (keepcalms.com), 2014, https://keepcalms.com/p/im-not-fat-im-fluffy/

Abbildung 2b: *I'm not fat, dammit!* (onsizzle.com), 28.09.2016, https://onsizzle.com/i/im-not-fat-im-fluffy-imemetenler-memecenter-com-im-not-2577425

Abbildung 3: *CHONK Chart – OH LAWD HE COMIN* (Imgur), @smadgel, 12.08.2018, https://imgur.com/gallery/FmTnf7e/ (Detail)

Abbildung 4: Unbekannt, *The Famous Lincolnshire Ox,* 1823, 36,8 × 52,1 cm, handkolorierte Radierung (nach einem Gemälde von James Barenger), Yale Center for British Art, Paul Mellon Collection, Quelle: https://collections.britishart.yale.edu/vufind/Record/3414311

Abbildung 5a: *Perfect form* (Instagram), @chonky.animals, 01.04.2019, https://www.instagram.com/p/BvuVR-RnRcl [Inhalt nicht mehr verfügbar; letzter Zugriff: 14.09.2019]

Abbildung 5b: *L o a f* (Instagram), @chonky.animals, 09.01.2019, https://www.instagram.com/p/Bsa-DMvnWA8/ [Inhalt nicht mehr verfügbar; letzter Zugriff: 14.09.2019]

Abbildung 5c: *DOUBLE CHONK* (Instagram), @chonky.animals, 29.04.2019, https://www.instagram.com/p/Bw2YdeIl6bM/ [Inhalt nicht mehr verfügbar; letzter Zugriff: 14.09.2019]

Abbildung 5d: *That posture* (Instagram), @chonky.animals, 17.01.2019, https://www.instagram.com/p/BsuElZ4nr3V/ [Inhalt nicht mehr verfügbar; letzter Zugriff: 14.09.2019]

Abbildung 6: *How to welcome the Fat Cat* (YouTube), 0:34 Min., hochgeladen von FatCatArt.com am 17.08.2019, https://youtu.be/eefqRcBRHOg/ (Thumbnail)

Abbildung 7a: *Fat horse* (Instagram), @wow_absolute_units, 13.06.2019, https://www.instagram.com/p/ByqCtKpo3PN/

Abbildung 7b: *Blob boi* (Instagram), @wow_absolute_units, 07.12.2018, https://www.instagram.com/p/BrGPVmnlZNp/

Abbildung 8: *Animation 3D Sticker By Jellygummies* (Giphy), @jellygummies, 04.05.2015, https://gph.is/1Jl4F4G

Tableau E: #squishy #cute – Quetschbarkeit

Abbildung 1: *Zekpro Kawaii Squishy Spielzeug Kuscheltiere: 16er Pack Tierfiguren zum Quetschen mit verschieden Tiermotiven – Katze, Panda, Schwein, Hase – Schadstofffreies Kinderspielzeug für Jungen & Mädchen* (amazon.de), *Übersicht der Tierformen,* https://images-na.ssl-images-amazon.com/images/I/71fwllvgtAL.SL1500.jpg, *Inszenierung als Nahrungsmittel,* https://images-na.ssl-images-amazon.com/images/I/71z4rKJSQSL.SL1500.jpg

Abbildung 2: *After a long day dealing with humanity…* (Imgur), @everythingshouldbecoveredincheese, 06.05.2014, https://imgur.com/gallery/l4MgHCD/

Abbildung 3: *I want to…* (Instagram), @thegoodadvicecupcake, 25.09.2018, https://www.instagram.com/p/BoKEw7CgAf8/

Abbildung 4a: *Crushing Crunchy & Soft Things by Car Compilation! Floral Foam, Squishy, Tide Pods and More!* (YouTube), 11:12 Min., hochgeladen von HelloMaphie am 30.12.2018, https://youtu.be/nhDAmqYHxdA/ (Screenshot, 10:00 Min.)

Abbildung 4b: *Cutting Open Squishy Squeeze Toy Compilation | ASMR Cutting Squishy Toys* (YouTube), 11:50 Min., hochgeladen von SuesKawaiiCollection am 18.06.2017, https://www.youtube.com/watch?v=Uq_aixHZsy8/ (Thumbnail)

Abbildung 5a: *Squeesh* (Instagram), @shiba_addict, 10.06.2019, https://www.instagram.com/p/ByipT7IB7Oe/

Abbildung 5b: *Such squish* (Imgur), @widukind, 07.05.2014, https://i.imgur.com/VDZjnDY.jpg

Abbildung 5c: *The urge to squish pupper faces is strong* (Pinterest), https://i.pinimg.com/originals/9b/b5/1d/9bb51dd0a698635cdd0e2dd8af01a803.png

Abbildung 6a: *Squishy Dog GIF* (Giphy), 12.07.2015, https://gph.is/1lHLNql

Abbildung 6b: *Squishy GIF* (Giphy), 15.10.2015, https://gph.is/1PiXXT0

Abbildung 6c: *Squishy Beluga Whale GIF* (Giphy), 10.07.2018, https://gph.is/2Obg0RJ

Abbildung 7: David Shrigley, *Ridiculous Stress Swan-Thing* (artwareeditions.com), https://artwareeditions.com/products/ridiculous-stress-swan-thing-by-david-shrigley/

Abbildung 8: Koji Ryui, *HAVE A NICE DAY,* 2014, ungebrannter Ton, Tragetaschen aus Polyethylen, sechs Teile in variablen Dimensionen. Courtesy: Koji Ryui und Sarah Cottier Gallery, Sydney

Tableau F: Black Metal

Abbildung 1: *Find the Panda* (Facebook), @EspenWestum, 26.12.2015, https://www.facebook.com/photo.php?fbid=10153107765886595&set=a.10150827629916595.390584.551166594

Abbildung 2: *Rabbit | Abbath* (wattpad.com), https://www.wattpad.com/431258197-abbath-%2B-memes-metalheads-25-perros-conejos-y-m%C3%A1s

Abbildung 3: *Black metal evolution* (uncyclopedia.org), 10.11.2012, https://mirror.uncyc.org/wiki/File:Black_metal_evolution.jpg

Abbildung 4: *Abbath Cat* (Pinterest), https://i.pinimg.com/originals/23/7c/25/237c254cc006281009787bf0640df70c.jpg

Abbildung 5: *Day 28 – They still don't know I'm a dog* (humoar.com), http://www.humoar.com/they-still-dont-know-im-a-dog/

Abbildung 6: *Marduck, Duck Endless* (Facebook), @BlackMetalMemes, 07.12.2015, https://www.facebook.com/I.Stabbed.Euronymous.23/photos/a.102463559910539/563988347091389/

Abbildung 7: Alexandra Crockett, *Brooks Blackhawk aka. DJ Blackhawk von Atriarch mit Kater Fred* aus der Serie *Metal Cats,* 2014 © Alexandra Crockett, Quelle: https://cdn.prod.www.spiegel.de/images/c8d0af86-0001-0004-0000-000000689048_w1528_r1.5037593984962405_fpx29.89_fpy48.96.jpg

Abbildung 8: *Abbath Toddler in Sled* (Facebook), @BlackMetalMemes, 22.12.2014, https://www.facebook.com/I.Stabbed.Euronymous.23/photos/a.102463559910539/421832517973640/
Abbildung 9: *Varg Vicatness* (Reddit), u/casualarmchair, 2016, https://www.reddit.com/r/MetalMemes/comments/342e81/varg_vicatness/
Abbildung 10: *Rasenmähen ist Krieg!* (majaaktuell.wordpress.com), 19.07.2009, https://majaktuell.files.wordpress.com/2009/07/rasenmahen-ist-krieg.jpg
Abbildung 11: *Mit Black Metal ist alles Krieg* (majaaktuell.wordpress.com), 19.07.2009, https://majaktuell.files.wordpress.com/2009/07/bm60_mit-black-metal-ist-alles-krieg.jpg
Abbildung 12: JP Ahonen, *o. T.* aus der Comicreihe *Belzebubs – Trve kvlt documentary*, 2016 © JP Ahonen, Quelle: https://www.boredpanda.com/funny-black-metal-comics-belzebubs-jp-ahonen/
Abbildung 13: *Norwegian Black Metal Crochet* (karabouts.typepad.com), 21.04.2010, https://karabouts.typepad.com/karabouts/2010/04/norwegian-black-metal.html/
Abbildung 14: *Black Metal Cereal.. the FROSTBITTEN FLAKES!!* (9GAG), 28.12.2012, https://images-cdn.9gag.com/photo/6188958_700b.jpg
Abbildung 15: *Meanwhile in Norway* (9GAG), 13.11.2013, https://9gag.com/gag/a5dEz7N/meanwhile-in-norway/
Abbildung 16: *Abba + Abbath* (hugelol.com), 2013, https://hugelol.com/lol/27002

Tableau G: Gothic

Abbildung 1: *Beautiful day for Heidnisches Dorf* (Instagram), @gruftifrango, 19.06.2019, https://www.instagram.com/p/ByiE364oKUI/
Abbildung 2: *Cthulu is watching you* (Instagram), @lars.meissner, 12.06.2019, https://www.instagram.com/p/BynAi-ECdA9/
Abbildung 3: *Victorian Childrens Outfit* (Instagram), @henry_von_pechblende, 31.05.2018, https://www.instagram.com/p/Bjcbov0lrKl/
Abbildung 4: *Totenkopftorte* (Instagram), @hassonimann, 26.07.2019, https://www.instagram.com/p/B0W6IjCnP9I/
Abbildung 5: *Schwarzes Bobby-Car* (Instagram), @bellina_rossellina, 09.06.2019, https://www.instagram.com/p/ByfSaAUosyH/
Abbildung 6: *Vogelfrau* (Instagram), @wgt_impressions.by.maria.held, 05.06.2018, https://www.instagram.com/p/BjpL0PUlWUn/
Abbildung 7: *Dried Brown long-eared bats* (Instagram), @batsbugsbones, 22.05.2019, https://www.instagram.com/p/BxxxgnjI9Uv/
Abbildung 8: *Cuteness for the day* (Instagram), @seanryanmetalhead, 24.02.2017, https://www.instagram.com/p/BQ6UpbXD-ie/
Abbildung 9: *Freiheit das zu sein was man braucht* (Instagram), @kunstgenug, 16.06.2019, https://www.instagram.com/p/ByxAm4powy-/

Tableau H: Steampunk & *robo cute*

Abbildung 10: *First picture of my Steampunk-Outfit* (Instagram), @darksoul1506, 14.06.2019, https://www.instagram.com/p/ByqvUj4IJg-/

Abbildung 11: *First #wgt2018 photo edited* (Instagram), @pixray, 22.05.2018, https://www.instagram.com/p/BjFe8cWnNdv/

Abbildung 12: *Pulguinha, the Steampunk Guinea Pig* (Facebook), @SkyPirate Couture, 08.05.2014, https://www.facebook.com/Skypiratecouture/photos/a.693605260747955/539870042788145/

Abbildung 13: *Aqua Robot Munny – 04* (DeviantArt), @Harris-Built, 08.09.2011, https://www.deviantart.com/harris-built/art/Aqua-Robot-Munny-04-257322467/

Abbildung 14: *Robot Trikkys* (DeviantArt), @Harris-Built, 01.03.2011, https://www.deviantart.com/harris-built/art/Robot-Trikkys-199266674/

Abbildung 15: Vladimir Gvozdev, *Canis machina,* o. D. © Vladimir Gvozdev, Quelle: http://gvozdariki.ru/gvzd/mechanics/mex01/mexan-003.htm/

Abbildung 1: *TRIGGERED* (Reddit), u/bluej130, 2019, https://www.reddit.com/r/AnkiVector/comments/a74qvq/triggered/

Tableau I: Furby & Dingbiografie

Abbildung 1: (v. l. n. r.) *Furby 1998* (pxfuel.com), https://www.pxfuel.com/en/free-photo-jpain; *Emoto-tronic Furby 2005* (amazon.co.uk), https://www.amazon.co.uk/Hasbro-Furby-Grey-Body-Belly/dp/B000BYZOKG; *Furby 2012* (upload.wikimedia.org), https://upload.wikimedia.org/wikipedia/commons/4/42/71FSfYL74TL._SL1500.jpg; *Furby Boom! 2013* (amazon.de), https://www.amazon.de/Furby-A4338-Boom-Figur-Waves/dp/B00CYFFQTE; *Furby Connect 2016* (amazon.de), https://www.amazon.de/Hasbro-B6086UC60-Connect-Elektronisches-Haustier/dp/B01I4EVFXE/

Abbildung 2: *Furby is tired of life* (Imgur), @RaumanLukko, 24.10.2014, https://imgur.com/gallery/ofkcwaR/comment/302629095/

Abbildung 3: *Starter-Pack-Mem Furby* (screeneggs.com), 06.03.2019, http://screeneggs.com/starter-kits/39141/

Abbildung 4a: *You said you'd always love me* (memedroid.com), 03.07.2013, https://www.memedroid.com/memes/detail/477741/

Abbildung 4b: *Cute Furby, Right?* (cheezburger.com), https://cheezburger.com/6832937216/cute-furbie/

Abbildung 5: *Creepy Japanese Furby Commercial* (YouTube), 0:52 Min., hochgeladen von Mike Diva am 04.02.2013, https://youtu.be/IHbaBd3h0FU/ (Screenshot, 0:37 Min.)

Tableau J: #oddbodyfurby

Abbildung 1: *Nightshade – #oddbody furby* (Tumblr), @raggedy-furbolicious-mcscraps, 08.11.2019, https://raggedy-furbolicious-mcscraps.tumblr.com/post/188906570227/i-gave-nightshade-some-more-piercings-and-he-is/

Abbildung 2a: *GOODBOY BINDLE FEATHERSTONE OF QUIRM* (Tumblr), @mxmoosefurbs, 03.01.2019, https://mxmoosefurbs.tumblr.com/post/181693900489/i-would-like-you-all-to-meet-goodboy-bindle/

Abbildung 2b: *Zweiköpfiger Furby* (funnyordie.com), 03.04.2019, https://www.funnyordie.com/2019/4/3/18292473/oddbody-furbies-most-terrifying-things-ive-ever-seen-in-my-life/

Abbildung 2c: *Hasen-Furby* (Instagram), @glitterglues, 06.01.2019, https://www.instagram.com/p/BsT4cu0HLVd/

Abbildung 2d: *Licorice* (Instagram), @furbyofmylife, 03.01.2019, https://www.instagram.com/p/BsL4MvNHvel/

Abbildung 3a: *Long Furby Tutorial* (YouTube), 6:39 Min., hochgeladen von Sophie am 28.12.2018, https://youtu.be/Df45YPVZIOQ/ (Screenshot, 3:33 Min.)

Abbildung 3b: *Candyfurbs* (Instagram), @narrowlongfurby, 08.03.2020, https://www.instagram.com/p/B9c7BIXpnD5/

Abbildung 3c: *Hot Dog* (Instagram), @original.long.furby, 16.12.2018, https://www.instagram.com/p/BrdvWFbAcrL/

Abbildung 3d: *Oddity* (Tumblr), @mourningdewdles, 08.10.2018, https://mourningdewdles.tumblr.com/post/178869621003/call-him-odd-for-short-he-is-22-feet-long-and/

Tableau K: Hybride – Plüsch – Taxidermie

Abbildung 1: Katharina Moessinger, *Hase,* 2007, 55 × 40 × 35 cm, gegerbte Hasenfelle, Füllwatte, courtesy: Katharina Moessinger

Abbildung 2: *VULPES LAETUS* (Vimeo), 1:12 Min., hochgeladen von Neozoon Collective am 20.01.2012, https://vimeo.com/35386558 (Screenshot, 0:32 Min.) © VG Bild-Kunst, Bonn 2020

Abbildung 3: *PLEASE KILL ME AGAIN* (memesmonkey.com), https://www.memesmonkey.com/topic/please+kill+me#&gid=1&pid=1

Abbildung 4: Les Deux Garçons, *Dans le lit de l'ennemi*, 2013, 78 × 78 × 29 cm, Taxidermie/Mixed Media, courtesy: Jaski Gallery Amsterdam

Abbildung 5: Patricia Piccinini, *The Naturalist,* 2017, 26 × 34 × 27 cm, Silikon, Haar, Harz, courtesy: Patricia Piccinini, Tolarno Galleries und Roslyn Oxley9 Gallery

Abbildung 6: *Zoë Williams – Hasentrophäe* (Pinterest), https://www.pinterest.de/pin/42080577740792018/

Abbildung 7: *OOAK* (Instagram), @lilliput.step, 06.09.2019, https://www.instagram.com/p/B2Fcl8el7Bw/

Abbildung 8: *Furby-Fell* (Instagram), @thelastkiwi, 04.11.2019, https://www.instagram.com/p/B4bIxt6JJXY/

Abbildung 9: *Furby-Necronomicon* (Imgur), @thealtmer, 14.03.2014, https://imgur.com/gallery/8Zw54cU/

Tableau L: #cursed #weird

Abbildung 1: *Long Cat – Buildings* (KnowYourMeme), https://i.kym-cdn.com/photos/images/original/000/191/654/Longcat_buildings.jpg
Abbildung 2: *Animals in Predicaments – haha, long boy* (me.me), 14.12.2016, https://me.me/i/animals-in-predicaments-haha-long-boy-5385469
Abbildung 3: *Step aside, long furbies* (Instagram), @furbinormal, 20.09.2019, https://www.instagram.com/p/B2ot_DgpBlw/
Abbildung 4: *Long horse* (me.me), 01.03.2019, https://me.me/i/therapist-long-horse-isnt-real-he-cant-hurt-you-long-horse-bde9150827ce4ca5bd456e7027359f80
Abbildung 5: *Teletubbies, say hello* (Instagram), @long.furby.fam, 07.02.2020, https://www.instagram.com/p/B8R-zsBpduS/
Abbildung 6: *MOTHER?* (Instagram), @long.furby.fam, 24.06.2019, https://www.instagram.com/p/BzGhXdEplzq/
Abbildung 7: *Legged furby – cursed* (me.me), 10.03.2019, https://me.me/i/my-therapist-legged-furby-isnt-real-it-cant-hurt-you-27ec9ef0d3a941daa82e46cece67724e

Tableau M: Fazit – Das Niedliche quergedacht

Abbildung 1: *EVIL FURBY!!!* (cheezburger.com), https://cheezburger.com/482970880/
Abbildung 2: *Steampunk Furby* (blog.halen.co), 2014, https://blog.halen.co/post/76310086762/steampunk-furby-dutch-wip-our-next-steampunk/
Abbildung 3: *Black Metal Penguin* (memecenter.com), 2016, https://www.memecenter.com/fun/5542495/black-metal-penguin/